Jindai Zhongguo Minzhu Guannian zhi Shengcheng yu Liubian

近代中国民主观念之生成与流变

一项观念史的考察

闾小波 著

江苏人民出版社

图书在版编目(CIP)数据

近代中国民主观念之生成与流变:一项观念史的考察/闫小波著.—南京:江苏人民出版社,2012.5(2023.7重印)
ISBN 978-7-214-07910-7

Ⅰ.①近… Ⅱ.①闫… Ⅲ.①民主-政治思想史-研究-中国-1840~1949 Ⅳ.①D092.5

中国版本图书馆CIP数据核字(2012)第010000号

书　　　名	近代中国民主观念之生成与流变:一项观念史的考察
著　　　者	闫小波
责 任 编 辑	鲁从阳
责 任 校 对	王翔宇
装 帧 设 计	许文菲
责 任 监 制	王　娟
出 版 发 行	江苏人民出版社
地　　　址	南京市湖南路1号A楼,邮编:210009
照　　　排	江苏凤凰制版有限公司
印　　　刷	江苏凤凰数码印务有限公司
开　　　本	652毫米×960毫米　1/16
印　　　张	28　插页3
字　　　数	362千字
版　　　次	2012年5月第1版
印　　　次	2023年7月第2次印刷
标 准 书 号	ISBN 978-7-214-07910-7
定　　　价	98.00元

(江苏人民出版社图书凡印装错误可向承印厂调换)

作者的话

《道德经》曰:"万物之始,大道至简,衍化至繁。"两千多年来,作为"大道"的民主在西方经历了一个"衍化至繁"的过程,而且越来越繁杂。如今民主已发展成为世界市场上的"通货",没有人、也没有一个国家堂而皇之地拒收。问题是如何巧妙地运用,使之兴利除弊,既不会因"通货膨胀"而失控,也不至于因"通货紧缩"而窒息生机,或产生大规模的社会抗争。

"民主是个好东西。"在中国,这样一种价值判断来得并不比西方晚。最迟到五四以后,中国主流的舆论就没有偏离过扬民主抑专制的基调,哪怕是在1930年代的"民主与独裁"的论辩中,主张实行新式独裁的人也一致认同民主的价值、自由的光芒,争议的不外乎是如何绘就中国通向民主的路线图和中国最终应设计出何种款式的民主制度。

古人又云:"大道至简,知易行难。"孙中山则反其道,认为:"行之非艰,而知之惟艰。"作为"大道"的民主,到底是"知"难还是"行"难?这不仅困扰着中国人,也困扰着西方人,惟其如此,民主才成为常谈常新的永恒话题。民主之行与知,并非个体之知与行,乃政治共同体范围内集体之知与行。从相对意义上讲,民主之知,即集体的共识;民主之行,即集体的行动。政治共同体的规模越大，达成集体共识并为之行动的难度就越大。其实，民主之知与行，非难易之断，而是一个两难之题。

在中国这样一个有着悠久而丰厚的民本主义传统的国度，"民"的重要性向来就是一项共识。中国人以民为本，西方人欲让民来作主，在对民意、民生的尊重这一点上，中西方并无太大的差异。从这个意义上讲，中国人可能比西方人更容易在价值上毫无保留地接纳民主，向往民主的冲动更强烈，这也许是中国易将民主浪漫化并催生民粹主义的缘由吧。

中国人强调"民"的重要性，通常是从民作为一个整体显示出的力量着眼，即所谓"水能载舟，水能覆舟"，待之必须慎之又慎；"驭民"需要大智或谋略，此"大道"至简也。西方总是将民主与个人权利、自由放到一起来思考，在集体与个体之间，对个体的权利有种本能的偏好。个人的权利与自由不能被剥夺，进而要追问权利的边界、义务的担当、个人自由的空间以及对他人自由的尊重等，这不仅需要理性的估算，也离不开定量的精确计量，此"大道"至繁至难也。

在近代中国，民主观念的生成与流变，既有共时的论辩，也有历时的流变与分岔，既有对传统资源刨根问底式的追问，更有对西学的输入与吸纳。其实，自西学在空间上超出了西方的边界后，所到之处总有一个本土化的过程，民主在中国也不例外。问题是作为"通货"的民主，到了中国市场，能否化为良币，避免产生土币逐良币或土良相争的现象。当然，土与良绝非是一个简单的替代关系，也不是一个非此即彼的排斥关系，而是一个经过创造性的转化的过程，从而生长出一颗既能植根于中国土壤，又能兼容民主的基因、有中国风骨的民主大树。

多年来，正是怀有满腹的疑惑，当多数人在向前看或仰望星空的时候，我在回头看、低头看。回头看到的场景，并非那么苍凉，亦非那么壮丽，于苍凉、壮丽之外，还有不少流星，他们的智慧之光让我感触到审慎的厚重、冷静的价值、妥协的功效、革命的限度和接续的力量。我对他们充满敬畏：王韬、黄遵宪、梁启超、严复、杜亚泉、章士钊、张君劢、张奚若、萧公权、陈之迈、罗隆基、储安平、顾准……

晚清以降，国人在传统与现代、东方与西方关系的论域内投入了太多精力，划清彼此的界线，固然有必要，但不是目的；排列彼此的序列，可以确定当下的方位，但未必能告知明日应然的行动。知是为了行，行可验证并修正知。破解中国民主之知与行的难题，恐怕更需要融通传统与现代、东方与西方，秉承杜亚泉倡导的"接续主义"的思维，在做好"接续"的基础上，审慎试验，迈出坚实的步子。本人不敢斗胆去破解这一难题，只是想将多年阅读的材料与心得以民主观念为轴线串连起来，看看国人对民主的认知发生了哪些变化，这些变化对当时中国政治的走向产生了何种影响。从集体记忆的角度看，这些认知对今天也不无影响。

本书自2004年国家社科基金立项便开始构思，落脚到观念史上也经过了一番苦苦的挣扎，研究口径的收缩，使主题更加明确，但划清观念史的边界，厘清观念流变的内在机理并非易事。本着大胆设想，小心求证，呈现本源，慎下结论的原则，开始了漫长的写作。至2009年秋结项，后来又花了一年多的时间进行必要修补，2011年，拙著与我的同事李里峰教授的《革命政党与乡村社会：抗战时期中国共产党的组织形态研究》、王建华教授的《夭折的合法反对：民初政党政治研究（1912—1913）》、熊秋良教授的《移植与嬗变：民国北京政府时期国会选举制度研究》，以"现代国家成长研究丛书"的名义由江苏人民出版社出版，今后还将有一些相关的研究成果纳入该出版计划。中国的现代国家建设任重而道远，相关的研究永无止境，期待读者对拙著及本丛书多提批评建议。

2012年3月31日

目　录

引言：观念史、观念的力量及限度　1
　　一、观念及观念史的研究　2
　　二、"近代"的特质：民族国家与民主　9
　　三、观念的力量及限度　15
　　四、本书的分析思路　18

第一章　历史遗产：前近代中西民主观念与制度资源之比较　24
　　第一节　思想观念：民本与民主　27
　　第二节　制度安排：一元与二元　54
　　第三节　观念、运动与制度：民主化进程展开的复杂性　75

第二章　历史时空：近代中国民主观念流变的国际背景　82
　　第一节　西方民主的发轫期　84
　　第二节　西方民主的受挫期　92
　　第三节　西方民主的推广期　98

第三章　西学东渐：晚清民主观念的输入　105
　　第一节　西方的"东方主义"与传统中国视域中的外邦形象　106

第二节　西学东渐与中国人对西方认知的变化　112

第三节　中体西用——比较视野中的优势互补　116

第四节　议会制——对西方民主的朦胧认识　122

第五节　新知传播的深度与广度　133

第四章　民智与民权：维新时期民权观念之建构与流布　141

第一节　甲午后的舆情与思维空间的放大　143

第二节　民权与民智："有一分之智，即有一分之权"　147

第三节　悄然兴起的阅读革命及功效　154

第四节　社会对民权说的回应——以湖南为例　162

第五章　浪漫与审慎：20世纪初民主观念的分岔　172

第一节　民主知识库的构建——以梁启超为代表　173

第二节　革命派浪漫主义民主观的强势表达　190

第三节　君宪派审慎民主观的弱势论辩　201

第四节　民主及宪政观念的社会化与知识化　207

第六章　超越与调适：民初民主观念的进一步分岔　220

第一节　革命民主主义者的凯旋与顿挫　221

第二节　从超越议会民主到追求直接民主　232

第三节　"国性论"与"调适论"：文化保守主义者的诉求　236

第七章　庶民与民主：庶民主义民主观的生成　252

第一节　民粹（庶民）主义的一般特征与功效　254

第二节　"五四"前后庶民主义民主的学理构建　260

第三节　守望自由主义民主——"好政府主义"　277

第八章　人权与自由：自由主义民主思潮的兴衰　283

第一节　自由主义者的呐喊——《新月》　286

第二节　自由主义阵营内部的论辩——《独立评论》　294

第三节 自由主义者的绝唱——《观察》 317

第四节 自由主义命运之反思——天时、地利、人和乎？ 329

第九章 宪政与代议制：自由民主主义者的诉求 338

第一节 训政与党治——宪政的前提抑或障碍？ 339

第二节 议会主权——自由民主主义"行动人物"的抗争 352

第三节 制宪与行宪——自由民主主义者的彷徨与分化 366

第四节 工具与价值——难以调和的紧张关系 371

第十章 人民民主专政：共产党人民主观的生成 377

第一节 人民主权与民主集中制——早期共产党人民主观的初步表达 380

第二节 苏维埃制度——体现人民主权理想的制度设计 386

第三节 民主的模范区——建构民主的理论与样本 393

第四节 宪政即民主——解构国统区的宪政运动 408

第五节 人民民主专政——共产党人民主观的经典表达 416

结语 423

参考文献 431

引言：观念史、观念的力量及限度

> 巨大的变革不是由观念单独引起的；但是没有观念就不会发生变革。要冲破习俗的冰霜或挣脱权威的锁链，必须激发人们的热情，但是热情本身是盲目的，它的天地是混乱的。要收到效果，人们必须一致行动，而要一致行动的话，必须有一个共同的理解和共同的目的。如果碰到一个重大的变革问题，他们必须不仅清楚地意识到他们自己当前的目的，还必须使其他人改变信念，必须沟通同情，把不信服的人争取过来。①

这是英国自由主义的代表人物霍布豪斯研究英国 19 世纪自由主义的心得。的确，无论是文艺复兴以来的西方世界，还是晚清以来的中国，都发生了一系列前所未有的"重大的变革"，与这些变革相随的有许多重要的观念，其中最重要的当首推民主观念。近代以降，中国很快由一个"空间上的国家"变成了"时间上的国家"，持续的变革成了近代中国的一大特质。其间，中国人对民主的理解与诉求在很大程度上改变或左右着政治发展、政治变革的走向与节奏，影响着各种政治力量的消长，也书写

---

① （英）霍布豪斯：《自由主义》，朱曾汶译，商务印书馆 1996 年版，第 24 页。

了一部有中国特色的民主观念史。

一、观念及观念史的研究

1. 观念及观念史研究的缘起

这里所讨论的"观念"主要是指代表了一种思想或知识体系的核心概念或关键词①。在西方,自文艺复兴以来,发生了巨变的社会观念或层出不穷的新观念早在启蒙运动时期就引起了知识精英的关注,如伏尔泰就曾将理性的成长与社会进步联系在一起。观念史的研究则是"一个较为晚近而又复杂的产儿"焦点是"各种观念在不同类型的知识人那儿的出现,他们形形色色,特立独行,经常与当时的主流格格不入,与他们协助推翻的正统教义和公认前提相对立"②。故一种新观念的问世,通常带有"反潮流"或"异见"的特征,如共产主义观念问世后,即被欧洲的许多政治势力视为异端。

> 一个幽灵,共产主义的幽灵,在欧洲徘徊。旧欧洲的一切势力,教皇和沙皇、梅特涅和基佐、法国的激进党人和德国的警察,都为驱除这个幽灵而结成了神圣同盟。③

马克思和恩格斯在《共产党宣言》开篇中所讲的"幽灵",就是一种冲击欧洲乃至世界现行政治与社会秩序的"观念"或理论,在初始阶段带有强烈的"反潮流"的特征,属异端者的异见。

观念看似如"幽灵"般漂泊不定,其实也是可以被感知、被触摸的。如美国各地大小不一但造型相同的议会建筑、大选期间各地的投票箱、到处飘扬的星条旗以及坐落于纽约市附近自由岛的自由女神像等,可以

---

① "观念(是)作为用关键词表达的可社会化的思想。"参见金观涛、刘青峰《观念史研究:中国现代重要政治术语的形成》,香港中文大学出版社2008年版,第5页。
② (英)伯林:《反潮流:观念史论文集》,冯克利译,译林出版社2002年版,罗杰·豪舍尔为该书作的《序言》,第13页。
③ 《马克思恩格斯选集》第1卷,人民出版社1973年版,第250页。

从中直接感知美国式的自由、民主观念。历史上及现代各种政党的党徽代表了该党的价值诉求或政治理想。中国在帝制时期的遍布各地的贞节牌坊即是贞节观念的物化载体,祠堂则是帝制时期宗法观念的象征。颜色也时常与某种特定的观念相联,如帝制时期的黄色代表皇权主义观念,在20世纪的中国革命史上,红色则象征着共产主义。还有一些传播甚广的特殊人物的肖像,如切·格瓦拉凝视远方的黑白照片,成为拉美甚至第三世界共产主义革命运动的符号,也是西方左翼运动的标志。

"异见"或"观念"从何而来?古今中外的有神论者认为观念来自于神的启示,是一种灵感。但经验表明,观念是智者提供的一种精神产品。观念既然是某种思想或知识体系的标识,就必然与观念人所处时代的政治生活、社会生活及经济生活有着紧密的关联。

关于观念史研究的起源及特点,见仁见智。法国启蒙运动时期诸多思想巨匠们贡献了许多崭新的观念,人们对自我及世界的认知发生了根本性的变化,这也被后人视为观念史研究的起源。20世纪英国著名的自由主义大师、观念史学家伯林对观念史研究的起源有较详尽的分析:

> 从起源上说,大概可以认为它(指观念史研究——引者注)诞生于18世纪下半叶,是历史主义、多元主义、相对主义以及以史学为基础的各种比较性学科——人类学、语用学、语言学、词源学、美学、法理学、社会学、人种学——的一门近亲。它的核心关注点是"了解你自己"这一古老格言向群体的历史整体、文明或文化的广泛延伸,个体的自我便包含在它们中间,在很大程度上是它们的产物。它尤其关心向我们说明我们是谁,我们是什么,我们经历了哪些阶段和十分曲折的道路才变成现在这个样子。它强调各种观念和情感、思想和实践行为、哲学、政治、艺术和文学的互通性,而不像人类研究中更为专业化的分支通常所做的那样,人为地分别对它们做出评价。它的研究焦点,是某个文化或时代特有的那些无所不在、占支配地位的形成性观念及范畴,当然也包括某个文学流派和政治运

动、某个艺术天才或原创性思想家,只要这些事和人最早提出了问题,发展出了成为后来数代人的共同世界观之一部分的观念。①

2. 关于观念生成和发展的两种看法:以洛夫乔伊和斯金纳为例

关于观念的形成与发展的研究大致有两种不同的看法与分析方法。一种看法认为,观念源自于人的思考,它可从其他复杂的存在中分离出来,形成一个独立自主的世界。观念史也就是将不同时期的伟大作家及其经典文本作有机的联接。另一种看法则认为不应将观念作为一个独立的存在来看待,观念的形成、流变与其外部世界(特定的历史语境)有着密不可分的关系。洛夫乔伊和斯金纳分别是这两种研究方法的代表人物。

19世纪末20世纪初,观念史的研究逐渐成为一个独立的、有特色的研究领域,并建立了一些学术机构与学术刊物。在美国,观念史研究的倡导者是霍普金斯大学的洛夫乔伊(又译为洛维乔易、诺夫乔伊)教授,1911—1939年他在该校任教期间发起成立"观念史学社"(History of Ideas Club),旨在进行"一般哲学概念、伦理概念和美学风尚,还有文学发展和影响的历史研究,以及揭示哲学史、科学史和政治、社会运动史的相互联系的观念和思潮的研究"。1936年洛夫乔伊出版了《存在巨链:对一个观念的历史的研究》。1938年他又在该校创办了《观念史杂志》,1948年出版了个人的《观念史论文集》。

洛夫乔伊注重对"观念的单元"(unit ideas)的研究,即对西方思想传统中那些基本的和经久不变的观念展开分析。他认为虽然这些观念可以被分开或重新组织,但一般来说,西方社会的人们都不假思索地继承了这些观念。在人类思想的演进中,这些基本的观念就成了基本的存在,成为思想演进过程中的"巨链"(great chain),影响或决定着人类思想的发展。在他看来,所谓观念史的研究方法,就是从分析思想体系入手,

---

① (英)伯林:《反潮流:观念史论文集》,冯克利译,译林出版社2011年版,第13页。

摘取其中的"单位观念",然后考察它们彼此之间有着怎样的关联,处在一个思想体系中又怎样被应用,与既有观念相比较处于怎样的地位等①。

洛夫乔伊通过对诸多观念的研究发现了观念史中的一些普遍或者频繁重现的现象:

①同样的前提或其他有效的观念在不同的思想领域和不同时期的存在和影响。

②在思想史和趣味史中,语义的演变和混淆的作用。在术语意义上,变换和含混的作用。

③每一位作家的思想中几乎都有内心的张力或波动——有时候甚至会在某一部书或某一页文字中都清晰可辨。这种张力或波动源自其矛盾的观念,或者情感,或者欣赏品位方面不适应的癖好②。

洛夫乔伊提醒人们,观念的流变是极其复杂的,厘清某种政治观念"产生和发展的过程"就更为复杂:

> 观念史力求找出(当然不限于此)一种文明或文化在漫长的精神变迁中某些中心概念的产生和发展过程,再现在某个既定时代和文化中人们对自身及其活动的看法。因此它极有可能对其实践者提出比任何其他学科更为广阔而多样性的要求,或至少是一些更具体的、往往令人十分痛苦的要求。批判观念时所必需的概念分析的严格逻辑方法,博学多闻,与创造性艺术家相似的移情与再现的巨大想象力——即"进入"与自己完全不同的生活形态,"从内部"对其加以理解的能力——以及出于本能的几乎神秘莫测的预见力——这些从理想角度说观念史专家所应具备的能力,很少能够集中在一个人身上。这无疑部分地解释了真正的观念史家寥寥无几,以及观

---

① 参见(美)诺夫乔伊《存在巨链:对一个观念的历史的研究》,张传有等译,江西教育出版社2002年版,第一章"观念史的研究"。
② (美)洛夫乔伊:《观念史论文集》(作者前言),吴相译,江苏教育出版社2005年版,第5~7页。

念史本身要想成为具有公认资格的学科,仍需奋力争取承认的原因。①

洛夫乔伊的开拓性研究使他赢得了"历史观念史的主要创始者"之美誉,但洛夫乔伊的研究过于偏重于对观念作抽象的哲学分析,故后来遭到剑桥大学政治思想史学者的批评,他们认为洛氏的研究方法有非历史性之嫌。他们是拉斯莱特、波考克、斯金纳和邓恩等。他们的研究均强调"历史语境"的重要性,倡导使文本返回其产生的语境(a new type of historical methodology: contextualism),故有"剑桥学派"(Cambridge School)之称,或"历史语境主义"学派(波考克被称为该学派的创始人,代表作有: The Ancient Constitution and the Feudal Law: A Study of English Historical Thought in the Seventeenth Century, 1957; Politics, Language and Time: Essays on Political Thought and History, 1972; The Machiavellian Moment: Florentine Political Thought and the Atlantic Republican Tradition, 1975)。剑桥学派注重研究产生那些经典文本或伟大观念的社会和知识源泉,即特定的"语境",认为没有脱离语境的无时间限制的真理的存在,包括那些伟大的经典文本也不存在无时间限制的绝对真理。斯金纳在其《近代政治思想的基础》中特别强调:

> 我却尽量不去专门研究主要的理论家,而是集中探讨产生他们作品的比较一般的社会和知识源泉。我首先论述我认为是他们最初写作时所处的和所服务的社会的有关特性。因为我认为政治生活本身为政治理论家提出了一些主要问题,使得某些论点看来成问题,并使得相应的一些问题成为主要的辩论课题。然而这并不是说,我把这些意识形态的上层建筑看作是它们的社会基础的直接产物。……我对传统的"拘泥书本"的方法感到不满意的一点是:虽然这种方法的倡导者往往自称是撰写政治理论史的,他们却很少为我

---

① (英)伯林:《反潮流:观念史文集》,冯克利译,译林出版社2011年版,第5~6页。

们提供真正的历史。①

剑桥学派研究观念史的分析方法其实也是对马克思所讲的"不是意识决定存在,而是存在决定意识"的继承。所不同的是,马克思所讲的社会存在强调的是阶级关系,而阶级关系又是以特定的生产关系为基础的,而剑桥学派所讲的"语境"则要广泛得多,复杂得多。

对一个民族来说,特定的历史语境如同其所处的地理空间一样,是先赋的、无法选择的,但又可以人为地加以慢慢改造。改造历史语境的过程需要某些观念的引导,同时观念也因改造行为而发生相应的变异。

其实,这两种研究观念史的方法均有可取之处。前一种方法不仅可以发现某种观念演变的谱系,还可以发现其产生的种种变异,展示一幅观念传承与流变的图画;而后一种方法可以更为深刻地揭示观念演变的社会政治生态、土壤(历史语境)以及观念与"语境"的互动关系等。本书在探讨近代中国民主观念的流变时尝试这将这两种方法有机地结合起来,即不仅要讨论民主观念在不同时期不同思想家那里是如何言说的,还要讨论思想家(包括政治家)在表达民主观念时所处的语境,他们可能会叙述同一种观念、使用同一个概念,但表达的意涵未必相同。相比之下,特定的语境对理解近代中国民主观念的流变更为重要。

3. 中国的观念史研究

在中国,观念史的研究古老而又新鲜,两千多年的儒学发展史不仅可以视为儒学观念的流变史,也是一部研究儒家观念的观念史。但自汉代儒学定于一尊,成为主流的排他的意识形态以后,传统中国对此种观念流变的分析难免是陈述性的、注疏式的,无论是"我注六经"或"六经注我",均缺少学理性的尤其是批判性的反思,学术视野狭窄,学术总是受

---

① (英)昆廷·斯金纳:《近代政治思想的基础》上卷,奚瑞森等译,商务印书馆2002年版,第3~4页。

政治及意识形态所累。

晚清国势衰微,国人的视野渐渐超出原来那虚幻而又狭窄的"天下",始而用批判的、比较的目光审视中国的观念与学术,以及观念与国运的关系。如梁启超的《清代学术概论》、《中国近三百年学术史》就极具代表性,但梁氏的研究理路从过往中式的普遍主义转向了西方的普遍主义,坠入了西方中心论的巢穴,即生硬地将中国观念的流变镶嵌到西方近代历史的轨道之中,以此来阐明中西强弱之缘由。到后梁启超时代,中国长期处于一个充满暴力、革命、对抗的年代,这使得学术研究及学人缺少必要的宁静、从容与学术中立。自1970年代中国道路开始了一个由革命到改革、由对抗到和解、由政治挂帅到以经济建设为中心的大转轨,自由的学术平台开始搭建。其间,熊月之教授的《中国近代民主思想史》是1949年以后首部从历史学的角度对五四运动之前的民主思想进行梳理分析的专著,对中国民主观念流变的研究具有开拓性的意义。1990年代以来,中国学界对观念史的研究有了可喜的进展。香港中文大学金观涛、刘青峰教授基于该校建立的"1830年至1930年间的中国近现代思想史研究专业数据库",对近代政治思想领域中一些关键词(观念)作计量研究(采用数据挖掘方法),较为客观地反映该关键词使用的意涵和普及程度,从而摆脱研究观念起源和演化囿于思辨而无法实证的困境;另一方面他们关注观念史的内在理路,观念是如何参与社会的演化并受其制约,从而走出了马克思式的将观念当作生活的反映和韦伯式的将观念动机作为社会行动的原因的两难困境,突现两者的互动与水乳交融的关系①。其代表性的研究成果有:《中国现代思想的起源》(香港中文大学出版社2000年版)、《观念史研究:中国现代重要政治术语的形成》(香港中文大学出版社2008年版)等。

---

① 金观涛、刘青峰:《中国现代思想的起源:超稳定结构与中国政治文化的演变》(第1卷)序,香港中文大学出版社2000年。

大陆学者汪晖教授的四卷本《现代中国思想的兴起》(三联书店2004年版)是学术分量较重的作品,该书分上下两部,每部分上、下两卷。第一部上卷为《理与物》,下卷为《公理与反公理》;第二部上卷为《帝国与国家》,下卷为《科学话语共同体》。该书亦循历史语境主义的分析方法①,以秦汉以来的王朝帝国向现代民族国家的转变为轴,探讨现代中国思想面对西潮的冲击发生了怎样的变化、现代中国思想演进的内在理路,其分析视角与立论有许多独特之处。此外,方维规教授的《"议会"、"民主"与"共和"概念在西方与中国的嬗变》(《二十一世纪》2000年4月号)、《近现代中国"文明"、"文化"观的嬗变》(《史林》1999年第4期)、《论近代思想史上的"民族"、"nation"与"中国"》(《二十一世纪》2002年4月号)等,对一些传统观念与域外概念在近代的嬗变作了细心的梳理、求证与评析。其他,如陈建华教授的《"革命"的现代性——中国革命话语考论》(上海古籍出版社2000年版),许纪霖教授对近代知识分子所作的系列研究,李华兴教授等撰写的《"索我理想之中华"——中国近代国家观念的形成与发展》(安徽教育出版社2005年版)等亦丰富了观念史的研究。

二、"近代"的特质:民族国家与民主

"近代"的意涵要远远超出了所表示的年代。"近代"与"现代"是中国学界因应政治发展阶段而采用的一种特殊的分期。若考虑到"现代性"的生成,与其作"近代"与"现代"之分,不如作"传统"与"现代"之分。汪晖指出:

>"现代"概念是在与中世纪、古代的区分中呈现自己的意义的,它体现了未来已经开始的信念。这是一个为未来而生存的时代,一

---

① 诚如作者在该开篇所讲的:"在历史研究中,任何脱离具体的语境、文本而将问题提炼为简短的结论的努力都会牺牲太多的历史感。"《现代中国思想的兴起》上卷第一部,三联书店2004年版,第1页。

个向未来的"新"的敞开的时代。这种进化的、进步的、不可逆转的时间观不仅为我们提供了一个看待历史与现实的方式,而且也把我们自己的生存与奋斗的意义统统纳入这个时间的轨道、时代的位置和未来的目标之中。……在"上帝死了"的时代,人类历史上的那各种变革就只能通过许诺一个光明的、自由的、解放的未来来论证自己的合法性。①

日本汉学家沟口雄三(1932～2010)从反思西方中心论的角度也对"近代"的起源及意涵作了探究:

> "近代"这个概念,原来只是欧洲局部地区性的概念,充其量也不过是欧洲内部相对于旧时代而言的一个自我讴歌的概念。随着欧洲势力在世界范围的扩张,它不久就成了一个泛世界的概念。曾几何时,它甚至成为欧洲在世界历史上所占据的优越地位的一种标志。就亚洲而言,尽管或则抵抗、或则屈服、或则赞美、或则追随,但最终还是接受了这个概念。②

回到约定俗成的"近代",无论是中国还是西方,近代与前近代相比,不仅有赓续一面,更有更张的一面。就国家形态而言,与传统的各类政治共同体如王朝、城邦、酋长国、公国等相比,近代国家的显著特质是民族国家(nation-state)的构建与国家政治制度的民主化,即国家主权与公民权(或曰国权与民权)的共同成长。人类社会政治制度与政治生活的这一变革肇始于16世纪前后的欧洲。先是绝对主义国家的出现,继而资产阶级的民主革命,奠定现代民主制度的初始框架,民主的种子在此框架内不断发育成长。

按照英国学者吉登斯对欧洲历史的考察,"民族国家"是继"传统国家"、"绝对主义国家"之后出现的现代国家形式。民族国家作为一项领

---

① 汪晖:《关于现代性问题答问》,载《天涯》1999年第1期。
② (日)沟口雄三:《中国前近代思想之曲折与展开》序言,陈耀文译,上海人民出版社1997年。

土政治安排,其存续的基础端赖于边界(border)的明晰与确证,而民族国家也就"成为建构和维护边界的代理人"。依其边界,民族国家维持着对外的独立性和对内的至高地位。就其对内而言,民族国家运用其至高权力地位进行内部的全面整合,建构出统一而单质的市民社会,并使自己与市民社会紧密相连,前者对后者进行调控与范导,这一调控与范导实质上表现为民族国家的现代规划①。

美国学者福山在1989年发表的《历史的终结?》中认为自由民主已克服了世袭君主制、法西斯等这类相对的意识形态,民主自由的正统性与正当性已毋庸置疑,西方的自由民主政体将作为人类最后的政体形式而得到普遍的实现,从而导致了历史的终结:

> 在此之前的种种政体具有严重的缺陷及不合理的特征从而导致其衰落,而自由民主制度却正如人们所证明的那样不存在这种根本性的内在矛盾。……或许当代有些国家能够实现稳定的自由民主制度,而且有些国家可能会倒退回其他更原始的统治方式,如神权政治或军人独裁,但我们却找不出比自由民主理念更好的意识形态。②

这一论断虽不无历史宿命论之嫌,但至少到目前为止,现代民族国家的构建与强固,对自由民主制度的普遍认同与接受(不管是事实上还是口头上,抑或对"民主"有着不同的理解),已成为当今世界各国不二的选择。这恰如1947年11月11日丘吉尔在英国下议院演讲时所言:"人类试行过许多政府形式,在这个充满罪恶和悲哀的世界上,人类还会试行更多的政府形式……没有什么人以为民主政府是完美无缺的。说实话,倒是有人说,民主是最糟糕的政府形式,只是别算上其他一切已经试

---

① 参见(英)安东尼·吉登斯《民族-国家与暴力》,胡宗泽等译,三联书店1998年。
② (美)弗朗西斯·福山:《历史的终结及最后之人》,黄胜强等译,中国社会科学出版社2003年版,第1页。

行过的形式。"①

当下人类社会所实现的民主制度虽然离不开雅典民主的基因,但严格说来它是近代启蒙运动或近代文明的产儿。欧洲的"近代"始于文艺复兴,继而有思想启蒙运动。

> 启蒙运动是欧洲文化和历史的现代时期的开端和基础,它与迄至当时占支配地位的教会式和神学式文化截然对立。……启蒙运动绝非一个纯粹的科学运动或主要是科学运动,而是对一切文化领域中的文化的全面颠覆,带来了世界关系的根本性移位和欧洲政治的完全更改。……启蒙运动的基础在17世纪以及更往前的文艺复兴,其繁盛期在18世纪,衰落于19世纪。②

与启蒙运动形影相随的是英国左翼历史学家霍布斯鲍姆所讲的"双元革命"(英国的工业革命和法国的政治革命)或"孪生大变革"③。17世纪英国的资产阶级革命(自1640英国"内战"至1688年的"光荣革命")创生并奠定了现代民主制度的典型模式——代议制民主。从此"民主"、"自由""人权"、"共和"等在大西洋两岸渐渐成了公共的政治议题。1640~1688年也成为英国由绝对主义国家向现代民主国家转型的拐点。18世纪美国的独立战争(美国革命)催生出的民主共和制和具有成文宪法的民主宪政制度,使得民主的制度设计日趋完善,民主制度的运作更有可操作性和示范性,这也进一步昭示了有别于古希腊直接民主的现代民主宪政制度具有可能的普适性。旋即爆发的法国大革命,虽然未能立即成功地建立较美国民主在深度和广度上更进一层的民主制度,但在法国大革命中昭示的"人民主权"、"天赋人权"等现代民主制度的核心价值

---

① 转引自郭建《为了打击共同的敌人——施米特及其左翼盟友》,载香港《二十一世纪》2006年4月号。
② (德)特洛尔奇:《启蒙运动》,转引自刘小枫《现代性社会理论绪论》,上海三联书店1998年版,第175页。
③ (英)霍布斯鲍姆:《革命的年代》,王章辉等译,江苏人民出版社1999年版,第2页。

理念,使民主这一议题虽然曲高,但和者日众。民主的种子也因此而播撒到了一个更为广阔的空间,民主议题逐渐越出大西洋两岸,而成为一个世界性的议题,人类迎来了第一波民主化浪潮。

一元论的历史观无疑带有前近代各民族普遍存在的"我族中心主义"的偏见或人类童年时代的思维烙印①。无论是从大历史观的角度来看,还是从历史事实本身出发,所谓"共性"或"普遍规律"未必经得起推敲。审视人类民主史的曲折道路,也许如同资本主义生产方式一样,从发生学上看,应是西方社会的产物。在非西方社会的传统文化与制度设计中或许多多少少能挖掘出一点看似民主的因子或基因,但这种基因并未能得到有效的表现,很难构成现代民主制度的直接源头。

源于西方的资本主义文明移植到世界其他地方当然会表现为不同的样式(如东亚的所谓"儒家资本主义");同样,源于西方的民主制度在非西方社会(甚至也包括西方社会)亦非千篇一律。但从人类社会民主化进程谱系来看,民主制度的种子最先在西方生根开花结果。虽然在历史决定论者看来,每个民族都可以假设,若没有西方社会的侵扰,各民族或早或晚都会走上资本主义道路,也会告别专制走向民主,甚至视之为人类社会发展的普遍规律,但这只能停留在逻辑的推导上,难以得到历史的验证。

前近代中国的国家形态是王朝,即大一统的帝国。与现代民族国家不同,"大一统"之"大",号称"无远弗届","普天之下,莫非王土;率土之滨,莫非王臣。""大一统"之"统",号称号令天下,"同文"、"同轨","人迹所至,无不臣者"。其实,这只是帝王及政治精英对理想王国的一种期待,事实上任何一个王朝只能对其腹地的县城以上的城市进行有效的控制,而乡村特别是帝国的边陲只能任之听之,或无为而治。对"天下"进

---

① "自身中心化的极端自我中心主义",参见(瑞士)皮亚杰《发生认识论原理》,王宪钿等译,商务印书馆1996年版,第23页。

行有效的数目字管理是传统国家的能力与技术所不可企及的。正是在这个意义上梁启超否认"天朝"是"国":"中国人向来不知其国之为国也。我国自古一统,环列皆小蛮夷,无有文物,无有国体,不成其为国。吾民亦不以平等之国视之,故吾中国数千年来常处于独立之势,吾民之称禹域也,谓天下,而不谓国。"①

从"冲突与回应"的角度视之,将第一次鸦片战争作为近代中国的开端是恰当的。但中国政治由传统向现代转型,或真正感受到现代性的挑战则始于第二次鸦片战争结束后总理各国事务衙门的设立②,而真正打算告别王朝体系,致力于现代民族国家的构建则始于甲午战争之后。1949年一个享有独立与主权的共和国的诞生是百余年来中国的民族国家建设所取得的重大成就,为国家政权对疆域、内政进行有效的数目字管理提供了可能。20世纪末港、澳的相继回归使民族国家的构建有了新的突破,台湾问题如何解决成为热议和期盼的话题。与此同时,民主制度的建设亦在不断探索与推进之中,加强社会主义政治文明建设,进一步完善民主制度,也是当下国家领导层、学界及民众普遍关切的话题。回溯近代中国走过的艰难的民主历程、前贤对民主的认知和努力、民主观念在近代中国的流变,对其作客观的学理分析,可从中获取宝贵的政治智慧,并为当下中国如何推进民主化进程提供有益的镜鉴。

---

① 梁启超:《中国积弱溯源记》,载《清议报》第77~84册,1901年4月29日—7月6日。
② 第一次鸦片战争的爆发通常被视为近代中国的开端,但从政治变迁的角度看,此次事变并未给中国政治的发展带来任何实质性的变化,而总理衙门的设立则标志着中国对西方认知的变化,中国的政治结构及施政理念开始发生变化,故可视其为回应西方"现代性"的挑战之举。日本学者沟口雄三则以16—17世纪作为中国近代史基本的立足点,此间的变动是指以黄宗羲为代表的"乡里公论",即"地方的公事地方办"的所谓民间主导的"乡治空间"的成立、成长过程所显示的东西。他认为此种变化的发展与后来的辛亥革命(中央集权制的崩溃、行省力量的扩张)有着内在的联系。沟氏的此种观点主要是着眼于中央与地方关系的演变。参见沟口雄三、小岛毅主编《中国的思维世界》,孙歌译,江苏人民出版社2006年。

三、观念的力量及限度

人类从野蛮走向文明的历史也是一部观念发展史。观念源于社会，观念也可以型构或改造一个社会。西方社会自近代以来的民主、自由、天赋人权等观念，则型构了如今西方各国的政治样式及政治生活方式。秦帝国以来的"大一统"、"君临天下"观念逐步型构了一个庞大的帝国天朝体系（当然观念只是型构这一帝国体系过程中的力量之一）；汉武帝"罢黜百家、独尊儒术"的方略对从政治文化上确立儒学的至尊地位，并借此来维系一个"大一统"的帝国。近世以来中国的民主观念、革命观念、共产主义、改革开放等观念，则烙下了不同时期中国人政治生活的足迹。

观念在型构一个社会后，也能成为固化一个社会秩序与政治秩序的精神力量。如儒家的礼教、"四民社会"及重农抑商观念、因科举制而催生的"万般皆下品，唯有读书高"的观念等。通常观念的生命期越长就越难改变，越难更新。长期信守的某种观念可以上升为某种信念甚至信仰，成为一种民族或国家的文化基因。诚然，此类观念在一定的条件下也是可以更张、变通或刷新的，如西方近代的宗教改革、西方社会对民主观念的刷新等都是例证，但这往往是一个渐进的、艰难的、缓慢的过程。

观念的力量可以表现为和煦的阳光，温柔敦厚，也可以表现为划破长空的闪电，电闪雷鸣。如同样因自由、人权、平等观念催生的北美革命与法国大革命却表现出极不相同的样式。美国学者苏珊·邓恩在《姊妹革命——美国革命与法国革命启示录》中用"阳光"与"闪电"形象地描述了两种革命模式的特征。所谓阳光，是指北美革命的性格，温和而耐久；而闪电则指法国革命的特质，爆发于黑暗，暴雨如注，照亮并荡涤旧世界的各个角落，但也迅速回归黑暗，继而闪电再起，又出现新的暴力革命，这印证了观念所处的不同语境、不同的社会政治生态，可能会导致人们对同一观念赋予不同的意涵；而对同一观念的不同理解，又将会导致不同的政治行为方式或不同的社会政治运动模式。

观念可以与人类文明齐头并进,但在一定条件下也可以与人类文明逆向而行,成为洪水猛兽。如近代以来的法西斯主义、军国主义、极权主义、宗教极端主义、民族分离主义等观念,使近代历史增添了许多血腥的章节。

如前所述,一种能给社会带来巨变的观念通常是由异见者来供给的,虽然异见不见得都能成为这一类的观念,如明末清初西方天文学中的地球说传入中国的时候,被许多士大夫视为邪说。明清之交的杨光先①先后撰写《群邪论》、《辟廖论》,嘲笑传教士带来的地球说不合理,天主教荒诞无稽,他还留下了"宁可使中国无好历法,不可使中国有西洋人"这样极端荒唐的名言,但地球说在那个时代毕竟是一个可以求证的"相对真理"。此种"异见"在缺少它生长的社会与知识基础的时候是难以展开和传播的,一旦时机成熟将会对原有的观念带来巨大的冲击。在西方,茨威格用富有哲理的文字为人们展现了一幅"异端的权利"的历史画卷:"苍蝇"是如何撼动"大象"的②。鸦片战争后许多开眼看世界的中国人,面对来自域外的各种异见,不禁发出了"千古未有之奇变"的叹息。在近代中国,人们对西方的许多舶来品的认知大都经历了一个从难以理喻、无法接受的"异见",到可以接受、甚至心向往之的"期盼"的过程,民主观念亦然。

观念力量的显现取决于诸多因素。首先取决于观念满足社会需求的程度,这好似商品与市场的关系。如卢梭的天赋人权观念可以在法国大地上畅行、回响,并催生了法国大革命。路易十六在读到伏尔泰和卢梭的作品后就不禁掩卷长叹:"伏尔泰和卢梭亡了法国"。然而,他们的

---

① 杨光先,清初反洋教的代表人物。清初朝廷任用西洋传教士汤若望为钦天监,废《大统历》,用《西洋新法历书》。
② (奥)斯·茨威格:《异端的权利——卡斯特利奥反对加尔文史实》,赵台安等译,三联书店1986年版,第1页。

观念传到英国则遭到以柏克为代表的保守主义思想家的抵制,并成功阻止了欧陆理性主义对英国经验主义的侵蚀。

20世纪20年代末与30年代初在意大利和德国滋生的法西斯主义,不仅受到欧美民主国家的排拒,即便到了中国,也受到自由主义知识分子的痛斥而昙花一现,但在日本却受到追捧,并产生了具有日本特色的法西斯主义。这进一步反映出"观念"与"语境"之间的复杂关系。

观念欲显示出力量,不仅需要深度的阐释,还需要广泛的营销。政治观念的力量在很大程度上取决于它是否被传播以及被传播的深度和广度。人类历史上每一次传播技术的革新均加速了观念的流速,进而提升社会变革的速率。纸张及印刷术的发明之于中国大大加速了儒学社会化的进程;15世纪谷腾堡改进后的活字印刷才使得欧洲的宗教改革与文艺复兴运动成为可能。19世纪末以来有线电、无线电、电影、电视、网络的出现,更使得观念的传播变得越来越神速。

观念传播的深度与广度固然有赖于传播技术的支撑和受众的接受能力,但观念并不因传播技术的改进而自动显示出观念的力量,一方面历史上有过各种新闻审查制度来反制观念的传播,另一方面,领袖人物在营销某种观念时所采取的策略也会影响观念的传播效果,如德国纳粹党的宣传部长戈培尔对反犹主义、领袖崇拜的操弄。

观念的传播也可视为观念在国家或不同文化间的旅行,但观念之旅与器物之旅有明显的区别,后者在其旅程中可保持原状,而前者通常会发生各种变异。萨义德对此作了生动的描述:

> 首先有个起点,或看上去像起点的东西,标志某个概念的产生,或标志某个概念开始进入话语的生产过程。其次,有一段距离,一段旅程,一段概念从此至彼地移动时的必经之路。这段旅程意味着穿越各种不同语境,经受那里的各种压力,最后面目全新地出现在一个新的时空里。第三,移植到另一个时空里的理论和观念会遇到一些限定性的条件。可称之为接受条件,也可称之为拒绝条件,因

为拒绝是接受行为不可分割的组成部分。这些条件使人可以引用和容忍外来的理论和观念,不论那些理论看起来多么怪异。第四,这些充分(或部分)移植过来的(或拼凑起来的)概念在某种程度上被它的新用法,以及它在新的时间和空间中的新位置所改变。①

观念的传播和营销与商业运作中的商品营销看似相同,但观念通常不是一种可以随意打包迁移的"物理状态"。观念作为一个时代或社会的产物,必然与其所处时代与社会的诸多要素有着千丝万缕的联系,如果割断这种联系,将某种观念提取出来置于另一个社会中时,观念将会发生变异,难逃橘化为枳的厄运。生物学中的变异将导致物种的多样性,观念的变异亦然,甚至远远超过生物学上物种的多样性。如以民主为例,源头只有一个,雅典城邦实行的一种政治制度,也是城邦人所信奉的一种观念。然而,随着历史的下行,不同时代的人们对民主有着很不一样的理解。随着这一观念在近代开始了一个"世界化"的进程,不仅各个地方人们对民主有着不同的认知,甚至同一个地方同一个时代的人也有各自的民主观,这是民主观念流变的一个面向之一。

四、本书的分析思路

本书的主旨是对近代中国的民主作一项观念史的考察,力图厘清民主观念在近代中国的生成与流变的脉络。这一议题既是政治学或政治思想史研究的对象,也属观念史研究的领域。

本书所采用的研究方法是试图将对观念载体的分析即"文本分析"与观念流变所处的"历史语境"相结合,对表达民主观念的主体分析与该主体与所属群体的分析作比较。近代中国民主观念的流变有其独特的"历史语境":丰厚的历史遗产、近代中国所处的极其复杂与多变的国际

---

① (美)萨义德:《世界,文本,批评家》,引自刘禾《跨语际的实践:往来中西之间的个人主义话语》,许纪霖编:《二十世纪中国思想史论》上卷,东方出版中心2000年版,第225页。

背景、现实的政治与文化生态不确定性。这三者交织与互动构成了近代中国民主观念流变的特殊"语境",也使得民主观念在跨文化间的传播与接受的过程充满了无穷的变数,也带来太多的变异与不确定性。如果仅仅将一些观念文本联接起来,则难以反映民主观念流变的真相。

关注近代中国民主观念流变的历史语境,不仅要关注那些提供民主观念的人所处的"小时代",如自强运动、辛亥革命等,还要关注他们所处的"大时代"。所谓"大时代"有两层意涵:一是"中国",二是"近代"。中国是一个有着数千年文明史的国家,并长期领跑人类文明,形成一种特有文明优越感、制度优越感和观念优越感。此种代代相传的优越感形成了中国人特有的一种认己、认他、认世的思维方式,每一个中国人都是带着这种思维方式进入近代的,故而应采用布罗代尔讲的"长时段"①的分析方法。"大时代"视野中"近代",也不只是鸦片战争以来的中国,而是包含自文艺复兴以来的近代西方社会。相对于短促的中国"近代",西方的"近代"所处的时间是中国数倍,其思想观念流派纷呈。而欲识别西方近代的思想观念,又不得不追溯西方前近代的历史,包括希腊时代和中世纪。观念的流变,如同生物学中的基因,必须溯源辨流。凡此种种,构成了近代中国民主观念流变的历史语境,本书的前两章将着重分析这一历史语境。

观念的流变通常会表现为阶段性的特征。从近代中国民主观念的生成与流变来看,可大致分为五个阶段。

1. 19世纪中后期西方文明的辨识期。关键词是议会。中国人通过间接或直接的方式在西方文明中探寻文明包括民主的种子,辨别中西之异同,其关注点是直观而有形的制度设计——代议制。代表人物是那些关注西学并有革新取向的维新派思想家,如王韬、郑观应等。

---

① "人类历史发展的长河是由一段段强大的激流衔接起来构成的。"(法)布罗代尔:《历史和社会科学:长时段》,载蔡少卿主编:《再现过去:社会史的理论视野》,浙江人民出版社1988年版,第57页。

2. 19世纪末20世纪初民主观念的输入期。关键词是民权、自由、宪政、权利等。甲午一役中国大败,戊戌政变后国人的自我认同危机在加深,并纷纷将希望的目光投向外部世界,以梁启超为代表的留日学子与旅日人士①,开始挖掘西方文明有形制度背后的各种观念、价值、习性等。相关知识的来源以"东学"②(日本化了的西学)为主。

3. 1903年至民国初年为浪漫主义民主的输入期。关键词是革命、共和、民主等。以孙中山及一些留日、旅日及沿海的一些革命志士为主体,改朝易制是他们共同的追求,相关的知识来源虽然也是以"东学"为主,但主要是汲取了"东学"中与法国大革命与美国独立战争相关的一些思想素材,如卢梭的思想、《人权宣言》等。当然,主张行民主应以开民智为前提的渐进主义民主观始终与之随行,但此种民主观呈边缘化的趋势。

4. "五四"时期为民主观念的分岔期。民主与科学是"五四"启蒙之士共同的期盼,但"五四"之子大体是分别沿着两种不同的思想理路来阐释各自民主观:一是留学英美③的以胡适为代表的自由主义民主——精英民主;二是以留学日、俄或有法国勤工俭学背景的李大钊、陈独秀等为代表的革命民主主义——大众民主(庶民主义的民主)。"五四"落潮,两派人士均怀"革命尚未成功"之感,并分别依循各自的理路与立场,选择

---

① 1900—1937年,在日本教育机构注册的人数约136000;1901—1939年从日本教育机构毕业的人数约12000。参见费正清主编《剑桥中华国民史》第二部,章建刚等译,上海人民出版社1992年版,第396页。
② 关于此间以留日学为民主观念输入的中坚力量,梁启超有颇为中肯的评价:"晚清西洋思想之运动,最大不幸者一事焉,盖西洋留学生殆全体未参加于此运动。运动之原动力及其中坚,乃在不通西洋语言文字之人。坐此为能力所限,而稗贩、破碎、笼统、肤浅、错误诸弊,皆不能免。故运动垂二十年,卒不能得一健实之基础。"《清代学术概论》,载朱维铮校注:《梁启超论清学史二种》,复旦大学出版社1985年版,第80页。
③ 据不完全统计,1854~1935年,在美国学习的中国学生约21000人,参见费正清主编《剑桥中华国民史》第二部,章建刚等译,上海人民出版社1992年版,第397页。民国时期民主思想与民主运动尤其是自由主义思潮产生影响者多为因1909年开始实施庚款留学计划获得赴美留学的一批学人,他们20~30年代先后学成回国,此外还有一些留学欧洲的学人。

性地继承"五四"遗产,追求自己的理想。

5. 南京国民政府以后为民主观念与宪政制度的期成期。"五四"之子分途奋争,以期实现各自的民主理想。一是以胡适、罗隆基、张君劢、储安平等学院派知识分子为代表,他们主要是在体制内通过报刊来宣扬自由主义民主,以期当政者接纳其理念与制度设计,使中国走入自由主义民主的轨道。二是以李大钊、陈独秀、毛泽东等为代表,他们主是要在体制外通过组党、建军,对乡村社会进行最为广泛的政治动员与彻底的改造,通过革命运动为实现大众民主(人民民主)而斗争。他们的共同点是皆以现行的党国体制为批评对象,但批评方式迥异。

前两个阶段大致可视为近代中国民主观念的生成期,而后三个阶段则是民主观念的流变期。

观念的流变离不开观念人物。在西方民主观念的流变史上,有一些公认的伟大的观念人物及其经典作品,近代中国则有其特殊性。作为一个后现代化国家,且处于一个凶险的国际空间与复杂的国内政治生态中,很难想象中国的观念人物也像西方的同道者那样,为观念而观念,并从容地思辨、精心地建构一个成熟而严密的观念体系。近代中国的时势是不可能提供观念人物培育某种观念所需要的足够时间与平和的心境。他们如同穿梭于枪林弹雨中的勇士,必须与时间赛跑。他们的铁肩不仅要担道义,更要担救亡。救亡在近代中国是一个挥之不去且持续升温的主题。所谓挥之不去乃是因为革新努力不断遭受挫折,此种挫折势必要求观念人物不间断地提供新的既能感召当道者又能鼓动民众的具有救亡功效的观念。这样,许多观念人物更加具有政治人物甚至政治领袖的属性,这不仅冲淡了观念人物的职业化的属性,使他们普遍患有思想贫血症,也使得他们供给社会的观念更像一些可操作的政治口号,而观念应有的深邃与理性成分不足。唯其如此,在中国近代民主观念流变的过程中,既没有产生可与西方伟大作家相比肩的观念人物,也未能产生一系列伟大的经典作品。但是,中国并不缺少民主观念方面的风向标式的人物。从民主观念流变的角度看,风向标式的人物至少有:王韬、梁启超、孙中山、李大钊、胡适、毛泽东等。他们在不同时期所提出的表达民主观念的概念及与此匹配的一套支撑性的词汇,均成为中国近代民主观念流变史上的重要环节。兹列简表示之:

风向标人物	同道者	核心概念	关联性语汇	时间
王韬	郭嵩焘、郑观应、薛福成、马建忠等	君民关系	君主之国、民主之国、君民共主之国、议会	自强运动时期
梁启超	康有为、严复、汪康年、黄遵宪、杨度等	民权	民权与民智、民族国家、自由、权利与义务、宪政	戊戌变法前后
孙中山	邹容、宋教仁、胡汉民、汪精卫、陈天华、朱执信等	民权共和	革命、民主、共和、五权宪法、国民大会、直接民主、建国三阶段	辛亥革命至国民革命运动
李大钊	陈独秀、蔡和森、毛泽东等	庶民主义	大众民主、劳工神圣、当家作主、翻身解放	五四运动时期
胡适	罗隆基、张君劢、张东荪、储安平等	自由主义	言论自由、结社自由、人权、个人主义、宪政、代议制	南京国民政府时期
毛泽东	刘少奇、周恩来等	人民民主专政	新民主主义、资产阶级民主、无产阶级民主、人民当家作主	抗战至1949年

大致说来,六位风向标式的观念人物在时间上是继起的,但也有共存或交叉,这表明民主观念的演进并非是一个简单的线性过程。就观念对社会政治运动产生的影响来看,孙中山和毛泽东作为拥有"最后决定

之权"①的超级政治领袖②,不仅具有中国民主路线图的规划权,且拥有实施权。本书将对这些风向标式的人物及同道者置于近代中国这样一个特定的历史语境中作历史政治学的分析,力图对近代中国民主观念的流变作一全景式的展呈。

---

① 1924年国民党"一大"《党章·总理》规定:"总理为全国代表大会主席和中央执行委员会之主席;总理对于全国代表大会之议决有交复议之权;对于中央执行委员会之议决有最后决定之权。"1943年3月20日,中共中央政治局会议在延安通过的《关于中央机构调整及精简的决议》中规定:一是重新成立政治局,二是重新成立书记处,它隶属于政治局,书记处由毛泽东、刘少奇、任弼时三人组成。书记处会期不固定,得随时由主席召集之。"在两次中央全会之间,政治局担负领导整个党工作的责任,有权决定一切重大问题。政治局推定毛泽东同志为主席。"由毛泽东、刘少奇、任弼时三人组成书记处作为政治局的办事机构,推毛泽东为主席,"会议中所讨论的问题,主席有最后决定之权"。中共中央文献研究室等编:《建党以来重要文献选编》第24册,中央文献出版社2011年版,第173页。
② 用韦伯的话说,他们是"具有超自然的或者超人的,或者至少是特别非凡的、任何其他人无法企及的力量或者素质,或者被视为神灵差遣的,或者被视为楷模,因此也被视为'领袖'"。载韩水法编:《韦伯文集》(下),中国广播电视出版社2000年版,第247页。

第一章　历史遗产：前近代中西民主观念与制度资源之比较

政治行动中的人物无论是巨人还是民众都不可能脱离经验而生存，对经验的研判通常是人们政治行动的出发点。此类经验主要指是一个民族的政治观念及制度的历史遗产以及对其他民族政治观念与制度的认知，它也是人们代际相传的历史记忆。在中国这样一个有着尊祖尚古传统的国度尤其如此。

比较史学与比较政治学的意义可以使人们在更为广阔的背景下审视我们所关切的议题，加深对议题的理解。传统的比较分析，空间上的半径非常有限，时间维度既有共时性的，也有历时性的；而现代的比较研究，可以将东西、南北的半径放大到极致，时间维度更强调共时性。比较史学的适用性尽管有限，但在研究民主思想与民主制度这一议题时，比较的视野又是不可或缺的，且有相当大的解释空间和启示。

研究中国近代民主观念的流变或民主制度的发生与发展，与研究其他制度如科举制、君主制等不同，离开了比较的视野就无法深入。但是，从比较研究的角度研究中国近代民主观念的流变将遭遇一个无法规避的陷阱——"西方中心论"，即将世界分为"西方与其他地区"，并由此派生出"中心"和"边缘"。

虽然在中古甚至更早,中西方均有零散的有关对方的信息,但最早正视对方的恐怕是西方。在欧洲启蒙运动之初,欧洲的一些思想家对中华帝国投以关注的目光,他们想象中的中国是"一个新的道德和物质的世界"①。蒙田这样写道:

> 中国的政府管理和艺术与我们从无交流,他们对我们的政府管理和艺术也一无所知。但这个王国在许多方面成效卓著,超过了我们的样板。这个国家的历史告诉我,世界更为宽广更丰富多彩,无论古人抑或我们自己对世界都知之甚少。在中国,国王派遣到各省巡视的官员可以惩罚利用职权贪赃枉法的官吏,也可以极慷慨地奖励忠于职守为官清廉的官吏,而且奖惩都可以超越一方式及官员职责规定的范围。②

中国在欧洲人眼里首先是一个擅长治国之道的王国,这样的印象他们维持了近两百年。但随着18世纪以来资本主义在西方逐步获得了稳固地位,其政治制度、经济制度、文化形态、科学技术等渐成强势,大规模的殖民化的时代由此启开,西方中心论也因此取得了支配地位。西方人的优越感虽不乏想象的成分,但学院派的研究的确受此种想象力的影响。第一次世界大战结束后,德国哲学家斯宾格勒发表的《西方的没落》从比较文化形态学的角度较早地反省"西方中心论",但却受到其宿命论历史观的支配,斯氏的惊呼并未从根本上动摇"西方中心论",也不可能从根本上动摇西方人优越感。二战以后,随着世界殖民体系的逐步瓦解,东西方冷战格局的形成,出现了一大批疏离西方的新兴国家,"西方中心论"的生态背景发生了变异,从而在客观上使得"西方中心论"发生了某种程度的动摇。正是在此种背景之下,1984年美国汉学家柯文的

---

① (法)伏尔泰:《风俗论》上,梁守锵译,商务印书馆1995年版,第201页。
② 《论经验》,载《蒙田全集随笔》下卷,潘丽珍等译,译林出版社1996年版,第348页。

《在中国发现历史》①在世界汉学界产生了相当大的震动。在日本，以内藤湖南、宫崎市定等历史学家为代表的"京都学派"将以中国为中心的东亚区域建构为一个具有自身的现代性动力和轨迹的历史世界，始于宋代的"东洋的近世"是独立于西方近代而发生的历史现象，它即便不是早于欧洲也是与欧洲平行的现代现象②。其后，弗兰克的《白银资本》则进一步论证了14—18世纪中国及其以白银资本为中心的资本主义世界体系的存在③。而近年来风头正劲的"加州学派"④从比较经济史的角度对"西方中心论"发起了强有力的挑战。该学派强调至少在18与19世纪之交，人类经济及社会发展是二元或多元共生的，所谓"西方中心论"是虚幻的。

经济发展史与政治发展史有着内在的历史联系。"加州学派"在经济史领域对传统的"西方中心论"的挑战是否会延伸到民主史的领域？这一点至少在目前西方汉学的重镇——美国并不像经济史那样显见。人类的政治生活虽不能离开经济生活而独步前行，但各民族的政治生活确有其自身的独特之处，这也才使得比较政治学具有独特的意涵。

---

① (美)柯文：《在中国发现历史——中国中心观在美国的兴起》，林同奇译，中华书局1989年版。
② "宋代近世说"（"内藤假说"）认为唐宋时代经历了贵族制衰败的伟大转变，从此开始了中国历史与东洋历史的新纪元。(日)内藤湖南：《概括的唐宋时代观》，载刘俊文编：《日本学者研究中国史论著选译》(1)，中华书局1992年版，第10~18页。
③ (德)弗兰克：《白银资本：重视经济全球化中的东方》，刘北成译，中央编译出版社2000年版。
④ "加州学派"(California School)是美国汉学界近年来新崛起的一个学派，因这个学派的两个核心人物都在加州大学尔湾分校而得名。该学派的代表人物之一王国斌教授(R. Bin Wong)，其代表作是1997年出版的《转变的中国：历史变迁和欧洲经验的局限》，主要讨论1500年以来的中国和欧洲经济发展、国家形成和社会对抗模式。另一个就是彭慕兰教授，其代表作是2000年出版的《大分流：欧洲、中国及现代世界经济的形成》，主要是从世界不同国家和地区相互联系的角度来探究现代世界经济的起源及其发展。他认为1800年之前，中国在人口、农业、手工业、收入及消费等方面与欧洲并无明显的差异，中国并不落后。此后出现的"大分流"显然另有原因。他认为，我们不仅要质疑为什么中国没能像欧洲那样发展这种欧洲中心论的观点，也要追问为什么欧洲没有循随中国那样的密集化—内卷化的趋向。被视为"加州学派"学人及其代表作的还有李中清(James Lee)与王丰的《人类四分之一：马尔萨斯的神话与中国的现实》等。

第一章 历史遗产:前近代中西民主观念与制度资源之比较

中西方的比较政治学或比较民主史的研究,如果将时间限定在1800年前或中世纪,二元或多元共生的立论恐无太大的歧义,但若对始于19世纪中西方大规模交往以来的政治史作比较,"西方中心论"的确是横亘在学人面前的一座山峰。因为现代民主制最早确立于西方,近代以来逐步溢出西方的地理边界,传播到世界的其他地方。当下学界,"西方中心论"似乎是一种"原罪"。的确,如果将中国历史或政治完全嵌入出自欧美的框架,以欧洲标准为世界标准,再以欧洲标准来衡量世界其他地方包括中国,这种分析范式是值得商榷的。但是,若无视近代欧美政治文明中带有普适意义的价值,对所谓"欧美标准"视若无睹的话,这样的研究难免会陷入另一个误区。

前近代中西历史遗产与民主资源之比较不仅可以部分揭示中西方政治生活的独特样式,且为近代中国民主史的演进提供了一个重要的历史铺垫。近代中国民主观念在流变过程中哪些是本土的资源的再现?哪些是域外的资源移植?哪些是两者的混合物?在传统资源中哪些促进了中国民主化的进程?哪些阻碍了这一进程?本土资源与域外资源又产生了何种交融等等?也许只有厘清这些问题才能消解"西方中心论"。

第一节 思想观念:民本与民主

唯物史观总是坚信意识、精神或观念是物质的产物,思想观点对物质有反作用。这一点若从发生学上看无疑是正确的,但物质世界与观念世界发展到一定的程度,两者的相对独立性便会显现出来。一种新的观念足以改变物质世界,而物质世界的巨变也可以对精神世界产生巨大的冲击力。因此,观念与物质间的关系并不存在那种绝对的、具有普遍解释力的决定与被决定的关系,故不应脱离特定的时间与空间而抽象地侈谈所谓第一性与第二性。

任何政治秩序都离不开治与被治,二者共存才能构成一个完整的政治共同体,才会有所谓社会政治生活。作为"官"的对应体的"民",在任何政治体系中均占有重要的地位,只是定位上的差异而已。从对人们的政治生活产生重大影响的角度来看,在中国传统政治文化中,作为"官"的对应体的"民",其存在的价值集中体现在丰富、系统且源远流长的民本主义之中;而在西方政治文化中,"民"(公民)的定位则是雅典时期形成且曾盛极一时的民主主义,经由文艺复兴这一传统得到进一步的张扬与夯实。民本主义与民主主义作为中西方在空间上长期并存的两种最具有代表性政治理念与主张,其思想内容有无相通之处?在人类民主观念的谱系上到了近代中国是否存在并轨的可能性?抑或产生出一种以民本主义为里、民主主义为表的有中国特色的民主主义?这是研究中国近代民主观念流变应当厘清的问题。

一、民本主义的思想内容

人们在与"他者"交往或师法"他者"的过程中,难免要从自身寻找认同"他者"的资源。"伴随19~20世纪欧洲及其政治/经济体系的扩张,中国和其他亚洲国家的士大夫、知识分子和政治家们以西方为楷模推动自强运动,也不断地从自身内部寻找认同的资源。在这一变革的潮流之中,产生了一种从中国(或亚洲社会)内部寻求现代性的努力。"[①]

自从西方的民主观念进入汉语界,中国人自然而然地启开现代性的寻根之旅。有"根"抑或无"根"的判断是围绕着民本主义与民主主义的关系而展开的。在"你有我也有,我比你更早拥有"的传统思维支配下,在19世纪那些较早开眼看世界的前贤眼中,眼前西方的民主制度,就是由中国上古的民本主义发展而来的或符合民本主义的精神,结论是民主之"根"在中国!"民本",作为一种思想观念,在中国古已有之,但"民本"

[①] 汪晖:《现代中国思想的兴起》第1部上卷,三联书店2004年版,第4页。

及"民本主义"作为一个词汇,其实都是日语借词,1917年前后从日本输入中国①。新文化运动时期,民主主义的信徒对民主与民本的认知发生了严重的分歧。中国民主革命的先行者孙中山认为中国传统的民本主义与现代民主主义是相通的:

> 两千多年前的孔子、孟子便主张民权。孔子说"大道之行也,天下为公",便是主张民权的大同世界。又"言必称尧舜",就是因为尧舜不是家天下。尧舜的政治,名义上虽然是用君权,实际上是行民权,所以孔子总是宗仰他们。孟子说:"民为贵,社稷次之,君为轻。"又说:"天视自我民视,天听自我民听。"又说,"闻诛一夫纣矣,未闻弑君也。"他在那个时代已经知道君主不必一定是要的……由此可见,中国人对于民权的见解,二千多年以前已经早想到了。②

而"五四"新文化运动的精神领袖陈独秀的观点则与此相左:

> 西洋之民主主义(Democracy)乃以人民为主体,林肯所谓"由民"(by people)而非"为民"(for people)者是也。所谓民视民听,民贵君轻,所谓民为邦本,皆以君主之社稷(即君主祖遗之家产)为本位。此等仁民爱民为民之民本主义,……皆自根本上取消国民之人格,而与以人民为主体,由民主主义之民主政治,绝非一物。……以古时之民本主义为现代之民主主义,是所谓蒙马以虎皮耳,换汤不换药耳。③

此种对立的判断一直延续到当代中国。新儒家始终认为儒学本身包含民主的种子:"我们承认中国文化历史中,缺乏西方之近代民主制度之建立,……但是我们不能承认中国之文化思想,没有民主思想之种子,

---

① 闾小波:《"民本主义"之输入与意涵之回归》,《学海》2018年第5期。
② 《三民主义·民权主义第一讲》,《孙中山全集》第9卷,中华书局1986年版,第262页。
③ 陈独秀:《再质问〈东方杂志〉记者》,载《新青年》第6卷第2号,1919年2月15日。

其政治发展之内在要求,不倾向于民主制度之建立。"①当然,持反对意见者也同样振振有辞:"中国传统思想文化的主体是政治思想和政治文化,而其主旨是王权主义。思想文化的王权主义又根源于'王权支配社会'这一历史事实。"②

其实,近代以来学界围绕很多概念展开的争论大都由于对概念的不同理解。德国哲学家维特根斯坦提醒人们:

> 如果我们不能准确地知道自己所使用的词语的意义,我们就不能够恰到好处地讨论任何问题。我们耗费大量时间的大多数争论,基本上都归因于这样一个事实:我们每个人对于自己所使用的词语都有自己含糊不清的意义,而且假定我们的反对者也是相同的意义上使用它们。如果我们是从界定自己的词语开始,我们就可能拥有一些更为有益的讨论。③

作为中国传统社会逐步占据主流地位的政治文化——儒学,民本思想是其核心价值观的最好表达,体现民本主义这一价值理念的资料在浩如烟海的儒学典籍中可谓俯拾即是。从巨儒到乡绅,从名臣到小吏,鲜有排拒民本主义者。

按照德国哲学家雅斯贝尔斯在《历史的起源与目标》中揭示的"轴心时代"(公元前800至—200年之间)说,人类文明的"轴心时代"是人类文明精神的重大突破期,出现了许多伟大的精神导师,他们提出的思想原则塑造了不同的文化传统,也一直影响着人类的生活。虽然中国、印度、中东和希腊之间有千山万水的阻隔,但它们在轴心时代的文化却有很多相通的地方,均发生了终极关怀的觉醒。每当人类社会面临危机或新的

---

① 牟中三、徐复观、张君劢、唐君毅:《为中国文化敬告世界人士宣言》,载张君劢:《中西印哲学文集》,台湾学生书局1981年版,第877页。
② 刘泽华:《中国的王权主义》自序,上海人民出版社2000年版,第4页。
③ 转引自(英)戴维·米勒编《开放的思想和社会》,张之沧译,江苏人民出版社2000年版,第87页。

飞跃的时候,我们总是回过头去,看看轴心时代的先哲们是怎么说的。

民本的观念大约形成于西周初年,先秦时期有许多为后世传诵的警句。如,"民为邦本,本固邦宁。""大道之行也,天下为公。""民之有口,尤土之有山川也,财用于是乎出;尤其原隰之与衍沃也,衣食于是乎生。口之宣言也,善败于是乎兴,行善而备败,其所以阜财用、衣食也。"①先秦诸子从不同的角度推崇民本主义。"天视自我民视,天听自我民听。""惟天时求民主",人主只有能"保享于民",才能"享天之命"②。"百姓足,君孰与不足? 百姓不足,君孰与足?"③"民为贵,社稷次之,君为轻。是故得乎丘民而为天子。"④"人,力不若牛,走不若马,而牛马为用,何也? 曰:人能群,彼不能群。人何以能群? 曰分。分何以能行? 曰义。故义以分则和,和则一,一则多力,多力则强,强则胜物。"⑤在荀子看来,君王也是一种职分,"治国有道,人主有职"。⑥ 君王不尽职守,不行仁义,就会被取代。"天之生民,非为君也,天之立君以为民也。"⑦"政之所兴,在顺民心;政之所废,在逆民心。"⑧"天下非一人之天下,天下人之天下。"⑨"立天子以为天下,非立天下以为天子。"⑩

秦帝国的建立使华夏文明发生了一次空前的大跃迁,但危机随之而至。到了汉代,贾谊总结秦帝国因暴政而亡的教训,从经验与学理的角度阐发了先秦民本主义的意涵与功效。"闻之于政也,民无不为本也。国以为本,君以为本,吏以为本。故国以民为安危,君以民为威侮,吏以

---

① 《国语·周语上》。
② 《书经·多士》。
③ 《论语·颜渊》。
④ 《孟子·尽心下》。
⑤ 《荀子·王制篇》。
⑥ 《荀子·王霸篇》。
⑦ 《荀子·大略》。
⑧ 《管子·牧民》。
⑨ 《吕氏春秋·贵公》。
⑩ 《吕氏春秋·威德》。

民为贵贱。此之谓民无不为本也。"他告诫统治者说："故夫民者,至贱而不可简也,至愚而不可欺也。故自古至于今,与民为仇者,有迟有速,而民必胜之。知善而弗行谓之狂,知恶而不改谓之惑。故夫狂与惑者,圣王之戒也,而君子之愧也。"①汉武帝以降,儒学定于一尊,民本主义从此更具有正当性甚至排他性。

在中国传统社会,民本主义不只是士大夫的高谈阔论,也是君王对臣属为政的要求,同时还是民对官的期盼,可谓是朝野的共识。但人们也不难发现,在王朝体制下,高调的政治口号向来是言说者多,践行者寡。唯其如此,历朝历代总会树立一些践行民本主义的典型人物,并加以包装宣传,如先秦的子产、北宋的范仲淹、明朝的海瑞等。行走于民与君之间的这些典型人物是如何待民的?又是如何事君的呢?这当是揭示作为传统政治文化核心价值观的民本主义之依归的最好样本。

子产是春秋时代郑国的政治家,"子产不毁乡校"的故事一直被后世民本主义者传为美谈。乡校是乡人聚会议事之所。"郑人游于乡校,以论执政。然明谓子产曰:'毁乡校,何如?'子产曰:'何为?夫人朝夕退而游焉,以议执政之善否。其所善者,吾则行之;其所恶者,吾则改之,是吾师也。若之何毁之?我闻忠善以损怨,不闻作威以防怨。岂不遽止?然犹防川,大决所犯,伤人必多,吾不克救也。不如小决使道,不如吾闻而药之也。'"②子产的故事揭示了"乡校"的功能与"社稷"之安危之间的逻辑联系,看似尊重民意,其实不然。民国时期中央大学教授吴世昌对子产所揭示的民本有精当的分析:

> 民本之"本",亦即近人所谓"政治资本"之"本","主"动者仍为统治者,而不是被当着资本的"民"。……在历史事实上中国人民更从未梦见可以作主。杰出的政治家如子产之流,因知尊重"舆论",

---

① 贾谊:《新书·大政上》。
② 《左传·襄公三十一年》。

但不是他不能禁止,而是他不愿禁止。人民不因骂政府而遭殃,是运气,而不权利。……人民有时以所谓民谣来暗示一种愿望,正在兴起的野心家利用之,以为顺天应人的谶语,统治者则自古到今,一律认为谣言惑众者应杀无赦。……让人民可以活下去的目的是培养税源,而未必真有所爱于人民。这也可以说是民本思想的一部分。①

范仲淹是北宋时期著名的改革家,也是古代实践民本思想的典范。1021年范仲淹到泰州任西溪镇盐仓监官,掌管盐税。他看到沿海一带因唐代所筑的捍海堤年久失修,秋季海潮泛滥,人畜丧亡,盐灶也多被冲毁。恪守执政当以民为本的范氏上奏朝廷,建议修复捍海堤。1024年朝廷任命范仲淹主持修堤。经过近4年的努力,长达150里的捍海堤终于修好,解除了水患,保护了农田和盐场。当地人为纪念范氏的伟绩,为其修建祠堂,并将捍海堤取名为"范公堤"。

古代民本思想的践行者为维系一朝之平安立下了汗马功劳,也被后人奉为清官廉吏。在他们身上,"以民为本"与"以君为本"与其说是冲突不如说是和谐统一,既爱民,又忠君。对子产,太史公有中肯的评判:子产"为人仁爱,事君忠厚"②。这同样适用于范仲淹。心忧天下的范仲淹当然不以造福苏北一方民众为满足。由于他勤政爱民,被召回京师,授天章阁待制,任吏部员外郎。到了中枢机关,范仲淹更关心朝政和民瘼,与朝廷中的恶势力展开斗争,犯颜直谏。他看到刘太后独揽大权,把宋仁宗当成傀儡,奏请太后还政。范仲淹因此触怒太后,不久被贬往河中府。庆历新政失败后,范仲淹被贬。范氏仕途不得志,鸿图无以展,但他仍"不以物喜,不以己悲"。范氏忧的是民,爱的是赵宋王朝;恨的是贪官,愤的是不振的朝政。在他那里,民本主义与君本主义共处在一个和

---

① 吴世昌:《从中国的历史看民主政治》,载《观察》第3卷第18期,1947年12月27日。
②《史记·世家第十二》。

谐的统一体中。

向为史家及士大夫乐道的海瑞,与其说是忠臣良吏,不如说是官场上的另类。他不仅行政为民,且为民请命,甚至犯君。1565年海瑞在向嘉靖皇帝上奏中骂皇帝是一个虚荣、残忍、自私、多疑和愚蠢的君主,举凡官吏贪污、役重税多、盗匪滋炽,皇帝都应该直接负责。皇帝天天和方士混在一起,但上天毕竟不会说话,长生也不可求致,这些迷信统统不过是"系风捕影"。然而奏疏中最具有刺激性的一句话,还是"盖天下之人不直陛下久矣"。奏折的措辞虽然极端辛辣,但又谨守着人臣的本分。海瑞所要求的不过是皇帝改变自己的作为,只要"幡然悔悟",由乱致治,也不过"一振作间而已"。正因为有如此忠君的思想,当令其下狱的嘉靖皇帝归天后,狱吏忽然设酒肴相待。海瑞以为是临死前的最后一餐,他神色不变,饮食如常。提牢主事悄悄告诉他,嘉靖皇帝已升遐,新君不日即位,你老先生乃是忠臣,一定得到重用。海瑞听罢,立刻放声号哭;号哭之余,继以呕吐。好一个大明王朝的忠臣!可见,民本主义与忠君思想在这位另类臣子身上并无紧张关系①。海瑞看似犯君,但不反王权;看似非君,但绝不主张废君。他不可能想象出还有比君主制度更为合理的制度。

民本主义在中国古代有着巨大的言说空间,由此也给后人带来了巨大的解释空间与想象空间。尤其是黄宗羲的言论(集中于其《明夷待访录》中的《原君》、《原臣》及《学校》)更引来不同的解说。问题是明末清初以黄宗羲为代表的思想家到底是民本主义的延续还是民主主义的破土?

近代最早开眼看世界的魏源将美国的民主选举制度想象成中国上古的"三占从二",变法维新时期,思维敏捷的梁启超则将其想象发挥到了极致,他从黄宗羲、王船山的著作中找出了民主思想的萌芽。1896年在上海主持《时务报》的梁启超发表了《古议院考》,认为议院在中国古代

---

① 参见黄仁宇《万历十五年》第五章"海瑞——古怪的模范官僚",三联书店1997年版。

是有其实而无其名:"议院之名,古虽无之,若其意,则在昔哲王所恃以均天下也。"他确信《礼记》中讲的"民之所好好之,民之所恶恶之";孟子讲的"国人皆曰贤,然后察之;国人皆曰不可,然后察之;国人皆曰可杀,然后杀之"等符合西方主权在民的思想。而"《洪范》之卿士,《孟子》之诸大夫,上议院也;《洪范》之庶人,《孟子》之国人,下议院也。……故虽无议院之名,而有其实也。"欲强中国,是否应立即开议院呢?答案是否定的。"凡国必风气已开,文学已盛,民智已成,乃可开议院。今日而开议院,取乱之道也。故强国以议院为本,议院以学校为本。"①1897年梁启超在长沙任湖南时务学堂教习期间,与谭嗣同等人为了倡"民权共和"说,则从黄氏等人的著作中将有关"非君"与宣扬民本的内容节抄,"印数万本,秘密散布,于晚清思想之骤变,极有力焉"②。孙中山、陈天华等也是通过唤醒民族的集体记忆来激发革命党人对民主共和的热情,甚至有人将黄宗羲称之为"东方卢骚"③。

> 明末清初,中国有一个大圣人,是孟子以后第一个人。他的学问,他的品行,比卢梭还要高几倍,他就是黄梨洲先生。他著的书有一种名叫《明夷待访录》,内有《原君》、《原臣》二篇,虽不及《民约论》之完备,民约之理,却已包括在内。④

明末清初,正是西方社会由传统向现代转型的关键时期,同期中国部分地区的工商业出现了少有的繁盛景象,思想文化领域也出现了像黄宗羲、顾炎武、王船山这样的巨匠。中国是否与西方一样不约而同地走出中世纪,迈出了跨进近代的关键一步?问题在于中国是否也有具有民

---

① 梁启超:《古议院考》,载《时务报》第10册,1896年11月5日。不久,该文受到严复的批评,梁启超终于走出"西学中源"的巢穴。他在致严复函中表示:"生平最恶人引中国古事以证西政,谓彼之所长,皆我所有,此实吾国虚骄之结习。初不欲蹈之,然在报中为中等人说法,又往往自不免。"《与严又陵先生书》,载《饮冰室文集·文集之一》,中华书局1989版,第108页。
② 朱维铮校注:《梁启超论清学史二种》,复旦大学出版社1985年版,第15页。
③ 蔡元培:《绍兴教育会之关系》,载《苏报》1903年3月12日。
④ 《狮子吼》,刘晴波等编校:《陈天华集》,湖南人民出版社1982年版,第127页。

主主义价值指向的启蒙大师与启蒙运动?

早在20世纪初梁启超确信中国也存在类似西方的文艺复兴。在明末清初以来的二百余年"总可命为中国之'文艺复兴时代'。"①1920年代,蒋方震和梁启超均认为明末清初的思想启蒙与西方的文艺复兴有诸多相似之处。蒋氏主认:"由复古而得解放,由主观之演绎进而为客观之归纳,清学之精神,与欧洲文艺复兴,实有同调者焉。"②梁氏亦重申:"前清一代学风,与欧洲文艺复兴时代相类甚多。"③到1980年代,在文化大讨论中,萧萐父教授提出的"中国哲学启蒙说"在学界有较大的影响:

> 从万历到"五四"应视为一个同质的、连续的文化历程,应当从中西哲学文化发展轨迹的对比中揭示其同中之异与异中之同,超越中西殊途、体用割裂的思维模式;注意文化发展中一与多、共与殊、常与变的矛盾联结,以及文化的民族性差异与时代性差异的经纬关系;强调应从17世纪以来的曲折发展的启蒙思潮中去发现中国文化走出中世纪、迈向现代化的内在历史萌芽,正确地把握传统文化与现代化之间的历史接合点。④

基于此,萧先生等甚至将黄宗羲的政治设计视同"一部设计中国未来民主政治的改革方案"⑤。

的确,为后人乐道的黄宗羲在《明夷待访录》等著作中将民本思想发挥到了极致,其解释空间也越来越大。当下有些学者非常推崇黄氏的

---

① 梁启超:《论中国学术思想变迁之大势》,载《新民丛报》连载,1902年。
② 蒋方震:《清代学术概论序》,朱维铮校注:《梁启超论清学史二种》,复旦大学出版社1985年版,第89页。
③ 朱维铮校注:《梁启超论清学史二种》,复旦大学出版社1985年版,第82页。另一种有代表性的观点是认为中国启蒙运动或文艺复兴始于"五四"时期。胡适以1917年北大学生创办《新潮》杂志为标志(胡适:《中国的文艺复兴》,欧阳哲生、刘红中编,外语教学与研究出版社2001年版,第181页);而更多的是以陈独秀创办《新青年》为标志。
④ 萧萐父:《中国哲学启蒙的坎坷道路》,载《中国社会科学》1983年第1期。
⑤ 萧萐父、许苏民:《明清启蒙学术流变》,辽宁教育出版社1996年版,第301页。

"为天下之大害者,君而已矣","天下为主,君为客"①。认为前一句可概括为"君为民害"论,痛斥的矛头直指秦王朝以后两千多年来以"敲剥天下之骨髓,离散天下之子女,以奉我一人之淫乐"的君主专制制度。显然,所谓"天下"指的就是人民。后一句可概括为"民主君客"论,伸张的正是主权在民、君须为民服务的思想。"三代以上之法,固未尝为一己而立","三代之法,藏天下于天下者也。山泽之利不必其尽取,刑赏之权不疑其旁落,贵不在朝廷也,贱不在草莽也。……后世之法,藏天下于筐箧者也。利不欲其遗于下,福必欲其敛于上"②。黄宗羲所谓"藏天下于天下者",一方面包含着天下是人民之天下,应由人民共同治理的民治思想;另一方面则包含了治理天下之法为万民之公法的思想。其所谓"贵不在朝廷,贱不在草莽"之说,则提出了无论贵贱、人人平等的思想主张。而所谓"藏天下于筐箧者",则必为专制帝王一家之私法,这在黄宗羲看来是"非法之法",因而必须加以反对与批判,"天子之所是未必是,天子之所非未必非"。黄宗羲主张人民有议政权和监督权。他把这两项权利归之于学校,在他看来,学校既是培养知识分子的基地,也是评议朝政、实施舆论监督的场所③。如此解释,黄氏就不只是中国近代民主思想的先驱,且设计了一套民主政治运作的制度。黄非但可以与卢梭比肩,甚至还要驾乎其上。

研判黄氏的民本主义,不能只看其标语式的口号,继而附会上一些

---

① 黄宗羲:《明夷待访录·原君》,段志强译注,中华书局2011年版,第2页。
② 黄宗羲:《明夷待访录·原法》,段志强译注,中华书局2011年版,第4页。
③ 刘世辉:《黄宗羲的思想遗产:伸张主权在民、君须为民服务》,载《北京日报》2005年9月26日。浙江省分别于1986、1995、2006年举办"黄守羲思想国际学术研讨会",不少学者认为黄氏具有现代民主思想,2006年的会议综述则以《从中国传统文化中挖掘擎接现代民主资源》为题。参见吴光主编:《从民本到民主》,浙江古籍出版社2006年版,第446页。日本学者岛田虔次通过对黄宗羲、横井小楠及孙中山三人民主及革命思想的传承关系的梳理,认为"儒教中本来就具有民主主义的特性。只要不以男女平等的观念故意刁难,是绝对不可能得出儒教等于反民主的结论。"参见(日)岛田虔次:《黄宗羲·横井小楠·孙文》,载《中共宁波市委党校学报》2008年第1期。

具有现代性的政治意涵,而应将其置于其整个政治思想与政治制度的体系之中来考察。笔者赞成张师伟教授对黄氏研究所作的判断:

> 黄宗羲的哲学、政治思想还完全是传统时代的产物,它不仅不是王权体系的掘墓人,反而继续攀附在王权体系的大树上,变本加厉地点缀和武装着王权;它不能从缺乏民主的实践中抽象升华出所谓的民主主义启蒙思想,而仍然只能从传统王权体系的实践中升华出王权思想,这种思想只能充当传统王权体系的一件鲜艳的"红嫁衣"。但是,黄宗羲哲学、政治思想毕竟是中国传统社会继续发展的产物,因此,他的思想也就成了中国传统思想史上的一座真正的山峰,而在政治思想上则可以说是达到了传统社会的极限状态;一方面,黄宗羲在政治思想的内容上已经把传统政治思想的民本思想发展、发挥到了它的极致;另一方面,黄宗羲政治思想的经世性格和经世愿望也几乎达到了传统的极限,同时代的思想家以他为主要代表,而后世的思想家在鸦片战争以前再也没有达到黄宗羲的高度。①

当代不少学者以晚清思想家从民本主义的立场出发来接纳并阐发西方的民主视为二者相通的证据,其实这是异质文化交流之初一种极为常见的现象,是附会而非理性判断。日本汉学家沟口雄三分析了中国近代思想家视黄宗羲为"东方卢梭"的独特心理:

> 在梁启超、陈天华的场合,由于过分专注于自身的民权思想,以至于把民权思想作了急躁的和主观的假托,甚至这是连黄宗羲本人也可能意想不到的。因此,真正的应该继承的和发展的历史真相反而被丢失了。所以,中国在黄宗羲之后,并没有出现第二、第三个黄宗羲,而欧洲在卢梭之后,却有千百个卢梭辈出。唯其处于落后于欧洲的状况,才难免陷入焦躁的困境,也许这是一种直面于欧洲之

---

① 张师伟:《民本的极限——黄宗羲政治思想新论》,中国人民大学出版社2004年版,第17页。

外在压力的不得已的焦躁吧。①

政治学必须回答由谁来统治和如何统治的问题。所以,对民本主义的定位应该还原到民与官或民与君的关系之中。

民本主义之"民",泛指平民百姓,而非指某个特定的界别。"以民为本"不仅与"重民"、"爱民"、"利民"、"恤民"、"保民"、"惠民"、"济民"、"亲民"、"裕民"等积极意义上的语汇相联,同时还与"贱民"、"残民"、"害民"、"虐民"、"用民"、"使民"、"畜民"、"驭民"、"牧民"、"弱民"、"愚民"等消极意义上的语汇脱不开干系。在中国传统的君与民关系框架下,"爱民"与"牧民"并非不可调和。被后人奉为民本思想之巨擘的孟子也曾清楚地表达了"君本主义"的关切,且视之为"天下之通义":"劳心者治人,劳力者治于人;治于人者食人,治人者食于人,天下之通义也。"②秦相李斯的老师荀子亦被后人视为富有惠民、爱民的民本思想。因为荀子说:

> 马骇舆,则君子不安舆;庶人骇政,则君子不安位。马骇舆,则莫若静之;庶人骇政,则莫若惠之。选贤良,举笃敬,兴孝弟,收孤寡,补贫穷。如是,则庶人安政矣。庶人安政,然后君子安位。传曰:"君者舟也,庶人者水也;水则载舟,水则覆舟。"此之谓也。③

其实,此处荀子完全是站在君的立场上,谋划的是如何使骇舆之马、骇政之庶人由君来"驭"之,"惠民"是为了"驭民",求的是"君子安位"。这也如同牧羊人善待羊群,最终目的是为了牧羊人自身的利益。清季谭嗣同在评荀子时也许偏激或失之笼统,但道出了所谓"仁政"、"民本"的本质:

> 二千年来之政,秦政也,皆大盗也;二千来之学,荀学也,皆乡愿

---

① (日)沟口雄三:《中国前近代思想之曲折与展开》,陈耀文译,上海人民出版社1997年版,第233页。
② 《孟子·滕文公上》。
③ 《荀子·王制篇》。

也。惟大盗利用乡愿;惟乡愿工媚大盗。二者交相资,而罔不托之于孔子。①

民本主义与君本主义看似矛盾甚至对立,其实是一个统一体,表现为:民本主义是表,君本主义是里;民本主义是始,君本主义是终;民本主义是用,君本主义是体。

诚然,民本主义与君本主义在特定的条件下也存在内在的紧张关系,换言之,民本主义可以对君本主义构成一定制约。这既表现在常态下不断提醒君臣要亲民爱民,还表现在王朝鼎革之际的"替天行道"之举。在历代王朝的末期,朝政腐败,君主昏庸,不施仁政,民不聊生,这不仅是对民本的疏离,也是对王道、天意、天命的背离,故而遭到历代民本主义者的排拒。宋人石介对孟子的思想作了较为深入的挖掘:"孟子谓民贵社稷次君轻,盖不敢以万乘骄民也。昏君庸主不知民为天下国家之根本,以草莽视民,以鹿豕视民,大舌头民叛离,天下国家倾丧。"②到了天下"倾丧"之际,试图取而代之者同样是打着民本主义的旗号,"顺乎天而应乎民",发动汤武式的"革命",以"为民除害"、"替天行道"相号召。如隋之代陈:"民神怨愤,灾异荐发,天时人事,昭然可知。"③唐之代隋:"罄南山之竹,书罪无穷,决东海之波,流恶难尽";"皇天无亲,惟德是辅";"顺天将革,先天不违"④。一旦大功告成,新的君主便照旧"奉天承运"。随着新王朝统治秩序的确立,君本主义与民本主义间的紧张关系遂得到化解。其实,民本主义与君本主义的紧张关系,也只表现为对暴君个人的否定,从不表现为对君本主义及皇权制度的否定,这也是民本主义的极限所至。以君为本的皇权制度其实就是符合民本主义的一种制度安排,而在政治实践中它又"是君主政治一副有效的清醒剂,是群臣谏诤君

---

① 《仁学·二十九》。
② (宋)石介:《根本》,《皇朝(宋)文鉴》卷 102
③ 《隋书》卷五十五,高劢传。
④ 《旧唐书》卷五十三,李密传。

主重要的理论武器,是君主自我调整治民政策的主要依据,也是巩固统治、强化皇权的重要手段"①。

二、民主主义的思想内容

从近代欧洲政治制度的思想资源来看,古希腊具有"根"的意义,故西人常将希腊称之为欧洲人的精神家园,但希腊在人类文明史上并不是一个先行者。英国哲学家罗素说:

> 在世界的所有文明体系中,希腊文明应该算是后来者。埃及和美索不达米亚文明就比希腊文明早了好几千年。这些农业社会沿着河流两岸发展起来,其统治者或是神圣的君主,或是军事贵族,或是掌握多神教体系阐释权的祭司强权阶级,人口的主体是那些耕田种地的农奴。埃及人和巴比伦人都为后来的希腊人的进步提供了某些方面的知识。但他们谁也没有发展出哲学和科学。②

希腊文明的独特之处,不仅在哲学与科学,更有政治学及民主观念与民主实践,唯其如此,它的魅力一直深深吸引着后世的政治思想家与政治行动者。

肇始于古希腊的民主思想与中国的民本思想不同,它一直是最富有争议性的一个话题。但是,古希腊的雅典民主不只是一种政治思想或理念,而是一套实践了数百年的制度安排,是当时与君主制和贵族制并存三种基本的政体之一③。

与处于内陆的华夏世界相比,地中海沿岸的整个希腊世界,既不同于春秋战国,也不同于秦汉帝国;而雅典更不同于帝国时期中国的一个郡或县。雅典只是古希腊150个左右"城邦国家"中的一个,其面积与人

---

① 刘泽华:《中国的王权主义》,上海人民出版社2000年版,第343页。
② (英)罗素:《西方的智慧》,崔人元译,世界知识出版社2007年,第7~8页。
③ 亚里士多德以统治者是一个人、几个人或多数人为标准,把政体(Politeia)分为君主制、贵族制和民主制(平民政体)等三种基本的类型。

口还不及帝国时期中国的一个县,在先秦时期的中国人看来不过是一个小国寡民的政治共同体。与中国古代的民本之"民"不同,雅典城邦的民主之"民",并非泛指平民百姓,而是专指"公民",即具有雅典人血统的自由成年(20岁以上)男性,儿童、奴隶、妇女、外邦人等均不在其列。追求民主,其核心就是追求完整的公民身份,而雅典城邦是公共生活组织的一个榜样。雅典的民主制或平民政体又称之为"民治政府"(人民自己管理自己或多数人的统治),但这只是治与被治的一种特殊管理形式,并不能抹杀治与被治的二元结构:

> 没有被管辖者即无管辖者,没有臣民即无统治者。涉及统治的,有一部分是压服的权力,强迫被统治者,或违背他们意愿采取行动的权力。从这一重要意义上来看,虽然一部分人民可以统治另一部分人民,但人民是不能统治他们自己的。约翰·斯图亚特·密尔于1859年写道"现在认为'自治'及'人民有权自己管理自己'这样的词语与真实情况不符。行使权力的与行使权力的对象并非同一部分人民……"(论自由,第一章。)几乎一个世纪以后,沃尔特·李普曼把这一说法更加具体化了。他说:"人民……不能管理政府。他们自己不能执行管理。在通常情况下,他们不能创制或提出必要的法规。群众不能治理。"①

"民主"(demos 人民,kratia 统治)一词很可能是雅典人的创造②。在古希腊世界里,雅典可能不是唯一实现民主的城邦(城市国家),但它是所有城邦中最稳定和长久的(从公元前 500 年前③到公元前 338 年被

---

① (美)科恩:《论民主》,聂崇信译,商务印书馆 2004 年版,第 7 页。
② (美)罗伯特·达尔:《论民主》,李柏光等译,商务印书馆 1999 年版,第 14 页。
③ "我们不能精确地断定雅典民主政体始于哪一天,因为它不是由单一事件所创始的,而是由长时期的一系列政制改革所创始的。有些历史学家把公元前 594 年的梭伦改革作为雅典民主政治的开端,有些历史学家则认为是公元前 508 年的克利斯提尼改革。"(美)斯科特·戈登:《控制国家——西方宪政的历史》,应奇等译,江苏人民出版社 2001 年版,第 63 页。

北方邻居马其顿强大的军事力量所推翻),并且是被记录得最好的。

"希腊的内部极盛时期是伯里克利时代,外部极盛时期是亚历山大时代。"①公元前431年冬,伯里克利在阵亡将士国葬典礼上的著名演说中对雅典民主的理想与目标作了最为经典的宣示:

> 我们的制度之所以被称为民主政治,因为政权是在全体公民手中,而不是在少数人手中。解决私人争执的时候,每个人在法律上都是平等的;让一个人负担公职优先于他人的时候,所考虑的不是某一特殊阶级的成员,而是他们有的真正才能。任何人,只要他能够对国家有所贡献,绝不会因为贫穷而在政治上湮没无闻。正因为我们的政治生活是自由而公开的,我们彼此间的日常生活也是这样的。当我们隔壁邻人为所欲为的时候,我们不至于因此而生气;我们也不会因此而给他以难看的颜色,以伤他的情感,尽管这种颜色对他没有实际的损害。在我们私人生活中,我们是自由的和宽恕的;但在公家的事务中,我们遵守法律。这是因为这种法律深使我们心悦诚服。……我可断言,我们的城邦是全希腊的学校;我可断言,我们每个公民,在许多生活方面,能够独立自主;并且在表现独立自主的时候,能够特别表现温文尔雅和多才多艺。……我宁愿你们每天把眼光注意到雅典的伟大。它真正是伟大的;你们应当热爱它。当你们认识到它的伟大时,然后回忆一下,使它伟大的是有冒险精神的人们,……你们应该努力学习他们的榜样。你们要下定决心:要自由,才能有幸福;要勇敢,才能有自由!②

雅典之所以被称之为民主制,乃是因为城邦是由多数人管理的。正如亚里士多德所指出的:"由多数的意旨裁决一切政事而树立城邦的治

---

① 《第179号"科伦日报"社论》,《马克思恩格斯全集》第1卷,人民出版社1956年版,第113页。
② (古希腊)修昔底德:《伯罗奔尼撒战争史》,谢德风译,商务印书馆2006年版,第130—135页。

权,就必然建成为平民政体。"①这里的"多数"其实只是相对于君主"一个人"和贵族政体的"少数人"而言,而在整个城邦仍是部分人,所以民主制中的"多数"人都是特定范围内的多数。

存在数百年的雅典民主制也有一个发展变化的过程。马丁·奥斯特瓦尔德在《从人民的统治到法律的统治》一书中认为:在克利斯提尼改革后,雅典所发展的是一种"人民"拥有统治权的政体,但公元前 403 年以后,统治权属于"法律"②。

达尔对雅典民主制的特征作了这样的描述:

> 在这个政府的核心部位,是一个叫做公民大会(assembly)的机构,所有的公民都有权参与其中。公民大会选举一些重要的官员——例如,一些将军。……但其他公职人员的选举则通过抽签的方法产生,在这种方法下,凡符合被选举资格的公民都享有平等的被选举的机会。根据某些人的估计,在通过抽签而成为政府中最重要的主事官员(presiding officer)方面,一个普通公民在其一生中会享有一次公平的机遇。③

雅典人的民治政府并非像后人想象的那么简单。亚里士多德对城邦的行政官员作了如是的介绍:1. 将军或统帅,2. 市场监理,3. 城市监护,4. 公共水源管理,5. 乡区监护,6. 司库,7. 登记民间契约或法庭判决的"注册司",8. 执行法庭判决刑罚的"执行员"及"典狱官"等④。就国家的权力机构而言,除了约 6000 人左右的"公民大会"外,还有约由 500 人组成的"议事会"以及"城镇会议"等。此外,还"拥有庞大、代表公众的

---

① (古希腊)亚里士多德:《政治学》,吴寿彭译,商务印书馆 1996 年版,第 190 页。
② 参见(美)斯科特·戈登:《控制国家——西方宪政的历史》,应奇等译,江苏人民出版社 2001 年版,第 80 页。
③ (美)罗伯特·达尔:《论民主》,李柏光等译,商务印书馆 1999 年版,第 15 页。
④ (古希腊)亚里士多德:《政治学》,吴寿彭译,商务印书馆 1996 年版,第 329~338 页。

陪审团的法院"①。

与民本主义在中国的命运迥然不同的是,民主制或民主主义无论是在古希腊还是古罗马,均没有被普遍接受和长期认同。在古希腊,民主制中的"民"特指生活在一个特定政体或城邦里的整个公民实体,但不同的人出于不同目的会对"民"作出不同的解释。有时泛指全体希腊人民,但也可用来指乌合之众、暴民或下层社会,有时被贵族批评家们当作一种用来表达对普通人民的蔑视的称呼,因为这些普通人民从贵族手中夺走了他们昔日对政府的控制:

> 这两个构成性术语中存在的模糊性,在理解民主的内涵和历史时具有持久重要性,而这种模糊性在民主概念产生之初以及现实民主中就已呈现。民主意味着人民统治或多数人统治;但因为多数人也是穷人,故民主经常被意指穷人统治或是暴民统治。②

的确,大多数最有名的雅典哲学家和作家都是民主的批评者和反对者。从理性上看,柏拉图可以被视为所有政治哲学家中最激进和不宽容的反民主者,他的导师苏格拉底(判决苏格拉底有罪的决议以281:220票通过)至少分享了他的一些观点;而亚里士多德是以一种更为温和的怀疑姿态看待民主③。

柏拉图的青年时代笼罩在伯罗奔尼撒战争的阴影之中。这次战争以雅典的失败而告终。城市的衰落,领袖、道德和法律标准的沦丧在公元前399年审判和处死苏格拉底的案件中达到了登峰造极的地步,柏拉图的幻想破灭了④。他在《理想国》中提出了五种政制,即贤人政制(也即所谓贵族政制)、荣誉政制、寡头政制、民主政制和僭主专制政制。他把

---

① (美)乔治·霍兰·萨拜因:《政治学说史》上册,盛葵阳等译,商务印书馆1986年版,第26页。
② (英)安东尼·阿伯拉斯特:《民主》,孙荣飞等译,吉林人民出版社2005年,第19页;又(美)罗伯特·达尔:《论民主》,李柏光译,商务印书馆1999年版,第14页。
③ (英)安东尼·阿伯拉斯特:《民主》,孙荣飞等译,吉林人民出版社2005年,第23页。
④ (英)戴维·赫尔德:《民主的模式》,燕继荣等译,中央编译出版社1998年版,第35页。

这五种政制的标准分别定为：智慧、荣誉、财富、自由和专制，认为它们是依次下降的。对于民主政制，柏拉图特别批评、攻击了那种不健全的"平等"与"自由"观念，称民主制度"是一种使人乐意的无政府状态的花梢的管理形式"。柏拉图说："民主制度以轻薄浮躁的态度践踏所有这些理想，完全不问一个人原来是干什么的，品行如何，只要他转而从政时声称自己对人民一片好心，就能得到尊敬和荣誉。""在这种制度下不加区别地把一种平等给予一切人，不管他们是不是平等者。"①在柏拉图看来，公共决策只能由年轻的并受过训练的少数具有哲学天才的人来执行，所谓"公正"就是把个人限制在共同体中做适合他自己的工作。从这个意义上讲，民主制是不公正的。对于"自由"，柏拉图担心民主制不加限制的自由必然会走向"极端"："不顾一切过分追求自由的结果，破坏了民主社会的基础，导致了极权政治的需要。""而如果正派的领导人想要稍加约束，不是过分放任纵容，这个社会就要起来指控他们，叫他们寡头分子，要求惩办他们。"②"极端的自由其结果不可能变为别的什么，只能变成极端的奴役。"③在柏拉图看来，"平等"与"自由"发展到了极端，必将变成无政府状态，从而产生僭主的独裁专制。

《政治家》、《法律篇》是柏拉图晚年的作品，他在《政治家》分析了六种不同的政治制度。他先按统治者人数多少来划分，分为一个人统治的、少数人统治的和多数人统治的三种。而这三种统治又可以根据它们是否守法、是否使用暴力以及是贫的还是富的情况各分为好坏两种，即由一个人统治的可以分为王制和专制僭主，由少数人统治的可以分为贵族（贤人）制和寡头制，由多数人统治都叫作 democracy，其中好的为共和国，坏的为民主制。这样一共有六种政治制度。柏拉图指出，由于民主制将统治权力分给许多人，所以在好的（守法的）三种政制中（王制、贵族

---

① （古希腊）柏拉图：《理想国》，郭斌和等译，商务印书馆1986年版，第333页。
② （古希腊）柏拉图：《理想国》，郭斌和等译，商务印书馆1986年版，第340页。
③ （古希腊）柏拉图：《理想国》，郭斌和等译，商务印书馆1986年版，第342页。

制与共和制)它是最坏的,而在坏的(无法的)三种政制中(僭主制、寡头制与民主制)它却是最好的。在其后的《法律篇》中,柏拉图进一步表达了混合政体的设想,即将君主制的智慧原则和民主制的自由原则相结合,"或者说通过具有不同倾向的各种原则相结合的方式来达到和谐,根据这样一种方式,各种倾向将起到相互制约的作用"。"这项原则就是若干世纪以后孟德斯鸠重新发现的那著名的三权分立原则的原型。"①

亚里士多德虽然不像柏拉图那样排斥雅典民主,但他对雅典民主的赞扬十分有限,并认为雅典民主从梭伦时代就开始退化。他认为民主政治有两大信条:一是权力属于大多数人,二是自由原则。希腊人普遍认为,自由就是每个人都可以做他自己想做的事情,过着随心所欲的生活。亚里士多德认为,这种自由观念是错误的;相反,人应该按照共同规则生活,这不是奴役,而是解放。这里隐含着一个被后人称为民主制下可能会出现"多数人暴政"的现象。亚里士多德强调民主的真正意义应该是承认全体公民都享有数目上的平等:

> 在这种政体中,所谓平等的真实意义是穷人不占富室的便宜,治权不完全操于穷人部分(阶级),而在数量上均衡地分配于全体公民。平民主义者要是依从这样的观念,人们当可相信平等和自由的确将实现于他们的政治体系中。②

雅典是民主的学府,罗马是共和的圣殿。罗马政制之于希腊政制,与其说是革命,不如说是承袭。雅典式的民主虽然为罗马人所拒绝,但罗马共和主义仍然分享了希腊民主学说中的若干假设:

> 首先,共和主义采纳了与希腊政治思想(无论是民主的,还是反民主的思想)共通的观点,即人是天生的政治或社会动物;为了实现

---

① (美)乔治·霍兰·萨拜因:《政治学说史》上册,盛葵阳等译,商务印书馆1986年版,第106页。
② (古希腊)亚里士多德:《政治学》,吴寿彭译,商务印书馆1996年版,第314页。

其潜能,人类必须共同生活在一个政治联合体之中;一个好人也必定是一个好公民;一个优良的政体是一个由好公民组成的联合体;一个好公民具有公民美德的品质;美德是追求公共事务中所有人的善的倾向;……更为特别的是,与希腊民主主义者一样,共和主义者也认为,最佳的政体是公民在重要方面平等的政体。①

罗马人在雅典民主制的基础上创生的共和制或共和主义,实际上也是一种多数人统治的制度,或"大众参与政府"。其与雅典民主制的区别在于不是所有的公民均参与政府,而是部分公民参与;而与王政的区别在于政府不是由一个人主导,而由元老院、执政官以及由平民和贵族构成的部族会议三方共治的②;导致这一制度创新的另一缘由是罗马帝国时期政治共同体规模在不断扩大。

在漫长的中世纪甚至包括近代以来的人类历史,雅典式的民主制并未再现。在13世纪中叶亚里士多德的《政治学》重新问世之前,"民主"没有成为欧洲政治语言的内容。后来,"按照亚里士多德的用法,民主一词带有贬义,逐步与暴民政治联系到一起;政府谋求的是穷人的利益,而不是公共利益,民主是一种权力形式(这就预见到了后来19世纪对于民主政府的怀疑),在这种权力形式下,'普通人民'会变得专制暴虐,力图拉平一切社会差别。"③亚里士多德以后,在西方主流的思想家那里,贬民主、扬共和日渐成为欧洲人的集体记忆。文艺复兴以来,人们还时常引用古代雅典的事例来说明民主制的缺陷。"雅典政治浪漫化在西方政治

---

① (美)罗伯特·达尔:《民主及其批评者》,曹海军、佟德志译,吉林人民出版社2006年版,第22页。
② 洋务运动以后,出使欧洲的薛福成已注意到现代西方议会制与罗马政制的继承关系。"泰西诸大国,自俄罗斯外,无不有议院,实沿罗马之遗制也。其所由来,数千年已。"薛福成:《出使英法义比四国日记》(光绪十七年二月十八日),岳麓书社1985年版,第515页。
③ (英)戴维·赫尔德:《民主的模式》,燕继荣等译,中央编译出版社1998年版,第53页。

思想中是很晚才出现的。"①正如西方学者所指出的,在民主漫长历史的绝大部分时期,从古希腊时期到当代,民主被智者和有教养的人们看作政府和社会可以想象到的最坏形式。民主或多或少成为"乌合之众的法则"的同义词,而且精确地说,它是对一个文明有序社会所有核心价值的一种威胁:

> 民主曾经是一个坏字眼。几乎任何一个人都认为,按照其最初的意义即人民统治或政府遵从大多数人的意愿,民主就会是一件坏事——对于个人自由和文明生活的优雅品质都是有致命危害的。从很早的历史时期直到大约100年以前几乎所有智者们都抱有这种观点。直到最近50年,民主才开始变成好的事情。②

但是,雅典人实践过的人民主权、分权学说、崇尚法治等政治理念在中世纪并未被欧洲人所遗忘,它是以一种活化石的形态不断得到传承的:

> 国家主权最终在于公民的观念在共和时期的罗马经常被表达出来,当共和崩溃之后,当政治权力开始集中在一个人即皇帝的手上之时,这种观念还继续被表达出来。这一观念还以源自《查士丁尼法典》的格言"与全体有关者必得全体赞同"的形式重新出现在中世纪晚期的文献中。③

> 权力分立学说源于古代世界,从那里演化出的政府职能的思想,衍化出混合均衡政体的理论。在权力分立学说的发展中,这些都是关键要素。在中世纪的著作中,它们得以流传,为英国政制思

---

① (美)斯科特·戈登:《控制国家——西方宪政的历史》,应奇等译,江苏人民出版社2001年版,第80页。
② C·B·麦克弗森:《民主的真实世界》,转引自(英)安东尼·阿伯拉斯特《民主》,孙荣飞等译,吉林人民出版社2005年,第10页。
③ (美)斯科特·戈登:《控制国家——西方宪政的历史》,应奇等译,江苏人民出版社2001年版,第29页。

想提供了基础,使得分权学说成为对政府各个部分恰当组合的一种可供选择的、但关系密切的系统阐述。①

在我们所关注的这一领域中,古代思想的最大贡献在于它强调了法治,强调了法律对于统治者的至高无上。它强调必须有确定的法律规则,这些确立的规则将统管国家的生活,使国家生活稳定并保证"对同等人实行正义"。"如果谁命令说法律应当统治,也许因为可以认为他所命令的是只有上帝和理性应当统治;而如果谁命令说应当一个人统治,他就是给统治增添了兽性。"这种对法律、对确立的规则之重要性的强调是古希腊人思想的精髓,因为他们深深信服对国家应当如何运行的方式作出恰当安排的重要性。②

也有学者将现代西方宪政民主的"希腊化"特征细分为以下七点:

1. 一种世俗的、功利的政府观:政府是一种对普遍利益做出共同选择的工具。

2. 一种牢固的宪政秩序的观念虽然是政治组织的固有特征,但它仍然是能够被改变以适应新的环境的。

3. 公民广泛参与法律的制定过程。

4. "公共舆论"在其中起着持续作用的政治制度不会限制正式法规所明确规定的行为。

5. 法治有两种含义:一是国家的法律适用于所有公民,一是国家的权力必须通过既定的正式程序行使。

6. 一种单个的公民能在独立的、有权做出具有约束力决定的法庭面前为案例辩护的审判制度。

7. 一种限制国家公务员擅自使用权力的制度结构。③

---

① (英)M·J·C·维尔:《宪政与分权》,苏力译,三联书店1997年版,第3页。
② (英)M·J·C·维尔:《宪政与分权》,苏力译,三联书店1997年版,第22页。
③ (美)斯科特·戈登:《控制国家——西方宪政的历史》,应奇等译,江苏人民出版社2001年版,第65页。

欧洲人不仅继承了雅典人的精神,而且部分保留了其制度遗产。在近代代议制民主建立之前,在欧洲尤其是西欧地区,普遍存在一种体现分权原则的等级会议或传统议会。而这一制度客观上保存了雅典人精神的火种和人类对自由、平等、人权、民主的不舍追求与向往。其中,英国最先完成了从传统议会向现代议会的转型,而成为"议会之母",也是世界上第一个民主宪政国家,虽然起初能享受民主权利的人甚少,但通过持续的增量最终发展为一个名副其实的民主国家。其后,民主制在世界各地得到不同程度的创造性的实践,民主品质在不同程度地提升,也产生了各具特色的民主制度,但在殊性表象的背后,总是存在一些共性。曹沛霖教授将其归纳为四个基本原理:人民主权原理、代议制原理、分权制衡原理以及法治原理。①

三、民本主义与民主主义之比较

如果仅从重视民的角度去寻找民本主义与民主主义的异同恐怕是皮相之见,比较必须深入到这两个知识体系的内部,其差别至少表现在以下几个方面:

1. "民"之别:民本主义之"民"是泛指与官对应的人,是指无性别、年龄、身份之别的平民百姓,在政治操作层面是无法也无需加以精确计算的,"民"如载舟之"水",不可也不必量化。民主主义之"民"从古希腊到现代向来都是特指的、有条件的、有范围的,在政治操作层面也是可以精确计算的,"民"如"陶片"或地中海边的"贝壳",可以而且必须量化。一般说来,民本主义之"民"具有包容性,而民主主义之"民"则具有排他性。

2. "本"与"主"之别:"民本"之语义出《尚书》中的"民惟邦本,本固邦宁",意谓人民是国家的根本,根本巩固,国家才能安宁。民本主义言说的对象是君主,要求为君者将民视为邦之本。"民主"是由"人民"和"权

---

① 曹沛霖:《制度纵横谈》,人民出版社2005年版,第126页。

利"两个词组合而成,其字面意思就是"人民的权利"、"人民主权"和"多数人的统治"。民主主义言说的对象主要是民,强调民拥有不可剥夺的权利。中国古代也出现过"民主"一词,《尚书·多方》中就有"天惟时求民主,乃大降显休命于成汤",成汤于是"代夏作民主",但这里的含义却是"人民的主人"和"为民作主"。

民本主义与民主主义之别在于到底由谁来做主,是主权的归属权问题。马克思说过:"不是君主的主权,就是人民的主权——问题就在这里!"①民主思想强调人民是一切权力的唯一来源,具有排他性。政府是由于人民的委托才获得了权力,因而其权力就必须受到人民的监督。民主的提出是为了防范个人专权和独裁现象,保障多数人的利益。因此,民主是与专制相对立的。在中国,民本的前提是对君主或"尊君"的肯定与承认,民本思想也是以尊君或王(皇)权至上为旨归的。

3. 从静态的官民关系来看,民主制及民主主义强调的民是国家的主人,国家权力必须受到民的监督。而民本主义从未将民的政治地位提升到国家主人的高度,也从未对君作主提出非议或设想出具有可操作性的制度来限制君主的权力。民本主义强调的是作为君主应高度重视民的存在。从统治者与被统治者的关系来看,民本主义认为,若没有被统治者,就没有统治者。君主若无视民的利益与民的存在,将会失去统治的对象,君也就不复存在。民与君是相互依存的,但绝不是对等的,也不可以讨价还价。而民主主义则认为统治者与被统治者事实上存在一种契约关系,两者不仅相互依存,而且是平等的,统治者与被统治者的角色也是可以转换的。

4. 从动态的官民关系来看,无论是民本主义还是民主主义,皆可视为舟之于水,但运行的机理则迥然不同。民本主义是水能载舟,水能覆舟;民主主义是水不仅能载舟,水还能推舟、护舟。民本之覆舟总是表现

---

① 《黑格尔法哲学批判》,《马克思恩格斯全集》第1卷,人民出版社1956年版,第279页。

为揭竿而起、地动山摇;民主之推舟或覆舟则表现为民对政府的监督及对政府的定期改选,这既不伤及国本,也不危及民生。

5. 从学理的归属来看,雅典思想家是以从伦理学中分离出来的政治学(以亚里士多德为代表)为视角,从比较政体的角度来谈论民主制与民主主义。而先秦及后来的中国思想家,始终是从伦理学或德性的角度谈论民本主义①,他们在讨论民本主义时均避开制度设计,也不可能从比较政治制度的角度分析。历史上几乎所有关于民本主义的言说都是对为官者谈论官德,提醒他们应如何恤民、重民、教民、养民,也包括如何驭民、牧民等。

其实,早在上个世纪的 20 年代,梁启超在分析先秦政治思想时就已对民本与民主的异同作了精当的分析:

> 各家所说,虽小有异同,但有一共通精神,他们都认为国家是由事实的要求才产生的。国家是在民众意识的基础之上才成立的。近代欧美人所信仰的三句政府原则——所谓 of people, for people, by people,他们确能见到 of, for,这两义,尤为看得真切,所以,他们向来不承认国家为某一个君主或某种阶级所有,向来不承认国家为一个君主或某种阶级的利益而存在。所以,他们认革命为一种正当权利。……但从没有想出个方法,叫民众自身执行政治。所谓 by people 的原则,中国不惟事实上没有出现过,简直连学说上也没有发挥过。②

正是从这一意义上,梁氏提醒国人:"民权之说,中国古无有也。"今天所要探讨的当是诸子百家对于"'民众意识'其物,作何观察,作何批

---

① 林语堂认为中国的社会和政治哲学是"将道德和政治混为一谈,是一种道德和谐的哲学,不是一种力量的哲学"。林语堂:《中国人》(吾民与吾土),郝志东等译,浙江人民出版社 1988 年版,第 180 页。
② 梁启超:《先秦政治思想史》,东方出版社 1996 年版,第 245—246 页。

评,作何因应而已。"①

近代中国的思想家之所以乐道于民本主义与民主主义有相通之处,与近代中国盛行一时的"西学中源说"有紧密的关联。"西学源于中土"之类的说法,依据的是孔子讲的所谓"礼失求诸野"及魏晋时的"老子化胡"说。"西学中源说"始行于明末耶稣会传教士来华传播西学,鸦片战争后相当盛行,至清末谭嗣同、梁启超均曾持此论:"西人之说,张子(张载著《正蒙》)皆以先之,今观其论,一一与西法合。可见西人格致之学,日新日奇,至于不可思议,实皆中国所固有。"②但是,清末持"西学中源说"者多为主张师法西法的人士,是借用传统思维来表达其对现代性的追求。自"中体西用"流行以后,"西学中源"又成了支撑中国学习西方的又一重要理论根据。无论是"西学中源"还是"中体西用",其实都是受制于一元论的历史观与中国一元主义的政治传统,即将西方文明嵌入中国文明。然而,正是因为有了这把"西学中源"及"中体西用"的双刃剑才捅开了西学进入中国的大门,随着西学知识存量的增多,传统的一元主义的历史观被无形消解,时间大约在19世纪与20世纪之交。

总而言之,民本主义与民主主义是两种完全不同的知识体系与价值系统,而政治制度的设计则受制于特定的知识体系与价值系统。

第二节 制度安排:一元与二元

政治观念的存续与流变不仅是经典文本的联接,还与特定的社会生活、政治生活紧密相关。要对政治观念的流变作出合理而有说服力的分析与解释,就必须将其置于历史的情境之中,其中,观念与制度的互动也许最重要的观察点之一。对此,英国学者维尔在研究西方宪政观念时,特别提醒人们应注意政治观念与政治实践的内在关联:

---

① 梁启超:《先秦政治思想史》,东方出版社1996年版,第228页。
② 蔡尚思等编:《谭嗣同全集》,中华书局1981年版,第206页。

西方政治思想史描绘的是一套价值——正义、自由、平等和私有权神圣不可侵犯——的发展和阐发,多少世纪以来这些价值的意蕴一直受到考查和争论;但同样重要的还有这样一个历史,它所争论的是必须有什么样的制度结构和程序,这些价值才能在实践中实现并相互和谐。这是因为这些作为西方思想特点的价值并不自动生效。①

维尔对西方宪政观念与政治制度关联性所作的经验性研究,对我们把握中西方的政治遗产具有重要的启示。综观中西方政治学说史的流变及政治学理论的创新,既离不开既有的政治思想遗产,也离不开对人类丰富的政治实践的经验总结与批判。若没有雅典的民主制、中世纪西欧地区的贵族会议、等级议会等,就很难想象英国能成为第一个确立代议制民主的国家。没有古代古典自然法中的社会契约论原则,也很难想象人类的政治文明会出现基于民主宪政的制度安排。凡此,构成了近代民主主义的观念与制度设计的源头活水。反观中国的民本思想,若是确认明末清初出现了指向民主体制的转型,就必须回答历史上及明末清初是否有过相关的政治实践与制度安排。回避制度安排,只讨论抽象的价值与口号恐怕缺少说服力的。现代新儒家那种"中国过去之人文精神中有民主精神,而无西方式之民主政治制度"②的论断至少在逻辑上难以令人信服。中西方前近代政治制度安排的主要特点可概括为:一元主义与二元主义,或"独"与"多"。

一、中国式的一元主义(独)

一元主义的政治传统肇始于孔孟时代,并为历代政治家与思想家所固持。

---

① (英)M·J·C·维尔:《宪政与分权》,苏力译,三联书店1997年版,第1页。
② 唐君毅:《人文精神之重建》(二),广西师范大学出版社2005年版,第345页。

孔子说:"政者,正也。"①。《说文》对"正"释义是:"从止,一以止。"孟子在见梁襄王时,梁襄王问:"天下恶乎定?"孟子答:"定于一。"②

中国传统政治"一元主义"的特点鲜明地表现在三个方面:1.权力配置中的王(皇)权主义或王权至上;2.政治文化中的独尊儒学及政治传统上的连续性与单一性;3.物理空间上(政治共同体)的"大一统"、非竞争格局。三者的互动构成了中国政治传统及制度安排中的一元主义特征。

1. 权力配置中的王权主义

关于王权主义的起源,刘泽华教授认为:"中国从有文字记载开始,即有一个最显赫的利益集团,这就是以王——贵族为中心的利益集团,以后则发展为帝王——贵族、官僚集团。这个集团的成员在不停地变动,而其结构却又十分稳定,正是这个集团控制着社会。"③

对王权主义作出精致化的构建与阐述大约在春秋战国时期。在这样一个礼崩乐坏的时代,知识精英承载着规划天下的历史使命,遂出现了所谓"诸子百家"、"百家争鸣"的局面。他们周游列国,竞相向统治集团营销各自的政治理念,儒家在此间脱颖而出。

孔子针对"礼乐征伐自诸侯出"的乱象,提出了"礼乐征伐自天子出"、"君君、臣臣、父父、子子"的"天下有道"的政治理想。其后,孟子进一步发展了孔子的政治学说,强调"天无二日,民无二王"④。

王权主义、大一统虽然在先秦时期被视为霸业论而受到一些精英人物与诸侯的排斥,但诸国争霸的结果最终形成了"天下之事无大小皆决于上"的政治格局,秦始皇统一六国后所作的制度安排——"海内为郡县,法令由一统"⑤——从此成为中国历史的常态。与"大一统"相匹配的"秦制"或"秦政"虽三世而终,但经由汉朝的修复显示出强大的生命力,

---

① 《论语·颜渊篇》。
② 《孟子·梁惠王章句上》。
③ 刘泽华:《中国的王权主义》引言,上海人民出版社2000年版,第2页。
④ 《孟子·万章章句上》。
⑤ 《史记·秦始皇本纪》。

"秦政"与中华帝国相始终①。

中国的王权主义表现为君王具有至尊、至强的地位。在诸子百家那里,君王之独有五:势位独一,权力独操,决事独断,地位独尊,天下独占。这"五独"不仅是诸子百家的共同主张,也是社会的共识②。概括起来讲,突出表现为以下两个方面:

首先,天下之君,独一无二。天下只是一个文明的政治与教化的共同体,不存在两个或多个对等的政治实体,故而不存在两个或多个平起平坐的皇帝,即《公羊传》中反复强调的"王者无外"的思想。韩非子明确表示了对"一"的推崇和对"两"的排斥:"一栖两雄"、"一家两贵"、"夫妻共政",均是祸乱之原。《吕氏春秋》言:"王者执一,而为万物正。……一则治,两则乱。"③管仲说:"使天下两天子,天下不可治也。一国而两君,一国不可治也。一家而两父,一家不可治也。夫令不高不行,不专不听。尧舜之民非生而治也,桀纣之民非生而乱也,故治乱在上也。"④到汉代,董仲舒则进一步论证了君权天授的唯一性与排他性:"唯天子受命于天,天下受命于天子,一国则受命于君。"⑤这就使得一元主义的制度安排在学理上更加周密。

"天下"只能有一个皇帝。王权(皇权)主义不仅是古典时期人类政治的普遍特征,且承认国王(皇帝)并非专属于某个民族或国家。但在中国人的认知中,普天之下,只能有一个王(皇帝)。虽然历史上的分裂时期会出现多个自奉为"皇帝"的割据式的或鼎足而立的政权,为维护其统治的合法性,各自均声称自己是唯一正统的皇帝,负有统一天下的使命,他们均视鼎立相安为过渡期,回归"大一统"才是常态。至于那些处在天朝周边地区并与天朝有正常交往(朝贡关系)的政权,则由天朝的皇帝册封他们为"藩王",不得以皇帝相称。

---

① 谭嗣同在《仁学》中说:"二千来之政,秦政也。"毛泽东也讲:"百代皆行秦政法"。
② 刘泽华:《中国的王权主义》引言,上海人民出版社2000年版,第5页。
③《吕氏春秋·执一》。
④《管子·霸言第二十三》。
⑤《春秋繁露》卷十一。

其次,天下之权,君主独揽。君主是唯一的权源与权力的合法供给者。在制度安排上既没有任何力量或个人可以分享、分割君主的权力,也没有任何力量或个人可以制约君主的权力。天下独君,权自君出。管子讲:"天子出令于天下,诸侯受令于天子,大夫受令于君,子受令于父母,下听其上,弟听其兄,此至顺矣。衡石一称,斗斛一量,丈尺一绰制,戈兵一度,书同名、车同轨,此至正也。"管子在《国蓄篇》进一步阐明君主独揽大权的必要性及大权旁落之危害:

> 国有十年之蓄,而民不足于食,皆以其技能望君之禄;君有山海之金,而民不足用,是皆从其事业交接于君上,故人君挟其食,守其用,据有余而制不足,故民无不系于上也。……利出一孔者,其国无敌;出二孔者,其兵半诎;出三孔者,不可以举兵;出四孔者,其国必亡。先王知其然,故塞民之羡,隘其利途。故予之在君,夺之在君,贫之在君,富之在君。故民之戴上如日月,亲君若父母。①

在皇权体制下,君-民关系及臣-民关系就是主仆或主奴关系。传统社会的官僚,尤其是封疆大吏固然拥有较大的权力,但这只能对庶民而言;对君而言,他们连最基本的个人权利也得不到保障。"君为臣纲",臣之于君是单向的依附关系。

2. 政治文化的一元性

权力配置中的一元特征通常也会反映在政治文化或精神世界中,政教互为奥援。中国政治文化中一元主义表现为独尊儒学。新儒家唐君毅也认为:"中国文化大体为一元,不如西洋文化来源为多元。因而数千年之中国文化,大体有一贯之精神,而不似西方文化中各种文化势力之多端并行,时或互相冲突。"②的确,中国历史上始终没有形成足以与儒学比肩或有竞争力的学说。

---

① 《管子·国蓄》。
② 唐君毅:《人文精神之重建》(二),广西师范大学出版社2005年版,第338页。

自汉武帝时期儒学被钦定为官方正统的政治文化以后,中国政治文化的发展史就是一部儒学发展史,也是儒学吸纳、消化或排斥其他文化的历史。历史上儒学与法家的关系、儒学与道家的关系、儒学与佛学的关系及明清之际儒学与西学的关系等,有张有弛,但儒学的统摄地位始终是牢固不拔,并逐渐上升为一种"道统",一套成为人们信仰的价值系统与行动指南。孟子认为孔子的学说是上接尧、舜、汤、周文王,并自命是继承孔子的正统。唐代大儒韩愈作《原道》,正式提出了所谓"尧、舜、禹、汤、文、武、周公、孔、孟"关于道的传授系统说,自称继承了真正的孔孟之道,是儒家的正宗。儒家道统传至宋代,以上承孔、孟的周敦颐、二程(颢、颐)为正统,而朱熹又以继承了周、程,自以为是儒家正统。

儒学道统地位的有赖于其社会化的程度,而这仅靠历代大儒个人的努力是不够的,制度化的保障才是儒学始终定一尊的关键。换言之,儒学的至尊地位并非通过自由的思想争鸣,优胜劣汰,而是政支配教的结果,但这一过程较之王权主义之确立要漫长得多,大致经过了三个阶段,历时千年。首先,汉武帝时代确立独尊儒学的国策,使儒学从江湖走进庙堂,上升为王朝的意识形态。其次,唐代确立科举取士的选官制度,这使王朝的官僚体制与王朝的意识形态得以高度耦合,形成了政治权力与文化话语间互为奥援的格局,从制度设计上消解了知识精英与政治权力(权威)间的紧张关系。再次,宋代成熟的书院制度和发达的私学教育,终使得儒学从庙堂回归民间社会,使王朝的意识形态成为大众的信仰,进而支配民众的思维方式与行为方式,由此也从学理和认知上消解了社会与国家(王朝)的紧张关系。当然,这一切均以君王践行民本主义为前提。

儒学至尊地位的确立,造就了这样一道文化奇观:"中国文化之发展,除了改朝易姓之际的混乱,大体一贯相仍,如长江大河,一泻千里。确不如西方文化之波涛起伏,翻天覆地。"[①]

[①] 唐君毅:《人文精神之重建》(二),广西师范大学出版社2005年版,第339页。

中国政治文化的一元特性使得文化的更张缺少了必要的文化资源，这将会导致文化发展乃至政治发展的相对停滞。中国"因少了文化多元而生之冲突，以致少了如西方人文世界之多端并行的发展，社会各种社团之对峙，因而未能逼出如西方式之对个人自由之需要之迫切，而不能有西方式之民主政治"①。故文化的一元特性也是导致中国未能发展出民主政治理念与其实践的缘由之一。

3. 物理空间上（政治共同体）的"大一统"

就政治空间而言，传统中国地理学意义上的世界即"天下"，天下是一个平面，天圆地方，华夏民族居天下之中。而从文明的发达程度来看，华夏文明则是矗立在这一"平面"中心位置的唯一的奇峰。杨度在20世纪初对中国人的天下观有如此描述：

> 中国数千年历史上，无国际之名词，而中国之人民，亦惟有世界观念，而无国家观念。此无他，以为中国以外，无所谓世界，中国以外，亦无所谓国家。盖中国即世界，世界即中国，一而二，二而一者也。②

中国传统社会的"天下"从来就没有十分精确的数字化的地理边界。《礼记·王制》云："中国、夷、蛮、戎、狄，皆有安居、和味、宜服、利用、备器。五方之民，语言不通，嗜欲不同。"政治不同，民族不同，地域不同，风俗不同，并非要表达这是一个多元并列的政治空间，而是表达华夏不同而和之优越，强调"华夷之辨"，文野之别，这与"普天之下，莫非王土，率土之滨，莫非王臣"及"天下共主"的政治想象并无矛盾。故《尚书·禹贡》中有所谓"五服"之制：五百里甸服，五百里侯服，五百里绥服，五百里要服，五百里荒服。《国语·周语》中有"五服"说："先王之制，邦内甸服，邦外侯服，侯卫宾服，夷蛮要服，戎狄荒服。"

---

① 唐君毅：《人文精神之重建》（二），广西师范大学出版社2005年版，第339页。
②《金铁主义》，刘晴波编：《杨度集》，湖南人民出版社1986年版，第214页。

> 甸服者祭,侯服者祀,宾服者享,要服者贡,荒服者王。日祭、月祀、时享、岁贡、终王,先王之训也。有不祭则修意,有不祀则修言,有不享则修文,有不贡则修名,有不王则修德,序成而有不至则修刑。于是乎有刑不祭,伐不祀,征不享,让不贡,告不王。于是乎有刑罚之辟,有攻伐之兵,有征讨之备,有威让之令,有文告之辞。布令陈辞而又不至,则增修于德,而无勤民于远,是以近无不听,远无不服。

三代时期,理想中的天下是一个以华夏为中心的亲疏有别的政治共同体。春秋时期,"天下共主"的格局名存实亡。各路诸侯或称霸一方,或争霸中原,至战国时代,终成"七雄"之态。中国大地上出现了多个政治实体并存的格局。身处乱象时代的诸子,特别是以孔子为代表的儒家,并未动摇对"天下共主"的追求,而是在谴责当下"礼崩乐坏"的同时,规划并指点着中国历史如何重新迈向"大一统"。

"大一统"一词首见于《春秋公羊传》。该书开篇隐公元年:"何言乎'王正月'?大一统也。"东汉经学家何休在注解《公羊传》时,将其解释为:"大"乃为"推崇、重视"之义;"一统"即"元始"之义,是根基、基础的意思。"大一统"论不仅表明历法应该划一,且应以周王的政制为摹本,使天下复归于定于一尊,最终由秦始皇完成了这一政治目标。

政治共同体的"大一统"意味着文明社会的唯一性。夷夏之别即为"文"与"野"、"内"与"外"、"君子"与"小人"、"泰"与"否"之分。在中国古人的视野中,文明社会永远只有一个,这已成为一种思维定势。近代以降,中国人视野中的"天下"虽然被放大到了亚洲以外的世界,但仍未从根本上动摇夷夏之辨。清末湘绅叶德辉(1864~1927)的观点颇为典型:

> 夫《春秋》之所谓"夷狄"者,以其异于尧、舜、禹、汤、文、武、周公之教也;今世之所谓"夷狄"者,则有黑、白、红、棕之别,而种类异也。《春秋》之教,谓夷而进于中国,则中国之正欲其进而同教耳。今日

之吴、楚,教化同矣,种类亦一,自不得谓之"夷狄"。我圣清为古肃慎氏之区,同种同教,三代已然,亦不得谓之"夷狄"。①

政治学家的经验研究表明,"一种意识形态一旦被人们接受之后便会以非凡的活力永久存在下去。在这个国家里出生的人们会把他们的一些爱投向支持这个制度的各种象征:共同的名称、同共的英雄、同共的使命、共同的需要。"②天子、儒学、大一统,三者相互支撑,并逐步使一元主义成为全社会的政治共识,从而确保了"天下"始终在"秦政"的轨道上畅行二千余年,华夏文明与中华帝国的天子独步天下。若以经验来验证观念的力量,先秦儒家提供的一元主义观念当是人类历史上功效最强的政治观念之一。③

天谴论与君权的限度

任何一种有关人统治人的制度设计都应该有补漏或救济的考虑,这是由人的普遍的忧患意识所决定的。先秦及历代儒学总是强调君王的神圣性与唯一性,但经验表明坏皇帝或暴君的出现是不可避免的,如果不考虑对君王权势的规训与约束,这至少是不理智的。现代西方民主宪政制度的纠偏原则是分权制衡。中国传统社会是否存在这一思想或制度资源呢?如果存在的话,它有何特点?与西方社会是否相似?

先秦的思想家们构建了一个以王权为核心的理想国,为了使这一理想国长治久安,他们赋予君王以无限的绝对权力,希望王权"万世一系"。但历史的经验表明,万世一系的理想国从来就没有存在过,改朝易姓是无法抗拒。早在周公辅政时,为了教训成王,强调"天命靡常"、"皇天无亲,惟德是辅",给周朝王者加上天变之警示,此为天谴论的最早表达,也

---

① 叶德辉:《叶吏部与南学会皮鹿门孝廉书》,苏舆:《翼教丛编》,上海书店出版社2002年版,第167页。
② (美)D.拉斯韦尔:《政治学》,杨昌裕译,商务印书馆1992年版,第138页。
③ 闫小波:《共识依赖:中华政治共识之传承与更张》,《天津社会科学》2011年第1期。

为后世儒者所习用,孔子说"君子三畏",即畏天、畏命和畏大人,而董仲舒则将其进一步系统化。

经由短命的秦王朝,儒家士大夫再一次不无焦虑地感到万世一系只能是"心向往之",为了使君王尽可能在"仁政"的大道上穿行,必须对君王有所约束或制衡。但与西方不同的是,中国古代思想家并没有设计出一个持久而刚性的约束王权的制度,他们只能到王权的授予者——天——那里寻求约束王权的力量,以天正君,强调君主对天负有道德或伦理的义务。秦亡以后30年出生的董仲舒,恰逢大汉盛世,虽然在情感上希望大汉江山传之万世,大汉天子圣明相续,但理智上他也认为这样的期盼恐怕过于天真。于是,他不得不对天子发出善意的忠告,将先秦时期的天谴说进一步精致化、学理化。

董仲舒的天谴论脱胎于先秦时期的天命说。如"天聪明自我民聪明,天明畏自我民明畏""民之所欲,天必从之"。荀子说:"天地者,生之始也。礼义者,治之始也。君子者,礼义之始也。为之,贯之,积重之,致好之者,君子之始也。故天地生君子,君子理天地。君子者,天地之参也,万物之揔也,民之父母也。"①

既然君权天授,那么对天子权力的制扼只能来源于天。董仲舒说:"天者,百神之君也,王者之所最尊也。"②"受命之君,天意之所予也。故号为天子者,宜视天如父,事天以孝道也。"③如此,在天与天子之间构成了一种政治权力的委托与代理关系。"故屈民而伸君,屈君而伸天,《春秋》之大义也。"④按照董仲舒的天人感应说,君王执政若偏离了"仁政",天将会发出谴告,谴告的主要形式是所谓"灾异":"天地之物有不常之变者,谓之异,小者谓之灾。灾常先至而异乃随之。灾者,天之遣也;异者,

---

① 《荀子·王制篇第九》。
② 董仲舒:《春秋繁露·郊义》。
③ 董仲舒:《春秋繁露·深察名号》。
④ 董仲舒:《春秋繁露·玉杯》。

天之威也。"但,"灾异"相继绝非是一种不可抗拒自然现象,而是天对君王不行仁政有目的的警告,君王对"灾异"的回应性决定了天谴的强度:

> 谴之而不知,乃畏之以威。……凡灾异之本,尽生于国家之失。国家之失,乃始萌芽,而天之灾异以谴告之,谴告之而不知变,乃见怪异以惊骇之,惊骇之尚不知畏恐,其殃咎乃至,此见天意之仁而不欲陷人也。①

这就是由天人感应说推衍出来的"灾异谴告论"或天谴论。所谓天谴论,也许是古人智慧的极限。"近代对统治者权力的限制,求之于宪法;而董氏则只有求之于天,这是形成他的天的哲学的真实背景。"②梁启超从现代政治学的角度揭示天谴论的政治功能:

> 民权既未能兴,则政府之举动措置,既莫或监督之而匡纠之,使非于无形中有所以相慑,则民贼更何忌惮也。孔子盖深察夫据乱时代之人类,其宗教迷信之念甚强也,故利用之而申警之……但使稍自爱者,能恐惧一二,修省一二,则生民之祸,其亦可以稍弭,此孔子言灾异之微意也。虽其术虚渺迂远,断不足以收匡正之实效,然用心盖良苦矣。江都(指董仲舒,曾任江都相——引者注)最知此义,故其对天人策,三致意焉。汉初大儒之言灾异,大率宗此旨也。③

民国时期的政治学家萧公权也据此认为:"君主受天的谴告,畏天的威严,又可见人主虽尊,并不是独制而无所制。"④福山认为天谴论是"把负责制的原则带进了中国政府,但要注意,这个负责制不是正式或程序上的,而是基于皇帝自己的道德观念,而这个观念又是官僚机构所塑

---

① 董仲舒:《春秋繁露·必仁且智》。
② 徐复观:《两汉思想史》第2卷,华东师范大学出版社2001年版,第183页。
③ 梁启超:《论中国学术思想变迁之大势》,《饮冰室文集》之七,上海中华书局1932年版,第51页。
④ 萧公权:《宪政与民主》,清华大学出版社2006年版,第72页。

造的。"①

"谴告说"在今天看来似有政治神秘主义的色彩,但在其神秘主义的外衣下有着强烈的民本主义的关怀。偏离了仁政,不仅是违背天意,同时也是偏离了民本主义的价值关怀。因此,"天谴"将转化为"人谴"——汤武革命。灾异谴告遂为革命征诛所替代,汤武革命也就成了"顺乎天而应乎人"的选择。在传统社会汤武革命具有天然的正当性,其前提是君王仁义不施,据此发动的革命符合天意,美其名曰"替天行道"。这样,对君王的制约最终还是由民通过暴力的方式来兑现。

诚然,从"汤武革命"说到董仲舒的"天谴说",皆非鼓励民众揭竿而起,或让民众来监督政府施行仁政,而是要告诫君王,君临江山社稷是有条件的,漠视民瘼就是违背天命天意,将会导致汤武革命的报复。董仲舒为防范暴政而构筑的这道防火墙,其历史价值不在于从此可以杜绝暴政,而是为延缓仁政提供了一剂智所能及的良方。②

董氏的天谴论在传统中国一直存在,但到宋代发生了从"天谴"向"天理"的转换。"宋代的思想家们认为将'天'的本质规定为'理',就占据了稳固的基础。受命于'天'这一古老的思想在'天'的表象内容发生根本质变的同时,它利用人们对'天'的绝对依赖这一框架,作为支撑中国的王朝体制的逻辑基础不断发挥着作用。"③刘述先也认为,宋儒与汉儒不同,汉儒把"天坠落下来与现实政治结合",而宋儒"进一步期待用超越的道德理想去约束在现实上的人君行为,而产生某种制衡的作用"④。

由此看来,在中国传统社会貌似存在一种西方式的权力制约模式,即挟天威以令天子,天和民可以制约君主。虽说天意即民意,但又不能

---

① (美)弗朗西斯·福山:《政治秩序的起源》第一卷,第129—130页。
② 关于古典时期中国的政体形态,参见闫小波《保育式政体——试论帝制中国的政体形态》,载《文史哲》2017年第6期。
③ (日)小岛毅:《宋代天谴论的政治理念》,(日)沟口雄三、小岛毅主编:《中国的思维世界》,江苏人民出版社2006年版,第328页。
④ 刘述先:《理一分殊》,上海文艺出版社2000年版,第96页。

简单地将二者合一。三者间隐含着一种循环关系。王权来自于天授,王对天负责,故有"奉天承运"。天要求君王施行仁政,以民为本,对民负责。王固然能参天地,但并非是天与人之间唯一而排他的中介,也不能阻隔天对民意的"感应"。天可不必通过王而直接感受到民意、民心与民情。当君王违背了对天的承诺,推行暴政时,天谴与民反随之而来,候任的僭王们纷纷树起"替天行道"的大旗,征诛暴君。按照传统的"成王败寇"的逻辑,最终将实现改朝换代,天下重新定于一尊。新的天子也获得天的授权,继而奉天承运。

应该看到,传统中国的天与天子或君与民所隐含的制约关系,与西方自然法中社会契约论的传统不同,中国式的对君王的制约并非在日常政治生活中随时可能兑现的制约,平时的制约更多的是靠君王的道德自律,而非西方式的他律。历代的皇帝往往因灾异下诏自责,如汉代的文帝、宣帝、光武帝、明帝、章帝等都曾因日食下诏罪己。但到了元帝成帝后,天变的责任逐渐推移到了三公身上。当君王偏离了仁政的大道,而道德自律又无济于事的时候,最终将由革命征诛的方式来兑现天与民对皇帝权力的制约,并完成对暴君皇位合法性的彻底否定。

简言之,中国式的制约既是一种道德的制约,一种软性的、隐性的制约;同时也是一种刚性的、暴力色彩很浓的制约,或者说始于道德终于暴力。此种制约平时是低代价低成本的,最终又表现为血腥的、毁灭性的:

> 我先民极知民意之当尊重,惟民意如何而始能实现,则始终未尝当作一问题以从事研究。故执政若违反民意,除却到恶贯满盈群起革命外,在平时更无相当的制裁之法。此吾国政治思想中之最大缺点也。①

中国式的一元主义政治传统与逻辑在制度安排上的表现为:君主拥有至高无上的权力,缺少对君权可产生有效制约的制度安排。但在"一人之下",在众臣属之间,无论横向的还是纵向的,均存在错综复杂的牵

---

① 梁启超:《先秦政治思想史》,东方出版社1996年版,第39页。

制关系与制度安排,且此种牵制还呈现出复杂化、细密化的趋势。隋唐较之秦汉、两宋较之隋唐、明清较之两宋,均有明显的发展,而在君臣之间,则始终表现为君对臣单向的制约和臣对君的绝对依附。

二、西方式的二元主义(多)

与中国的一脉相承的"独"的政治传统不同,西方则是一个"多"的政治传统:

> 欧洲内部长期的族群林立,却保留了欧洲文化的多样性,不至于像中国一样,形成一个过度同构的单一文化。中国的模式,可能相对减轻了内部的冲突,老百姓一般会有比较长期的和平日子。但是,同构性过高的社会,缺少许多可能的选择,面临变局时,缺乏弹性的调节。欧洲内部的多姿多彩,使得欧洲的历史发展出"隔舱"的保护功能。在有内外挑战的时候,各种异质性的特色,使他们可以从许多选项中找出恰当的适应方式。①

西方的制度安排在那些初识西方的中国士大夫眼里更多的是觉得奇异。中西大交通以后,即便某些推崇儒学的人士不仅会正视西方制度的独特性,且肯定其优越性,如新儒家的代表人物之一唐君毅就意识到中国以君为中心的一元主义与西方君民二分的二元主义之别:

> 将中西文化与政治制度加以比较,西方人不重君主个人之正心诚意工夫,不重直接感格君心之谏诤与奏议,不重政府内部之自己监察,初亦无中国之察举科举制度,以为政府与社会人才升降之媒。然西方有伸民权以抗君权,及行政权立法权之分立,或三权鼎立之说,以人民代表与独立之司法力量,制裁政府权力之民主制度。中国缺西方式之民主制度,不以政府以外之力量制裁政府,而重政府

---

① 许倬云:《中西文明的对照》,浙江人民出版社2013年版,第237页。

内部之自己制裁。①

黑格尔断言中国"仅仅属于空间上的国家",这一方面是基于大历史观的角度而对中国历史作出的一种判断,同时也是基于中国与欧洲历史的比较。换言之,欧洲不仅是一个空间的概念,更是一个时间上的概念。如果说中国政治中的一元主义的传承是被不断复制(改朝换代,但不换制)的过程,那么西方二元主义的传承则是一个不断刷新的过程。这一过程大致表现为三个阶段:古希腊的"执政官-公民大会"、中世纪的"世俗王权-教会"、近代的"民族国家-市民社会"。

西方式的二元主义或多元主义的政治传统,缘自政治空间上的四分五裂与政治传统的多元化;在权力结构与政治制度安排上,也始终不存在一个至高无上的、不受任何力量制约的超级君王,而政治领域中二元对抗的格局则成为西方政治传统中的一道无法抹去的风景。

1. 古希腊时期

在古希腊时期,城邦是一种规模有限,独立自治,并得到其公民的最高忠诚的共同体。而城邦的出现取决于希腊特殊的地理环境。希腊是一个崎岖不平的地区,而沿海的一些较小的平原,又被难以逾越的关山(冬季几乎不能通行)隔散开来。这些小的平原有助于形成天然的政治单位。尽管如此,各城邦由于一种共同的血统、语言、文化和宗教,也存在一种联合起来的觉醒意识。在整个希腊历史上,一直有泛希腊主义的理想和城邦分裂二者之间的紧张对立。在政治诉求上,希腊世界来回摇摆于寡头派与民主派之间,前者希望集权于少数人之手,后者则坚持较宽广较激进地扩大权力范围,民主制不过是扩大了的寡头制而已。"到公元五世纪,形势已两极化为斯巴达与雅典间的对抗。"②但,两者之间仍存在着相似的政治精神——多元主义:

---

① 唐君毅:《人文精神之重建》(二),广西师范大学出版社 2005 年版,第 347 页。
② (英)杰弗里·巴勒克拉夫主编:《世界史便览》,《泰晤士世界历史地图集》中文版翻译组译,三联书店 1983 年版,第 161 页。

今天,这两个希腊城市通常是作为说明两种不同的政体而被提到:作为拥护自由的民主的雅典政体,和几乎不尊重个人自由的斯巴达政体。在政治和社会哲学中,雅典和斯巴达确实是两个极端,但它们的政治制度有着很大的相似之处。波利比乌斯没有把雅典作为政治组织的多元主义形式的典范是令人奇怪的,但他认为斯巴达先于罗马建立了政治组织的多元主义形式则并不使人惊奇。①

与雅典民主制相对应的斯巴达也不存在中国式的王权至上。其政治制度基本上是由三种要素构成的:从最富有的家族中选出的两位终身的国王;由代表贵族的28位成员组成的议事会(老年人);由有特权有武器的所有男性公民组成的公民大会(年轻人)。②

17世纪末,英国对抗原则的倡导者莫伊尔认为斯巴达是对抗原则的一个重要的、早期的例证:

> (它的)真正的统治政制……体现在把权力适当地分配到几个机构中去,就整体而言,它是一部大机器,但每个机构都能制约其他机构,因此,每个机构都不能超出它的权限范围,而是保持在由原来的框架所规定的范围内。③

总之,在古希腊及罗马帝国时期,并无不受制约的超级领袖,公共权力大致被分割为二,即人数不等的执政官与规模各异的公民大会,两者之间形成了一种相对稳定的制衡关系。

2. 中世纪

古典的直接民主被颠覆后,欧洲进入了中世纪。与古希腊时期灿烂

---

① (美)斯科特·戈登:《控制国家——西方宪政的历史》,应奇等译,江苏人民出版社2001年版,第86—87页。
② (美)斯科特·戈登:《控制国家——西方宪政的历史》,应奇等译,江苏人民出版社2001年版,第87页。
③ 转引自(美)斯科特·戈登《控制国家——西方宪政的历史》,应奇等译,江苏人民出版社2001年版,第87页。

的阳光相比,中世纪是黑暗的,但黑暗时代并未能消除古典时代二元与多元的政治传统。新的二元结构——政教分离与政教抗衡逐步形成。

罗马帝国后期,欧洲进入了基督教化时代,并由此形成了新的二元权力结构。基督教教会的结构是模仿罗马帝国而来的,教皇在教会世界内部也被赋予了世俗君主般的权力。(但教皇的这种权力也不是独占的,它与后来出现的"主教会议"有一种此消彼长的关系,也可将其视为教会内部的一种二元权力结构。)《圣经·马太福音》中的"恺撒的物当归给恺撒,神的物当归给神"是此种二元结构的经典描述:

> 他们承认,国家有权力处理世俗事务,然而也相信,唯有其教会组织有权力处理属灵事务。在当时的宗教当中,唯有他们不肯参加官方礼拜仪式,故而遭到了无情的迫害。可到头来,迫害终归失败,罗马帝国不得不承认基督教为国教,彰显了古代政治终于破产。自此以来,教会与国家便以不同的权威形式同时存在,每一方都声称有权确定人类生活的一个部分。这样古代单一结构的社会观,便代之以另一崭新的双层社会组织理想。除法律概念而外,这种社会二元观或许称得上塑造西方文明特色最为重要的力量。①

尽管在政教两者之间自始就存在紧张关系,世俗的权力强大时总想吞噬或拥有支配基督教的权力,但教会一直与之分庭抗争。中世纪,托马斯·阿奎那为捍卫此种二元结构,坚持认为罗马教皇的权威直接来自上帝,而世俗的权威来自于人民②。类似中国的"一"的权力结构特征从未出现过。

政治系统中的对抗性与多元性往往具有衍生性。西方文化与政治传统的多元特性表现在诸多方面,比如大学精神:

---

① (美)弗里德里希·沃特金斯:《西方政治传统——现代自由主义发展研究》,黄辉等译,吉林人民出版社 2011 年版,第 16 页。
② (美)斯科特·戈登:《控制国家——西方宪政的历史》,应奇等译,江苏人民出版社 2001 年版,第 29 页。

> 中世纪之大学始于九世纪,乃遥接希腊罗马之学统与雅典大学之精神,并由与亚剌伯文化接触,而后兴盛的。亦是生根于社会,而不生根于政治的。现代欧洲大学之神学院,是希伯来精神。法学院是罗马精神。哲学院、理学院是希腊精神。西方文化多元之历史,反映于其大学。而大学之历史之长远,与其生根于社会,亦即使之为一独立的社会文化力量。①

哲学家罗素的观察更为细微,他认为欧洲中世纪的二元现象还表现在其他四个方面:

> 首先是拉丁与条顿二元性的实际存在。教会势力仍然是拉丁族的,而帝国却落入了野蛮的条顿族入侵者后裔手中。一直到罗马被拿破仑攻陷之前,它都被称作日耳曼的神圣罗马帝国。其次,人被划分为教士和俗人两类。前者是正统教义的卫护者,由于教会成功地经受住了种种异端的影响,教士的地位在西方大大加强了。早期的一些信奉基督教的皇帝曾同情阿利乌斯教派,但最终还是正统派占了上风。另外,还出现了天国与世俗诸国的比较。这一比较的根源可以在《福音书》里找到,但它在罗马覆亡之后才获得了更为直接的重要意义。尽管野蛮部族能够摧毁城市,但神灵的城市却是无法洗劫的。最后是精神与肉体的对立。这一对立有着更古老的根源,可追溯到苏格拉底的"肉体与灵魂"理论。②

文艺复兴兴起后,欧洲经过 30 战争,于 1648 年签订了《威斯特发利亚和约》,欧洲率先开始了构建现代民族国家的进程,在马基雅维利、博丹等人学说的影响下,绝对主义国家随之出现,其中,法国的路易王朝尤为典型。绝对主义统治者往往声称他们对国家事务拥有合法的个人决定权。路易十五,就是坚持此观点的最有名的君主:

---

① 唐君毅:《人文精神之重建》(二),广西师范大学出版社 2005 年版,第 333 页。
② (英)罗素:《西方的智慧》,崔人元译,世界知识出版社 2007 年,第 145 页。

> 最高权力存诸吾身,法庭之存续与权威皆归于吾一人,那……权威只能假吾之名以行——因为立法权只归吾一人所有……整个公共秩序维系于吾一人之身,因为吾才是其最高监护者。……国家之权益和福祉……与吾本为一体,尽可安歇于吾之手掌矣。①

空前强大的世俗王权,不仅削弱了中世纪分封制下地方贵族的权力,而且使教会力量遭遇到世俗权力前所未有的挑战。的确,路易十四曾拥有至高无上的权力,把君主专制制度推向巅峰,并获得"太阳王"的雅号。在他的治理下,法国彻底取代哈布斯堡家族而成为欧洲的霸主。路易十四执政地位巩固以后,宣布废除巴黎和地方高等法院讨论国王敕令的权力,并停止召开全国三级会议,通过把各地贵族集中到凡尔赛宫的方法,削弱地方权贵实力,任命中产阶级领袖担任政府重要官职。他亲自主持国务会议、政务会议和财政会议,控制了对世俗事务的最终决定权。

自马丁·路德宗教改革以来,欧洲国家教派纷争日趋激烈,新教与旧教、国家间的教派,一国内部也存在诸多宗教矛盾,凡此,时常成为政治摩擦甚至军事冲突的导火索。路易十四为了达到对各类教派的绝对控制,必须解决王权与教皇权之间的矛盾,如国内正统天主教派和天主教异端派别之间的矛盾以及天主教和新教之间的矛盾等,以图使法国形成国王领导下的统一宗教,这样真正保证国王的绝对权力,从而形成路易十四所期望出现的"一个信仰、一种法律、一位国王"的格局。由此,世俗力量与宗教力量、巴黎王权与罗马教皇间展开了中世纪后期的最为激烈的博弈,直至兵戎相见。

生活在后路易十四时代、富有怀旧情结的伏尔泰在叙述这段历史时也道出两者之间的复杂而紧张的关系:

> 僧侣被承认为国家的一个等级之后,君主领导这个国家等级,

---

① 转引自(英)戴维·赫尔德《民主的模式》,燕继荣等译,中央编译出版社1998年版,第92页。

就需要极其灵活细致、谨慎小心。既在保持与罗马教廷的团结,又要维护国家教会的自由——古代教会的权利;既要改善于使主教俯首听命犹如臣仆,又要不触及其权利;既要使主教在许多方面受制于世俗的司法,又要让他们在其他方面居裁判者之尊;既要他们捐输财物以供国家之需,又要不侵犯其特权。凡此种种,集机制灵活与坚定果断于一身,而这正是路易十四几乎始终具备的。①

这里虽然对路易十四不无溢美之词,但也道出了一个事实,路易十四难以消除二元权力结构之间的张力与平衡。

路易王朝时期,基督教影响力的式微与其说是由于路易王朝的扩权,不如说是缘于宗教改革及由此而来的文艺复兴运动。文艺复兴之前,西方社会的二元结构建立在教会与国家两大制度上面。文艺复兴与宗教改革之后,西方文明逐渐走向世俗化,从而打破了传统的二元结构:

> 人们日渐把兴趣移至世俗问题,那些依然忠于基督教的人,则因为教派纷争而力量大减。这样,中世纪的教会还能代表所有基督徒,到了后期便只能代表部分人;不过此时,国家仍然声称拥有全部臣民,故而成了社会的主要代表。这时,再无法靠教会来独立地制衡世俗权威的权力;西方文明逐渐走向世俗化,人们也必须重新建立二元社会的基础。自 16 世纪以来,这一项重建工作一直构成西方政治的主要问题。②

3. 近世

随着古希腊制度与思想遗产的发现及资本主义生产方式的发生与发展,启开了近代人们对自由、民主、宪政、人权等价值目标的探寻。其中以霍布斯与洛克等为代表的自由主义者对西方新的二元结构的重构

---

① (法)伏尔泰:《路易十四时代》,吴模信等译,商务印书馆 1982 年版,第 502 页。
② (美)弗里德里希·沃特金斯:《西方政治传统——现代自由主义发展研究》,黄辉等译,吉林人民出版社 2011 年版,第 32 页。

起到了关键性的作用。霍布斯标志着"从服膺绝对专制主义向反对暴政的自由主义转变的一个有趣的转折点。相形之下,洛克明确代表着自由主义宪政传统的发端,这一传统从18世纪以来,成了变化着的欧美政治结构的主线"①。

自由主义在面对践踏人权的暴政、绝对专制主义体制和宗教对人们精神生活的不宽容时,努力坚持选择的自由、理性和宽容等价值,张扬个人主义、人权至上。"自由主义一方面对僧侣和教会的权力提出挑战,力求对两者权力加以限制,并确定一个独立于教会和国家的私人领域。这种理念的核心目标是把政治从宗教控制下解脱出来,把市民社会(个人生活、家庭生活和工商业生活)从政治的干预中解脱出来。"②现代民族国家与市民社会的二元格局逐步取代了中世纪的世俗与宗教的二元格局。沃特金斯对此作了非常精当的归纳:

> 在16、17世纪,中世纪二元主义的破产留下了一条无法弥补的裂缝。……然而到了18、19世纪,西方二元论的活力却显然再度得到了肯定。所有的西方国家,每个阶层的人都相继有了政治责任感的觉醒。靠他们的努力,议会制度再度得以注入新的活力,逐渐变成制衡现代官僚体系扩张的有效力量。新的世俗道德观念,将中世纪教会的政治诫命取而代之。这样,原来以教会与国家分立的基督教二元主义为基础的西方社会二元主义,基于国家与社会分立的世俗二元主义,而重新出现。这一过程缓慢而且痛苦,其间也多有令人失望的挫败,然而最后,终于克服了世俗化危机,恢复并扩大了西方文明的传统特色;而造就了这一结果的思想与制度,正构成了现代的自由主义。③

---

① (英)戴维·赫尔德:《民主的模式》,燕继荣等译,中央编译出版社1998年版,第95页。
② (英)戴维·赫尔德:《民主的模式》,燕继荣等译,中央编译出版社1998年版,第95~96页。
③ (美)弗里德里希·沃特金斯:《西方政治传统——现代自由主义发展研究》,黄辉等译,吉林人民出版社,2011年版,第45~46页。

需要指出的是,教会与国家分立的二元主义让位于国家与社会分立的二元主义,并非不一个简单的替代,更不是否定。也就是说作为制衡国家权力的新兴的市民社会与既存的教会力量并无排他性的关系,在其后的宪政与民主化进程中,基督教继续扮演着重要的角色,实际上是二者迭加起来发挥着制约国家权力。由此,也不难理解1791年美国宪法修正案第一条:"国会不得制定关于下列事项之法律:建立宗教或禁止宗教信仰自由。"①

第三节　观念、运动与制度:民主化进程展开的复杂性

在人类民主史上,民主观念的生成与传播、民主运动的兴起及民主制度的建立三者之间的关系是极为复杂的,并无一个固化的因果联系或逻辑。孙中山的"知难行易说"的提出与其说是探明了二者间的内在联系,不如说是发现了二者关系的复杂性。事实上,"知"固然很难,但"行"亦非容易,知而行之未必有其"果"。征诸民主观念,所谓"知"即对民主思想的认知,而"行"则是民主运动的展开,"果"即民主制度的构建与巩固。

在人类民主史上,发生过许多思想启蒙运动与民主运动,但两者并非是人们所想象有其因必有其果。中国如此,西方亦然:

> 在欧洲,政治革命(准确地说,是1789年的法国大革命)紧跟在启蒙运动之后发生。但迄今为止,这两个历史现象之间的联系依然是个争论不休的题目。一些革命家(如罗伯斯庇尔)以目的论来解决这个问题,认为启蒙运动必然"直接导致"革命的发生。然而我们却有相当的依据可以证明,18世纪关于思想解放的理论更符合开明专制的需要,而且不是共和政体。另一方面,后世的一些对启蒙持

---

① 朱曾汶译:《美国宪法及其修正案》,商务印书馆2014年版,第14页。

批评意见的学者,如卢西安·古德曼,则认为启蒙是政治行动的一种阻碍。这显然失之轻率。他们没有注意到英国、荷兰和法国泛神论者之间诸多的联系,这些人后来发动了一场被称为"激进的启蒙运动"。他们也同样忽视了广大的政治同情者的存在。然而,不论把启蒙视作革命之轮上的润滑剂还是砂石,毫无疑问,欧洲的启蒙运动确实同这场革命不可避免地联系着。

在中国,启蒙运动是在政治革命之后发生的,或者准确地说,它只是附着于政治革命的一个觉醒的宣言,而且至今也仍不过是一纸宣言。这一点在"五四"运动过程中相当明显。知识分子对辛亥革命痛感失望,于是转而针对性地批判传统的思维模式。①

民主思想的启蒙运动可以催生一场成功的民主革命运动,而民主革命运动的受挫也可能成为一场新的思想启蒙的序幕。

近代以降,人类的政治发展史是以民主为主轴而展开的。随着早期现代化国家宪政共和体制的建立及其在国际与地区政治中的强势地位的形成,非西方国家或主动或被动地步武其后,所以世界各国大致可分为早期现代化国家与后发现代化国家。

早期的现代化国家民主制度的确立大致也是循着"观念→运动→制度"的序列而展开的,但这并非是一条简单的笔直的路径。民主观念之生成不是凭空而起的,它既受到历史上人类政治智慧的启示,也是对人类政治实践考察的结果。民主观念不仅会催生民主运动,同时为未来民主制度的构建提供政治思想与政治智慧,而思想与智慧又会随着政治运动的展开而得到丰富与完善,民主宪政制度的确立也是一个不断完善的过程。如法国民主制度之构建,大致是循着卢梭的人民主权学说、罗伯斯庇尔领导的法国大革命、最终确立民主宪政制度,但其间有过多次反

---

① (美)微拉·施瓦支:《中国的启蒙运动——知识分子与五四遗产》,李国英等译,山西人民出版社1989年版,第376~377页。

复。法国最终的民主宪政体制（与英美等国相比又是脆弱的）与卢梭的政治理念相去甚远。美国民主制度的建立算是走了一条捷径，但是最终制度的确立也经过了由邦联制到联邦制的转型，其间联邦党人贡献的政治智慧并非完全基于本土的民主思想资源与政治运动（独立战争），而是基于人类历史上的各种政治实践之审慎比较，特别是传承了英国的经验主义（保守主义）。在制度构建时，不仅有因袭，更有创制。成文宪法、联邦制度、共和制等的统一，皆为联邦党人对人类民主史的独特贡献。

从宏观的视野来看，早期现代化国家的民主之路大致有如下两条：法俄式的激进道路与英美的渐进道路，这与其不同的制度与观念遗产关系甚大。

欧洲前近代的民主遗产主要有二：一是古希腊民主制，二是中世纪议会制。对此，达尔在《论民主》中作了较为清晰的描述。达尔认为：无论是称为民主政体的古希腊，还是共和国的罗马以及意大利的一些城邦，这种民选体制都缺乏某些现代的代议制政府所具有的某些重要特征。这些制度都缺少三个基本的政治机构：1. 由选民代表组成的全国议会，2. 从属于国家政府的民选的地方政府，3. 能够把地区层次的民主同高层次的民选议会相结合的制度，即古代的民主制没有层级之分。

中世纪几乎完全颠覆了古代的直接民主。自15世纪起，在构建现代民族国家之初，中、东欧地区，尤其是法国出现了绝对主义国家，专制势力格外强大，社会矛盾尖锐，渐进的政治改革难以奏效。于是乎，在卢梭"人民主权说"的召唤之下，人们越来越心仪古希腊的直接民主，遂发生了大规模的暴力革命，并逐渐向现代民主政治转型。西、北欧地区（英国、斯堪的纳维亚、低地国家、瑞士和地中海北部的其他地区）的政治发展模式则不同，它们之间有极为相似的共同点：在前近代都有自由民和贵族直接参与当地的议会。这些人加入到由代表组成的地区和国家议会中去，而这些代表中的某些人或全体代表最终都由选举产生。达尔通过对祖父移民前曾居住过的挪威的考察，发现了自由民从公元6世纪到

10世纪聚会举行审判会议的场所,一个巨大的由石块堆砌而成的船形圆圈。西欧及北欧地区议会制较为健全的国家通过渐进的改革逐步完成了现代民主制的构建,将传统议会发展为现代的代议制,以议会主权取代君主主权,英国也赢得了"议会之母"之称。其间,虽然而也出现过革命,如英国,但相对温和。正因为如此,西欧、北欧地区有不少国家是君主立宪制,而中东欧国家基本没有君主①。

可见,这两个地区,看似都曾有民主的遗产,但从存量来看,前者出现了一千年左右的断流期,成为一口枯井,后来被激活,并奔流潮涌;而后者如潺潺流水,永续不竭,并成为现在议会制度的源头活水。

但是,作为两种模式的代表法国和英国,仍有相似之处。正如所谓"罗马不是一天建成"的,民主制也不是一天建成的。英国如此,法国也是如此。法国式的革命路径之于民主制的建立也许道路更长,但最终与英国殊途同归,确立的也是议会制民主。

除了制度遗产外,思想遗产也不能忽视。从柏拉图的理想国、莫尔的乌托邦、康帕内拉的太阳城、到圣西门的实业制度、欧文的共产主义劳动公社等,是一种一脉相承的理性主义设计范式;而从亚里士多德的城邦制度、到洛克、孟德斯鸠、美国联邦党人的宪政设计,则是一种经验主义的设计范式。由此形成了欧陆的理性主义与英伦的经验主义两种不同的政治传统与政治思维。

近代英国经验主义的代表人物,如培根、霍布斯、洛克、柏克等,其思维特征正如法国社会心理学家勒庞所概括的:

> 对历史事实最细致的观察,无一例外地向我证实:社会组织就像一切生命有机体一样复杂,我们还不具备强迫它们在突然之间发生深刻变革的智力。大自然有时采取一些激烈的手段,却从来不是以我们的方式,这说明对一个民族有致命危险的,莫过于它热衷于

---

① (美)罗伯特·达尔:《论民主》,李柏光等译,商务印书馆1999年版,第9~30页。

重大的变革,无论这些变革从理论上说多么出色。如果它能够使民族气质即刻出现变化,才能说明它是有用的。然而只有时间具备这样的力量。人们受各种思想、感情和习惯所左右——这是我们的本性使然。各种制度和法律是我们性格的外在表现,反映着它的需要。作为其产物的各种制度和法律,是不能改变这种性格的。①

而欧陆理性主义的代表人物如笛卡尔、斯宾诺沙、莱布尼茨、卢梭等认为社会并非是一个复杂的、难以认知的有机体,而是一台简单的、可以随意装卸的机器。法国哲学家们相信,透过理性,看到了人的本性;当然,大多数人是愚蠢的,但是哲学家们借助自己的理性,找到了改造这些蠢人,让他们进入永恒天国的科学方法,也就是将旧社会推倒重来,借助国家的暴力来重新塑造新人。他们根据自己的这些"科学发现"行动起来,于是乎法国大革命爆发了。

美国著名汉学家史华慈认为,前者以"工程—技术"为取向,或称伏尔泰的工程主义;后者以"道德—伦理"为取向,或称卢梭的道德主义。前者关注"技术和科学"的进步,道德的进步只是人类知识积累的副产品;后者关心美德,并认为技术与科学的发展与道德进步相违背。毛泽东崇拜卢梭与罗伯斯庇尔,属于后者:"晚年毛泽东致力于实现他所理解的美德的统治地位,并且仍旧不准备接受任何不基于美德之上的'科学技术'进步。"②

此外,近代的民主运动还有"示范效应"。法国革命部分得到美国革命的启示,俄国革命又部分得到了法国大革命及巴黎公社的启示,而中国人则是高喊"以俄为师"。但师法又不等于照搬,通过师法往往会创制出新的革命样式。革命还有"扩散效应",如 1848 年的欧洲革命,波及

---

① (法)古斯塔夫·勒庞:《乌合之众——大众心理研究》作者前言,冯克利译,中央编译出版社 2004 年版,第 2 页。
② (美)史华慈:《中国的共产主义与毛泽东的崛起》,陈玮译,中国人民大学出版 2006 年版,第 202 页。

法、奥、普、匈等。

与早期民主国家所走过的前无古人的艰辛历程相比,后发展中国家的民主之路看似一个简单的移植过程,实际上却更为崎岖曲折,墨西哥就是一个典型的反例:

> 墨西哥人希望实行联邦制,于是把他们的邻居英裔美国人的联邦宪法作为蓝本,并几乎全部照抄过来。但是,他们只抄来了宪法的条文,而无法同时把给予宪法以生命的精神移植过来。因此,他们的双重政府的车轮便时停时转。各州的主权和联邦的主权时常超越宪法为它们规定的范围,所以双方总是冲突。直到今天,墨西哥还陷于从无政府状态到军人专制,再从军人专制回到无政府状态的循环之中。①

在跨文化的交流中,移植技术性或工具性的元素可能较为便畅,而移植制度性或价值性的元素则是有限度的。当代自由主义的代表人物哈耶克特别告诫那些迷信观念移植的乐观主义者:

> 对自由的信奉,使西方世界得以完全充分地利用了那些能够导致文明之发展的力量,并使西方文明获得了史无前例的迅速发展。因此,那些来自较不发达国家的、承担着向其人民传播理念之使命的人士,在接受西方训练的过程中,所习得的并不是西方早先建构文明的方式,而主要是那些由西方的成功所引发的各种替代性方案的梦想。此一发展趋向,甚为不幸,因为这些西方信徒行事所依据的信念,虽说会使他们各自的国家较快地模仿并获致西方的若干成就,但是它们亦将阻碍这些国家做出它们各自的独特贡献;更有进者,并不是西方历史发展的所有成就都能够或都能应当被移植于其他文化基础之上的。②

---

① (法)托克维尔:《论美国的民主》,董果良译,商务印书馆1991年版,第186页。
② (英)哈耶克:《自由秩序原理》导论,邓正来译,三联书店1997年版,第3页。

如前所述,由于华夏文明与西方文明分途演进,其观念与制度遗产独具特色,民主的存量几乎没有,在走向通往民主的道路上不仅要与西方的民主大致耦合,还必须与本土的遗产衔接。中西古今,跨越时空,纵横交错,民主之路必定曲折而坎坷。

在中国,观念、运动与制度的演进三者的关系是非常复杂的。民主观念的引入与展开,时间短促,深度不够,继之而起的政治运动难免先天不足,随之催生的制度安排注定会名不副实。随后人们似乎又回到原点,反思观念,或重新构建一个与民主制度相匹配的民主观念。

观念的演进通常是一个新陈代谢的缓慢过程,不可能在一夜之间得到刷新,而政治运动则是一个急速的破坏与政治秩序重构的过程,可以在一个相对短的时间内呈现出来。随之继起的制度安排则应该是理想图式的搭建,这看似容易,其实十分艰难复杂,且不可能一蹴而就。

在近代中国,自戊戌维新以后,与民主相关的政治运动或号称为民主的运动可谓此起彼伏,一浪高过一浪;与此相随的制度安排则不断被刷新。近代中国几乎尝试过西方创设的各种政治制度(从资本主义到社会主义、从单一制国家到联邦制国家、从君主立宪到民主共和、从总统制到内阁制,从两院制到一院制、从两党或多党到一党制等),但适合中国国情的民主制度迄今还在探索之中。

近代中国民主之途相当坎坷,原因绝非单一的,直接的原因当与中国人对民主观念的理解与对民主目标的构建有关。中国人在不同的历史时期,对民主观念从接受、构建到传播,时间是短促的。观念之生成与行动之展开的时间差越来越短,这可能会导致在众多的行动者中只有少数精英人物真正接受了民主思想,而多数参与者对行动的意义并不完全了解。这样,在摧毁现行制度的行动过后,新的制度难以确立。民主运动的持续展开与制度安排的不断刷新在很大程度上与知识精英传导的民主理念及政治领袖对民主的理解有关联。如此,近代中国民主观念的流变将是理解中国民主化进程的关键性因素之一。

第二章　历史时空：近代中国民主观念流变的国际背景

有关近代以来中国问题的研究，无论是政治、经济还是文化，不仅要由今溯古，还应中西参照。研究中国民主观念的流变，若没有国际的视野恐怕是不得要领的。从发生学上看，民主政治源于西方社会。西方民主制度生成的奥秘与资本主义制度最早诞生于西方一样，始终是一个极具魅力和富有挑战性的研究课题。从托克维尔到马克斯·韦伯，无数学人为揭示民主制之生成而着迷。这里借用亨廷顿的观点：

> 现代民主是西方文明的产物，它扎根于社会多元主义、阶级制度、市民社会、对法治的信念、亲历代议制度的经验、精神权威与世俗权威的分离以及对个人主义的坚持，所有这些都是在一千多年以前的西欧开始出现的。在十七和十八世纪，这些传统激发了贵族和正在兴起的中产阶级要求政治参与的斗争，并造就了十九世纪的民主发展。这些要素也许可以在其他的文明中找到其中的一二个，但是，作为总体，它们仅存于西方之中。也正是这些要素说明了为什么现代民主是西方文明的产物。[①]

[①] （美）塞缪尔·亨廷顿：《第三波——20世纪后期民主化浪潮》作者序言，刘军宁译，上海三联书店1998年版，第5页。

如果这一说法能够成立的话,就民主而言,中国当属后发外生型的国家,这意味着中国的民主在起始阶段主要靠模仿或移植,故而其民主化进程不仅受到中国本土诸多因素及条件的影响,更受到中国人对西方民主认知水平的制约,而中国人对西方民主的认知又在很大程度上受到中国人对西方(他者)形象的认知,而"他者"的形象近代以来又是在不断地变化的,而变的趋势是由"坏东西"变为"好东西"。

如今,人们普遍认为民主是个"好东西",但这是经过一个很长的正名过程才得出的判断。换言之,我们可以后见之明来谈论若干年前在西方出现的民主就是个"好东西",但在当时的语境之中却充满着论辩。

民主、宪政既是一种观念,也是一种制度安排,对后者可以作静态的观察,但此种制度安排并非永恒不变的,其制度的扩散亦非一帆风顺。自代议制民主在西方成形后,总体上呈向上发展的趋势,但并非笔直向前,其间不但有起伏,甚至还有回潮。按照亨廷顿的划分,全球民主化的浪潮经历了三"波",其间出现过二次"回潮"。第一次民主化长波是在1828～1926年,源于美国革命和法国革命的影响,有30多个国家建立民主制度。第一次回潮在1922～1942年,始于墨索里尼废除意大利脆弱而且相当腐败的民主,其后有十多个国家的民主制度被颠覆。第二次民主化短波在二战结束至1960年代初,缘于盟军的占领促进了民主制度在西德、意大利、奥地利及日本等的确立。1960年代以后,在拉美及亚洲等地区又出现了一次民主的回潮。1970年代后期,人类迎来了民主的第三波①。其实,人类民主化进程波浪式的形态中国人早就注意到了。对西方民主宪政有深刻体认的张君劢早在1947年就从思想与制度演变的角度提出了类似的划分:"欲求民主之真义,应求之于历史。民主政治自始迄今,可分为三期:第一,曰民主之发轫期;第二,曰民主之挫折期;第

---

① (美)塞缪尔·亨廷顿:《第三波——20世纪后期民主化浪潮》,刘军宁译,上海三联书店1998年版,第15～21页。

三,曰民主之推广期。"①民主在西方的这种消长直接影响了中国人对民主观念的接受与认知以及中国的民主化运动。

第一节　西方民主的发轫期

在中国史学界,谈到近代西方民主制的建立通常要追溯到英国资产阶级革命,其实这只是英国贵族为捍卫"自由民"的权利,支持国会反对国王查理一世的一场"大叛乱",类似的反叛事件在许多西欧封建君主制国家都出现过。现代民主,不仅是村庄、部落或城邦的民主,而是"民族国家的民主,其出现与民族国家的发展紧密地联系在一起"②。在西方,迈向民主的最初动力发生在 17 世纪上半叶西欧的这些反叛事件。在由传统的封建国家向现代民族国家转型的初期,经过了一个绝对主义国家时期,即出现了越来越强势的君主或政府。当时的造反者当中没有人怀疑需要一个强有力的政府,问题只是在于这种强权归谁所有。一位英国的共和主义者在 1653 年写道:"问题根本不在于我们究竟是否应当接受专制权力的统治,而在于这种权力应当掌握在谁的手中。"③在英国革命时期,民主思想与民主运动还算不上一个核心概念,只是后人叙事时贴上的一个标签。

在中国人看来,英国的"光荣革命"与其后波澜壮阔的法国大革命相比是不够"光荣",但就其对人类政治文明所产生的深远影响来看的确值得荣耀,这恐怕也是这场革命的制造者们所始料未及的。英国光荣革命后建立的政体是民主政体吗?无论是按照雅典时期所有公民享有直接

---

① 张君劢:《民主方法——中国民主社会党政纲释义之一》,中国第二历史档案馆编:《中国民主社会党》,档案出版社 1988 年版,第 161 页。
② (美)亨廷顿:《第三波——20 世纪后期民主化浪潮》,刘军宁译,上海三联书店 1998 年版,第 12 页。
③ 转引自《泰晤士世界历史地图集》中文版翻译组:《世界史便览》,三联书店 1983 年版,第 352 页。

行使国家政权的标准还是按照现在西方所有公民享有间接行使国家政权的标准来衡量,这一政体都不是民主制。故在孟德斯鸠看来,这不是民主制,因为不符合民主的原旨。与亚里士多德建立在数量原则(全体、少数、一人)基础之上关于政府形式的古典三分法相对立,孟德斯鸠提出了建立在质量原则基础之上的另一种三分法,即重要的不是看权力掌握在一人之手(君主制)、少数人之手(贵族政治)还是全体人之手(民主),而是看权力是如何由政府实施的。可能有一人的专制主义,也可能有全体人的专制主义。他认为每个国家都存在行政、立法、司法三种权力,没有分权的政府就是专制政府。因此,建立在政治自由与分权原则基础上的英国政体是君主立宪制,而非专制式的。

孟德斯鸠所理解的公民直接参与的民主实际上带有民主原教旨主义①的色彩。他认为在一个共和国内,只有当全体人民握有最高权力时才配冠之"民主政治";如果主权只掌握在一部分人民那里,便是贵族政治。民主政治只能适用于小国,这几乎是雅典以来所有认同民主制的思想家公认的看法,孟德斯鸠也不例外。"一个共和国,如果小的话,则亡于外力;如果大的话,则亡于内部的邪恶。"②理想的政制是联邦共和国。但,孟氏并不隐瞒他对民主政治的向往和对专制政体的排斥:"共和国的全体人民握有最高权力时,就是民主政治。共和国的一部分人民握有最高权力时,就是贵族政治。""贵族政治越是近于民主政治,便越是完善;越是近于君主政体,便越不完善。"③

英国所确立的议会主权(君主立宪政体)是人类政治文明史上的一大发明,以代议机关取代公民大会之类的广场政治,为克服现代民族国家与直接民主的矛盾提供了一个可行的替代方案。此时的英国虽不是民主国家,但这一制度设计客观上为逐渐扩大公民参与、由共和政体向

---

① (美)乔·萨托利:《民主新论》,冯克利等译,东方出版社1993年版,第249页。
② (法)孟德斯鸠:《论法的精神》,张雁深译,商务印书馆1987年版,第154页。
③ (法)孟德斯鸠:《论法的精神》,张雁深译,商务印书馆1987年版,第9、17页。

民主政体转型或民主与共和的相互兼容提供了可靠的制度保障。由此这场革命也就成为近代人类民主发轫期最具里程碑意义的事件,称其"光荣"可谓实至名归。

孟德斯鸠时代生产的观念,在他去世后不久便成为行动主义者的信条,则就是美国独立战争和法国大革命。尽管这两场革命的结果迥异,但在人类民主史上均具有划时代的意义。美国因颁布了成文宪法,确立了三权分立的名副其实的共和政体①,客观上使其朝着民主的方向稳定而持续地发展成为可能,虽然美国的制宪者们普遍扬共和、抑民主②。而法国大革命虽然未能导致民主制度的建立,但法国革命家和思想家所揭橥的人类最为崇高的政治理想,激发了后人对理想社会的想象与热情,为人类的民主化进程提供了强大的精神动力。

19世纪民主发展的重要成就是在宪政体制下议会制度的普遍建立。没有代议制就没有现代民主。在西方民主发展史的上升期,建立议会制度几乎成为衡量民主制的通则。议会主权取代了传统的君权神授、朕即国家,议会成为资产阶级加冕的"现代教皇"。

代议制民主与雅典民主虽然都是多数人的统治,但差别甚大。城邦与现代民族国家是规模完全不同的政治共同体,前者的直接民主只能适用于一个小小的城邦,而代议制则适用更大规模的政治共同体。这样,代议制下的间接民主也就取代了先前的直接民主,体现民意的议会场内辩论取了广场集会,而"多数"行使权力的方式也由集会、抽签变成了投票。然而,代议制民主的出现,使原典意义上的民主面临难以克服的悖

---

① 孟德斯鸠认为光荣革命以后的英国,"外表是君主政体,实际上却是共和政体"。(法)孟德斯鸠:《论法的精神》,张雁深译,商务印书馆1987年版,张雁深译,商务印书馆1987年版,第70页。
② 这一倾向在麦迪逊身上表现得尤为明显。他认为:在民主政体下,人民会集合在一起,亲自管理政府;在共和政体下,他们通过代表和代理人组织和管理政府。两者的区别在于:"第一,后者的政府委托给由其余公民选举出来的少数公民;第二,后者所能管辖的公民人数较多,国土范围也较大。"(美)汉密尔顿等:《联邦党人文集》,商务印书馆1989年版,第49页。

论：统治的权力是归全体民众？还是由精英人物组成的权力制衡？卢梭最早对确立代议制民主的英国发出了尖锐批评：

> 英国人民自以为是自由的，他们是大错特错了。他们只有在选举国会议员期间，才是自由的；议员一旦选出之后，他们就是奴隶，他们就等于零了。在他们那短促的自由时刻里，他们运用自由的那种办法，也确乎是值得他们丧失自由的。①

的确，若用原典意义上的民主对近代的代议制民主进行证伪似乎并不困难。在中国，孙中山在民初逐渐疏离代议制民主转而追求直接民主，多少表现出对原典意义上民主的向往，但更多表现为反精英的民粹主义倾向；而近代中国的自由主义者则坚持对代议制民主的守望。中国人对民主认知上的差异均与现代民主隐含的这一悖论有着直接的关联。

与日新月异的西方社会相比，同期的中国却处在一个由强而衰的下降通道。元明之交，中国无疑是世界上最富强的国家，明朝初年郑和船队浩浩荡荡穿行于南洋与印度洋，而当郑和船队从"西洋"消失不久，葡萄牙、西班牙的探险家蓄势待发。1661年中西曾有一次对决，郑成功在台湾击败欧洲强敌荷兰，这至少表明中西间的均势尚存。康、雍以后，朝廷奉行了越来越严厉的闭关政策，王朝的政风由开新转向守成，而其间欧洲传教士将中国文化传到西方时，为启蒙时期的欧洲思想家所礼赞，甚至视中国为西方的模范，当然这多少有点将中国理想化了。然而，到了道光年间，王朝政治的"周期律"——"其兴也勃焉，其亡也忽焉"——正显现出难以抗拒的必然性。官员腐败、满汉冲突、民变频繁、教案四起等，预示大清王朝已转入由"兴"而"亡"的通道，西方列强的入侵或许只是加快了其衰亡的速率。过于守成的王朝自我感觉还是自信的，但在"他者"眼中则是极不自信的表现，其政治实态通常是求稳不求变，循章而不更张。这是在西方民主发轫期中国所处的历史方位。

---

① （法）卢梭：《社会契约论》，何兆武译，商务印书馆1982年版，第125页。

在西方,继美、法革命后,各国纷纷设立国会,19世纪也称之为"议会的世纪"。这样一个议会的世纪对刚刚开眼不久的中国人来说,颇有几分新奇感。林、魏以后,士大夫依据直观判断,看到了各国有形的、与中国相比又十分另类的制度安排,并怀着浓厚的兴趣记录下了自己的观感。19世纪中国人有关西方民主国家与制度发展的叙事是奇异而又令人神往,这好似数千年来中国人"心向往之"的"大同世界"。但不同的是,这样一个"大同世界"正由"虚幻"而越来越"实然"。议会主权及其自由而充分的辩论、宪政体制、废除特权,不断扩大选举权或放松对选民资格的限制,个人自由的不断扩大,官员实行严格的任期制,执政党和反对党或政府和反对派通常不使用武力来相互对抗,民主体制要比非民主体制更容易避免内部出现的社会暴力。当然还有经济发展、科技进步、国力增强等。这一切又都跟列强在征服他国的过程中逞强凌弱而又无坚不克联系在一起。而同期有关君王专制制度及专制国家的叙事则是弊端多多,危机四起,国将不国,如波兰、埃及、土耳其等被瓜分。这在19世纪许多游历国外的官绅及中国驻外使臣①的游欧笔记或日记几乎得到一致的明证。

1849年夏游美归来的福建商人林鍼发出这样的感慨:"去日之观天坐井,语判齐东;年来只测海窥蠡,气吞仄岱。"

> (美国)士官众选贤良,多签获荐(凡大小官吏,命士民保举,多人荐拔者得售)。暴强所扰,八载劳师(其地原属英吉利管辖,因征税繁扰,故华盛顿出而拒之,遂自为国,争霸西洋);统为尊,四年更代(众见华盛顿有功于国,遂立彼为统领,四年复留一任,今率成例)。②

---

① 1877年中国第一个驻外使馆在伦敦创设,至1895年已在欧美及亚洲开设12个使馆,驻外使臣(含副使)22人,还有大量的随员。
② 林鍼:《西海纪游草》,岳麓书社1985年版,第38~39页。

大清帝国向西方民主国家正式派出的第一位使臣郭嵩焘(任驻英公使)在日记中对西方国家的政治透明、媒体及国会对官员强有力的监督留下了深刻的印象：

> 西洋一切情事,皆著之新报,议论得失,互相驳辩,皆资新报传布。执政亦稍据其言之得失以资考证,而行止一由所隶衙役处分,不以人言为进退也。所行或有违忤,议院群起攻之,则亦无以自立。故无敢有恣意妄为者。当事任其成败,而议论是非则一付之公论。①

"夷夏"、"文野"自古以来就是中国人区别华夏世界与非华夏世界的一对概念,如今在西方人眼里完全倒置过来。以"政教之修明"衡之,西方世界是文明之国,中国是半文明之国,而非洲则是野蛮之国：

> 盖西洋言政教修明之国曰色维来意斯得(civilized,文明的),欧洲诸国皆名之。其余中国及土耳其及波斯,曰哈甫色维来意斯得(half civilized)。哈甫者,译言得半也；意谓一半有教化,一半无之。其名阿非利加诸回国曰巴尔比瑞安(barbarian,野蛮的),犹中国夷狄之称也,西洋谓之无教化。三代以前,独中国有教化耳,故有要服、荒服之名,一皆远之于中国而名曰夷狄。自汉以来,中国教化日益微灭；而政教风俗,欧洲各国乃独擅其胜。其视中国,亦犹三代盛时之视夷狄也。中国士大夫知此义者尚无其人,伤哉！②

1867年底随传教游历英国的口岸知识分子王韬对所见赞不绝口：

> 英国风俗醇厚,物产蕃庶。豪富之家,费广用奢；而贫寒之户,勤工力作。日竞新奇巧异之艺,地少慵惰之民。尤可羡者,人知逊让,心多坦诚。国中士庶往来,常少斗争欺侮之事。异域客民族居其地者,从无受欺被诈,恒见亲爱,绝少猜嫌。无论中土,外邦之风

---

① 《郭嵩焘日记》第3卷(光绪三年十一月十六日),湖南人民出版社1982年版,第368页。
② 《郭嵩焘日记》第3卷(光绪四年二月初二日),湖南人民出版社1982年版,第439页。

俗尚有如此者,吾见亦罕矣。①

出使英、法、意、比的薛福成对比较政治颇有心得:

> 地球万国内治之法,不外三端:有君主之国,有民主之国,有君民共主之国。凡称皇帝者,皆有君主之全权于其国者也。中国而外,有俄、德、奥、土、日本五国;巴西前亦称皇帝,而今改为民主矣。美洲各国及欧洲之瑞士与法国,皆民主之国也。其政权全在议院,而伯理玺天德(president,即总统)无权焉。欧洲之英、荷、义、比、西、葡、丹、瑞典诸国,君民共主之国也,其政权亦在议院,大约民权十之七八,君权十之二三。②

薛氏在比较三种国体优劣时,也显得颇为审慎客观,盲目迷信某种政体的人在19世纪并不多见:

> 民主之国,其用人行政,可以集思广益,曲顺舆情。为君者不能以一人肆于民上,而纵其无等之欲;即其将相诸大臣,亦皆今日之官,明日即可为民,不敢有恃势凌人之意。此合于孟子"民为贵"之说,政之所以公而溥也。然其弊在朋党角立,互相争胜,甚且各挟私见而不问国事之损益;其君若相,或存"五日京兆"之心,不肯担荷重责,则权不一而志不齐矣。君主之国,主权甚重,操纵伸缩,择利而行。其柄在上,莫有能旁挠者,苟得贤圣之主,其功德岂有涯哉。然其弊在上重下轻,或役民如牛马,俾无安乐自得之趣,如俄国之政俗是也;而况舆情不通,公论不伸,一人之精神,不能贯注于通国,则诸务有堕坏于冥冥之中者矣。是故民主君主,皆有利亦皆有弊。然则

---

① 王韬:《漫游随录·扶桑游记》,湖南人民出版社1982年版,第111~112页。
② 薛福成:《出使英法义比四国日记》(光绪十六年十二月二十九日),岳麓书社1985年版,第286页。

果孰为便？曰：得人，则无不便；不得人，则无或便。①

这些具有世界眼光的人士，通过比较，谨慎地流露出这样一种看法，"西法"将是一种难以抗拒的"宇宙之大势"，顺之则昌，逆之则亡。薛福成说：

> 数十年来，暹罗崇尚西法，与英法诸国交谊颇亲，国势尚称完固。盖东洋诸国力摹西法者，日本也；南洋诸国力摹西法者，暹罗也。南洋各邦，若缅甸、若越南、若南掌，或亡或弱矣；而暹罗竟能自立，不失为地球三等之国，殆西法有以辅之。然则今之立国，不能不讲西法者，亦宇宙之大势使然也。②

到了戊戌变法时期，储备了一定的西学知识，又格外忧国忧民的康有为则大张旗鼓地向光绪帝进言，应顺应世界潮流，采用三权分立，变法图强：

> 臣闻方今大地守旧之国，未有不分割危亡者也。有次第胁割其土地人民而亡之者，波兰是也。有尽取其利权一举而亡之者，缅甸是也。有尽亡其土地人民而存其虚号者，安南是也。有收其利权而后亡之者，印度是也。有握其利权而徐分割而亡之者，土耳其、埃及是也。……近泰西政论，皆言三权，有议政之官，有行政之官，有司法之官，三权立，然后政体备。③

议会可以救国强国的认知经由变法维新时期政论报刊（如《时务报》等）强势宣传，到 20 世纪初为越来越多的人所接受，进而催生了一批政治行动主义者，于是乎接连发生了预备立宪运动与辛亥革命运动。

---

① 薛福成：《出使英法义比四国日记》（光绪十八年三月二十八日），岳麓书社 1985 年版，第 536～537 页。
② 薛福成：《出使英法义比四国日记》（光绪十六年九月十八日），岳麓书社 1985 年版，第 231 页。
③ 康有为：《应诏统筹全局折》（光绪二十四年正月初八日），中国近代史资料丛刊：《戊戌变法》（2），神州国光社 1953 年版，第 197～199 页。

在人类民主化进程的第一波或发轫期,民主国家从无到有,由少而多,由弱而强,这几乎是不争的事实。晚清中国在接受民主讯息和感知民主国家的时候,西方正处在这一民主的发轫期或上升期。但由于中西交往尚处于初始阶段,中国对西方政治的认知多数"看图识字",对这一制度兴起的相关前提条件、制度运作的机理缺少理性的分析。对西方民主的思想寻根是从20世纪初流亡日本的梁启超开始,到1930年代才达到一定的深度,张君劢就是对西方民主认知水平较高的一个:

> 所谓民主之发轫期者,自天赋人权学说之流行,迄于十九世纪各国宪法之颁行是也。其始也,各国之政治思想家,鉴于欧洲君主制度之腐败,推求国家成立之起源,以达于政治组织之当然之理,于是发现社会契约之说。意谓国家之始成,本于各人之团体生活之需要,各人舍其本身自由之一部,以隶属于国家权力之下,政府既立,人民以其自由移于政府之手,而专制政治以成,此为霍布士之主张。有谓政府之所以行使其权力者,须得人民本身之同意,故政府手掌中之权力,乃导源于人民主权,此为陆克(洛克)之学说。此时代中,虽同信奉社会契约之说,而各家之结论各异。然自美国独立与法国革命之后,确然形诸各国宪法公文之中者,实为天赋人权学说。①

第二节 西方民主的受挫期

进入20世纪,正当中国人对民主的期望值越来越高,并试图奋力追赶的时候,民主遭遇了一次重大的挫折或回潮,第一次世界大战前后许多新兴民主国家的民主制度被颠覆。亨廷顿以一个标志性的政治事件(1922年墨索里尼夺权)为回潮的起点。许多"五四"之子恰好在此时疏

---

① 张君劢:《民主方法——中国民主社会党政纲释义之一》,《中国民主社会党》,档案出版社1988年版,第161页。

离西方的民主,转而高唱"以俄为师"。张君劢则从思想与制度演变的角度揭示这一转折,他认为19世纪末迄第二次世界大战前后是"民主之挫折时期":

> 法国革命后,各国宪法颁布,议会政治风行一时,其间因选举舞弊,内阁风潮叠起,各国人士已有怀疑宪政与民主政治者,以其右派为立场者,力攻人类平等等说,认为人之智愚不齐,故各人参政之权力无法平等。此种学说行于德、法等国,惟英美独守其宪政常轨,不为所惑。其以左派为立场者,攻击资本阶级之剥削,实行罢工以要求增加工资与其他条件,并有生产工具公有与夫超出国界之第一第二国际之组织之主张,其为主动之马克思氏且认为无产阶级专政为社会主义必需之过渡阶段。此左右两派之政治思潮为第一次世界大战前之情形。①

一战以后,苏俄的出现使"欧洲议会政治式之民主遭受一种来自左面之攻击,是为共产主义"。在1920—30年代,"苏俄第一五年计划完成,国内既无罢工事件,又无失业工人,一若其经济上之进展胜于西欧诸国,即其目为法西斯主义之德意志,在外交上军备上之成功,亦超于英、法之上,此时之西欧民主政治,在慕尼黑协定之后,实为最黑暗之日矣。"②魏玛共和国的垮台、纳粹德国出现,为欧洲议会政治式之民主遭受一种来自右面之攻击。与这种局面相呼应,西方"出现了一大批描写西方文明的'终结'、'衰落'、'危机'、'衰败'或'死亡'的作品。尽管这些标题传达了某种警示,但在大多数这类作品中无法找到对于造成我们的社

---

① 张君劢:《民主方法——中国民主社会党政纲释义之一》,《中国民主社会党》,档案出版社1988年版,第162页。
② 张君劢:《民主方法——中国民主社会党政纲释义之一》,《中国民主社会党》,档案出版社1988年版,第163页。

会混乱和思想混乱的基本因素和发生过程的分析"①。

民主国家在遭受左右双重夹击的同时,原先那种古典、放任的自由主义的国家治理模式也显得越来越不合时宜。1920年代末的经济大萧条后应运而生的凯恩斯主义的日渐走红,使得不少人相信,在现代工业社会面临危机时,民主制度可能会崩溃瓦解。

凯恩斯宣告人类经济已经进入了政府的时代,计划的时代,管制的时代,政府可以科学地控制经济增长的节奏。凯恩斯主张以积极的财政政策和政府干预来影响市场经济过程。这一理论在西方经历1929年世界性的大危机后支配西方主要工业国家政府的经济政策达数十年之久,引发当代经济史上的"凯恩斯革命"。

凯恩斯主义的影响不仅局限于经济领域,对西方国家现行政治制度的运作也有不小的冲击。这主要表现为行政权力的扩张和议会权力的缩小:

> 从20世纪初期开始,随着西方国家政府干预和管理社会经济事务职能的扩大,"行政国家"的出现,使议会的传统权力,对政府的监督作用相对削弱,议会代表人民行使主权权力的权威性也日趋下降。正是在这样的情况下,由西方著名政治学家布赖斯最早提出的"议会政治危机论",很快传播开来,从而给现代议会投下一块阴影。②

这一巨大的"阴影"在20世纪同样笼罩在中国的上空,动摇了国人对议会政治的向往。但是,议会政治的危机是否像时人夸张的那么深重?不断扩张的行政权力是否摆脱议会的制约?英美等资深的民主国家权力制衡的宪政体制是否发生了根本动摇?

---

① 路易斯·沃思:《序言》,(德)卡尔·曼海姆:《意识形态与乌托邦》,黎鸣等译,商务印书馆2007年版,第1页。
② 曹沛霖:《制度纵横谈》,人民出版社2005年版,第88~89页。

在中国人有关议会的记忆中,既有玫瑰色的美丽,也有对"金玉其外,败絮其中"的忧虑。早在20世纪初,立宪派人士几乎均以开国会作为解决中国问题的不二法门,议会万能、议会救国是朝野开明人士的共识,他们的分歧在于中国应当采取什么方式、花多长时间建立议会制度和宪政体制,而对议会制的批评也随之而起,章太炎可谓此时的一个代表。章太炎认为:"代议政体者,封建之变相"。"选举法行,则上品无寒门,而下品无膏粱,名曰国会,实为奸府。""余固非执守共和政体者,故以为选举总统则是,陈列议会则非。""吾党之念是者,其趣在恢廓民权,民权不借代议以伸,而反因之扫地。他且弗论。君主之国有代议,则贵贱不相齿;民主之国有代议,则贫富不相齿。横于无阶级中增之阶级,使中国清风素气因以摧伤,虽得宰制全球,犹弗为也!……故议院者,民之仇,非民之友。"①孙中山则认为西方的议会权力太重,有沦为议会专制之虞。美国的议会不但有立法权,还有监督行政机关的权力,国会"往往擅用此权,挟制行政机关,使他不得俯首总命,因此常常成为议院专制"②。基于此,他独创五权宪法的构想。留学日本的刘师培受日本及西方无政府主义思潮的影响,痛斥议会制度为"万恶之源","平民之敌"③。但,这并没有成为舆论的主流。

到1920~30年代,中国人对议会制的非议,部分是对西方议会危机的回应,部分是中国传统政治文化中平等主义与平均主义功效的显现。平心而论,此种看法在清末的社会影响也是极其有限的,毕竟中国还没有试验过这一制度。从主流来看,清末以来中国人对现实政治的感受与其说是议会民主制度的危机,不如说是专制制度的危机,主流的价值取向仍是立宪法、开国会、建立共和制。

---

① 章太炎:《代议制否然》,载《民报》第24号,1908年10月。
② 孙中山:《在东京〈民报〉创刊周年庆祝大会的演说》,载《民报》第10号,1906年12月20日。
③ 申叔(刘师培):《论新政为病民之本》,载葛懋春等编:《无政府主义思想资料选》上,北京大学出版社1984年版,第10页。

民国初年,议会制度、多党制、宪法(中华民国临时约)等现代西方民主共和制度的要件均已移植过来了。民主告成,强国可期,并不只是孙中山个人乐观的想法。然而,接下来十余年中国的政治发展一直是动荡、无序、失范,国家权威逐级向下流失,而下层社会生计窘迫。"革命以前,吾民之患在一专制君主;革命以后,吾民之患在数十专制都督。……所谓民权、民权者,皆为此辈猎取之以自恣,于吾民乎何与也?"①究其缘由,是民主政治本身之弊? 还是中国不适合行民主政制? 抑或其他原因? 关切中国前途者莫不在探寻。

"五四"新文化运动的主旨是欲破传统的纲常名教,立现代科学观念与自由民主思想,同时中国知识界对西方政治文化与政治文明的反思与批判也应运而生。清末开其端绪的文化保守主义(国粹派)至"五四"时期渐成气候。但与清末那种具有"原教旨主义"色彩的文化保守主义不同,1920年代前后的文化保守主义则具有较为开阔的世界眼光,他们不仅以西方政治文明的弊端与民主制度的危机为事实依据,来回应西方文明的危机②,同时也从西方寻求学理上的支援,自觉或不自觉回应了西方柏克式的政治保守主义者的信条——渐进、审慎、妥协。

南京国民政府成立后,循着孙中山的建国方略,进入了训政时期。1930年代,西方一些新兴民主国家纷纷放弃民主政治,极权政治大有与民主政治分庭抗争之势。为因应第二次世界大战,英美等老牌民主国家在国家制度方面也有些微调,如通过国会授权、总统紧急命令权、专家内阁等方式加强行政权力,提高行政决策的效率。凡此,中国学界均有不同程度的回应。如有些学者对西方的行政集权就颇为赞赏:

> 民治需要政治力量,民治在这一点和专制政体丝毫没有分别。如果我们以为专制时代君主有绝大的政权,推翻了君主,我们可以

---

① 李大钊:《大哀篇》,《言治》(天津)第1期,1913年4月1日。
② "欧战以前,鲜闻不信任议会政治之声,乃今不信任议会政治之声,洋洋盈耳,达乎世界。"白坚:《议院政治之危机》,载《公正周报》第1卷第1号,1920年4月15日。

不要政治力量,便是最大的错误。

权力分立的政府论,完全是一种妄想。……我们几乎可以说,几权分立的理论,完全成了一种骂人的话语。只有打算戏谑某国,才说这国的政府是几权分立。我们要承认,既要政府,就要政治力量;既要政治力量,就要有"专"的力量。因为我相信,有权必"专","专"始有权。"专"与"权"是不可分离的名词。中国人从革命后提起"专权"两字,几乎谈虎变色,便是一个极大的致命伤。①

1933年前后法西斯主义一度波及中国,随后在中国思想与学术界又出现了"民主与专制"的论辩,蒋廷黻等人呼吁中国应有一个强有力的中央政府:

我们应该积极拥护中央,中央有错,我们应没法纠正;不能纠正的话,我们还是拥护中央,因为它是中央。我以为中国有一个强有力的中央政府,纵使它不满人望,比有三四个各自为政的好,即使这三四个小朝廷好像是励精图治的。我更以为中国要有好政府必须自有一个政府始。许多人说政府不好不能统一;我说政权不统一,政府不能好。②

国民党的开明派孙中山之子孙科在批评西式民主时也毫不含糊。

我们所需要的宪法,已不是以个人主义为出发点的议会政治的宪法,也不是以阶级专政为出发点的苏维埃式的宪法,我们所需要的宪法是以三民主义为依归的五权宪法。为什么呢?议会政治就是在它的发祥地欧美,现在都已经到了日暮途穷,需要改弦更张的时候了。③

---

① 张佛泉:《民元以来我国在政制上的传统错误》,载《国闻周报》第10卷第44期,1933年11月6日。
② 蒋廷黻:《知识阶级与政治》,载《独立评论》第51号,1933年5月21日。
③ 孙科:《我们需要何种宪法》,载《东方杂志》第30卷第7号,1933年4月1日。

凡此，既有中国学界对西方民主危机的回应，也有基于当时中国特殊政治生态的考量，如民族的生存危机、主权无法捍卫、内治的碎片化等。

在近代人类政治发展史上，民族危机通常会导致国内政治与行政走向集权，甚至会催生出极权体制，而中国的情形正相反。抗战全面爆发后，中国人对民主的诉求较此前更为强烈，其间还有二次规模与声势颇大的宪政运动。民主、宪政，不仅是民间话语，也是官方话语，只是在对民主、宪政内涵的理解上有差异。

在中国近代民主史上，往往是民族危机催生民主运动，民族危机成为民主运动的动力之一。近代中国的历次民族危机，中国都是受损的一方，由此造成国家权威不断流失。总体而言，国家权威呈弱化的趋势，而内忧外患在客观上要求增强国家的权威，但强势的国家权威又不可能是传统的帝制时代强势权威的重建。于是，开放政权，扩大政治参与，建立民主政治体制就成为想象中的拯救民族危亡、扬国威、张国势的不二选择。唯其如此，抗战期间，"民主抗战"成为强势话语，自由主义有了前所未有的表达空间，民主宪政运动也有较以往更为广泛的社会基础，那么，中国能否走出在民主与集权之间进退失据的困境呢？

第三节　西方民主的推广期

二战爆发后，美国总统罗斯福认为希特勒的胜利即意味着民主政治之灭亡，二战是民主制与独裁制之争。他要求美国国会通过租借法案，把必要的武器装备提供给那些总统认为其防御对美国利益至关重要的国家。1941年1月6日，在致国会的咨文中，提出了著名的"四项人类基本自由"：

> 第一是言论和发表意见的自由——遍及世界各地。第二是每个人以自己的方式崇奉上帝的自由——遍及世界各地。第三是不

虞匮乏的自由——从全世界角度来谈,这就意味着可以使每个国家保证其居民过上健康的和平时期生活的经济谅解——遍及世界各地。第四是不虞恐惧的自由——从全世界角度来谈,这就意味着世界范围的裁军,并使之如此全面和达到这样的程度,以致任何国家都不会处于能对别国采取有形侵略行为的地位——遍及世界各地。①

1941年8月14日美国总统罗斯福与英国首相丘吉尔签署的联合宣言(大西洋宪章),谴责侵略扩张,他们不希望看见发生任何与有关人民自由表达的意志不相符合的领土变更;在纳粹暴政被最终消灭之后,他们希望建立和平秩序,使所有国家能够在它们境内安然自存,并保障所有地方的所有人在免于恐惧和不虞匮乏的自由中安度他们的一生。年底,太平洋战争爆发,美国对日宣战。

二战期间,英美的民主宪政体制其实并未动摇,表现在:议会政治照旧进行;各政党一致对外,成立联合政府;对人民的批评政府并不禁止,实行正常的政府更迭;民众对于庞大的财政开支毅然担负,不以为苦;民众对兵役及军工物质之生产争先恐后,绝无怠工之举;对食品之定量配给及缺乏仆人之事,忍受而无怨言。"因此之故,英美民主政治之效用大显,由人民之自动各尽其爱国之义务,视法西斯国家钳人之口,钳人之手足者,令人起天堂地狱之感想矣。"②故二战爆发后,在中国的自由主义者看来,民主政治在世界范围内进入了一个推广期。

抗战时期,美国作为中国最主要的盟国之一,不仅在军事和经济上给予支持,其政治制度、政治理想也对中国产生了影响。具有历史眼光的张申府认为:"现在民主的巨潮洪流,正普遍在全世界。而这个潮流,可以说却是罗斯福先生掀起来的。至少应该说,乃由罗斯福先生为最高

---

① (美)罗斯福:《罗斯福选集》,关在汉编译,商务印书馆1982年版,第279页。
② 张君劢:《民主方法——中国民主社会党政纲释义之一》,《中国民主社会党》,档案出版社1988年版,第163~164页。

指导。罗斯福先生的'四大自由'更正或曾主宰着这个世界。"①张氏特将罗斯福在各种场合阐述"四大自由"的言论摘译成中文出版。罗斯福讲的这"四大自由""并非是什么对于一种辽远的千年盛世的幻想,这就是在我们自己这个时候,自己这一代,能够达到的一种世界的一个确定基础。这种世界恰就是独裁者们以炸弹威力所造成的暴政所产生的新秩序的反面。我们以更伟大的概念——道德秩序——来反对这所谓新秩序。这样一种社会秩序,可以大无畏地应付征服世界的阴谋及国际叛变。"②罗斯福总统的言论、同盟国的节节胜利,有力地鼓舞了抗战时期民主人士争取自由、民主的信心,他们激情四溢,大肆渲染,挟外力促国内的政治变革:

> 第二次世界大战激荡出一个洪大广泛的潮流。它可说是一个磅礴古今、充塞天地、济渡人类、荡涤世界的潮流。现在正以雷霆万钧之力,摧枯拉朽之势,结束旧时代,辟创新历史。顺之则昌,逆之则亡,它在今日已经成为一个不可抵挡的洪流,这就是弥漫世界的民主源流。……这种变革并不是可以不劳而获的,它必须以积极奋斗来争取,必须上下一体,万众一心,方为有效。所以今日应提出这样两种号召来:全世界人民及一切反对纳粹的政府应该联合起来,为世界民主而奋斗! 中国人民应该团结一体,为抗战、为宪政、为民主而奋斗。③

中共方面也积极回应这一民主的浪潮:"今日世界大势,为法西斯和民主阵线对立。无论我们的敌人和友邦,都把我国列为民主阵线之中,我们也自称我国是民主阵线中的一员。为得名副相实,跻于民主阵线之列,争取更多外援,适应世界潮流,也需要我国实行民主政治。"④

---

① 《四大自由》引言(1945 年),《张申府文集》第 4 卷,河北人民出版社 2004 年版,第 440 页。
② 《张申府文集》第四卷,河北人民出版社 2004 年版,第 452~453 页。
③ 张志让:《中国宪政运动与世界民主潮流》,载(重庆)《宪政月刊》创刊号,1944 年 1 月 1 日。
④ 吴克坚:《促进民治加强抗战力量》,载《新华日报》1941 年 11 月 30 日。

1944年，身为中共领袖的毛泽东在延安与史迪威将军的政治顾问谢伟思的谈话不仅表达了感知这一民主潮流，且希望美国在促进中国走向民主之路上发挥积极的作用：

> 美国人发挥美国影响的其他方法是多谈论美国的理想。在中国或在美国，每一个美国官员和任何中国官员谈话时，可以谈论民主。如果美国人分布得很广泛，他们对国民党就会产生一种制约作用，国民党要制造麻烦就更加困难。昆明是一个例子，那个地方已经变成自由主义思想和学生自由活动的中心了，因为在这么多美国人的眼皮底下，国民党是不敢逮捕学生和把学生投入集中营的。拿这一点同西安相比，西安的美国人非常少，特务就横行无阻。①

抗战结束前夕，毛泽东在中共"七大"的闭幕词向全党发出号召："现在的世界潮流，民主是主流，反民主的反动只是一股逆流。"②抗战结束后毛泽东在重庆回答英国记者提问时，也明确表示中国将实现"罗斯福的四大自由"③。

抗日战争的胜利，并非如先前一些人所期待的党国体制将让位于民主宪政。中日对抗结束，国共对立继起。国内舆论和西方民主国家呼吁政治和解，美国也派出代表来华促成国共两党和谈，以期使中国走上多党制、代议制的宪政体制。其后，国共开战与迟来的宪政均在加速，蒋介石在极短的时间内完成了制宪与行宪。然而，此种廉价的宪政不但被中共视为昙花一现，国内的自由主义者不也看好中国的民主前景。因为战后中国的政治生态发生了很大的变化，形成了两支重要的政治力量和军事集团，两极对峙的格局注定要循着成王败寇的逻辑展开，未来中国的民主走向将要待到战争结束以后才能研判。民主观念在近代中国的流

---

① 《1944年毛泽东与谢伟思等人的谈话》，中共中央党史研究室等编：《党史通讯》，1983年第20～21期。
② 《愚公移山》，《毛泽东选集》第3卷，人民出版社1991年版，第1103页。
③ 《答路透社记者甘贝尔问》，《毛泽东文集》第4卷，人民出版社1996年版，第27页。

变也走到了终点。

共和国的诞生揭开了中国历史新的篇章,昂首迈入共和国的中国人在民主观念方面并非是一张白纸,中国共产党及其领导的军民怀着对人民民主专政的期盼与憧憬而穿梭于枪林弹雨,但颠覆国民党的独裁统治,建立民主制度,并使全民的观念发生相应的更新,显然不比战场打败一个强敌更容易。共和国前30年大致处于亨廷顿讲的世界范围内民主的"回潮期",而后40年正处于民主的"第三波"。关于前30年国家的政治生活状况,邓小平早在1980年就作了较为全面、权威的论述:

> 从党和国家的领导制度、干部制度方面来说,主要的弊端就是官僚主义现象,权力过分集中的现象,家长制现象,干部领导职务终身制现象和形形色色的特权现象。……权力过分集中的现象,就是在加强党的一元化领导的口号下,不适当地、不加分析地把一切权力集中于党委,党委的权力又往往集中于几个书记,特别是集中于第一书记,什么事都要第一书记挂帅、拍板。党的一元化领导,往往因此而变成了个人领导。
>
> 党内讨论重大问题,不少时候发扬民主、充分酝酿不够,由个人或少敌人匆忙做出决定,很少按照少数服从多数的原则实行投票表决,这表明民主集中制还没有成为严格的制度。
>
> 当前,也还有一些干部,不把自己看作是人民的公仆,而把自己看作是人民的主人,搞特权,特殊化,引起群众的强烈不满。
>
> 我们过去发生的各种错误,固然与某些领导人的思想、作风有关,但是组织制度、工作制度方面的问题更重要。这些方面的制度好可以使坏人无法任意横行,制度不好可以使好人无法充分做好事,甚至会走向反面。即使像毛泽东同志这样伟大的人物,也受到一些不好的制度的严重影响,以至对党对国家对他个人都造成了很大的不幸。
>
> 改革并完善党和国家各方面的制度,是一项艰巨的长期的任

务,改革并完善党和国家的领导制度,是实现这个任务的关键。对此,我们必须有足够的认识。毛泽东同志和其他已经去世的老一辈革命家,没有能够完成这个任务。

从邓小平的分析中不难看出,在前 30 年中国的政治生活中传统的一元主义影响较深,这,再一次验证了历史与观念的惯性。中国如何才能逐步摆脱传统的束缚?邓小平认为:

> 重点是切实改革并完善党和国家的制度,从制度上保证党和国家政治生活的民主化、经济管理的民主化、整个社会生活的民主化,促进现代化建设事业的顺利发展。这需要认真调查研究,比较各国的经验,集思广益,提出切实可行的方案和措施。不能认为只要破字当头,立就在其中了。①

的确,处于民主第三波阶段的中国是一个开放的中国,40 年来在民主制度与民主观念方面围绕"立"做出了很大的努力。没有民主就没有中国的现代化,这已成为中国人共同的认知。胡锦涛总书记在中共十七大上所作的政治报告中强调"坚定不移发展社会主义民主政治":

> 人民民主是社会主义的生命。发展社会主义民主政治是我们党始终不渝的奋斗目标。改革开放以来,我们积极稳妥推进政治体制改革,我国社会主义民主政治展现出更加旺盛的生命力。
>
> 深化政治体制改革,必须坚持正确政治方向,以保证人民当家作主为根本,以增强党和国家活力、调动人民积极性为目标,扩大社会主义民主,建设社会主义法治国家,发展社会主义政治文明。②

---

① 《党和国家领导制度的改革》,《邓小平文选》第 2 卷,人民出版社 1983 年版,第 320~343 页。
② 胡锦涛:《高举中国特色社会主义伟大旗帜 为夺取全面建设小康社会新胜利而奋斗——在中国共产党第十七次全国代表大会上的报告》,载《人民日报》2007 年 10 月 25 日。

平心而论,当下中国无论是推进民主制度的建设,还是培植国人的民主观念、公民观念,仍任重而道远!

无论是近代中国民主观念流变,还是当代中国政治发展,固然与所处的国际时空有着紧密的联系,但此种联系并非总是表现为一种直观的蝴蝶效应,国内政治生态及本国文化传统的影响似乎至为关键,民主观念的流变更重要的是取决于中国政治发展的内在需求,从这个意义上讲,柯文的"中国中心观"仍不失为观察当下中国以及展望未来中国民主发展的视角之一。

民主观念在近代中国的流变早已成为历史。但是,"历史是至关重要的。它的重要性不仅仅在于我们可以向过去学习,而且还因为现在和未来是通过一个社会制度的连续性和过去连接起来的。今天和明天的选择是由过去决定的。"①

---

① (美)道格拉斯·C·诺斯:《制度、制度变迁与经济绩效》前言,刘守英译,上海三联书店 1994 年版,第 1 页。

第三章 西学东渐：晚清民主观念的输入

对彼此的认知及价值的评估不仅影响着人际交往的深度及未来关系的走向，也影响着不同文化间的交流。从发生学的角度看，中西方文化交往的历史可以追溯到久远的古代，在彼此的文献中都残存着有关对方的历史记忆，这成为大规模交往后认识对方的知识基础。在西学东渐的过程中，西方民主观念的中国之旅是一个名副其实的"后来者"。

自地理大发现后，随着西方世界的崛起与扩张，不同文明间的交流与冲突越来越频繁，但文明间交流的内容有着不同的特点与意涵。简言之，文化、观念（民主、自由）的迁移要比器物的移植复杂得多，带来的连锁反应更是不可估量。

明清之际是中西文化在前近代交流的一个黄金时期，大批西洋传教士来华传教，同时也传播了西方的世俗文化，这也是中国继大唐盛世之后迎来的又一个跨文化交流的时代。不同的是，唐朝是以开放的心境接纳他国的文化使者，中国是文化的输出者；而明清之际则是西方人主动向中国输出西方文化，中国是一个文化的被动接受者。徐光启、黄宗羲、顾炎武、王船山、方以智等是此间思想文化界先锋派人物的代表，但囿于一元主义政治传统的影响，他们很难正视客观存在的西学，这些人大多严守文化一元论的立场,坚持"西学中源说"。如黄宗羲确信,勾股之术乃周公商高之遗,而后人失传,使得西人窃其传;而"宁可使中夏无好历法,不可使中夏有西洋人",绝决非只是像杨光先一类顽固派人物的立场,而是当时士大夫较为普遍的文化心态与政治主张。明清之际中国思想文化界的突破,同样没有溢出中国文化固有的边界而显示出真正具有"现代性"的特质。

在中西方大规模交往发生之前,零星的接触虽时有发生,但基本上未触及东西方文化的核心价值与政治理念。明末清初西洋传教士的东来,因"敬天"、"祭祖"、"祀孔"之争,引来士大夫对西洋文化的警惕与排斥,最终导致在中国内地禁教。当时的西方世界"民主"还未成为普适的价值追求,甚至还是一个负面的词语。所以说,此间的文化交往与民主观念并无直接的关联。民主观念之进入中国则在鸦片战争之后。

与实用技术的传播不同,西方民主观念之进入中国很难以一个明确的时间,或人物、著作为标志,它是在晚清西学东渐的过程中逐渐被中国人所感知、体悟、认同,进而开始传播、扩散的。在鸦片战争后的数十年,中国人有关民主的认知大多是碎片化和表象化的。

第一节 西方的"东方主义"与传统中国视域中的外邦形象

意大利的旅行家马可·波罗关于中国的记载启开前近代"东学西渐"的历程,西方关于中国形象的构建与想象也有了一定的事实依据。黑格尔在《历史哲学》中有关中国的叙事也由此开始:"13世纪有一位威尼斯人叫作马可·孛罗,他首先到那里去探寻,但是他的报告曾经被看做是荒诞无稽。到了后来,所称关于中国幅员和伟大的每一件都完全被证实了。"[①]马可·波罗的中国报道生前遭到的怀疑,乃是缘于人类普遍

---

① (德)黑格尔:《历史哲学》,王造时译,商务印书馆1963年版,第162页。

存在的自我中心主义的偏见。黑格尔时代虽说证实了马可·波罗的记录,但对欧洲人来说中国仍然是一个另类的形象。

基督教及其传教士是前近代沟通中西方最主要的文化掮客。据明代天启三年(1623年)出土于西安的"大秦景教流行中国碑"的碑文记载:"真常之道,妙而难名,功用昭彰,强称景教",称基督教为无法名之景教。唐代景教的存在其意义恐怕主要在编年史或知识考古学上。明末清初,西方耶稣会传教士纷纷来到东方这块神秘的土地上,中国人与西方人开始了零距离的接触。

在耶稣会传教士眼中,中国有辉煌的物质文明(近代西方最早对中国的了解是从丝绸和瓷器开始的),富有异国情调。此时他们对自己文化的优越性缺乏足够的信心。在中国,他们试图将基督教神学与儒学伦理调和,融儒学于神学;同时将大量的儒学经典、典章制度等向西方推介,为西方人构建一个他们眼中的中国形象。这表明,在其文化行为中高傲的姿态、强烈的征服欲尚未充分显现。18世纪欧洲启蒙哲学家,尤其是法国的哲学家,在中国形象中找到了批判现实的武器。他们在攻击绝对专制主义时,称颂中国的伦理道德与宗教宽容;在批判欧洲暴政的时候,利用传教士提供的中国开明君主的典范;在对疲态的经济感到失望的时候,又在经济思想中开发中国形象的利用价值,中国经验成为法国重农学派的立论的根据之一。

"中国潮"在启蒙运动中期达到了顶峰,退潮也随之而至。1750年前后,欧洲的中国形象发生了明显的转变。这种转变不是突然出现或瞬间完成的,但转变的幅度依旧令人吃惊。近五个世纪美好的中国形象时代结束了①。

1750年前后英国实现了对印度的殖民统治,以英国为首的西方对东方的扩张开始提速。同时,衰落出现于所有的东方帝国。世界格局变

---

① 参见周宁:《西方的中国形象史:问题与领域》,载《东南学术》2005年第1期。

了,英国的军事与经济实力已强大到足以打破旧有的平衡。英国在印度的殖民化统治的建立,对英国本土来说,有助于完成工业革命;对东方扩张来说,奠定了打开大清帝国的基础。首先是英国人用印度的鸦片扭转了西方三个世纪对中国的贸易逆差;其次是英国以印度为基地,靠印度的补给与部分印度雇佣军赢得了第一次鸦片战争。

1742年英国海军上将安森的《环球旅行记》记录了一个贫困堕落的中国。孟德斯鸠在《论法的精神》中提到的是一个靠恐怖的暴政统治的中国。西方人对中国文明的印象迅速由明而暗。此后的一个世纪中国形象的底色就是邪恶堕落的专制帝国。乾隆年间马戛尔尼使团带回的有关中国的各种报道,足以令中华帝国名声扫地。

19世纪新教传教士纷纷来华。新教(Protestantism)是于16世纪宗教改革运动中脱离天主教而形成的新宗派,其世俗化的伦理被韦伯视为产生现代资本主义最重要的精神资源。随着西方文明大厦的抵定,新教传教士们的西方中心主义观越发鲜明,与先前低调的耶稣会传教士不同,他们带着蔑视的目光看待中国的典章文物及儒学。19世纪60～70年代将中国经典译为英文的英国国传教士理雅各(James Legge, 1815～1897)对孔子的态度就颇具代表性:

> 我知道……我对他及他的教诲渐渐极为敬佩,但我却不能颂扬他。我所承担的工作使我有必要为我自己、并帮助别人理解中国的宗教、道德、社会和政治状况,并找到、提出实现改良的最可行之法。但改良的最大障碍是它的学者和政府对孔子的信仰。①

鸦片战争爆发以后,西方殖民势力争先恐后地在华夏大地展开角逐。西方的中国形象终于走到另一个极端,封闭、停滞、邪恶、堕落的鸦

---

① 《中国经典》卷5,第51页。转引自(美)柯文《在传统与现代性之间——王韬与晚清改革》,雷颐等译,江苏人民出版社1995年版,第62页。理雅各于1861～1872年相继出版《中国经典》(The Chinese Classics)》,一共五卷八本,包括《论语》、《大学》、《中庸》、《孟子》、《书经》、《诗经》及《春秋左传》,1862年王韬充当其翻译助手。

片帝国①。

其间,形成的一个有关"东方学"的知识体系给人们提供了这样一个想象、思考东方的框架:"欧洲民族和文化优越于所有非欧洲的民族和文化"。欧洲的东方观念事实上存在一种"文化霸权","这种观念不断重申欧洲比东方优越,比东方先进,这一霸权往往排除了更具独立意识和怀疑精神的思想家对此提出异议的可能性"②。

无疑,西方人对中国形象构建中的许多非理性的、扭曲的成分,不仅与其间西方表现出来的强烈的征服欲与占有欲(从对精神与灵魂的占有到对物质与领土的占有)紧密相关,更重要的是在一个"西方"与"中国"的二元模式中,"西方"代表了现代与未来。美国学者何伟亚通过对1793年英国特使马戛尔尼使华的中英礼仪冲突的研究认为:

> 正是对中国尤其是中国人的过去的否定,产生了"西方",它将一个活生生的真实存在的中国作为负面的形象,用以建构英国民族优越感并昭示英国人超越了过去的全球秩序。否定和蔑视表现在各个方面。如果说没有"中国",那么"西方"亦不可能存在。可是这种推论式的规则一再被忽略。在某种程度上,这种忽略是借助蔑视想象中的中国来完成的。③

萨义德在一个更为宏观的视野中发现了西方人"东方主义"的建构及"东方"与"西方"的依存关系:

> "东方"和"西方"这样的地方和地理区域都是人为建构起来的。因此,像"西方"一样,"东方"这一观念有着自身的历史以及思维、意象和词汇传统,正是这一历史与传统使其能够与"西方"相对峙而存

---

① 参见周宁《西方的中国形象史:问题与领域》,载《东南学术》2005年第1期。
② (美)爱德华·W·萨义德著:《东方学》,王宇根译,三联书店1999年版,第10页。
③ (美)何伟亚:《怀柔远人:马嘎尔尼使华的中英礼仪冲突》,邓常春译,社会科学文献出版社2002年版,第76页。

在,并且为"西方"而存在。因此,这两个地理实体实际上是相互支持并且在一定程度上相互反映对方的。①

如果说西方人东方主义的建构是在18世纪中期,那么中国对域外世界形象的建构则是在先秦时期。明清以来中国人在对西方人形象构建中的非理性与扭曲的成分,与中国人自古以来固化了的"夷—夏模式"关系甚大。西方人对中国的形象构建处在不断变化之中,而中国人在对西方人形象构建中的底色基本上没有变化。西方人对中国长期以来充满了好奇心与求知欲,而中国人对西方长期以来是消极而冷淡的,士大夫"徒知侈张中华,未睹寰瀛之大"②。对华夏以外的世界要么视为奇谈异闻,要么存而不论。可以说,从19世纪前后,西方人眼中的中国人,犹如文明人眼中的野蛮人。同样,中国人眼中的西洋人,亦如文明人眼中的蛮夷。

关于中国文化的性格向存争议。近代以来不少主张向西方学习的人称中国文化性格内向,闭关自赏,排斥异质文化,但自1990年代以来,有一种渐成强势的观点认为中国自古以来自信而不排外。季羡林先生在《20世纪中国学术大典》序言中说:中国文化"最大的特点还在有极大的包容性,……古人说:'有容乃大',说的也是这个道理"③。持此论者常以汉唐间佛教伴随印度文化输入和明清之际基督教伴随西方科学文化输入为例证。有容乃大、和而不同,的确是先秦华夏大地文化派系纷呈时期部分士人的一种自信的文化性格与崇高的文化境界,这与特定的时间与空间有很大的关系,但这不等于就是中国文化始终如一的性格特征。自秦汉以来,随着天下定于一,独尊儒术,先秦时期的夷夏观念越来越社会化,成为支配中国人的世界观。"因此,如果'天下'意味着某些固定的准则,亦即一种传统的、被从孟子到顾炎武以来的所有儒家所认可

---

① (美)爱德华·W·萨义德著:《东方学》,王宇根译,三联书店1999年版,第6~7页。
② 魏源:《圣武记》卷12。
③ 季羡林:《20世纪中国学术大典》序,载《出版史料》2005年第3期。

的文明理想的话,那么,自由选择和实用主义准则则意味着对'天下'观念的否定。"①

其实,"有容乃大"之"大"是有限度的,其"准则"是绝不允许撼动"一元主义"。政治生活中是"天无二日,民无二王",如果出现了短暂的分裂而产生二主或多主,这只能被视为变态,"分久必合"才是常态。精神生活中,可以出现其他流派的文化或宗教,前提是不能动摇王权至上与儒学至尊的地位。本土的道教及外来的佛教的存在符合"有容乃大"的理念,但都是有前提的,即这两种宗教从来都必须听命于王权,而不能凌驾于王权之上。以佛教为例,虽然东晋高僧慧远,曾经高唱"沙门不礼王者",但是他的师父道安大师的主张"不依国主,则法事不成"②,才更加符合中国国情。佛教正是因为接受了"王权至上",并兼容了儒家学说的一些理念才得以在中国长期存续。

数千年来的王权至上、儒学至尊,意味着中国人通常带着二分的眼光看许多事物与现象,即我夏他夷、我文他野、我尊他卑。如果后者挑战前者或威胁到前者,则必将遭遇到强烈的反弹。如清初天主教徒禁止中国教徒祭祖祭孔,挑起"礼仪之争",导致对天主教本无恶感的康熙皇帝于1720年下令:"以后不必西洋人在中国行教,禁止可也,免得多事"③。后来,传教士又卷入康熙末年的王位之争,干预内政,雍正皇帝即位后就严禁在华传播天主教。1793年马戛尔尼作为英国国王的使节来华,当他从礼仪到国家利益,均提出了诸多两国"对等"的要求时,即遭到乾隆皇帝断然拒绝。在乾隆帝看来,"他"是来朝贡的,岂可挑战中国的一元主义?"我"必须告诉"他",彼此的定位是不能混淆的:"奉天承运皇帝敕谕英吉利国王知悉","天朝德威远被,万国来王"。"他"只是万邦中的一个

---

① (美)列文森:《儒教中国及其现代命运》,郑大华译,中国社会科学出版社2000年版,第88页。
② (梁)释慧皎撰,汤用彤校注:《高僧传·道安传》,中华书局1992年版。
③ 中国第一历史档案馆编:《清中前期西洋天主教在华活动档案史料》第1册,中华书局2003年版,第49页。

宾服君主，我是天朝，与诸邦不可同日而语；我是皇帝，他只是一个未开化民族的酋长。前者永远是唯一的，后者可以为多数。坚持中国的一元主义与中心主义，这是最大的政治，而此中的机理在"他者"眼中早已看得一清二楚：

> 因为他们不知道地球的大小而又夜郎自大，所以中国人认为所有各国中只有中国值得称羡。就国家的伟大、政治制度和学术的名气而论，他们不仅把所有别的民族都看作是野蛮人，而且看成是没有理性的动物。他们看来，世上没有其他地方的国王、朝代或者文化是值得夸耀的。这种无知使他们越骄傲，则一旦真相大白，他们就越自卑。①

利玛窦时代如此，魏源时代亦然。"我"对"他者"的形象构建就是：夷狄其邦，禽兽其人，犬羊之性，贪得无厌，见利则趋，见害则避，唯利是图，惟威是惧。

鸦片战争前后，在"我"看来，"他者"的形象都很糟糕，但难以阻隔彼此的交往，而随着这种交往的加深，强弱日渐为事实所验证。强势者更加确信自己的优越地位，而弱势者则不得不改变原有的认知。此种改变使得西学东渐的步伐加快，也为随后民主观念的传入→接受提供了一定的可能性。

第二节　西学东渐与中国人对西方认知的变化

1839年，为处理中英鸦片交涉，林则徐以钦差大臣身份抵达广州后，便"日日使人刺探西事，翻译西书，又购其新闻纸"②。1842年，道光皇帝命在浙江前线统兵的奕经在审讯英俘时询问："英咭利距内地水程，据称

---

① （意）利玛窦、金尼阁：《利玛窦中国札记》上，何高济等译，中华书局1983年版，第180页。
② 魏源：《魏源集》上册，中华书局1983年版，第174页。

有七万里,其至内地所经过者几国?""究竟该国地方周围几许? 所属国共有若干? 其最为强大不受该国统属者,共有若干?"①这足见在此之前中国有关西方的知识存量是有限的,且有限的存量在知识人那里并没有进入知识流通领域。但自自强运动以后,中国对西方的认知不仅有一个量的迅速增加的过程,而且不断剔除那些非理性的成分,开启了一个西学知识的生产与扩大再生产的过程。中国关注西方的人以及与西方有直接或间接交往的人数呈上升趋势,有关西学的知识也在不断增加。但就全社会而言,不关心西方,也不了解西学者仍占绝对多数。中国这样一个超大规模的社会在对西学的认知方面长期存在一种极不均衡的状态,这不仅制约了中国早期的现代化进程,同样制约着中国人对西方民主观念的认知。

鸦片战争以后,魏源(1794～1857)编著了《海国图志》、徐继畬撰写了《瀛环志略》(1844年写成初稿,1848年定稿刊行)。"海国"、"瀛环"仍是传统话语体系中对天朝以外不确定空间的泛称。但这两部志书体的著作不仅吸纳了汉籍中自明清以来有关外邦的知识,且将鸦片战争期间他们通过直接或间接的方式所获取的有关西方的知识融入其中,代表了当时中国人对世界的认知水平。其中虽难免有一些臆断与道听途说之处,但确是当时有关西方最为翔实全面的著作。这两部书也成了此后数十年那些有心了解西学、挣脱"严夷夏之防"的思想藩篱的士大夫的启蒙读物。

与《瀛环志略》成书年代接近的还有梁廷枏编著的《海国四说》(包括"耶稣教难入中国说"、"粤道贡国说"、"兰伦偶说"和"合省国说")。其中《兰伦偶说》相当于一部英国简史,"合省国说"系作者参考美国人《合省志略》,用中国传统的政治话语对美国的政治制度(联邦制、三权分立、议

---

① 中国第一历史档案馆编:《鸦片战争档案史料》第5册,天津古籍出版社1992年版,第222、264页。

会制度等)作了粗略的介绍。

19世纪中后期,中国人对西方认知水平的提高还在很大程度上得益于寓华西人("文化掮客")在中西文化交流方面所作出的贡献,尤其值得一提的是1864年《万国公法》中文版的发行。

丁韪良是一位来自美国的传教士,1863年美国驻华公使蒲安臣提议由丁韪良翻译哈佛大学教授惠顿的《万国公法》(Elements of International Law)。朝中颇具世界眼光的恭亲王奕䜣于1864年拨专款将该书付印。被奕䜣等朝官所认可的该书的译名也反映了时人对西方认知的变化。"海国"变成了"万国"。这无异于开始承认一元主义与中国中心主义已不合时宜了,中国事实上正由"天朝"降为"万国"之一,"家法"也随之变成了"公法"。这是对天朝及天朝以外世界的认知开始发生变化的端倪。帝制时期历朝均有自己的家法(私法),并以此治天下。如今"天下"变了,法也随之而变。原来的家法只能治一国,而与"万国"发生关系,则要符合普遍主义法则的"公法"①。该书的凡例称:"是书所录条例,名为《万国公法》。盖系诸国通行者,非一国所得私也。又以其与各国律例相似,故亦名为'万国律例'。"郑观应读了该书后感触良多:

> 所谓公者,非一国所得而私;法者,各国胥受其范。……然必自视其国为万国之一,而后公法可行焉。若我中国,自谓居地球之中,余概目为夷狄,向来划疆自守,不事远图。通商以来,各国恃其强富,声势相联,外托修和,内存觊觎,故未列中国于公法,以示外之之意。而中国亦不屑自处为万国之一列入公法,以示定于一尊,正所谓孤立无援,独受其害,不可不幡然变计者也。②

郑氏对"天下"的重新诠释可视为国人对国际化、全球化最早的积极

---

① 参见刘禾《普遍性的历史建构:〈万国公法〉与十九世纪国际法的流通》,载《视界》第1辑,河北教育出版社2000年版。
② 郑观应:《易言·公法》,夏东元编:《郑观应集》上册,上海人民出版社1982年版,第66~67页。

回应之一,是中国人"哥白尼式的革命"的一个开端,也是近代国家观念(民族国家)肇起的预兆之一。然而,在当时这一认知上的变化是许多人无法接受的,即便那些接受者也存在情感与理性的矛盾。面对严峻的现实,涉事者不得不理性面对,但内心并非心悦诚服。1863年端午节那天张斯桂在沪上为该书写的序言中即折射出作者内心的矛盾。他一方面称"中华为首善之区,四海会同,万国来王",另一方面列数英、法、美、俄等强国的特点,并有"雄长乎西洋"、"制器之巧"、"用军之精"、"富强甲天下"等溢美之词。"统观地球上版图,大小不下数十国。"丁韪良翻译此书,"其望我中华之曲体其情,而俯从其议。"①一方面不愿意放下至尊的架子,另一方面则默认"他者"的强大,以及服从万国共处时大家必须遵守的游戏规则。

《万国公法》对改变中国人对西方的认知产生了久远的影响。在其后的数十年间,该书成为国人了解西方社会首选的必读书之一。1870～80年代的改革思想家与官僚大都受此书的启发。"万国"在中国政治话语中取得了通行权后,一份以《万国公报》②(原为1868年创办的《教会新报》,1874年改为此名)为名的刊物又问世了。该刊发行时间长,发行量大。其虽为教会刊物,但有关西方政治学、历史学、地理学、经济学、教育学等社会科学与人文科学以及一些自然科学的知识均非常丰富。

面对西方人供给的西学知识,中国有识之士开始热情接纳,他们或相聚交流,或将心得留在日记与文集中,也有人在中文刊物上著文应和(如王韬)。如果说在魏源时代有关西学的知识还储存在士大夫的书柜里,那么到了1870～80年代这些新知便开始在知识产品的市场上流通起来。有关承载西方民主政治核心价值的一些新名词如"议会"、"华盛顿"、"民主之国"等开始流行起来。

---

① (美)惠顿:《万国公法·序二》(近代文献丛刊),丁韪良译,上海书店出版社2002年版。
② 1874年至1883年该刊为周刊,共出版450卷,1889～1907年为月刊,共出版677卷/册。

第三节　中体西用——比较视野中的优势互补

体用、本末、道器等,本是一对中国传统哲学概念的不同表述,从价值判断上看,有高低、主辅之分,如重本(农)抑末(商)说,但与学习借鉴别国文化本无关联。近代以来,这些概念渐渐走出象牙塔,并频频出现在不少书籍和报刊上,为关切"洋务"、"时务"的人所熟知与乐道。

最初用这对概念来规范中西文化定位与价值的是冯桂芬。沪上名士、林则徐的学生冯桂芬曾任翰林院编修,太平天国兴起后,奉旨回苏州办团练。1860年太平军克苏州,他逃到中外文化及政治势力的交汇之地上海。在通商口岸的耳闻目睹使他眼界大开,1861年他写成深得时人和后人称道的《校邠庐抗议》(未刊稿)可谓当时最具现代性的作品。中西文明的巨大落差,使他敏锐地意识到"中华且将为天下万国所鱼肉",这是因为中华不如"夷"的地方远不只是魏源视野里的"器"("坚船利炮"),在其他方面也不如夷:"人无弃材不如夷,地无遗利不如夷,君民不隔不如夷,名实必符不如夷。"①

果敢地承认中国在诸多方面"不如夷",这不仅需要一定的认知水平,更需要胆量。为此,中国必须大胆师夷:"法苟不善,虽古先吾斥之;法苟善,虽蛮貊吾师之。"②他在书中提出了"采西学"、"制洋器"的主张,并建议进行政治与行政方面的改革,提高政治的透明度和行政效率,使民隐得以上达,真正做到"君民不隔"③。

师法西方势必与传统的一元主义传统相抵触。为此,冯氏智慧而巧妙地提出了调和中西文明的准则:"以中国之伦常名教为原本,辅以诸国富强之术",这也成了"中体西用"论最早的表达话语。这一方面严守国

---

① 冯桂芬:《校邠庐抗议·制洋器议》,上海人民出版社2002年版,第198页。
② 冯桂芬:《校邠庐抗议·收贫民议》,上海人民出版社2002年版,第154页。
③ 参见朱栋荣、闻小波《重审中国现代国家建构中的"冯桂芬方案"》,载《天津社会科学》2020年第2期。

人政治正确的底线,同时也开启了接纳西学之门,使接触、了解、研究西学具有了正当性。其后一大批主张学习西方的人皆循此思维,作了诸多用词虽异意涵相似的表达。如王韬说:"形而上中国也,以道胜;形而下西人也,以器胜。""器胜取去诸西国,道则备当自躬。"薛福成称:"取西人器之学,以卫吾尧舜禹汤文武周公之道。"然而,这并不能阻止反对者的抗议:"中体"无需"西用","西用"不仅无助于"中体",而且有害于"中体"。1867年,都察院监察御史张盛藻为反对同文馆决定招收科甲正途人员学习算学而上奏道:"朝廷命官必用科甲正途者,为其读孔孟之书,学尧舜之道,明体达用,规模宏远也,何必令其学为机巧,专明制造轮船、洋枪之理乎?"他担心如此下去会导致"重名利而轻气节,无气节安望其有事功哉?"①

> 今天下言时务者,动以泰西机器为至巧至精,而欲变吾之法,师彼之法,谓舍此不足以强中国而慑岛夷也,一唱百和,万口同声。……以技艺夺造化,则干天怒;以仕宦营商贾,则废民之业;以度支供鼓铸,则损国之用。试问欧罗巴诸夷,其皆强横无敌雄长百世乎?曰:不能也!强凌弱,众暴寡,无岁无之。②

无疑,"中体西用"的反对者的卫道之心是真诚的,对民族与朝廷的忠诚亦发自内心,在一个"千古未有之奇变"的时代,舆论的两极化是再正常不过的了。其实,他们均是开眼看世界的人,采西学者是以"工程—技术"为取向,而卫道者则是以"道德—伦理"为取向,但政治一元主义是他们共同坚守的政治共识。

卫道者的攻击并没有能阻止"中体西用"之说的流行。随着自强运动的全面展开,"中体西用"已成为同光时期王朝的图强战略,现代意义

---

① 《同治六年正月二十九日常山东道监察御史张盛藻折》,中国近代史资料丛刊:《洋务运动》(2),上海人民出版社1961年版,第29页。
② 方浚颐:《二知轩文存·机器论》,中国近代史资料丛刊:《洋务运动》(1),上海人民出版社1961年版,第454页。

上的跨文化的比较从此成为现实,国人的集体记忆与价值判断也随之发生潜移默化的变化。"中学"或华夏文化虽然优越但并不是完美无瑕,"西学"或夷蛮文化虽然粗陋但亦非一无是处;优越的华夏文化存在薄弱环节,粗陋的夷蛮文化虽然无法与华夏文化比肩,但也有部分有价值的"长技"。如今华夏面临"千古未有之奇变",因应之策当是取长补短,"用夷变夏"不应成为大忌。薛福成理直气壮地回应时人对"中体西用"的指责:

> 夫衣冠、语言、风俗,中外所异也;假造化之灵,利生民之用,中外所同也。彼西人偶得风气之先耳,安得以天地将泄之秘,而谓西人独擅之乎?又安知百数十年后,中国不更驾其上乎?……今诚取西人器数之学,以卫吾尧、舜、禹、汤、文、武、周公之道,俾西人不敢蔑视中华![1]

无论是从历史语境出发,还是从一般的跨文化间的交流经验来看,"中体西用"并无不妥之处,因为借鉴任何域外的东西都应该与本土的资源相结合,政治体制就更是如此。问题是如何去理解"体"和"用"的内涵与外延,"体"与"用"如何结合。近代中国不同时期、不同的人对此都有着各自不同的理解。

在1860~70年代,国人普遍认为,中国是"体"强"用"弱。"体"是指华夏的典章制度、学术文化,"用"即"夷之长技",大体上指西方的坚船利炮和经济领域里的一些现代制造技术。至于西方自身有无"体"及"体"之强弱似乎是一个多余的话题,因为神圣的"体"只有文明国家才有,当然也有特例。富有经世精神、在驻英公使任内的郭嵩焘无疑对大英帝国的政治制度、社会风俗表现出了浓厚的兴趣。广交英国政要,出入英国国会的郭嵩焘对原有的"我"和"他"、"文"与"野"的认知提出了质疑:"西洋立国二千年,政教修明,具有本末。与辽、金崛起一时,倏盛倏衰,情形

---

[1]《筹洋刍议·变法》,丁凤麟等编:《薛福成选集》,上海人民出版社1987年版,第556页。

绝异。"①"西洋立国,有本有末。其本在朝廷政教,其末在商贾。"②既然"文"与"野"发生了重大的位移,中华的出路则可取西法而行之。"虽使尧舜生于今日,必取泰西之法推而行之,不能一日缓也。"③郭氏的高谈阔论突破了一元主义的政治底线,超出历史语境所能容忍的限度,故遭致卫道者的口诛笔伐,使其成为西学东渐途中体制内最早的为西学而殉道的人。但进入1880年代,受体制的羁绊较少、言说相对自由的口岸知识精英开始放言西方也有其文明之"体"。

如前所述,王韬是1870～80年代传播民主观念的"风向标人物"。王韬在年轻时代就是中下层知识界的一个另类。他天资聪慧,生性倜傥,放荡不羁,17岁中秀才后,屡试不第,为了生计,21岁来到沪上,入英国传教士麦都思在上海开设的墨海书馆任职长达15年(1849～1864),1854年8月24日受洗入教,1862年因向太平军上书献策而受清方通缉,后流亡香港。1867年随英国传教士理雅各游历英国二年,其间主要是协助理雅各将儒学经典译成英文,并曾在牛津大学发表有关中英关系的学术演讲。王韬于1870年回到香港,1874年创办了第一份由华人独立经营的《循环日报》,该报有很强的政论色彩,变法自强为其鼓吹的主旨,每日刊发一篇论说,且多出自王韬之手。1879年王韬访问日本,1883年他将在该报发表的文字辑为《弢园文录外编》出版。在同期鼓吹西学的维新人士中,就政治身份而言,王韬是一个边缘化的人物,其受现实政治及主流观念的羁绊较少。从对西学及西方社会了解的深度来看,这一时代恐怕无人能与王韬比肩。唯其如此,其言论最为大胆。作为先觉人物,其思想产生较为广泛的社会影响是在甲午战争以后。

在《弢园文录外编·纪英国政治》中,王韬大胆地表达了英国自有其本末的观点。他批评当时流行的看法:世界头号强国英国之所以强大在于其

---

① 《郭嵩焘日记》第3卷,湖南人民出版社1982年版,第124页。
② 《条议海防事宜》,《郭嵩焘奏稿》,岳麓书社1983年版,第341页。
③ 郭嵩焘:《养知书屋文集》,上海古籍出版社2002年版,第164页。

物质丰富与科技领先。"论者徒夸张其水师之练习,营务之整顿,火器之精良,铁甲战舰之纵横无敌,为足见其强;工作之众盛,煤铁之充足,商贾之转输负贩及于远近,为足见其富,遂以为立国之基在此,不知此乃其富强之末,而非其富强之本也!"王韬认为,英国之富强在于其独特的制度安排:

> 英国之所恃者,在上下之情通,君民之分亲,本固邦宁,虽久不变。……官吏行荐举之法,必平日之有声望品诣者,方得擢为民上,若非闾里称其素行,乡党钦其隆名,则不得举,而又必准舍寡从众之例,以示无私。如官吏擅作威福,行一不义,杀一无辜,则必为通国之所不许,非独不能保其爵禄而已也。……其民亦奉公守法,令甲高悬,无敢或犯。其犯法者,但赴案录供,如得其情,则定罪系狱,从无敲扑笞杖、血肉狼藉之惨。其在狱也,供以衣食,无使饥寒,教以工作,无使嬉惰。
>
> 国家有大事则集议于上下议院,必众论佥同,然后举行。如有军旅之政,则必遍询于国中,众欲战则战,众欲止则止,故兵非妄动,而众心成城也。国君所用,岁有常经,不敢玉食万方也。所居宫室概从朴素,不尚纷华,从未有别馆离宫,迤逦数十里也。国君止立一后,自后以外,不置妃嫔,从未有后宫佳丽三千之众也。①

在王韬看来,英国之富强并不在于物质文明之发达,而在于"上下情通"的制度安排,而中国之积弱亦非物质文明之落后,而是上下阻塞。英国"政治之美"在于主权在民、以民为本;中国政治之恶,正是主权在君、以君为本。数千年来,中国人只信奉德性决定论,而王韬则是制度决定论的首倡者。

自从王韬将中西比较的触角伸向政治制度领域以后,应和者日众。与王韬声息相通的郑观应随后提出了所谓"小本末"与"大本末"之说。

---

① 王韬:《纪英国政治》,《弢园文录外编》(近代文献丛刊),上海书店出版社2002年版,第89~90页。

"故善学者必先明本末,更明所谓大本末而后可。以西学言之:如格致制造等学其本也;语言文字其末也。合而言之,则中学其本也,西学其末也。"①郑氏虽然不否定"大本末"之说,但否定了西方有末无本之说。

官绅声息相通。民间知识精英政见的表达不难上传给体制内的开明人士。参与过中法战争的淮军宿将、身处沿海的两广总督张树声在遗折中痛斥当道者奉行的片面追求"洋器"的强国路径,显示了军人所特有的刚毅直言的秉性:

> 西人立国具有本末,虽礼乐教化远逊中华,然其驯致富强亦具有体用。育才于学校,论政于议院,君民一体,上下同心,务实而戒虚,谋定而后动,此其体也。轮船、火炮、洋枪、水雷、铁路、电线,此其用也。中国遗其体而求其用,无论竭蹶步趋,常不相及,就令铁舰成行,铁路四达,果足恃欤?②

张氏的遗言是对流行的"中体西用"观的重大突破,即不仅肯定了西方的教育制度与政治制度有其合理性,且将之上升到"体"的高度。言外之意,我们一直所依恃的"体"其实也不如夷。张氏身处封疆大吏之尊,能发出此类石破天惊的言论,印证了"人之将死,其言也善"的古训,也从一个侧面反映了此时体制内官员言论空间是有限的。从王韬到张树声,与其说是扩展传统的体用观,不如说是在对传统的体用观作釜底抽薪式的解构。

"中体西用"观之生成,为中国人学习西方提供了某种正当性,中国人对西方认知的不断拓展,又使得"中体西用"的内涵在不断发生变化。西"夷"的形象在不断增多的中外交往及中国在战场上的屡屡败退中得到刷新,西人由"诸夷"变为"洋人",西器由"奇技淫巧"变为"洋货"。"土""洋"相较,使中西之优劣正在被悄悄地置换,而对西方政治认知的

---

① 《盛世危言·西学》,夏东元编:《郑观应集》上册,上海人民出版社1982年版,第276页。
② 何嗣焜编:《张靖达公奏议》卷八,(台北)文海出版社1996年版,第559页。

刷新则渐次从根本上动摇了中国人所依恃的"体"。这为民主观念在中国的传播打开了一片片小小的天空。

概而言之,魏源之于西学,将政见包裹在篇幅庞大的"志书体"中,述多论少,虽印刷流通,但读者寥寥;冯桂芬之于西学,将政见置于篇幅适中的"政论体"中,论点鲜明,虽只有少量的手抄本,但读者少而精;王韬之于西学,将政见公之于篇幅短小的"新闻体"中,一事一议,广布于条约口岸;张树声之于西学,将政见深藏于"遗书体"中,观点出格,不计后果,但只密奏皇上。非礼勿言,西学的中国之履,虽举步维艰,但终于打开了一道沟通中西的知识之门;非礼勿视,国人之开眼看世界,虽然不易,但"非礼"之诱惑已使国人不可能再合上双眼做那虚幻的天朝梦了。

第四节 议会制——对西方民主的朦胧认识

> 考外洋民权之说所由来,其意不过曰:"国有议院,民间可以发公论、达众情而已。"①

这是晚清重臣张之洞1898年在《劝学篇》中的文字。在晚清的疆吏中,张氏向来留心西学,他对"民权之说"由来的判断符合近代中国民主观念生成的历史。

近代中国与西方的正式对话是以一场对中国来说悲剧性的战争为开端的。中国是在强敌压境下才开眼看世界的,彼此给对方留下了野蛮与仇敌的形象与记忆。"资本主义集文明与强权于一身,它既是自由民主现代性的典范,又是殖民主义霸权的化身。西方现代性的这一历史进步与伦理罪恶、人道精神与丛林法则并存的两面神形象,表征着西方现代文明之历史与伦理的深刻二律背反。"②

的确,英国人发动战争是为了向中国输入鸦片,打开中国的市场,而

---

① 张之洞:《劝学篇·正权》,上海书店2002年版,第20页。
② 高力克:《"五四"的思想世界》,学林出版社2003年版,第6页。

非输出英国式的民主观念或民主制度。中国与西方交手是为了捍卫天朝上国的尊严,也不是为输入或抵制西方的民主制度。"民主"本不是当时双方关注的要义。然而,这一意外的接触却启开了西方现代性东渐的阀门。

观念与体现观念的载体制度相比,后者更加直观。近代中国对西方某一抽象政治观念的接受通常要先经过对具体政治制度的体认这一过程。此时确有少数人的眼球被西方独特的制度安排特别是议会制度所吸引,而此种关注不经意间启开了中国人追求民主的心路历程。

西语中的民主、自由、共和等名词在传统汉语中均无对应的概念或制度形式。这些概念最早进入汉语世界时多为意译或音译,无固定的译名,且褒贬互见。如"民主"一词,在鸦片战争前后西洋人编撰的双语辞书中的解释歧义甚大,马礼逊的《五车韵府》(1822)译为"既不可无人统率亦不可多人乱管"。麦都思的《英汉字典》(1847)译为"众人的国统,众人的治理,多人乱管,小民弄权"。罗存德的《英华字典》(1866)译为"民政,众人管辖,百姓弄权"[①]。字典编撰者对民主的不同诠释及评判既与各自的立场有关,也与西方世界对民主存在争议相关。相比之下,议会或议会制度在汉语中虽译名甚多(如巴厘满、议事厅、集议院、国家公会、会议院、开会堂、国会、议会等),但并无太大的歧义,读者很容易识别这是一个议政的权力机关,当"民主"一词还相当含糊的时候,国会、议会、议院的译名与意涵到 19 世纪 70~80 年代渐渐明确了,且大体是一个正面的价值判断。

民主不只是抽象的观念,也不是完全独立于军事与经济之外的东西,它会在一国家政治生活、经济与社会生活之中得到隐性或显性的体现。代议制作为体现民主价值的制度安排最早为中国人所关注与接受,

---

[①] 参见方维规《"议会"、"民主"与"共和"概念在西方与中国的嬗变》,载香港《二十一世纪》2000 年 4 月号。

一方面是因为有其显性的特征，另一方面中国士大夫有着比百姓更为强烈的政治参与欲。中国人在发现"夷人"坚船利炮的同时，无意中对"他者"特殊制度的显现部分感到奇异。古人对"六合"之外的事情总是"存而不论"，但自魏源起却对西方的政治制度既"存"又"论"，这或许印证了亚里士多德的"人是天生的政治动物"的判断。

魏源在《海国图志》中提到多个西方民主国家，如英国，国家大事，虽由国王裁夺，但均需经"巴厘满"（议会）议允；瑞士为"西土桃花源"。比较而言，该书有关美国的记载稍详细，这也许是因为世界上第一个没有君主的共和国对中国人来说太不可思议了。"墨利加北洲（美国）之以部落代君长，其章程可垂奕（亿）世而无弊。""二十七部酋（州），分东西二路，而公举一大酋（总统）总摄之，匪惟不世及，且不四载即受代，一变古今官家之局，而人心翕然，可不谓公乎！议事听讼，选官举贤，皆自下始，众可可之，众否否之，众恶恶之，三占从二，舍独徇同，即在下预议之人（国会议员），亦先由公举，可不谓周乎！"①

寥寥数语，魏源粗线条地勾勒出了美国的联邦制、国会制度、总统制、选举制度、司法制度、宪法与宪政等轮廓，并作出了"公"与"周"的价值判断。在中国的典籍中，对外邦的政治制度有如此高、如此大胆的评价恐怕是第一回。人的思想与行为时常是不同步的。魏源此时的行为方式不可能超越"中体"的边界，但在思想上却有了一点越轨的异动。

鸦片战争期间在广东积极参与筹防的名士梁廷枏在《海国四说·合省国说》中对美国的国会制度作了更为详尽的介绍：

> 议事阁（参议院）官计五十有二（按：初合国时尚止十三省，省各二人，计不过二十有六人而已。其后渐次开辟，到道光十六年后，始合成二十六省，故有五十二之数……）。分三等，每等阅六年为一任，以二年轮退其三之一，退则补新者，再二年，旧者亦还补，至六

---

① 魏源：《外大西洋墨加利洲总叙》，《海国图志》，岳麓书社1998年版，第1611页。

年,乃全退,先后不得不略有参错。选议处(众议院)则多至二百四十有三人(按:此亦就现例言之,初设时无此数也)。①

关于议会主权的原则,梁氏也有较为准确的介绍:"凡事无大小缓急,必集议而后行。议必按例,否则虽统领不自专。故凡统领初受事,辄誓于众:'我必循例,自正其身,而后尽力民事'云。""凡国事既与民共议,议事之民,必慎选之。"②

与魏、梁不同,徐继畬因有直接与洋人打交道的经验,并留心西政,所著《瀛环志略》对外邦的描述较《海国图志》要真切得多。

徐继畬,道光朝进士。鸦片战争时期在福建与广东任职。1843 年从广东调任福建布政使,经办过厦门与福州口岸通商事宜。来自美国的新教传教士雅裨理,精通中文,1844 年曾任英国驻厦门领事的翻译。其间,雅氏与徐氏有过多次深入的交谈,雅氏的日记保存下二人谈话的内容。徐氏留给这位洋人的印象是"我见过的中国高级官员中最爱寻根究底的人"③。徐氏追问的目的是想著书立说,为中国人认识西方提供更新更全面的知识。1844 年徐氏完成《瀛环考略》初稿,几经修改,4 年后以《瀛环志略》为题刻印。(1852 年魏源将《海国图志》扩充为 100 卷,征引《瀛环考略》达 4 万余字。)徐氏用自己的语言与思维对英、法、美等国的政制作了更全面的介绍和评述。关于西方的议会制度,徐氏对英国国会两院制的介绍较为翔实:

> 都城有公会所,内分两所,一曰爵房,一曰乡绅房。爵房者,有爵位贵人及西教师处之;乡绅房者,由庶民推择有才识学术者处之。国有大事,王谕相,相告爵房,聚众公议,参以条例,决其可否,复转告乡绅房,必乡绅大众允诺而后行,否则寝其事勿论。其民间有利

---

① 梁廷枏:《海国四说》,中华书局 1993 年版,第 73 页。
② 梁廷枏:《海国四说》,中华书局 1993 年版,第 77—78 页。
③ 《雅裨理日记》(1844 年),转引自任复兴:《徐雅厦门对话与中国民主思想的开端刍议》,http://www.cssm.org.cn/view.php?id=3093。

病欲兴除者,先陈说于乡绅房,乡绅酌核,上之爵房,爵房酌议,可行则上之相而闻于王,否则报罢。民间有控诉者,亦赴乡绅房具状,乡绅斟酌拟批,上之爵房核定。乡绅有罪,令众乡绅议治之,不与庶民同囚禁。大约刑赏、征伐、条例诸事,有爵者主议;增减课税,筹办帑饷,则全由乡绅主议。此制欧罗巴诸国皆从同,不独英吉利也。①

徐氏对美国的共和制("北亚墨利加米利坚合众国")尤其是开国之主华盛顿颇为推崇:"华盛顿,异人也。起事勇于胜、广,割据雄于曹、刘,既已提三尺剑,开疆万里,乃不僭位号,不传子孙,而创推举之法,几于天下为公,骎骎乎乎三代之遗意。"②书中对体现"天下为公"精神的"推举之法"言之甚详:

> 顿(指华盛顿)既定国,谢兵柄,欲归田,众不肯舍,坚推立为国主,顿乃与众议曰:"得国而传子孙,是私也。牧民之任,宜择有德者为之。"仍各部之旧,分为建国,每国正统领一,副统令佐之(副统领有一员者,有数员者),以四年为任满(亦有一年、二年一易者),集部众议之,众皆曰贤,则再留四年(八年之后,不准再留),否则推其副者为正,副或不协人望,则别行推择乡邑之长,各以所推书姓名投匦中,毕则启匦,视所推独多者立之,或官吏或庶民,不拘资格。退位之统领依然与齐民齿,无所异也。各国正统领之中,又推一总统领专主会盟、战伐之事,各部皆听命。其推择之法与推择各国统领同,亦以四年为任满,再任则八年。自华盛顿至今(顿以嘉庆三年病卒),开国六十余年,总统领凡九人。今在位之总统领,勿尔吉尼阿国所推也。③

魏、梁、徐等人著作成书的年代与托克维尔《论美国的民主》成书的

---

① 徐继畬:《瀛环志略》(近代文献丛刊),上海书店出版社2001年版,第235页。
② 徐继畬:《瀛环志略》(近代文献丛刊),上海书店出版社2001年版,第277页。
③ 徐继畬:《瀛环志略》(近代文献丛刊),上海书店出版社2001年版,第276页。

年代相近。魏、梁、徐等人是带着雄踞天下的天朝何以败于英夷的疑虑开眼看"西方"的,托克维尔则是带着何以法国大革命受挫,而美国独立后民主制度何以能健康成长的疑虑撰写此书的。虽然前者的认知与后者不可同日而语,但这些足不出国的中国士大夫在国人皆以天朝自居自傲的年代,不仅关注域外的制度,且主动与"夷人"接近,并对美国的民主共和制度有如此详细的描述与中肯的评价,实属罕见。倘若四人相聚一堂,未必没有对话的平台。美国人获悉徐继畬的这些文字后,将其引以为难得的知音。1848 年,美国为华盛顿纪念塔奠基,向世界征集纪念物。传教士帮助宁波府向美国赠送了一块高约 1.3 米、宽约 1 米的花岗岩石碑,用中文刻有徐继畬赞美华盛顿总统的文字:"米利坚合众国以为国,幅员万里,不设王侯之号,不循世及之规,公器付之公论,创古今未有之局,一何奇也。泰西古今人物,能不以华盛顿为称首哉!"①这块石碑至今还嵌在该塔内。

第二次鸦片战争使天朝受到重创,首都沦陷,夷人驻京,夷人成了天朝挥之不去的心头之痛。1860 年总理各国事务衙门的成立,客观上确认与各国打交道将非权宜之计。既然如此,兵家中的"知己知彼"原则被普遍接受。徐继畬再次被起用,其著作也成为同文馆的教科书。天朝已被迫纳入了万国体制之中,西学开始有了现实的政治需要及社会需求。中国人对西学的欲求具有了不可逆性。正是在这一背景之下,《万国公法》才获得官方的认可。

在近代中国民主史上,《万国公法》的刊行标志着中国传统话语中的"民主"("民之主宰")一词开始向现代"民主"(民为主人)转变,尽管这一转变尚未得到社会的普遍认同。

该书首次把英文"right"、"privilege"、"power"、"authority"、"democracy"等名词翻译为"权"、"权利"、"民主"。丁韪良采用了汉语常

---

① 徐继畬:《瀛环志略》(近代文献丛刊),上海书店出版社 2001 年版,第 291 页。

用的构词方法,即以"权"为后缀,造就众多的、偏正结构的合成词,诸如:"自主之权"(sovereignty)、"私权"(private right)、"专权"(exclusive power)。"democracy"一词首次被译为"民主",赋予古汉语中的"民主"("民之主宰")以"民为主人"的全新意涵①。"美国合邦之大法,保各邦永归民主,无外敌侵伐";"若民主之国,则公举首领官长,均由自主,一循国法"②。

此间,《西国近事汇编》、《万国公报》中也频繁使用"民主"这个词,但其意涵是"民之主宰"与"民为主人"混用。其中《万国公报》于1875年刊登的《译民主国与各国章程(宪法)及公议堂(议会)解》则是一篇近代较早介绍欧美民主政制的重要文献。什么叫"民主国"?"按泰西各国所行诸大端,其中最关紧要而为不拔之基者,其治国之权属之于民,仍必出之于民,而究为民间所设也。""治国之法亦当出之于民,非一人所得自主矣,然必分众民之权汇而集之于一人,以为一国之君,此即公举国王之义所由起也。而辅佐之官亦同此例矣。"这里所说的"民主国"的释义表达的正是democracy的本义"人民治理"。该文还准确地描述了欧美的宪政原则、三权分立及议会制度:

> 若必举各西国之章程而历言之,则大同小异,无庸赘述矣。然即其中之最要者言之,不过分行政权柄而已。其权柄之所必分者,欲行之有利而不相悖,有益而不相害耳。约举其目,盖有三焉:一曰行权,二曰掌律,三曰议法。

行权者,即国家行政机关,"皆照章程中已定之法及会议堂议定之

---

① 古语中的"民主"实类似于君王之意,鸦片战争前后中西学人均有将西方的民选总统称之为"民主"(民之主)。"美国虽得自主而尚无人君治理,故通国复奉顿(即华盛顿)为民主,四年任满,再留任四年。……美国有民主以顿为始。"《华盛顿肇立美国》,载《万国公报》第539卷,1879年5月17日。
② (美)惠顿:《万国公法·序二》(近代文献丛刊),丁韪良译,上海书店出版社2002年版,第37页。

事,办理也。其所办理者,凡钱粮出入、国用开销,以及简派督兵官职、提调水陆兵丁与邻国往来立约等事而已"。掌律者,即国家司法机关,"凡清厘案牍、分给家产、判断债务,不为朝廷所拘,不受公议堂所制,且可解说律法于国皇之前也"。议法者,即国家立法机关,"总理国中一切律例,听其酌议,凡增减钱粮、筹划国用是也"。关于议会制度:

> 议法之员分言之为上下两院,合言之即为公议堂。其上院中大员,在英国则以国中亲王与爵位,及朝廷所派之员充之。在合众之美国,即由各国(即各州)所派人员充之。其下院中大员则直由民间公举之人充之,特管钱粮与国用也。①

民主的"民为主人"之意,在具有优越感的士大夫眼里易生"小民弄权"的联想,在情感与理性上都是很难接受的,但议会制度、议员参政则是士大夫们心仪与向往的。

1870年代,随着中西交往日渐频繁,朝廷大张旗鼓地"采西学"、"制洋器",以求富国强兵,士人言说西学、西政的空间稍有放大。

王韬下西洋、走东瀛的特殊经历与对时局的关切使其成为1870—80年代中国最富有世界眼光的政治思想家。其对西方社会政治制度特别是议会制度的介绍与评议在相当大的程度上引领中国人对西学的认知、判断与政治追求②。

关于西方世界的政体:"泰西之立国有三:一曰君主之国,一曰民主之国,一曰君民共主之国。"俄、奥、普、土为君主之国,其称尊号曰"恩伯腊"(Emperor),即中国之"帝";法、瑞士、美等,为民主之国,其称尊号曰"伯理玺天德"(President),即中国之"统领";英、意、西、葡等,为君民共主之国,其称尊号曰"京"(King),即中国之"王"。其政治运作的差别

---

① 《译民主国与各国章程及公议堂解》,载《万国公报》第340卷,1875年6月12日。
② 闾小波《何以安民:现代国家"根本性议程"的赓续与创制——以王韬、李大钊和毛泽东为中心的讨论》,载《文史哲》2020年第2期。

如下：

> 一人主治于上而百执事万姓奔走于下，令出而必行，言出而莫违，此君主也。国家有事，下之议院，众以为可则行，不可则止，统领但总其大成而已，此民主也。朝廷有兵刑礼乐赏罚诸大政，必集众于上下议院，君可而民否，不能行，民可而君否，亦不能行也，必君民意见相同，而后可颁之于远近，此君民共主也。①

不管"君民共主"的概念是出王韬之首创或取自他人，在"民主共和"与"君主立宪"尚未进入汉语世界之前，王韬对世界政体所作的"三分法"在1880年代以后无疑成为中国人识别西方国家政体的主要范式：

> 君为主，则必尧、舜之君在上，而后可久安长治；民为主，则法制多纷更，心志难专壹，究其极，不无流弊。惟君民共主，上下相通，民隐得以上达，君惠亦得以下逮，都俞吁咈，犹有中国三代以上之遗意焉。三代以上，君与民近而世治；三代以下，君与民日远而治道遂不若古。至于尊君卑臣，则自秦制始，于是堂廉高深，舆情隔阂，民之视君如仰天然，九阍之远，谁得而叩之？②

王韬的论析看似符合中国法三代、崇上古、抑后世的传统，其实是要反转中国人的历史方向感，当下的中国与其说是要回到三代，不如说是直接师法西方，似乎可视为将传统中国的"大同→小康→乱世"说反转为"乱世→升平→太平"。在王韬那里共时性的三种政体，逐渐被后人普遍理解为历时性的三种政体：君主之国→君民共主之国→民主之国③。20

---

① 王韬：《重民下》，《弢园文录外编》（近代文献丛刊），上海书店出版社2002年版，第19页。
② 王韬：《重民下》，《弢园文录外编》（近代文献丛刊），上海书店出版社2002年版，第19页。
③ 20世纪初严复在翻译斯宾塞的《群学肄言》有关人类的服从训练过程时，即故意迎合国人的此种思维："威服之事，始奴虏之于主人，继之以专制之君上，又继之以有限之君权，又继之以立宪之政柄。"这明显是要表达政体演变的顺序。但原文讲的服从对象首先是主人，然后是个人统治者、个人权力弱化的政府及其制定的具体法律，最后是道德准则。参见皮后锋《严复评传》，南京大学出版社2006年版，第150页。

世纪初立宪派与革命派论战时,立宪派严守政体演进的这一逻辑,强调必须循序渐进,而革命派也是在默认这一逻辑的前提下,提出"躐等"的概念。

关于中国政治的出路,王韬用假设的语气道出了对君民共主制的期盼。虽然他使用的是传统的民本主义语话(民本主义与民主主义的亲缘性是这一时期知识精英一致的认识),但表达的却是对西方现代民主观念的向往和对君主专制主义的否定:

> 《书》有之曰:"民惟邦本,本固邦宁"。苟得君主于上,而民主于下,则上下之交固,君民之分亲矣。内可以无乱,外可以无侮,而国本有若苞桑磐石焉。由此而扩充之,富强之效亦无不基于此矣。泰西诸国,以英为巨擘,而英国政治之美,实为泰西诸国所闻风向慕,则以君民上下互相联络之效也。①

王韬的"三分法"不只是对世界政体的简单描述,其对"君民共主"政体褒赏与偏好一方面与他在英国的生活经验有关,另一方面也是基于中国现实的考虑。但事实上,所谓"君民共主之国"与"民主之国"只是民主制度的不同形式,以民主与自由的尺度来衡量,这两种政体并无高低之分。就民主与自由的实现程度而言,无论是从国家还是从公民个人的角度来看,很难说王韬时代的英国与美国有明显的落差。但王韬贬此抑彼,却给国人留下了深刻的记忆:三种政体在时间上有先后,好似"五四"以后中国人所接受的五种社会形态、五种生产方式。

在王韬来,中西强弱兴衰,其缘由不在别的,关键是有无议院:

> 试观泰西各国,凡其骎骎日盛,财用充足,兵力雄强者,类皆君民一心。无论政治大小,悉经议院妥酌,然后举行。故内则无苛虐残酷之为,外则的捍卫保持之谊,常则尽懋迁经营之力,变则竭急公

---

① 王韬:《重民下》,《弢园文录外编》(近代文献丛刊),上海书店出版社2002年版,第20页。

赴义之忱。……中国则不然。民之所欲,上未必知之而与之也;民之所恶,上未必察之而勿之施也。……由此观之,中国欲谋富强,固不必别求他术也。能通上下之情,则能地有余利,民有余力,闾阎自饶,盖藏库帑无虞匮乏矣。①

此间,议会可强国之说为许多开明的官绅所接受,1870年代,连身为总理衙门事务大臣的文祥也觉得中国虽不可采议会之制,但可取议会之"义":"中国天泽分严,外国上议院、下议院之设,势有难行,而义可采取。"②

陈炽在甲午前官至户部员外郎,具有开阔的世界眼光与丰富的西学知识。他认为西方的议会制度可以与中国传统的议政制度直接对接,且看他为中国行议会制所设计的方案:

> 乡官之议,实与议院略同,必列荐绅,方能入选。县选之达于府,府举之达于省,省保之达于朝,皆仿泰西投匦公举之法,以举主多者为准。设院以处之,给俸以养之,有大利弊,会议从违,此下院之法也。阁部会议,本有旧章,惟语多模棱,事无专责,亦宜特建议院,以免议违,此上议院之法也。③

此设计看似翔实,实"语多模棱"。各级议员的产生他用了"选"、"举"、"保"三个语焉不详的概念,至于选举人("举主")的资格亦无明确的界定,作为政治过程的"会议"亦无具体的设计。若将复杂而又严密的民主制或代议制仅仅约化为"少数服从多数"就无法达到民主制的预期目标,甚至南辕北辙,很可能会落入"多数人暴政"或个别人的暴政的陷阱。

19世纪的先进思想家大多将西方的民主制简单等同于议会,而将议

---

① 王韬:《达民情》,《弢园文录外编》(近代文献丛刊),上海书店出版社2002年版,第56页。
② 《清史稿·列传一七三·文祥》,中华书局1977年版,第38册,第11691页。
③ 赵树贵等编:《陈炽集》,中华书局1997年版,第108页。

会的运作又看成是一个普通的会议。他们对西方议会制的描述与理解是浅层次的,尚未触及议会制运作中精细的制度安排以及议会与其他权力部门间的复杂关系①,还有不少人把先秦思想家的"庶人议政"视为议会制的学理基础(如梁启超的《古议院考》,1896)。唯其如此,这些"差不多先生"总觉得中国仿行西方的议会是很容易的。这印证了萨义德所讲的观念在其旅程中有了新的"用法","在新的时间和空间中"其意涵已发生了变异。

第五节 新知传播的深度与广度

鸦片战争以后,中国人有关西方民主的知识总体来看呈现出零散碎片状,但若连接起来大致也能反映出西方民主政治的表征。平心而论,甲午之前中国已拥有一定的有关西学知识的存量。知识就是力量,知识改变命运。为什么拥有西学知识的中国并未能显示出应有的力量并改变其命运呢?日本在明治维新之前,中国是其西学的供应国之一,为什么西学在日本显示出比中国更大的功效?

甲午前中国虽然拥有一批探求西学新知的学问家,但人数有限,水平参差不齐,更没有形成一批出众的传播西学的宣传家,有关新知的观念通常以静止的状态而存在。

1840年代问世的《海国图志》和《瀛环考略》在当时究竟有多大影响,尚待探究。以《海国图志》为例,1843年《海国图志》50卷刊行,1847年扩大为60卷(1852年增补为100卷),前两种分别印刷了两次,合计印刷了五次,均为木刻活字排印②。按照当时的印刷水平,木刻活字一次通常只能

---

① 在民主制运作的过程中,"集会"或"开会"是最重要的内容,西方有关如何开会的著作有千百种之多,孙中山可能是中国最早对如何开会表示关注人物,1917年特作《民权初步》(会议通则),该书实为编译之作。
② 参见黄丽镛编著:《魏源年谱》,湖南人民出版社1985年版,第227页。

印 200 本,再多"字划就胀大模糊"①。照此推算,该书在 20 年间累计印刷约 1000 部。这种学术巨著(50 卷本即有 19 册)对读者教育背景有很高的要求,其所拥有的读者不可能像日后的报刊或畅销的通俗小册子那样多。

徐继畬的《瀛环志略》虽然知识水准较《海国图志》要高,但社会反响并不太好。徐氏在得到了美国人好评的同时,却受到国人的非议。中兴名臣曾国藩在看了徐著后,也指责其"颇张大英夷"②,并将其与郭嵩焘相提并论。1851 年徐氏因发表"异见"而被免去福建巡抚。对体制内的官僚来说,散布与一元主义相左的言论是不能容忍的。正如王韬所言:"咸丰初元,国家方讳言洋务,若于官场言及之,必以为其人丧心病狂必不至是,以是虽有其说,而不敢质之于人。"③看来,溢美"洋人",非但不宜写下来,更不能说出来,尤其在官场上。事实上,无论是《海国图志》,还是《瀛环考略》,刊行后读者的反映或冷淡或非议。秦政及与之相匹配的儒学在其运行的数千年的历史上从未受到挑战与置疑。历史上虽然偶尔出现过外族统治中原的现象,但结果均是用夏变夷,而非相反,所谓"天不变道亦不变"。在鸦片战争时期,中国人视英人的挑战为历史上夷人骚扰华夏历史的延续,不同的只是从北方边塞位移到东南沿海而已。《南京条约》的签订通常被视为中国近代历史的开端,但在时人看来,普遍认为是这场危机的终结,天朝再次恢复了往日的宁静与尊严。唯其如此,域外的所谓新知是无价值的,奇闻异见不可能化为有效的社会需求。所以,鸦片战争后的约 20 年中国在了解西方、应对列强方面几乎无所作为。

魏、徐的著作流通不畅,自然使得其独有的价值不断被后人发现。1879 年康有为为讲授西学而广泛搜集相关著作,其中就包括《海国图志》、《瀛环考略》、《西国近事汇编》等④。而梁启超 1890 年入京会试,返程途经

---

① 包世臣:《试印编序》,转引自张秀民《中国印刷史》,上海人民出版社 1989 年版,第 699 页。
② 田一平:《〈瀛环考略〉点校说明》,徐继畬:《瀛环志略》(近代文献丛刊),上海书店出版社 2001 年版,第 2 页。
③ 王韬:《洋务上》,《弢园文录外编》(近代文献丛刊),上海书店出版社 2002 年版,第 26 页。
④ 康有为:《康南海自编年谱》,《戊戌变法》(4),神州国光社 1953 年版,第 115 页。

上海,"从坊间购得《瀛环考略》读之,始知有五大洲各国"①。这足见这类著作在面世后的半世纪里其内容并没有被刷新,也未得到广泛的传播。

冯桂芬算是1860年代思想最前卫的人物,其代表作《校邠庐抗议》虽然在1861年写成,曾国藩阅后称其为"名儒之论"②。当手抄本在沪上流传,且不断有人促其刊行时,作者却保持沉默,生前始终不同意将其刊印。1874年冯桂芬去世后,其子刊刻其遗稿,但也只是将该书中与西学关系不大的内容收入《显志堂稿》中付印(其中最具时代价值的"采西学"、"制洋器"两篇均未收入)。其好友吴云在《显志堂稿》序中说:冯氏生前"同人咸促雕板,先生则秘匿不出。……含嗣君申之比部、培之中瀚,裒刻先生文集,而《抗议》四十篇不全录,实先生之意也。"③ "先生之意"或许就是吸取了徐继畬的教训,《校邠庐抗议》最早的全刻本是在自强运动进行了20余年后的1883年。

首任驻英大使郭嵩焘以大胆直言的秉性将他从上海到伦敦途中的日记遵旨抄寄总理衙门,并以《使西纪程》书名刊行,不料引得满朝士大夫的共愤,斥其扬西抑中:"嵩焘之为此言,诚不知是何肺肝,而刻之者又何必也。"不仅日记被毁版,人也被撤回。不难看出,清初文字狱的遗风并未因时势的变迁而散去。中国有了民主观念的种子,但缺少其生长的土壤与气候,观念流通的市场远未形成。

1880年代中期爆发了中法战争和新疆地区民族分裂分子的叛乱,朝野曾有所谓"海防"与"塞防"的辩论。社会对新知有了较为强烈的需求欲,新知的传播环境也有了较为明确的改观。以教会组织同文书会(1894年更名为广学会)分发的印刷物为例,其数量在不断增加。同文书会的出版物多为免费分发,分发方式主要有二:一是借科举考试之机向考生发送。如,1889年各地举行乡试,同文书会借机分发2000册英国传

---
① 梁启超:《三十自述》,《饮冰室文集》之十一,中华书局1989年版。
②《曾国藩全集·日记》(同治元年九月十七日),岳麓书社1988年版,第804页。
③《吴云叙》,《显志堂稿》书首,校邠庐刊本1876年版。

教士韦廉臣的《格物探源》,其中,北京、南京、沈阳各500,杭州和济南各250。传教士还在南京向考生分发了德国传教士花之安著的《自西徂东》10000册①。1891年春,传教士借北京举行会试之机免费分发英国传教士李提摩太著的《中西四大政》5000册②。分发的第二种方式是向各衙门邮寄其出版物,主要是《万国公报》。1891年李提摩太估算其出版物的读者数量如下:

县级以上的主要文官	2289
营级以上的主要武官	1987
府视学以上的学官	1760
大学堂的教习	2000
派驻各省城的高级候补官	2000
秀才以上文人总数(60万)的5%	30000
以上人士家中的妇孺以10%计算	4000
合计	44036

李氏认为:"虽然这似乎是我们所要接触到的一个大数目,但是,当我们考虑到领域的辽阔,那它就该是我们具有迅速成功的合理希望所能达到的极小数目,因为从整个帝国来说,平均每县仅仅只有30个人。"③李氏的判断,大体也适用于解释此间民主观念在中国传播不畅的状况。

此间,为数不多的新式学堂尤其是教会学校当是扩散新观念的场所。1876年英国籍人士傅兰雅在沪上开办的以推广西方科技知识为主要目的的格致书院,同时发行科普刊物《格致汇编》。在该院任教的多为沪上西学名士,如徐寿、华蘅芳等,1885年王韬担任书院山长,创立课考制度(论文竞赛),每年四次,主题均为西学新知,命题者通常为熟悉洋务

---

① 《同文书会年报》第1号,载《出版史料》1988年第2期。
② 《同文书会年报》第5号,载《出版史料》1989年第1期。
③ 《同文书会年报》第4号,载《出版史料》1988年第3~4合期。《万国公报》在中前期的兴盛阶段时常再版或辗转翻印,印数不详。

的官员,如李鸿章、刘坤一、盛宣怀、薛福成、郑观应等。1893年郑观应给学生出了一道论议院的考题:

> 考泰西于近百十年间,各国皆设立上下议院,藉以通君民之情,其风气几同于皇古。《书》有之曰:民惟邦本,本固邦宁。又曰:众心成城。设使堂廉高远,则下情或不能上达,故说者谓中国亦宜设议院,以达舆情,采清议,有若古者乡校之遗意。苟或行之,其果有利益欤?或有谓行之既久,不无流弊,究未悉其间利害若何,能一一敷陈之欤?①

来自苏州的许象枢的答卷被评为超等第一名,郑氏称其为"文最佳"。兹摘录如下:

> 考泰西上古亦无议院。耶稣降生前五十七年,即汉宣帝五凤元年,巴勒斯坦新设议政五大会,每会七十人,此为欧洲议院之权舆。至西一千二百六十五年,宋度宗咸淳元年,英国始定议院章程,迄于今而上议院、下议院,无国蔑有。诚以议院之有益治理非浅鲜也。泰西有君主之国,有民主之国,有君民共主之国。君主者权操于上,议院不得擅施行,弊在独断,德、俄等国是也。民主者,权落于下,议院得以专威福,弊在无君,美、法等国是也。英为君民主共主之国:君可民否,君不得擅行;民可君否,民不得擅作,立法独为美备。然上情可以下逮,下情可以上达则一也。

接着,作者详析中国设议院有"七利"以及中国设议院可能遭受到的各种阻力。结论是:

> 泰西之设议院,亦合众小私成一大公也。如一事也,而民欲之,必其利己者也,私也。然一人欲之则为私,人人欲之即为公矣。一

---

① 王韬编:《格致书院课艺》(1887~1994),"郑观应癸巳年冬课题一",上海图书集成公司1902年版。

政也,而民恶之,必其害已者也,私也。然一人恶之则为私,人人恶之即为公矣。即有时众议员意见不合,各执一是,亦可互相辩驳,使曲不胜直,非不敌是,复何虑其有弊乎?中国诚能行之,将见君民联为一气,家国合为一体,古所云"民惟邦本,本固邦宁";又所云"众志成城"者,不难再见于今也。故蒙得而决之曰:有利无害!①

从该生这篇答卷来看,他不仅接受了民主的观念,且是一位潜在的"行动人物",但这样的学生恐怕是凤毛麟角。

新知传播不畅,说到底是由于社会的需求欲不强。中国历史虽然进入了"近代",但人们的观念还普遍停留在传统社会,而日本的情形则明显有别于中国。作为中国邻邦的日本,在漫长的历史交往中,中国始终是文明与知识的输出国。近代西洋势力东渐,西方挑战东方的战略目标是中国,但这对日本来说并不意味着高枕无忧。事实上,当第一次鸦片战争的消息传到日本时,在日本引起的震动丝毫不亚于中国。因为,对日本这样的小国、岛国来说,中华帝国都无力应对西洋人发动的战争,日本的生存压力就可想而知了。这也是为什么述及这场战争的《海国图志》出版后在中国长期受到冷遇,而传到日本后却引起了强烈反响的缘故。

在1840年以后的20余年,中国对日本来说仍然保持其知识输出国的地位。《海国图志》1851年传入日本后,很快就受到日本有识之士的重视与欢迎,"仅仅在1854年至1856年的三年间,日本刊印的《海国图志》的各种选本已经有二十余种之多"②。《海国图志》成了此间日本获取世界知识的重要来源,并催生了日本的革新思想与开国主义国策。到1860年代,有关西洋的知识在日本已有广泛的传播,西学知识越来越系统化和社会化,而1862年日本倒幕志士高杉晋作来到上海考察,竟然发现在

---

① 转引自夏东元编《郑观应集》上册,上海人民出版社1982年版,第324、327页。
② 王晓秋:《近代中日文化交流史》,中华书局1992年,第29页;萧致治:《〈海国图志〉及其对中日的影响》,载杨慎之等编:《魏源思想研究》,湖南人民出版社1987年版,第350~351页。

上海书肆里根本找不到《海国图志》①。《海国图志》自传入日本到明治维新,相隔才十余年;而中国的戊戌维新则在《海国图志》问世后的半个多世纪。1894 年,当"天朝上国"惨败于曾经依赖其知识出口的"蕞尔小国"时,国人的惊恐也就不难理解了。至此,中国要反过来要从日本进口西学,康有为甚至提出要"以日本明治之政为政法"。

日本首屈一指的启蒙思想家与宣传家是福泽谕吉,其思想地位与梁启超相似。前者的代表作是《西洋事情》和《劝学篇》,后者的代表作是《变法通议》与《新民说》。福泽的《劝学篇》由 17 篇文章组成,其第一篇的正伪版共发行 22 万册,以之与日本的 3500 万人口相比较,在国民 160 人中必有一人读过此篇②。梁氏的《变法通议》刊于上海的《时务报》,该报每期的平均发行量在 11369 册③。《新民说》刊于其在日本横滨创办的《新民丛报》,该报的发行量初期 2000 份,至 22 期增至 9000 份④。《劝学篇》与《新民说》印刷的绝对数量约为 20∶1,日本与中国的人口之比约为 1∶12⑤。在时间上梁氏的论著滞后于福泽约 30 年,而明治维新与戊戌变法正好相距 30 年,这恐怕不是偶然的巧合。30 年在历史的长河中的确是弹指之间,但在近代这样一个百年的经济发展成果相当于以往人类历史总和的时代⑥,30 年使得中日间的格局、中国与西方世界间的格局发生了巨大的变化,中国越来越边缘化,越来越相对弱势。强弱的两极化,使得弱者对强者的态度、强者对弱者的态度均发生变化,这对跨文化间的观念传播无疑会产生巨大的影响。

总体来看,中国自进入近代以后,知识流动的速度较之于传统社会

---

① (日)信夫清三郎:《日本政治史》第 1 卷,周启乾译,上海译文出版社 1982 年版,第 312 页。
② (日)远山茂树:《福泽谕吉》,瞿新译,中国社会科学出版社 1990 年版,第 56 页。
③ 闾小波:《中国早期现代化中的传播媒介》,上海三联书店 1995 年版,第 87 页。
④ 《新民丛报第 25 号以后改良告白》,载《新民丛报》第 22 号,1902 年 12 月 14 日。
⑤ 1901 年中国的人口约 4.26 亿,据《孙毓棠学术论文集》,中华书局 1995 年版,第 572 页。
⑥ "资产阶级在它的不到一百年的阶级统治中所创造出的生产力,比过去一切世代创造的全部生产力还要多、还要大。"《共产党宣言》,《马克思恩格斯选集》第 1 卷,人民出版社 1972 年版,第 256 页。

呈加快的趋势,这得益于印刷与通信技术及交通状况等的不断改进及社会流动的加快,但人们观念变化的速度仍相对滞后,官绅、士大夫基本上还停留在读经时代,更重要的是少数接纳西方民主观念的人对民主的理解过于表面化,这使得中国在应对西方挑战时缺少足够而有效的思想与观念资源的支撑。这种状况的显著变化是在甲午战争以后,一个民主观念接力传递的时代即将开启。

第四章 民智与民权：维新时期民权观念之建构与流布

甲午是中国近代思想与社会的转折点，也是民主观念演进的分水岭。甲午之前的时代主题是"富国强兵"，甲午后转为"救亡图存"。有关民主的叙事方式，甲午前是奇闻趣事及比较制度的叙事方式，此后转为知识叙事及知与行互鉴的叙事方式。前者言及民主是间接的，后者是直接的。

1860～90年代，中国思想界有关民主的知识存量虽然呈缓慢上升之势，但西学尤其是"西政之学"尚未成为知识界关注的主题。以富国强兵为目标的"同光中兴"使官绅重新找回了对传统的一元主义的自信。延续了十余年的太平天国叛乱被镇压下去，新式工业体系的从无到有、现代海军游弋并称雄于南洋与东海、新式陆军成功地抗击了法国的入侵并平定了由英俄支持的新疆民族分裂主义分子的叛乱，"中兴"可谓实至名归。经济的增长与军事的现代化，不仅使朝野普遍消除了鸦片战争时期的危机感，而且使言论空间得到了有限的放大。对当政者来说，更多的是陶醉于中兴的伟业，而在政改方面则不思进取，甚至认为这正是"中体"与"西用"的完美结合。正因为如此，像郭嵩焘、王韬这样关注西洋政治制度、反思"中体西用"的官绅，以及像康有为这样的变法先行者和像孙中山这样的反清革命的先行者无法聚集到更多的同道者。但,这并不表示已有的有关民主的知识存量没有意义,只是缺少诱发这一知识存量发酵的元素。1894年爆发的甲午中日战争及中国因惨败而签订的《马关条约》使天朝遭受到前所未有的打击。30年的"同光中兴"在瞬间破灭,国家、民族、人种、礼教等,均面临着生死存亡的考验,人们不得不追问"中体西用"的国策是否还具有效性?是否要改弦更张?

马克思早就看到其中的必然性:

> 资产阶级,由于一切生产工具的迅速改进,由于交通的极其便利,把一切民族甚至最野蛮的民族都卷到文明中来了。它的商品的低廉价格,是它用来摧毁一切万里长城、征服野蛮人最顽强的仇外心理的重炮。它迫使一切民族都在灭亡的恐怖下采用资产阶级的生产方式,它迫使一切民族——如果它们不想灭亡的话——采用资产阶级的生产方式;它迫使它们在自己那里推行所谓的文明,即变成资产者。简短些说,它按照自己的形象,为自己创造出一个世界。①

马克思所揭示的资本主义列强对外征服的残酷性与世界资本主义化的必然性早就是一个客观的事实,但中国人是在甲午战争以后才有深切的体认,是否有必要采用"所谓的文明"也逐渐由一个有争议的话题变为多数人的共识。但要按照西方的"形象"来改变中国的"形象",即改变中国人的观念与王朝的政治制度却是一个沉重的话题。此话题虽沉重,但此时已不得不提及了。"我国自与欧洲交通以来,士大夫皆称道其术。甲午以后,国论一变,啧啧言政法者日众。"②

看来,"法"即"中体"是要变了,问题是如何变?谁来变?依何种"形象"而变?变到何种程度?"中体"是民族的,"形象"是西方的,甲午战争

---

① 《共产党宣言》,《马克思恩格斯选集》第1卷,人民出版社1972年版,第225页。
② 《亚泉杂志序》,载《亚泉杂志》第1册,1900年11月29日。

催生的民族主义运动是守护"中体"还是摧毁"中体"呢？若要刷新自己的"形象"，民族主义运动能提供怎样的动力？民族主义运动与自由民主运动共生共存而又充满张力的特点对近代中国民主观念流变的巨大影响自此开始充分展现。

甲午以后，官绅开列了许多救亡之策，其中之一是要救亡必须兴民权，民权说渐渐成为知识叙事的重大议题，且围观者日众。

第一节 甲午后的舆情与思维空间的放大

在民主化进程中，无论是先行者，还是后来者，民主诉求生成的前提通常是出于对专制制度及当道者的愤懑，而此种愤懑的生成前提有二：一是现行的专制制度导致严重的政治或社会危机，政府不能给人们带来安全感；二是民主观念的生成与少数人对民主制度的呐喊。对中国来说，这两个前提条件在甲午战争以后大体同时具备了，甲午以后高涨的舆情宣告专制王朝的危机到来和尝试变更政体的开始。

进入1890年代，中日两国有可能爆发战争，这是两国当政者及新闻舆论意料之中的事。战争爆发之初中国媒体甚至扬言："我不能制彼，彼必以百计以图我，惟有以大创之乃可一劳而永逸，取威定霸在此一举，时哉弗可失已。"①然而，战争的进程及结果完全出乎国人的意料，而因这场战争导致中国人对民主的强烈诉求，进而导致中国传统政治向现代政治转型，则更在常人的意料之外。凡此，由甲午后勃发的舆情导其端。

梁启超说：先前中国虽有"庚申圆明园之变"及"甲申马江之变"，"而十八行省之民，犹不知痛痒，未尝稍改其顽固嚣张之习"②。"吾国四千余年大梦之唤醒，实自甲午战败、割台湾、偿二百兆以后始也。""至甲午败

---

① 《论日本情见势绌中国宜乘机制胜》，载《申报》1894年8月24日。
② 梁启超：《戊戌政变记》，中国近代史资料丛刊：《戊戌变法》(1)，神州国光社1953年版，第296页。

后,知西法不能不用"①。如果用平实的目光审之,梁氏之言未必完全符合事实。其实早在第二次鸦片战争之后,"西法不能不用"在朝野已为越来越多的人接受,师法西方成为一种自觉的选择。但此种自觉只是对"西器"的自觉,而甲午以后的自觉则是对"西体"的自觉,也是对民主观念追求的自觉。换言之,对来自西方的民主政治在甲午以后已由此前的道听途说,或作为"异闻"述而不作,变为一种自觉而迫切的追求。

1895年4月,《马关条约》签订。此时朝野舆情表达的载体既有现代媒体(报刊),更有士绅的言谈、笔记、上书以及往来的书信或电文等,舆论的焦点集中表达以下几个主题:

1. 抒发悲愤

受命为战时钦差大臣的刘坤一在得知《马关条约》后致电张之洞:"朝廷任坤,不能办贼,而徒俯乞和,款议各条,屈损实甚,无力回天,何地自容!"②张之洞在致山东巡抚李秉衡的电文中亦称:"闻议和已定,种种可骇,从此中国不能自立,实属痛恨,……议和不过图目前粗安,如此则目前亦不安矣。"③刘、张是此间的统治集团上层的实力派人物,他们的"不安"之感可视为整个官僚集团对时局的焦虑。

被梁启超誉为"诗界革命的旗帜"的黄遵宪是此间统治集团中层的代表人物之一,他写了大量反映中日甲午战争的诗作,如《悲平壤》、《东沟行》、《哀旅顺》、《哭威海》、《马关纪事》、《降将军歌》、《度辽将军歌》、《台湾行》等,表达其悲愤之情:

> 城头逢逢擂大鼓,苍天苍天泪如雨,倭人竟割台湾去。当初版图入天府,天威远及日出处。我高我曾我祖父,艾杀蓬蒿来此土。

---

① 梁启超:《戊戌政变记》,中国近代史资料丛刊:《戊戌变法》(1),神州国光社1953年版,第249~250页。
② 《刘钦差来电》(光绪二十一年四月二十四日),中国近代史资料丛刊:《中日战争》(5),上海人民出版社1957年,第126页。
③ 中国近代史资料丛刊:《中日战争》(5),上海人民出版社1957年,第103页。

糖霜茗雪千亿树,岁课金钱无万数。天胡弃我天何怒,取我脂膏供仇虏。眈眈无厌彼硕鼠,民则何辜罹此苦?亡秦者谁三户楚,何况闽粤百万户。①

下层布衣、绅士向怀匹夫之责,他们或投书报馆或上书疆臣,抒发忠愤。曲阜一位叫孔广德的人,悲愤之余编纂了《普天忠愤集》(十四卷),序曰:

> 自士大夫而贱至布衣,以及泰西洋士,绣阁名媛,凡其绪论有关时局者,辄录之……此编一出,使读之者因耻而生愤,因愤而生励,秉其公忠,群思补救,挽既倒之狂澜,撑天下之全局。②

2. 探寻积弊

远离京师的上海媒体有着相对宽大的言论空间,并在一定程度上引领社会舆论。《申报》发表论说:"中国之积习何在乎?上下内外皆有隔绝之势,有弊而不知救,有法而不知变,一若病者之麻木不仁也。"③"追咎于偾事之由,知其所失者有三:一失于因循,不能自占先著;再失于粉饰,讳败而为胜;三失于将帅无人,兵士解体,而事遂不可为矣。"④

有些西洋传教士的言论在当时也有较大的影响。美国传教士林乐知在《中东战纪本末》中分析了中国的积习:骄傲、愚蠢、恇怯、欺诳、暴虐、贪私、因循、游惰等,而日本的强盛在许多方面对中国有借鉴意义。

3. 寻求对策

一位前来南京赶考的安徽廪生上书署两江总督张之洞:"自五、六月以来,念天下事深切杞忧,或中夜起坐,或对食忘餐,审计深算,极心思之力,以求中国自强之策,而九重高远,未由上闻,诸王公大人前亦情欲陈之而未

---

① 黄遵宪著:《人境庐诗草笺注》(中),钱仲联笺注,上海古籍出版社1981年,第687页。
② 孔广德编:《普天忠愤集》自叙,1895年冬匨时说论嗣版。
③ 《论中国有转移之机》,载《申报》1895年1月5日。
④ 《论用兵谋国当先审几(已)料敌》,载《申报》1895年1月7日。

得路,于是成稿而复毁者数四。"①最后,他向张之洞条陈十条自强之策。

在京师,坚决主战的文廷式在笔记中概括了时人的对策:"和议既成,举国争言洋务。请开铁路者有之,请练洋操者有之,请设陆军学堂、水师学堂者亦有之。其兴利之法,则或言银行,或言邮政,或请设商务大臣。"②洋教士李提摩太在《新政策》中提出了教民之法、养民之法、安民之法、新民之法等系统的革新之策。沸腾的舆情,增强了为官者表达政见的勇气。《马关条约》签订前后,京师发生了一连串京官联名上书抗争事件。如总理衙门章京等递说帖、文廷式约戴鸿慈等4人上奏,"于是一说帖,一奏,京师传抄。至二十九日,而翰林阖署公折上。上书房、南书房亦有公折。三十日,近支贝勒贝子公等公折及都察院公折并上。四月一日,内阁阖署公折亦上。各部司员各具公折。大臣中单折者亦十数人。"③其中,内阁阖署的公折有155人联名。京官的公折感化了前来应考的"公车",康有为抓住时机,"以士气可用,乃合十八省举人于松筠庵会议,与名者千二百余人,以一昼二夜草万言书,请拒和、迁都、变法三者"④。京官们掀起的上书潮使甲午后勃发的舆情达到了顶点。

甲午战争后勃发的舆情使得中国社会从此由静而动,社会成员由散而聚,人们的思维空间也由窄而宽,朝政由稳定而动荡,时代主题由洋务而时务、由经济而政治。从大历史观的角度审之,甲午之前国人致力于对帝制体系("中体")的裱糊,意在最大限度地延续帝制体系;此后则致力于对帝制体系的改造,意在最大限度地抛弃帝制体系。此前中国人遵循的变法思维,此后崇尚的则是革命思维。维新派名为变法,实是革命,至少可视为即将而至的大规模的革命运动的预演。从这个意义上讲,甲午以后中国历史已提前进入了更加动荡但又充满想象与希望的20世纪。

---

① 朱照:《上张香涛制府条陈平倭事宜书》,中国近代史资料丛刊:《中日战争》(5),上海人民出版社1957年,第473页。
② 文廷式:《闻尘偶记》,汪子叔编:《文廷式集》下册,中华书局1993年版,第723页。
③ 钱仲联:《文廷式年谱》,载《中华文史论丛》第4辑,上海古籍出版社1982年版,第294页。
④ 《康有为自编年谱》,《戊戌变法》(4),神州国光社1953年版,第130页。

第二节 民权与民智："有一分之智,即有一分之权"

甲午以后,国人因《马关条约》对朝廷的不满情绪宣泄过后,开始将注意力集中到如何应对严峻的现实上。早在1895年5月2日的"公车上书"(亦称《康有为上清帝第二书》)中,康、梁等就呼请朝廷"下诏鼓天下之气,迁都定天下之本,练兵强天下之势,变法成天下之治"的主张,洋洋洒洒的万言书,表达了青年士绅对国运、社稷的关切,但其建言无论从思想的深度还是从实际的可行性来看,并无多少新见,亦未超出媒体及官绅言及的范围。在言及政治变革时,主要还是从中国的政治传统中去挖掘资源,甚至提出"用魏、隋之制",其政治思维尚未完全突破"中体西用"的程式。但上书的象征意义不可小视,这就是构建了一个全新的时代主题:"变法维新",政治体制到了非改不可的时候了,而政治体制的变革又必须以张民权、开民智为依归。

甲午后,较早在媒体上呼吁中国必须进行全方位变革的是学贯中西的严复(1853~1921年)。1895年3月他在天津《直报》上发表的《原强》,以开阔的国际视野,缜密而理性的分析,探求国家的兴衰强弱的本原。他强调西方国家的兴盛缘于良好制度的构建,其制度构建乃是基于"以自由为体,以民主为用",当下中国非标本兼治无以图自强:

> 不为其标,则无以救目前之溃败;不为其本,则虽治其标,而不久亦将自废。标者何? 收大权,练军实,如俄国所为是已。至于其本,则亦于民智、民力、民德三者加之意而已。果使民智日开,民力日奋,民德日和,则上虽不治其标,而标将自立。……然则三者又以民智为最急也。①

严复认为:"民智者,富强之原,此悬诸日月不刊论也。""民智为最

---

① 《原强》,王栻主编:《严复集》第1册,中华书局1986年版,第14页。

急",意味着当下中国民智低下或民智未开。严复作出这一判断需要极大的勇气。从三代到春秋战国,乃至整个帝国时代,华夏民族向以民智开化最早、文明程度最高著称。隋唐以来,华夏民族有着"天下"最为发达与制度化的教育体系,故而有着天然的民智优越感。如今沦为"万国"之一的中国,其参照系不再只是周边的夷蛮,而是西洋国家及后起的日本。与他们相比,中国的现状是"民力已苶,民智已卑,民德已薄"①。严复的论说不仅指陈洋务运动治标不治本的弊端,更揭示了中国今后努力的方向。

梁启超对西学认知的深度或许不及严复,但将西学中国化与社会化的技巧明显高于严复②。如果说严复率先设置了中国民智未开的议题的话,那么最早将开民智与兴民权联系起来的则是梁启超。此间引领与整合时代的舆论正是他任主笔时期的《时务报》。从此,有关民智与民主及国家富强的关系也成为后世思想家无法绕过的话题。

1896年8月9日《时务报》在沪横空出世。时务者,乃当下之要务也。"人之言曰:何谓时务?康熙之理学,乾嘉之经学词章,今日之西学西法。"③维新时期"西学西法"成了时务的代名词。大讲时务是为了广开民智。梁启超在概述《时务报》的报例时阐述了该报的四大诉求:

> 一、广译五洲近事,则阅者知全地大局,与其强盛弱亡之故,而不至夜郎自大,坐瞽井以议天地矣。二、详录各省新政,则阅者知新法之实有利益,及任事人之艰难经画,与其宗旨所在,而阻挠者或希矣。三、博搜交涉要案,则阅者知国体不立,受人嫚辱;律法不讲,为人愚弄;可以奋厉新学。思洗前耻矣。四、旁载政治、学艺要书,则

---

① 《原强》,王栻主编:《严复集》第1册,中华书局1986年版,第29、20页。
② 正因为如此,虽然梁氏崇拜严复翻译的亚当·斯密的《原富》,但不满其"文笔太务渊雅,刻意摹仿先秦文体,非多读古书之人,一翻殆难索解。……况此等学理邃颐之书,非以流畅锐达之笔行之,安能使学僮受其益乎?译著之业,将以播文明思想于国民也,非以藏山不朽之名誉也。"牛仰山、孙鸿霓编:《严复研究资料》,海峡文艺出版社1990年版,第267页。
③ 琼河庄客来稿:《崇实论》,载《时务报》第67册,1898年7月19日。

阅者知一切实学源流门径,与其日新月异之迹,而不至抱八股八韵考据词章之学,枵然而自大矣。……准此行之,待以岁月,风气渐开,百废渐举,国体渐立,人才渐出,十年以后,而报馆之规模,亦可渐备矣。①

梁启超一代知识人自比中层(等)社会的代表,对上层而言,促其变法;对下层而言,开民智,开风气,兴民权,这也符合其师康有为的变法路线图。湘籍史学家李剑农将康有为发动政治运动的"进行方法"概括为两点:"一是设法抓住皇帝,作他的傀儡";"二是向士大夫阶级里面广求同志,尽力宣传主义(含有造党的意味)"。康、梁深知,"虽然在政治制度上一切权力都在皇帝手里,但是在当时的政治,实际上皇帝一人没有运用这种权力的能力;因为可以向皇帝上奏说话的人太多了,皇帝实在不容易应付;要实行变法,非在士大夫里面广求同志,尽力宣传主义不可。"②

梁氏的《变法通议》对中国传统中的"变法"一词作了全新的诠释。在梁启超看来,"法"不能仅具有民族性,还应符合世界性与现代性。"法者,天下之公器也。变者,天下之公理也。"他将对变法资源的提取扩大到整个世界。"公器"与"公理",实揭橥了政治生活中不可抗拒的普遍主义原则。既然如此,中国如果逆普遍主义而动,死守特殊主义的话,将如波兰一样,陷入亡国的境地:

> 大地既通,万国蒸蒸,日趋于上,大势相迫,非可阏制。变亦变,不变亦变。变之变者,变之权操诸己,可以保国,可以保种,可以保教。不变而变者,变之权让诸人,束缚之,驰骤之。呜呼,则非吾所以敢言矣!是故变之途有四。其一如日本,自变者也。其二如突厥,他人执权而代变者也,埃及、高丽等国皆是。其三如印度,见并

---

① 梁启超:《论报馆有益于国事》,载《时务报》第1册,1896年8月9日。
② 李剑农:《中国近百年政治史》(1840—1926年),复旦大学出版社2002年版,第160—161页。

于一国而代变者,越南、缅甸等国皆是。其四如波兰,见分于诸国而代变者也。吉凶之故,去就无间,其何择焉?①

上古曾有"天下为公"的美谈,但自秦以降,天下者一人之天下也,"天下为公"则成为人们心向往之而永远不可企及的"理想国"。到梁启超时代,与其说是复活"天下为公"的理想国,不如说是借故为传播民主观念提供历史依据。秦世以降,天下为公变成天下为私,这是中国积弱的原因:

> 先王之为天下也公,故务治事;后世之为天下也私,故务防弊。务治事者,虽不免小弊,而利之所存,恒足以相掩;务防弊者,一弊未弭,百弊已起,如葺漏屋,愈葺愈漏,如补破衲,愈补愈破。务治事者,用得其人则治,不得其人则乱;务防弊者,用不得其人而弊滋多,即用得其人而事亦不治。自秦迄明,垂二千年,法禁则日密,政教则日夷,君权则日尊,国威则日损。

要使"天下为公"由理念而变为现实,必须限君权、官权,张民权,使"人人有自主之权":

> 西方之言曰:人人有自主之权。何谓自主之权?各尽其所当为之事,各得其所应有之利,公莫大焉,如此则天下平矣。……地者积人而成,国者积权而立,故全权之国强,缺权之国殃,无权之国亡。何谓全权?国人各行其固有之权;何谓缺权?国人有有权者,有不能自有其权者;何谓无权?不知权之所在也。无权恶乎起?曰:始也,欲以一人而夺众人之权,然众权之繁之大,非一人之智与力所能任也,既不能任,则其权将糜散堕落,而终不能以自有。虽然,向者众人所失之权,其不能复得如故也,于是乎不知权之所在。②

---

① 梁启超:《论不变法之害》,载《时务报》第2册,1896年8月19日。
② 梁启超:《论中国积弱由于防弊》,载《时务报》第9册,1896年10月27日。

梁启超揭示的民权即"人人有自主之权"在戊戌变法时期成了一个颇为流行的口号。至此,民主观念的表达再也不像以前那样曲径通幽,而是越发变得堂而皇之了。民权在一国的实现程度直接关系到国家的强弱,问题是民权观念与民主制度对中国来说又是陌生的,中国立即实行民主制度也是不现实的。对此,维新派开具的方略大致有二:一是开民智,伸民权;二是设立非民选的议院,扩大政治参与。1897年秋,梁启超赴湘就任湖南时务学堂中文教习,全面阐述了民智与民权的关系:

> 今之策中国者,必曰兴民权。兴民权,斯固然矣,然民权非可以旦夕而成也。权者生于智者也,有一分之智,即有一分之权;有六七分之智,即有六七分之权;有十分之智,即有十分之权。……是故权之与智,相倚者也。昔之欲抑民权,必以塞民智为第一义;今日欲伸民权,必以广民智为第一义。①

开民智亦非一步到位。"欲兴民权,宜先兴绅权;欲兴绅权,宜以学会为之起点。"绅士是中国传统社会知识水准最高的群体,为"民之秀者",且在民间社会具有较高的伦理权威与政治权威,教育绅士,理解并接受民主观念,当是中国构建民主制度的前提。"绅权固当务之急矣,然他日办一切事,舍官莫属也。……故开官智,又为万事之起点。"②

梁启超在长沙辅佐湘抚陈宝箴变法期间,为湖南官绅设计了一个开绅智、开官智的试验场——南学会:

> 开绅智者何?民间素不知地方公事为何物,一切条理,皆未明悉,而骤然授之,使其自办,是犹乳哺之儿,而授之以杯筋,使自饮食,其殆必矣。故必先使其民之秀者,日习于公事,然后举而措之裕如也。
>
> 今中国之绅士,使以办公事,有时不如官之为愈也。何也?凡

---

① 梁启超:《论湖南应办之事》,载《湘报》,第26—28号,1898年4月。
② 《上陈宝箴书论湖南应办之事》,《戊戌变法》(2),神州国光社1953年版,第553、556页。

用绅士者,以其于民之情形熟悉,可以通上下之气而已。今其无学、无智,既与官等,而情伪尚不如官之周知,然则用之何为也?故欲用绅士,必先教绅士。教之惟何?惟一归之于学会而已。先由学会绅董,各举所知品行端方、才识开敏之绅士,每州县各数人,咸集省中入南学会。会中广集书籍、图器,定有讲期,定有功课,长官时时临莅以鼓励之;多延通人,为之会长,发明中国危亡之故,西方强盛之由,考政治之本原,讲办事之条理。或得有电报,奉有部文,非极秘密者,则交与会中,俾学习议事;一切新政,将举办者,悉交会中议其可办与否,次议其办法,次议其筹款之法,次议其用人之法。日日读书,日日治事,一年之后,会中人可任为议员者过半矣。此等会友,亦一年后,除酌留为总会议员外,即可分别遣散,归为各州县分会之议员,复另选新班在总会学习。①

照此设计,南学会势必成了地方议会的试验场和议员的培训中心。

当然,国民知识水准的普遍提高有赖于教育制度的革新,故梁启超在《时务报》上就改革科举制度、建立现代教育制度、更新教学内容等发表了大量的言论,如《学校总论》、《论科举》、《论师范》、《论女学》、《论幼学》、《学校余论》、《论译书》等,关于教学内容,他主张"政学"为先:

> 今日之学,当以政学为主义,以艺学为附庸。政学之成较易,艺学之成较难;政学之用较广,艺学之用较狭。使其国有政才而无艺才也,则行政之人,振兴艺事,直易易耳,即不尔而借才异地,用客聊而操纵之,无所不可也;使其国有艺才而无政才也,则绝技虽多,执政者不知所以用之,其终也,必为他人所用。

梁氏的政学、艺学观看似片面,但置于此前洋务教育的背景下,就不难理解其矫枉之用心。日本变法"则独先学校,学校则首重政治,采欧洲

---

① 《上陈宝箴书论湖南应办之事》,《戊戌变法》(2),神州国光社1953年版,第555页。

之法,而行之以日本之道"。那么,中国如何兴"政学"呢?

> 宜以六经诸子为经,而以西人公理公法之书辅之,以求治天下之道;以历朝掌故为纬,而以希腊、罗马古史辅之,以求古人治天下之法;以按切当今时势为用,而以各国近政近事辅之,以求治今日天下所当有事。①

有关国家层面的制度革新,《时务报》的创办者和主要撰稿人汪康年发表的《中国自强策》阐述得较为明确,他主张仿照君主立宪国家设立议院和相臣(相当于总理大臣):"上赫然下明诏,告天下以力图自振之,故而使士民之明秀者,相互举为议员,使至京入议院,而使中外大员自三品以上俱入上议院。议院既立,则立相以总内外之务。"同时将传统的中央行政机关6部改为11部:户部、刑部、商部、农部、外部、兵部、工部、邮部、民部、海(军)部、教(育)部,组成新的内阁。"议员举定相臣,则由相臣自择用诸部大臣及各省之长,大臣及各长又自举其属,而皆决于议院。""省府州县,各设议员,以与官相抵。"②其后,他又呼吁地方也要遍设议会。"夫天下之权势,出于一则弱,出于亿兆则强,此理之断断然者。……反散为聚,反愚为智,非用民权不可"。"非立议院不可矣"③。

民智与民权的关系是所有国家民主化进程中遭遇到的难题。梁氏的"智"生"权"可概括为"民主条件论"或"渐进式民主",这是英美特别是英国政治传统中保守主义者的基本信条之一。与之相对应的是其后革命党人的主张,可谓以"权"生"智",即只要通过民主制度的供给,赋予民众以广泛的权利,就可以增进民智,实现"主权在民"、"人民当家作主"这一理想,可概括为"民主无条件论"或"激进式民主",也是欧陆特别是法国政治传统中理性主义者的基本观点之一。梁启超一生对"渐进式民

---

① 梁启超:《学校余论》,载《时务报》第36册,1897年8月18日。
② 汪康年:《中国自强策》,载《时务报》第4册,1896年9月7日。
③ 汪康年:《论中国参用民权之利益》,载《时务报》第9册,1896年10月27日。

主"始终坚持并矢志不渝。孙中山大体说来革命前是"民主无条件论"者,革命后虽然提出了训政理论,但追求超越西主代议制民主(间接民主)的直接民主。李大钊、毛泽东等人在接受共产主义以后,信奉"民主无条件论",借社会政治运动来改造社会,追求绝对的人民主权与政治平等。

第三节　悄然兴起的阅读革命及功效

如果说第一次鸦片战争打开了中华帝国有形的国门,那么甲午战争在客观上撕开了中华帝国知识及价值的防线。士大夫(尤其是年轻人)阅读的主题逐渐由四书五经而转到新知西学,关注的焦点正由内而外、由古而今,推崇的学问家由诸子百家转为卢梭、孟德斯鸠等,士大夫乐道的关键词正由仁义、纲常、名教而转为民权、自由、革命等。一场阅读革命正在悄然兴起,研讨和传播新知的知识共同体(各种学会、读报会以及新式学堂)迅速增加,思想与观念的传播速度正在加快,观念流布与政治行动之间的距离开始缩短。

如前所述,甲午战争之前,中国人虽然有了一些对民主的认知或诉求,但这些大多以日记、笔记的形式存在,无法在读者中间广泛传播。原因有二:一是因长期的文字狱、专制王朝对知识精英的言说空间有严格限制,使得一些富有革新思想的知识精英在扩大思想影响时往往变得有其心而无其胆,即使像龚自珍这样的"先锋派"人物,其生存状态也不过是"避席畏闻文字狱,著书都为稻粱谋"。二是技术条件的制约。新式的大众传播媒介体系还没有建立,媒体工业赖以存在的卖方市场也没有形成,即有着千余年历史的科举制使得读书人养成了一种阅读依赖和阅读歧视,唯有研读四书五经才是正途。

当今电子阅读带来的人类无纸化阅读并非是人类历史上的第一次阅读革命。自有文字即有阅读,因有阅读而使知识与文明得到传承,也因有阅读革命而使人类的文明出现了突进。在不同时期读者的人数及阅读内容的载体通常随着阅读技术的进步而在不断增加与拓展。在古代西方知识的载体有羊皮卷,古代中国先后有甲骨、竹(木)简、纸张等。关于传播技术最早的是刻写,约公元七世纪(隋唐之交)中国发明了雕版技术,到宋代毕昇又发明了活字印刷术,知识的流动出现了加快的趋势(帝国时期流行的印刷技术是雕版印刷,活字印刷并未大规模采用)。但中国传统社会为维系君主专制制度,历朝历代均对出版物加以严格的审查与限制,清代更有令文人生畏的文字狱。古代中国的传播技术虽然处于领先地位,但阅读的内容主要是经史子集,始终未出现严格意义上的阅读革命。

被马克思称之为"最伟大的发明"的印刷术在欧洲的出现进而催生人类的阅读革命,改变了欧洲乃至人类文明发展的进程。在马克思和恩格斯的著作中曾30多次提到谷腾堡发明的印刷术及印刷机的诞生对观念传播与知识流动的巨大推动作用:"印刷术则变成了新教的工具,总的来说变成科学复兴的手段,变成对精神发展创造必要前提的最强大的杠杆。"①谷腾堡的发明之所以产生巨大的影响当然与其所处的时代有关。

当时欧洲正处在中世纪向近代转型时期。随着文艺复兴的掀起和现代大学教育的推广,西方社会对阅读书籍的需求迅速增加,远远超出了抄写员生产的能力。故媒介历史学家安东尼·史密斯认为:"欧洲的印刷业直接发展于这个抄写社会里对文本的未被满足的需求。"②

谷腾堡在1456年前后对印刷术的革新主要表现在以下四个方面:

> 一个是铸字装置,它可以很快地生产出许多金属型的耐用而且完全相同的复本。以前,活字型要么刻进金属里,要么刻进木头里。两种方法都很艰苦,而且缺少精度。他的第二个革新是铅、锡和锑

---

① 《资本的生产过程》,《马克思恩格斯全集》第47卷,人民出版社1979年版,第427页。
② 转引自(美)罗杰·菲德勒《媒介形态变化:认识新媒介》,明安香译,华夏出版社2000年版,第55页。

的合金,铸字形以此制出。这种混合物防止氧化,并增加了承受印刷机所施的压力所需的力量。实质上,从那时起到现在,热金属印刷机就一直使用着同样的合金。他的第三个革新是机械印刷机本身,它从早先发明的装订印刷机改制而成。最后一个革新是一种印刷用油的墨水,可以以多种方式上彩。①

应运而生的印刷技术革命为满足人们的知识需求欲提供了强大的技术支持,精良而廉价的印刷品源源不断地投放市场。到1500年,已有1100多家印刷所遍及200多个欧洲城市,生产出了1200万本书籍,35000个版本②。欧洲正由一个抄写社会进入了全新的印刷社会。到17世纪,定期出版的报刊在欧洲已相当流行,欧洲也率先由读书时代进入了读报时代。

现代传播学的研究成果表明,传播技术的革新不仅与欧洲的民主化进程相伴,而且为之提供了不可替代的推动力:

> 书籍和报纸同十八世纪欧洲启蒙运动是联系在一起的。报纸和政治小册子参与了十七和十八世纪所有的政治运动和人民革命。正当人们越来越渴求知识的时候,教科书使得举办大规模公共教育成为可能。正当人们对权力的分配普遍感到不满的时候,先是新闻报纸,后来是电子媒介,使普通平民有可能了解政治和参与政府。③

作为造纸与印刷术的发明国,在中国传统社会知识与观念的传播主要靠书籍与口耳相传(如书院与私塾讲学),读者与听众主要是官绅阶层。故在传统社会知识传播与知识社会化的速率相当缓慢。春秋战国时期的百家争鸣持续三、四百年,而当今社会若凭借现代大众传媒,此类

---

① (美)罗杰·菲德勒:《媒介形态变化:认识新媒介》,明安香译,华夏出版社2000年版,第54页。
② (美)罗杰·菲德勒:《媒介形态变化:认识新媒介》,明安香译,华夏出版社2000年版,第55页。
③ (美)威尔伯·施拉姆等:《传播学概论》,陈亮等译,新华出版社1984年版,第18页。

争鸣或许有数年即可告终。

面向大众、并以市场为取向的现代传播媒介（报纸与刊物）源自西方，并由传教士将其引入中国，同时先进的印刷技术也由他们带入中国。中国近代史上第一家铅印出版机构是1845年创设于上海的英国教会办的印书机构——墨海书馆。1872年英国商人美查在沪创办的《申报》采用手摇轮转机，每小时印几百张报纸。在此前后石印技术亦出现在一些通商口岸。1879年申报馆设立点石斋印书局，1884年创办的《点石斋画报》产生了不小的社会影响。但在甲午之前，中国内地的现代大众传媒集中于少数通商口岸，且由外国人控制，报刊的读者极为有限。

甲午一役，马关之约，为中华民族敲响了警世钟，也鸣响了观念接力赛的哨声。1896年梁启超等人创办《时务报》，倡导国人必须进行一场阅读革命。"觇国之强弱，则于其通塞而已。"去塞求通，"厥道非一，而报馆导其端也"。"阅报愈多者，其人愈智；报馆愈多者，其国愈强"①。

自《时务报》风行后，各地掀起了一股办报潮，民族传播工业由此而建立并迅速壮大。《时务报》计出版了69册，累计发行约在100万册②，这是此前中国任何一家期刊难以企及的。《时务报》及随后一大批报刊的涌现，标志着由洋人操纵中国舆论的时代即将成为历史，制造舆论的主动权渐渐由洋人而转到国人手中。向为关心时政，且留心新式报刊的张之洞在论及中国近代报业的发展时也充分肯定了《时务报》划时代的地位：

> 中国自林文忠公督广时，始求得外国新闻纸而读之，遂知详情，以后更无有继之者。上海报馆自同治中有之，特所载多市井猥屑之

---

① 梁启超：《论报馆有益于国事》，载《时务报》第1册，1896年8月9日。
② 参见闾小波《中国早期现代化中的传播媒介》，三联书店1995年版，第89页。

事,于洋报采撷甚略,亦无要语。上海道月有译出《西国近事》①,呈于总署及南北洋大臣,然皆两月以前之事,触时忌者辄削之不书,故有与无等。乙未以后志士文人,创办报馆,广译洋报,参以博议,始于沪上,流衍于各省,内政、外事、学术皆有焉。……于是,一孔之士、山泽之农,始知有神州;筐箧之吏、烟雾之儒,始知的时局,不可谓非有志四方之男子学问之一助也。②

持论向为平实的严复对《时务报》的评价也印证了张之洞的判断。严复说:甲午中国战败后,"人心久痹思起,久郁思达。而《时务报》饷食于已饥之余,激矢于持满之后,义例精严,名称正大,翕然响应,天下与之,解褚投锱,雷动满盈。"③可以说,自《时务报》始,中国人逐步进入了一个读报时代。

《时务报》的总理(经理)汪康年(其后还创办了《昌言报》、《时务日报》、《中外日报》等,是清季最著名的报人之一)在办报期间收到大量来自全国各地甚至海外的读者来信,《汪康年师友书札》计有700多人,3000余通。来信者上至声名显赫的封疆大吏,下至一些素不相识的布衣,他们或表示嘉许,或表示异议,或主动投稿,绝大部分都是现代报刊的热心读者。这表明熟悉西学的知识精英受到时人的关注与推崇,并形成了以他们为中心的组织化程度不高的知识共同体,到20世纪这一现象尤为突出。

新式媒体的大量涌现只是为阅读革命提供技术支持或客观上的可能性,而其卖方市场的形成则有赖于读报群体的形成。随着康梁所倡导

---

① 《西国近事》于1873年创办,由江南制造总局美籍翻译金楷理口译,姚棻笔述当时各外文报刊所载最新要闻若干条,印送清廷在上海的有关官绅阅看。1875年2月江南制造总局总办冯焌光补授上海道台,《西国近事》在他的支持下扩大了发行范围,每5天出版一期,每期约印3~500份,每月(或每季)汇编成册,名为《西国近事汇编》。第二年《新报》馆开办后,《西国近事》报已可公开订阅,成为专载新闻的报纸。1899年《西国近事》停刊。
② 张之洞:《劝学篇·阅报》,上海书店2002年版,第47页。
③ 严复:《时务报各告白书后》,载《国闻报》1898年8月26日。

的新式学会的建立和新式学堂的渐增,读报群体迅速壮大。

晚清新式学会之建立早在甲午之前就有,但多为传教士倡导。自梁启超在《时务报》上发表《论学会》,阐述学会的功能,中国人自办的学会迅速增加:

> 彼西人之为学也,有一学即有一会。……会中有书以便翻阅,有器以便试验,有报以便布新知新艺,有师友以便讲求疑义。故学无不成,术无不精,新法日出,以前民用,人才日出,以为国干。……欲振中国,在广人才;欲广人才,在兴学会。①

变法维新时期学会、社团的数量随着研究的深入而不断增加,但此间读报会的出现并未引起学界的关注。台湾学者李孝悌教授认为,阅报社的建立成为一种风气,大概是1904年以后的事②,事实上在戊戌变法时期已出现了阅报会:

> 省垣(金陵)近日风气大开,士民咸知以阅报为识时务要务,惟各省所有华字报纸有数十种,实难遍购,东牌楼某报房创设阅报会,购办沪上各报,无不应有尽有,以备有志维新者得就近取阅,是于谋利之中寓便民之意也。③

不独省垣,有的县城也出现了类似的读报会。如1898年山东省诸城县、江西省义宁县、广东省顺德县等均设立了阅报会④。

在新式学堂及书院就读的学生可能是此间最大且稳定的读报群体,这不仅是由于他们具阅读能力和阅读兴趣,更重要的是有地方官员的倡导。《时务报》问世不久,湖广总督张之洞称其为"中国始创第一种有益之报"。"查上海新设《时务报》馆,每一旬出一报,本部堂披阅之下,具见

---

① 梁启超:《论学会》,载《时务报》第10册,1896年11月5日。
② 李孝悌:《清末的下层社会启蒙运动:1901~1911》,河北教育出版社2001年版,第49页。
③ 《设会阅报》,载《申报》,1898年9月26日。
④ 参见闾小波:《变法维新时期学会、社团补遗》,载《文献》1996年第2期。

该报识见正大,议论切要,足见增广见闻,激发志气。凡所采录,皆系取有关宏纲,无取琐闻;所采外洋各报,皆系就本文译出,不比坊间各报,讹传臆造。且系中国绅宦主持,不假外人,实为中国始创第一种有益之报。"张氏还率先下令全省官销《时务报》:"湖北全省文武大小各衙门,文职至各州县各学止,武职至实缺都司止,每衙门俱行按期寄送一本,各局各书院各学堂,分别多寡分送,共计二百八十八份。"①其后有十余位巡抚、学政、布政使、知府先后令属地的书院、学堂订阅《时务报》②。

"如果一个人可以和其他成千上万不相识的人一起,在同一天读到关于同一重大事件的同一条新闻,那么他和他们就成为同一个无形读者群的一部分。"③书院、学堂、学会、读报会,甚至部分衙门内的读报者,逐渐形成新的知识共同体,他们的存在不仅使得阅读革命的可能性变为现实,而且成为日后中国民主运动的动力或同盟军。

读报时代的到来,不仅使得新知传播的速率加快和新知社会化程度大大提高,且使得知识的流向迅速向下层社会延伸,学问、新知已不再只是有志于举业者追求的东西,在上层社会的鼓动、灌输下,下层社会也产生了对新知的欲求。受梁氏那颇为大众欢迎的"时务文体"的影响,以略识文字为阅读对象的白话报随后迅速涌现,1900~1911年间已知的白话报多达131种④。这些报刊内容庞杂,但大多以开民智及移风易俗为主旨。其中有些白话报对民主观念、国家观念、排满革命等主题阐述较多,如著名报人林白水在上海创办的《中国白话报》(1903年12月~1904年10月)、陈独秀在安庆创办的《安徽俗话报》(1904年1月~1905年8月)等。1904年春节,林白水发表的《甲辰年国民的意见》可见一斑:

---

① 《鄂督张饬行全省官司销时务报杞》,载《时务报》第6册,1896年9月27日。
② 闾小波:《中国早期现代化中的传播媒介》,三联书店1995年版,第93页。
③ (美)西德尼·塔罗:《运动中的力量:社会运动与斗争政治》,吴庆宏译,译林出版社2005年版,第62~63页。
④ 李孝悌:《清末的下层社会启蒙运动:1901~1911》,河北教育出版社2001年版,第254~255页。

政治上的意见,分做三种:

甲,租税共权利平等。凡国民有出租税的,都应该得享各项权利。这权利叫做自由权,如思想自由、言论自由、出版自由。这些自由权,我们都应该享受的。

乙,服从法律。凡国民对着国家,都应服从法律。但甲辰以前的法律,我们却不能服从他,因为那法律实在没有道理。甲辰以后的新法律,我们却要细细的去定出来,好给大家遵守。

丙,地方自治。这一地方的钱,给这一地方用,这一地方的事,叫这一地方的人出来管理。这等管理地方的人,凭着地方公举,没有什么钦命不钦命。①

这些言论充其量只是向读者介绍一点有关民主的 ABC,读者能在多大程度上理解并接受它可能要因人而异,但高估读者的接受能力恐怕是不现实的。

读报时代的到来,势必使读者的阅读范围越出统治者划定的红线,继而引起守旧势力的惊恐。在《时务报》时期,因报上的言论(尤其是倡导民权)有力地冲击着传统的政治价值与观念,不时招致一些地方官员的反感甚至下令禁止在其行政区内发行。如梁启超《知耻学会叙》一文在《时务报》第 40 册刊发后,就招致张之洞的反感,他觉得这是一篇让"阅者人人惊骇,恐招大祸"的文章,要湖南巡抚陈宝箴等"速告湘省送报之人,此册千万勿送"②。于是,对报刊的查禁随之产生,其后因发表所谓不当言论而产生的"报案"时有发生。近代中国人的阅读史记录了中国人对民主认知的变化,而频繁的"报案"史则记录了反民主势力对民主的恐惧。其实这是一个世界性的现象。

---

① 白话道人(林白水):《甲辰年国民的意见》,载《中国白话报》第 5 期,1904 年 2 月 16 日。
② 《致长沙陈抚台、黄署臬台》,苑书义等主编:《张之洞全集》第 9 册,河北人民出版社 1998 年版,第 7403~7404 页。

历来的独裁者都知道，文盲群众最容易统治；因为阅读的技巧一旦学会就无法抹消，退而求其次，只能限制它的范围。因此，书籍和其他人类创造物不同，一直是专制统治的眼中钉。绝对的权力要求一切读物都得是官方读物；不要整座图书馆的嘈杂意见，统治者的话就是一切。伏尔泰在一本讽刺小册子《关于阅读的可怕危害》中写道：书本"驱除蒙昧，而蒙昧向来是完美控制之国家的监管与保护工具。"因此，各种花样的检查制度就是施展控制力的必然结果，而阅读的历史就被检查官一连串似乎无止尽的烟火所照亮。[①]

如是，统治者对民众阅读内容的控制，新知的传播者及读者对统治者控制的反制也就成为中国近代阅读史上一个突出的现象。

读报时代的到来，提高了政治动员、政治观念社会化的效率与速度。"报纸传播了运动的思想，运动则扩大了出版的市场，因为人们总是试图参与其他地方正发生的事，哪怕只是通过想象产生共鸣而已。……与其说大众报刊使造反变得崇高，不如说大众报刊使造反变得普遍。"[②]随着阅读革命深入，大众接触新式媒体的机会越来越多，碎片化的大众正在向"大众社会"跃迁（详见第七章第二节），而大众社会的降临又使得各种社会政治运动风起云涌。

第四节 社会对民权说的回应——以湖南为例

梁启超在《时务报》上发表的 60 多篇文章，立论新颖，感情充沛，文笔华美，流畅自然，具有极强的感染力。梁氏自己说："甲午受挫，《时务报》起，一时风靡海内，数月之间销行至万余份，为中国有报以来所未有，

[①] （加）阿尔维托·曼古埃尔：《阅读史》，吴昌杰译，商务印书馆2002年版，第345～346页。
[②] （美）西德尼·塔罗：《运动中的力量：社会运动与斗争政治》，吴庆宏译，译林出版社2005年版，第64页。

举国趋之,如饮狂泉。"①当时非议维新的胡思敬也在《戊戌履霜录》也用夸张性的文字肯定《时务报》的影响力:"自《时务报》出,每旬一册,每册数千言,张目大骂,如人人意所欲云,江淮河汉之间,爱其文字奇诡,争传诵之。"②

《时务报》带来的轰动效应,是由于中国开放近半个世纪,器物层面也有明显的改观,但国人的观念并未同步更新。虽然"甲午款夷后,朝政多苟且,上下皆知其弊,以本朝文禁严,屡兴大狱,无敢轻掉笔墨讥时政者"③。而梁启超不但揭示"其弊",且明示要更新观念,变革政体。

《时务报》之所以引起如此震动,实因其在死气沉沉的观念市场上投放了一个全新的产品——"民权说"。《时务报》的主旨当然是主张变法,但变法在中国政治传统中并不是一个新的观念,而梁氏的变法则是改"中法",采"西法",张"民权"、限"君权",读者对梁氏及《时务报》的爱与恨皆由此而生。

虽说《时务报》在全国受到广泛的欢迎,但在省区间的影响迥异。中国作为一个超大规模的国家,省区间的差异尤为明显。自元朝以来实行的行省制强化了人们的省界或省籍意识,省域文化特点显著。省级与中央王朝虽说是从属关系,但省级的督抚有着相当大的自主行政的空间,地方长官如"元首性之长官"④。到了太平天国运动以后,地方督抚不断分割中央的权力,出现了弱中央强地方的趋势⑤。在此背景下,因湖南巡抚发奋有为,使湖南成为《时务报》最为热销的省份之一,对变法、民权说等的回应也最为热烈。

湖南是个内陆省份,对外开放较晚,其现代化程度较沿海诸省明显

---

① 梁启超:《本馆第一百册祝辞并论报馆之责任及本馆之经历》,载《清议报》第 100 册,1901 年 12 月 21 日。
② 胡思敬:《戊戌履霜录》,载《戊戌变法》(1),神州国光社 1953 年版,第 373 页。
③ 胡思敬:《戊戌履霜录》,《戊戌变法》(1),神州国光社 1953 年版,第 373 页。
④ 严耕望:《中国政治制度史纲》,上海古籍出版社 2013 年版,第 272 页。
⑤ 闾小波:《中国近代政治发展史》,高等教育出版社 2003 年版,第 41 页。

滞后，维新派人为何钟情于此，并使之成为地方上变法维新运动的勃兴之地呢？交通不便，土地贫瘠的湖南自湘军崛起后，民气更加强悍。19世纪末"湘学之名随湘军大振"。湘军靠的是"讲学之儒"。三湘四水，不仅不乏军事人才，儒学大师亦多，且具"有独立自由之思想，有坚强不磨之志节"①。但该省现代工业起步晚，规模小，社会风气向为守旧，且仇教排外。与沿海省份相比，可谓传统有余，而现代性不足。湘抚陈宝箴（1831～1900）对此有深切的体认，他在《奏设时务武备学堂折》中说：中兴"名臣儒将，多出于湘。其民气之勇，士气之盛，实甲于天下。而恃其忠肝义胆，敌王所忾，不愿师他人之长，其义愤激烈之气，鄙夷不屑之心，亦以湘人为最"②。然而，梁氏正是从湖南的士气与人气看到了新政的希望。早在1896年初他离京之前，在考虑去向时就在上海与长沙之间作取舍。他致书在上海的汪康年，在表达对京师活动受挫的失望之情后说："兄在沪，能创报馆堪喜，此吾兄数年之志，而中国一线之路，特天之所废，恐未必不能成也。若能成之，弟当唯命所适。湘省居天下之中，士气最盛，陈右帅（宝箴）适在其地，或者天犹未绝中国乎。若报馆不能，弟拟就之。"③不久，再次致书汪氏："十八行省中，湖南人气最可用，惟其守旧之坚，亦过于他省，若能幡然变之，则天下立变矣。"④

英雄、领袖能否创造历史可能是个陷阱，但他们至少可改变历史的色调。湘省的优势首先在于已形成了一个以陈宝箴为首的致力于推进改革的领导集体。江标任学政，黄遵宪应邀入湘任按察使，谭嗣同亦归乡助阵，康梁等与他们均有良好的交谊。1897年4月唐才常在长沙创办了《湘学新报》，"讲求中西有用之学，争自濯磨，以明教养，以图富强，以存遗种"。湖南成为最早回应《时务报》号召办报馆的内地省份之一，继

---

① 钱基博：《近百年湖南学风》，中国人民大学出版社2004年版，第3页。
② 陈宝箴：《抚院奏设时务武备学堂折》，载《湘报》第25号，1898年4月4日。
③ 丁文江等编：《梁启超年谱长编》，上海人民出版社1983年版，第53页。
④ 《汪康年师友书札》（2），上海古籍出版社1989年版，第1834页。

而又积极谋划开办湖南时务学堂。相比之下,南京虽然地处沿海,毗邻上海,但因两江总督刘绅一对维新变法有所保留,求变的气氛远不如长沙浓烈。熟悉两地的谭嗣同感受颇深:"闻湘中长沙一城销《湘学报》千数百份,销《时报务》又千余份,励矣!士之好学也。金陵销《时报务》仅及二百份,盖风气之通塞、文化之启闭,其差数亦如此矣。"①维新派以湖南为试验场,可谓天时地利人和。名震朝野的梁启超应邀于1897年底亲赴长沙,出任湖南时务时务学堂中文总教习,以推动学术机构与政治运动的结合。

梁启超的入湘,使省城的舆论越来越激进化,其集中表现是湖南的青年士绅积极回应梁氏的民权说。毕永年(1868~1902)是一位倡言维新青年志士,膺服梁氏的民权说。他在报上撰文倡导民权救国论:"民权不伸,士气不振。"

> 《传》曰:人受天地之中以生,所谓命也。人人皆承天地之气以为命,即人人皆有自主之权以立命。权也者,我与王侯卿相共之者也;国也者,非独王侯卿相之国,即我群士群民共有之国也。既为群士群民共有之国,则为之上者,必无私国于己、私权于国之心,而后可以绵绵延延,巩祚如磐石。下亦必无不在其位,不谋其政之心,而歧视其国为乘銮服冕者之国,然后可以同心合作,上下一心,保神明之胄于一线,捄累卵于危于泰山。②

樊锥也是一位思想激进的青年绅士,有着极强的危亡意识与救世情结。他竟斗胆效仿明治天皇的五条誓文③,开列一个中国版的五条誓文:

一、万几决于公论。公论者,遂起民权,撰议院,开国会,以忱违

---

① 《与唐绂丞书》,蔡尚思等编:《谭嗣同全集》,中华书局1981年版,第262页。
② 毕永年:《存华篇》,载《湘报》第34号,1898年4月14日。
③ 明治天皇的五条誓文:一、广兴会议,万机决于公论;二、上下一心,盛行经纶;三、官武一途以至庶民,各遂其志,人心不倦;四、破旧有之陋习,基于天地之公道;五、求知识于世界,大振皇基。

责之四万万而策群;

二、四海一心。一心者,使人人有自主之权,人人以捄亡为是。

三、内外一途。一途者,无满、汉之见,无亲疏之见,无京省之见,无远迩之见,人人平等,权权平等。

四、洗旧习,从公道。

五、求智识于寰宇。①

较之明治天皇的五条誓文,樊氏开出的五方更具民权主义色彩。

曾先后任《湘学报》主笔和湖南时务学堂分教习的唐才常可谓长沙青年绅士的领袖人物之一,其有关西学西法的知识储备远甚于毕、樊之辈,他对"人人有自主之权",更是心向往之:

夫吾中国以四万万人而国者也,吾既为四万万人中之一人,则剖国权为四万万分,吾即有其一分,而可以(扌耆)挂之维持之。诚使人人能尽应分之国权,以(扌耆)挂维持,宁复有鹿挺而走、鱼烂而亡者? 夫能知人人应尽之权,与有国者应公之权与公权者断无可亡之理。②

就政治态度的激进程度而言,当首推谭嗣同。在人们普遍对法国大革命持否定态度的时候,他在《仁学》中表达了对法国大革命模式的推崇:"法人之改民主也,其言曰:'誓杀尽天下之君主,使流血满地球,以泄万民之恨。'……夫法人之学问,冠绝地球,故能唱民主之义,未为奇也。"③

对照一下梁启超在时务学堂批答学生的札记,不难发现,湘籍青年士绅对民权说的推崇,大体看来正是对梁氏观点的回应:

有一分之智慧,即有一分之权利;有百分之智慧,即有百分之权

---

① 樊锥:《开诚篇三》,载《湘报》第24号,1898年4月2日。
② 《论热力》(下),湖南省哲学社会科学研究所编:《唐才常集》,中华书局1980年版,第144页。
③ 蔡尚思等编:《谭嗣同全集》,中华书局1981年版,第342—343页。

利;一毫不容假借者也。故欲求一国自立,必使一国之人之智慧足可治一国之事,然后可。今日之中国,其大患总在民智不开。民智不开,人材不足,则人虽假我以权利,亦不能守也。士气似可用矣,地利似可恃矣,然使公理公法、政治之学不明,则虽有千百忠义之人,亦不能免于为奴也。诸君既共识此意,急求学成,转教他人,一而十,十而百,百而千,千而万,便人咸知有公理公法之学,则或可以不亡也。①

此时的梁启超及湘省的追随者,在谈及民权、平等时,几乎都是视如"公理",而所谓"公理"也就是符合西方标准,因而具有无可争议的普遍意义,由此在"士气最盛"之地很容易占据舆论的制高点而具有话语霸权。

"西方标准"如何移植到中国来呢?在南学会开讲时,就有人对此提出疑问:"或谓西国民主之制,可行于中国,此非本朝士子所忍言也……吾知吾君之不可弃而已。变君主为民主,将置我君于何地乎?此一说也。""有谓倡民主之义者,非必欲变为民主也。但以减轻君主之压力,以伸民气而御外侮,于是而君主安若泰山。是倡言民主之义者,正所以保君权也,此又一说。"②

读者或听众的此种疑问,实缘自在湘的新派人士未能回答民权、平等之真谛以及民权与国权、民主与君主、民权与法制的关系,也未能设计出将西方民主制行之于中国的技术路线图。西学、新学与国情、省情脱节,势必会导致湖南的政治生态朝着两极化的方向发展。梁启超等人本是湖南官绅为推动湘省开风气而应邀入湘的,然而,随着梁的到来,湖南时务学堂、南学会、《湘学报》等新式文化机构均热衷鼓吹梁氏的民权说及康有为的经学说,在思想文化领域反客为主,而一些湘籍才俊趋之若

---

① 梁启超:《湖南时务学堂札记批》,《梁启超文集》,北京燕山出版社1997年,第498页。
② 《南学会答问》,载《湘报》第28号,1898年4月7日。

鹜,文化资源脱旧入新,使昔日湘学绅士的文化权威受到挑战。由此引来湘籍本土文化精英的强烈反弹。

樊锥的《开诚篇》发表后,其故里邵阳士民将其视为乱民,将其驱逐出境:

> 治天下者,大权不可以旁落,况下移于民乎?所宜通者,惟上下之情耳。樊锥谓人人有自主之权,将人人各以其心为心,是使我亿万人民散无统纪也。樊锥谓可以一其心,吾谓实亿万其心也。此则亡且益速,又乌能起而救之?①

自1898年3月,湖南时务学堂便遭到湘籍绅士的讥议,并将其过激的言论函告湘籍京官,湘籍都察院御史黄均隆率先发难,上奏弹劾湘抚陈宝箴举荐梁启超:"梁启超者,曾在上海刊刻《时务报》,力倡民主议院之说者也。……湘中人士尤而效之,至有倡为改正朔,易服色之言,报刊传播,骇人听闻。"②

湘湖的反康梁势力随后遥相呼应,岳麓书院学生宾凤阳等上书院长王先谦,挑起了文化上的土客之争。

> 我省民风素朴,自去夏以前,固一安静世界也。自黄公度(黄遵宪)观察来,而有主张民权之说;自徐砚夫(徐仁铸)学使到,而多崇奉康学之人;自熊秉三(熊希龄)庶常邀请梁启超主讲时务学堂,以康有为之弟子大畅师说,而党与翕张,根基盘固,我省民心,顿为一变。……今康梁所用以惑世者,民权耳、平等耳。试问权既下移,国谁与治?民可自主,君亦何为?是率天下而乱也。③

外省人士不仅倡导民权之说,且"党与翕张",此种情势足以骇人听

---

① 《摘驳樊锥开诚篇中语尤悖谬者》,方行编:《樊锥集》,中华书局1984年版,第73页。
② 《掌陕西道监察御史黄均隆折》(光绪二十四年四月二十五日),国家档案局明清档案馆编:《戊戌变法档案史料》,中华书局1958年出版,第253页。
③ 《宾凤阳等上王益吾院长书》,《戊戌变法》(2),神州国光社1953年版,第638页。

闻,拍案而起。王先谦①等随后领衔的《湘绅公呈》向以梁启超为代表的文化客卿发出公开的谴责:

> 湘省风气醇朴,人怀忠义,惟见闻稍陋,学愧兼通。上年开设时务学堂,本为当务之急,凡属士民,无不闻风兴起。乃中学教习广东举人梁启超,承其师康有为之学,倡为平等平权之说,转相授受,原设立学堂本意,以中学为根柢,兼采西学之长,……梁启超及分教习广东韩(文举)、叶(觉迈)诸人,自命西学通人,实康门谬种。而谭嗣同、唐才常、樊锥、易鼐辈,为之乘风扬波,肆其簧鼓,学子胸无主宰,不知其阴行邪说,反以为时务实然,丧其本真,争相趋附,语言悖乱,有如中狂,始自会城,浸及旁郡。②

湘绅叶德辉批评南学会的主讲人皮锡瑞:"讲学托名于开民智、伸民权,则试问今日之民,谁肯居于不智? 又试问不智之民,何必更伸其权?"③此论可谓击中了新派人士的要害。

与此同时,湖广总督张之洞也为此提供奥援,撰《劝学篇》,并在《湘报》上连载。《劝学篇》全书共 24 篇,分内篇和外篇两大部分。内篇包括同心、教忠、明纲、知类、宗经、正权、循序、守约、去毒 9 篇;外篇包括益智、游学、设学、学制、广译、阅报、变法、变科举,农工商学、兵学、矿学、铁路、会通、非弭兵、非攻教 15 篇。"内篇务本,以正人心;外篇务通,以开风气。""中学为内学,西学为外学;中学治身心,西学应世事。""新旧兼学,四书五经、中国史事、政书、地、图为旧学;西政、西艺、西史为新学,旧

---

① 王先谦(1842~1917),字益吾,同治年间进士,光绪六年(1880)任国子监祭酒,1894 年任岳麓书院山长,成为湘省文化领域最具权势的一代宗师。王氏虽为儒林领袖,但不乏革新思想与自强意识,甲午后捐款创办多家新式企业,他是邀梁启超入湘的积极支持者。王氏并非是纯粹的守旧派,更不是顽固派的代表。参见罗志田《思想观念与社会角色的错位:戊戌前后湖南新旧之争再思》,载《历史研究》1998 年第 5 期。
② 王先谦等:《湘绅公呈》(1898 年 6 月 10 日),《戊戌变法》(2),神州国光社 1953 年版,第 640 页。
③ 叶德辉:《叶吏部与南学会皮鹿门孝廉书》,苏舆:《翼教丛编》,(近代文献丛刊),上海书店出版社 2002 年版,第 169 页。

学为体,新学为用。"其实,张之洞所表达"体用观"亦在与时俱进。与1860~70年代相比,体用的外延与内涵由含糊而变得明晰,由抽象而就得具体。总体而言,"体"的外延在缩小,"用"的外延在放大。

张之洞是《万国公报》的长期读者,是体制内对西学了解较多具有世界眼光的一位封疆大吏,其对域外的了解及有关西方政治方面的知识储备不亚于梁启超。从其对"人人有自主之权"的批评足见其西学知识方面的功底:

> 近日撷拾西说者,甚至谓人人有自主之权,益为怪妄。此语出于彼教之书,其意言上帝予人以性灵,人人各有智虑聪明,皆可有为耳。译者意释为人人有自主之权,尤大误矣。泰西诸国,无论君主、民主、君民共主,国必有政,政必有法,官有官律,兵有兵律,工有工律,商有商律,律师习之,法官掌之,君民皆不得违其法。政府所令,议员得而驳之。议院所定,朝廷得而散之。谓之人人无自主之权则可,安得曰人人有自主哉。①

在张之洞看来,西政之精髓并非民权,而是法治与分权制衡。唯其如此,他在《劝学篇》中从价值层面肯定了西方议会制度的合理性与优越性,只是议会对当下的中国来说是"今非其时也"。为什么呢? 一是民智未开,二是选举议员的条件不成熟:"中国士民至今安于固陋者尚多,环球之大势不知,国家之经制不晓,外国兴学立政、练兵制器之要不闻。……家有中资者,乃得举为议员。今华商素鲜巨资,华民又无远志"。所以说:"此时纵欲开议院,其如无议员何? 此必俟学堂大兴,人才日盛,然后议之,今非其时也。"②1901年,他在《致刘坤一等》的信中再次表示了对西方代议制民主的羡慕与期待:"其实,变法有一紧要事,实为诸法之根,言之骇人耳。西法最善者,上下议院互相维持之法也。中国

---

① 张之洞:《劝学篇·正权》,上海人民出版社2002年版,第20页。
② 张之洞:《劝学篇·正权》,上海人民出版社2002年版,第19、21页。

民智未开,外国大局茫然,中国全局、本省政事也茫然,下议院此时断不可设,若上议院,则可仿行。"①张氏对西方民主政治的态度其实与严复有相似之处。严氏将开民智视为一个艰难而长期的过程,对兴民权极为克制。"夫君权之重轻,与民智之浅深为比例,论者动言中国宜减君权,兴议院,嗟乎,以今日民智未开之中国,而欲效泰西君民并主之美治,是大乱之道也。"②

当民权说与议会说在社会上弥散开来时,不少官绅都是民权说("人人有自主之权")的反对者,但对议会制则是有保留地接受。其实,民权说与议会政治有着天然的联系。在西方,因为有了民权思想,遂产生了部分兑现民权的代议制,又因为代议制的确立,民权的实现程度也在逐步扩大。从这个意义上讲,张之洞看似"中体西用"最为经典的诠释者和"中体"的守望者,实是"中体"的掘墓人!

维新时期,梁启超有关"智"与"权"关系的演绎,民主即"人人有自主之权"的阐述,表达的是一种全新的观念。权、权力,在中国这样一个等级、尊卑森严的传统社会中向来是一个敏感的词汇。三纲之说强调的是人与人之间的从属关系,并从根本上否定了人与人之间在权利上的平等地位,并将其上升到礼教与文明的高度,反之,与夷狄甚至禽兽无异。由于梁启超等人在向国人灌输普遍的民权主义时,自身有关民权说的学理准备尚不充分、不系统,对民权、平等的理解过于肤浅,故而给反对者留下了诸多攻击的把柄,于是出现了反对民权但不反对议会者,或将民权与君权截然对立起来的现象。民权说在湖南遭遇到的反制注定期会在京师出现,康梁等维新派在京城的遭遇比之于湖南更惨。民主观念的知识叙事方式到了一个亟须深化的时刻。

---

① 《致江宁刘制台等电》,苑书义等主编:《张之洞全集》第 10 册,河北人民出版社 1898 年版,第 8540 页。
② 《中俄交谊论》,王栻主编:《严复集》第 2 册,中华书局 1986 年版,第 475 页。

第五章　浪漫与审慎：20世纪初民主观念的分岔

鸦片战争以来中国人有关民主的碎片化与表象化的认知，到了变法维新时期经由梁启超的倡导，加之朝野持不同政见者的批评，使民权说成为舆论关注的重点之一。不管这场争论的结果如何，客观上民权说不仅挥之不去，且上升为时代的主题。20世纪初流亡日本的梁启超对民权的认知有了质的飞跃，碎片化的民权说才开始逐渐"成像"。其间，新知识界的领袖人物为其"镜像"不仅提供了重要的连接技术，且有更为传神与多彩的刻画。而大众传媒的爆发性增长使得初步"成像"的民主不再是少数精英人物观赏和评议的对象，而成为公众喜欢甚至崇拜的偶像。然而，民主一旦成了偶像，不同的群体便有不同的观察视角，这很可能会使刚刚"成像"的民主出现重影，甚至变形。

19世纪，"西学"几乎是中国获取新知的唯一源头；20世纪初，"东学"（日本化了的西学）则一度取代西学成为中国新知传播的重要源头，传播的主体是梁启超及一大批留学日本的青年学子。由于语言与地理障碍的消除，加之读报时代的到来，使得观念传播的速度大大加快。随着以孙中山为首的革命派分子的聚合，革命党人采用知与行的叙事方式诠释其对民主政治的独特诉求，由此革命派与主张君主立宪的康、梁日渐两极化,他们就中国的政治发展道路展开了一场规模空前的大论战,并导致近代以来中国人对民主的诉求、对民主的理解出现了明显的分岔,这对其后的民主化进程产生了深远的影响。

第一节 民主知识库的构建——以梁启超为代表

世纪之交,官费与自费求学日本的青年逐年增多,他们通过创办刊物及译书广泛介绍西方的政治学说。梁启超不一定是西方各种政治学说的最早接触者,但却是将这些新知的进行包装或本土化并成功地投放观念市场的观念营销大师,堪称此间的超级传播师。

早在《时务报》时期思维敏锐的梁启超就意识到民权思想在西方政治文化与政治制度中的核心价值地位,但囿于当时的言论空间与士大夫所能接受的限度,对民权思想的阐释与宣传是有节制的,当然更重要的是他对民主的认知是有限的。戊戌政变后梁启超流亡到日本,日本的西学知识如磁铁般深深吸引着处于极度精神饥饿中的梁启超。

日本在明治维新之前,取自中国的西学刺激了其对西学的欲求,大清王朝屡败于西洋人的教训使其逐渐由正面教员转为反面教材,这反过来刺激了日本求变的冲动。明治维新后,日本奉行"脱亚入欧"、"文明西化"的国策,西学知识在日本得到了越来越广泛的传播,政治体制朝着带有军国主义特色的君主立宪方向演进。日本奇迹般的崛起使其成为不少中国人心目中后来居上的典范。

对西学充满探求欲的梁启超很快为日本丰富的西学资源所吸引:"日本自维新三十年,广求智识于寰宇,其所译所著有用之书,不下数千种,而尤详于政治学、资生学(即理财学,日本谓之经济学)、智学(日本谓之哲学)、群学(日本谓之社会学)等。皆开民智、强国基之急务也。"日本之采西学可谓体用并举,纲举目张,而中国则是舍体求末。"吾中国之治西学者固微矣。其译出各书,偏重于兵学、艺学、而政治、资生等本原之学,几无一书焉。……使多有政治学等类之书,尽人而能读之,以中国人之聪明才力,其所成就,岂可量哉!"①正是中日西学资源的巨大落差,使得梁启超"自居东以来,广搜日本书而读之,若行山阴道上,应接不暇,脑质为之改易,思想言论与前者若出两人。"②

如果说《时务报》时期已确立了梁启超执舆论之牛耳的地位,那么到日本后梁氏则成为"新思想界之陈涉"③。《时务报》时期他高擎的是"变法"、"民权"的大旗,旅日时期高擎的则是"民主"与"立宪"的大旗。梁在日本期间先后创办了《清议报》、《新民丛报》、《新小说》、《国风报》等。前两种之于民主思想的阐述与传播影响最大。《清议报》以"倡民权"为宗旨,"虽说种种方法,开种种门径,百变而不离其宗,海可枯,石可烂,此义不普及于我国,吾党弗措也"④。1899~1903年间,是作为政治宣传家的梁启超的巅峰时期,其著文之丰,面向之广,信者之多,和者之众,在中国近代史上可谓空前绝后。梁启超的文章,"国人竞喜读之,清廷虽严禁,不能遏,每册一出,内地翻刻本辄十数"⑤。世纪之交对梁启超政治思想影响较大的黄遵宪作了如下中肯的评价:

> 《清议报》胜《时务报》远矣,今之《新民丛报》又胜《清议报》百倍矣。惊心动魄,一字千金,人人笔下所无,却为人人意中所有,虽铁石人亦应感动,从古至今文字之力之大,无过于此者矣。⑥

年轻时受益于梁氏文章的胡适在 1920 年代认为:"廿五年来,只有三个杂志可以代表三个时代,可以说是创造了三个时代。一是《时务

---

① 《论学日本文之益》,载《清议报》第 10 册,1899 年 4 月 1 日。
② 丁文江等编:《梁启超年谱长编》,上海人民出版社 1983 年版,第 188 页。
③ 《清代学术概论》,朱维铮校注:《梁启超论清学史二种》,复旦大学出版社 1985 年版,第 73 页。
④ 梁启超:《本馆第一百册祝辞并论报馆之责任及本馆之经历》,载《清议报》第 100 册,1901 年 12 月 21 日。
⑤ 《清代学术概论》,朱维铮校注:《梁启超论清学史二种》,复旦大学出版社 1985 年版,第 70 页。
⑥ 丁文江等编:《梁启超年谱长编》,上海人民出版社 1983 年版,第 274 页。

报》,一是《新民丛报》,一是《新青年》,而《民报》与《甲寅》还算不上。"①而《清议报》与《新民丛报》时期,梁启超最大的贡献莫过于用知识叙事的方式为读者构建了一个民主的知识库。所谓知识库,与其说是系统,不如说是庞杂或丰富。对此,梁启超有简洁而生动的描述:1902～1903年间,留日学生"译述之业特盛,定期出版之杂志不下数十种。日本每一新书出,译者动数家。新思想之输入,如火如荼矣。然皆所谓'梁启超式'的输入,无组织,无选择,本末不具,派别不明,惟以多为贵,而社会亦欢迎之"②。

"梁启超式"的"以多为贵",几乎将西方主要的人文科学、社会科学代表人物与代表作的基本观点都介绍过来,既有古希腊古罗马时期一些大圣,更有近代启蒙运动时期的诸贤。就政治学的流派而言,既有英美的经验主义政治学说,也有欧陆的理性主义政治学说;既有保守主义的慎审论辩,也有激进主义的放言阔论;既有自由资本主义时期的放任理论,也有民族帝国主义时期的国家干预理论;还有许多对近代重要的政治活动家、民族英雄事迹的评述。而日本明治维新时期自由民权运动中一些重要人物的思想亦有广泛的介绍。梁启超的"以多为贵",实基于他对"有一分之智,即有一分之权"的笃信。"献身甘作万矢的,著论求为百世师,誓起民权移旧俗,更研哲理牖新知。十年以后当思我,举国犹狂欲语谁? 世界无穷愿无尽,海天寥廓立多时。"③其政治逻辑是开民智,兴民权,最终成就民主国家之伟业。其开民智当以对民主的解说与灌输为核心。民主已不再是一个抽象的名词与非理性的信仰。世纪之交梁氏对民主知识库的构建主要有以下几方面的内容。

---

① 胡适:《致高一涵、陶孟和等》,载《努力周报》第75期,1923年10月9日。胡文此处所指的《甲寅》,是指《甲寅》月刊,并非是20年代在北京出版的反对白话文的《甲寅》周刊。
② 朱维铮校注:《梁启超论清学史二种》,复旦大学出版社1985年版,第79～80页。
③ 梁启超:《自励》,载《清议报》第82册,1901年6月26日。

一、自由主义（个人主义）与民主

在西方政治价值体系中，与民主相关联的有自由、平等、人权、公平、博爱等，其中关系最为密切的当是自由。在讨论民主时，很难将其与自由主义切割开来。如果不对民主与自由的特定内涵作出严格的界定的话，两者的源头均可追溯到古希腊。没有公民的个人自由，就不可能建立民主制度。在西方民主史上，自由主义通常是民主主义在思想上或政治上的盟友，但两者的价值诉求不完全相同，有时甚至互不信任。严复曾以体用观来阐述自由与民主的关系，即"以自由为体，以民主为用"，自由代表了终极价值，而民主则是实现此价值的制度安排。

民主需要回答的问题是谁应该享有公共权力？民主通常强调的是多数人的统治，抗拒独裁与暴政，但多数人的统治或少数服从多数的原则可能产生多数人的暴政，迫使少数人处于被奴役的境地，这就存在着妨碍个人的自由权利的可能性。

自由需要回答的问题是公共权力的边界在哪里？无论公共权力由君主、贵族或平民操纵，都不是绝对的，都必须以不侵犯个人应有的权利为前提，公共权力只能用来维护个人的权利。如果说民主主义抗拒的是专制，那么自由主义抗拒的则是极权。自由主义的核心价值是个人主义，自由主义同样抗拒暴政，但自由主义者并不都认为民主制度是他们唯一的目标，他们认为个人的自由具有至高无上的地位，民主制也不过是保障个人自由、个人权利的手段而已。自由主义者并不排斥建立国家政权。在洛克看来，在自然状态下，没有人享有比别人多的权利；在政治社会中，由于人生活的自然状态可能产生对他人权利的侵犯，，因此需要将一部分权利以契约的形式让渡给政府，成为公权，而人的生命、自由和财产权是不可让渡的。从这个意义上讲，自由的状态只能是"趋近但却很难期望完全实现的状态"。"因此，自由政策（a policy of freedom）的使命就必须是将强制或其恶果减至最小限度,纵使不能将其完全消灭。"①古典的自由主义者特别强调限制政府的权力,防止其侵犯公民个人权利,主张权力必须有制衡,受监督,必须建立分权式的权力体系。

民主之民乃自由之国民,而非专制制度下之臣民。梁启超早在《时务报》时期就表达过对自由主义与个人主义的向往——"人人有自主之权",反对"受治者无权,收人人自主之权而归诸一人"②。流亡日本后,自由主义的思想资源像磁铁般吸引着梁启超。

此间,梁启超对自由主义的表达集中在《新民说》和《自由书》等论著中,其思想来源主要是来自英国的穆勒和斯迈尔斯,他们都是维多利亚时期自由主义、个人主义价值的守护者,其代表作分别是《论自由》(On Liberty)和《自助论》(Self-help),日本自由民权运动时期思想家中村正直③将这两本书译为日文。梁启超抵日不久即读到中村的译著,并尊称他为日本"维新之大儒"。

1899年8月梁氏在报上连载其《自由书》,开篇即介绍英国自由主义巨擘约翰·穆勒的自由观:"西儒约翰·弥勒曰:人群之进化,莫要于思想自由、言论自由、出版自由,三大自由皆备于我焉。"④

斯迈尔斯《自助论》强调的是自由主义价值之实现在"振起国民之志气",唤起国民为自由主义而奋斗。梁启超有感于中国数千年专制压迫,

---

① (英)哈耶克:《自由秩序原理》上册,邓正来译,三联书店1997年版,第4页。
② 梁启超:《中国积弱由于防弊》,载《时务报》第9册,1896年10月27日。
③ 中村正直(敬宇)(1832~1891),1866~1868年间任日本留学英国学生的监督,回国后他将《自助论》翻译成日文标以《西国立志篇》于1871年出版。日本的许多学校将该书作为教科书,是明治维新时期三部畅销书之一。他在该书的序言中写道:"我通过阅读过去和当代西方杰出志士的传记,发现他们都具有独立的精神和克服困难的勇气。他们怀有巨大的热情,崇敬上帝、热爱同伴。他们为自己的国家作出了巨大的贡献。西方国家的繁荣正是建立在这些人的勤奋和坚韧的基础之上。"(中村正直:《西国立志编》,《敬宇文集》,东京,1903年,第5卷第6~11页。)1880年黄遵宪与其相识相知,并由此逐渐认同英国式的渐进主义。从这个意义上讲,中村与黄遵宪当是英国保守主义传入中国的中介人物。参阅郑匡民:《梁启超启蒙思想的东学背景》第三章"中村正直《西国立志编》、《自由之理》与梁启超的新民思想",上海书店出版社2003年版,第83~121页。
④ 《自由书·叙言》,载《清议报》第25册,1899年8月26日。

民气不振,对斯迈尔斯的倡导的自由主义与个人主义既感到新奇,又心驰神往。他在《自由书·自助论》将该书的总叙及各编的叙言移译成中文,兹摘录片语如下:

> 国之所以有自主之权者,由于人民有自主之权;人民所以有自主之权者,由于其有自主之志行。
>
> 西国之民,勤勉忍耐,有自主之志行,不受暴君污吏之羁制,故邦国景象,骎骎日上。
>
> 西国之君,大用其智,则国大乱,小用其智,则国小乱。
>
> 君主之所令者,国人之所欲行也;君主之所禁者,国人之所不欲行也。君民一体,上下同情,朝野共好,公私无别,国之所以昌盛者,其不由此欤。①

《自助论》强调的是人人都要自立、自重,书中的许多观念与梁启超在《时务报》时期提出的"人人有自主之权"的口号不仅相通,且分析更为透彻。为此,梁氏特作《放弃自由之罪》:

> 天下第一大罪恶,莫甚于侵人自由,而放弃己之自由者,罪亦如之。余谓两者比较,则放弃其自由者为罪首,而侵人自由者乃其次也。何以言之?盖苟天下无放弃自由之人,则必无侵人自由之人。此所以侵者,即彼之所放弃者。……人人自由,而以他人之自由为界。夫自由何以有界?譬之有两人于此,各务求胜,各务求优者,则扩充己之自由权而不知厌足。其力线各向向外而伸张,伸张不已,而两线相遇,而两力各不相下,于是界出焉。故自由之有界也,自人人自由始也。②

---

① 《自由书·自助论》,载《清议报》第 28 册,1899 年 9 月 25 日。
② 《自由书·放弃自由之罪》,载《清议报》第 30 册,1899 年 10 月 15 日。

自由主义并不主张个人利益、权利不受约束,更不是推崇"丛林法则"①,自由价值之实现必须受到法律的规训与制约,在公权与私权之间应有明确的界限。梁启超也特别告诫国人,应有守法意识:

> 自由之公例曰:"人人自由,而以不侵人之自由为界。"……制裁者,制此界也;服从者,服此界也。故真自由之国民,其常要服从之点有三:一曰服从公理,二曰服从本群所自定之法律,三曰服从多数之决议。是故文明人最自由,野蛮人亦最自由,自由等也,而文野之别,全在其有制裁力与否。无制裁之自由,群之贼也;有制裁之自由,群之宝也。②

次年,他特作《论政府与人民之权限》,明确区别"野蛮之自由"与"文明之自由",以告诫国人不要滥用自由权:

> 人各有权,权各有限也。权限云者,所以限人不使滥用其自由也。滥用其自由,必侵人自由,是谓野蛮之自由;无一人能滥用其自由,则人人皆得全其自由,是谓文明之自由。③

梁启超在传播自由主义时虽然借用了欧洲特别是英国古典自由主义的核心观念,在传播自由主义时感情十分投入,但他的价值诉求既不是西方意义下的个人主义,也不是单纯的集体主义或权威主义,而是倡导一种以不忽视集体价值为前提的自由主义。他试图在个人与群体之间达至均衡,具有较为鲜明的"调适"倾向,目的是要为在中国逐步建立民主制度并实现国家富强寻求有效的思想资源。

二、民族国家与民主(国权与民权)

民族国家的构建是现代各民族通向民主政体的逻辑起点。在西方,

---

① 严复严厉批评国人对"自由"一词的曲解:"中方自由,常含放诞、恣睢、无忌惮诸劣义,然此自是后起附属之诂,与初义无涉。"严复:《群已权界论》(译凡例)
② 《十种德性相反相成义》,载《清议报》第82、84册,1901年6月16日、7月6日。
③ 梁启超:《论政府与人民之权限》,载《新民丛报》第3号,1902年3月10日。

现代民族国家之构建大致始于17世纪前后,通常认为以1648年10月24日签订的《威斯特伐里亚和约》为界标结束了中世纪那种"封建无政府"状态。自此,民族国家逐渐成为国际政治舞台上的主体,西方国家先后进入了绝对主义国家时期。随着资本主义生产方式的扩展,市民社会的成长,以及自由、人权观念的广泛传播,绝对主义国家经由激进的革命或温和的改革而让位给立宪政体。梁启超对西方国家形态演变的历史作了大致的勾勒:

> 古代之国渊源于市府,中世之国成立于贵族,十八世纪专制时代,认政府为国家,法兰西大革命之时,同国家于社会。……自千八百四十年以后,而民族建国之义乃渐昌。虽或间遇抵抗,或稍被制限,而其势力之不可侮,则固已为有识者所同认矣。①

在中国,中华帝国一直是作为一个传统国家的形态而存在。中华帝国更多的是地域概念、王朝概念或文化概念②,而非现代民族国家。所以,列文森认为近代中国思想史的大部分时期,是一个使"天下"成为"国家"的过程③。梁启超的追随者杨度对此有颇为精当的分析:

> 汉民族,其实汉为刘家天子之朝号,而非其民族之名也……中国云者,以中外别地域远近也。一民族与一民族之别,别于文化。中华云者,以华夷别文化之高下也。即以此言,则中华之名词,不仅非一地域之国名,亦且非一血统之种名,乃为一文化之族名。④

---

① 梁启超:《政治学大家伯伦知理之学说》,载《新民丛报》第38~39号(合刊),1903年10月4日。
② 钱穆:《中国文化导论》,商务印书馆1994年版,第23页。
③ (美)列文森:《儒教中国及其现代命运》,郑大华译,中国社会科学出版社2000年版,第87页。虽然早在明万历年间意大利传教士利玛窦来华时就带来了最新的《坤舆万国全图》,并赠给士人、进献于宫廷,但并未改变中国人既定的"天下观"。乾隆年间编修的《清朝文献通考·四裔六·意达里亚》称:"意达里亚人所称天下为五大洲,盖沿于战国邹衍'裨海'之说",而且"盖涉诞诳"。
④ 杨度:《金铁主义》,刘晴波编:《杨度集》,湖南人民出版社1986年版,第373页。

唯其如此,中国人缺少现代国家观念与爱国主义。"其不知爱国者,由不自知其为国也。中国自古一统,环列皆小蛮夷;无有文物,无有政体,不成其为国,吾民亦不以平等之国视之。故吾国数千年来常处于独立之势。吾氏之称禹域也,谓之为'天下',而不谓之为'国',既无国矣,何爱国可云。"①"今日欲救中国,无他术焉,亦先建设一民族主义之国家而已。……有之则莫强,无之则竟亡,间不容发,而悉听我辈之自择。"②

欲建现代民族国家,国民必须有国家思想,即现代国家意识与主权意识之自觉:

> 国家思想者何? 一曰对于一身而知有国家,二曰对于朝廷而知有国家,三曰对于外族而知有国家,四曰对于世界而知有国家。③

> 民族建国问题:一国之人,聚族而居,自立自治,不许他国若他族握其主权,并不许干涉其毫末之内治,侵夺其尺寸之土地,是本国人对于外国所争得之自由也。④

这里突出了国家的主权与自决的本质属性。现代民族国家构建还有赖于合格而健全的国民。何谓国民?"以一国之民,治一国之事,定一国之法,谋一国之利,捍一国之患,其民不可得而侮,其国不可得而亡,是之谓国民。""国民者,以国为人民公产之称也。国者积民而成,舍民之外,则无有国。"⑤这里突出主权在民的现代国家原则,国与民互为消长。"民富则国富,民智则国智,民勇则国勇。"⑥在梁启超看来,没有现代民族国家,则无以保种、保国、保教,而民族国家强盛则有赖于国民意识的提高与民主制度的支撑。

---

① 梁启超:《爱国论》,载《清议报》第 6 册,1899 年 2 月 20 日。
② 梁启超:《论民族竞争之大势》,载《新民丛报》第 5 号,1902 年 4 月 8 日。
③ 梁启超:《新民说·论国家思想》,载《新民丛报》第 4 号,1902 年 3 月 24 日。
④ 梁启超:《新民说·论自由》,载《新民丛报》第 7 号,1902 年 5 月 10 日。
⑤ 梁启超:《论近世国民竞争之大势及中国前途》,载《清议报》第 81 册,1899 年 10 月 25 日。
⑥ 梁启超:《政治学大家伯伦知理之学说》,载《新民丛报》第 38~39 号(合刊),1903 年 10 月 4 日。

> 苟我民不放弃其自由权,民贼孰得而侵之? 苟我国不放弃自由权,则虎狼国孰得而侵之? ……昔法兰西之民,自放弃其自由,于是国王侵之、贵族侵之、教徒侵之,当十八世纪之末,黯惨不复(者见)天日,法人一旦自悟其罪,自悔自罪,大革命起,而法民之自由权完全无缺以至今日,谁复能侵之?①
>
> 民受生于天,天赋之以能力,使之博硕丰大,以遂厥生,于是有民权焉。民权者,君不能夺之臣,父不能夺之子,兄不能夺之弟,夫不能夺之妇,是犹水之于鱼,养气之于鸟兽,土壤之于草木。故其在一人,保斯权而不失,是为全天;其在国家,重斯权而不侵,是为顺天。②

梁氏的结论是:国家之建立与兴衰,全赖民权之强弱。

三、权利、义务与民主

言及民主,离不开对权利与义务的界定。此前,国人所理解的民主多侧重于政治参与权与知晓权,强调以民权来对抗或限制君权或官权。"权利"一词在甲午前并不多见,其意是泛指国家在政治和经济两方面的利益和自主性③。梁启超较为全面地阐述了个人权利与义务的关系,将公民的个人权利引入民主话语体系,弥补了先前对民主理解的缺陷。

他说:"人生之有权利思想也,天赋之良知良能也,而其或强或弱或隐伏或渐亡至不齐者,何也? 则常缘其国家之历史政治之浸润以为差。"地球上除了印度、非洲、南洋外,"其权利思想之薄弱,未有吾国人若者也"。为此,他号召国人:

> 为政治家者,以勿摧压权利思想为第一义;为教育家者,以养成权利思想为第一义;为一私人者,无论士焉农焉工焉商焉男焉女焉,

---

① 梁启超:《自由书·国权与民权》,载《清议报》第30册,1899年10月15日。
② 《梁启超:自由书·草茅危言》,载《清议报》第27册,1899年9月15日。
③ 参见金观涛、刘青峰:《中国现代思想的起源:超稳定结构与中国政治文化的演变》第1卷,香港中文大学出版社2000版,第373页。

各以自坚持权利思想为第一义。国民不能得权利于政府也,则争之;政府见国民之争权利也,则让之。欲使吾国之国权与他国之国权平等,必先使吾国国人人固有之权皆平等,必先使吾国民在我国所享之权利与他国民在彼国所享之权利相平等。①

另一方面,凡享受权利的国民必尽自己的义务。

> 义务与权利,对待者也。人人生而有应得之权利,即人人生而有应得之义务,二者其量适相均。其在野蛮之世,彼有权利无义务、有义务无权利之人,盖有焉矣。然此其不正者也,不正者固不可以久。苟世界渐趋于文明,则断无无权利之义务,亦断无无义务之权利。……苟尽义务者,其勿患无权利焉尔;苟不尽义务者,其勿妄希冀权利焉尔。②

从政治学的角度观之,国民之义务有两个"要件",一是纳税,二是服兵役。在中国传统政治文化中,作为民众义务的赋税通常称之为"苛捐杂税",有所谓"苛政猛于虎"之说;服兵役则视为"充军",有所谓"好铁不打钉"之说,而薄赋轻徭才符合儒家或民本主义的价值标准。梁启超对中西方的义务观作如下对比:

> 夫国也非能自有恒产也,民不纳租税,则政费何所出?划而命之曰一国,是必有他国与之对待也,民不服兵役,则国防何由立?而吾国民最畏此二事,若以得免之为大幸者。……西人有一恒言曰:"不出代议士不纳税。"英之《大宪章》权利法典,皆挟租税以为要求者也;法之大革命,亦以反此公例而酿成者也。故欧西人民对国家之义务,不辞其重,而必要索相当之权利以为之偿。中国人民对国家之权利,不患其轻,而惟欲逃应尽之义务以求自逸。③

---

① 梁启超:《新民说·论权利思想》,载《新民丛报》第6号,1902年4月22日。
② 梁启超:《新民说·论义务思想》,载《新民丛报》第26号,1903年2月26日。
③ 梁启超:《新民说·论义务思想》,载《新民丛报》第26号,1903年2月26日。

民主观念的输入,很容易激发的人们本能的潜在的对权利的冲动,但义务感之养成则非旦昔之功。有义务而无权利是专制时代的特征,有权利而无义务则有可能会退回到"霍布斯丛林"。"权利与义务,对待者也",于民主社会缺一不可。

四、宪政与民主

以分权制衡、控制国家权力为核心的宪政原则与制度安排既是西方民主政治发展的产物,也是西方民主的保护神及进一步提升民主质量的有效的制度框架,两者互为奥援,不可偏废。然而,在历史上两者却有着很不相同的理论来源与思想资源。撇开两者起源之先后的纷争,在近代的语境下,民主与宪政之兴起均以文艺复兴后对人的尊严和价值的肯定为背景,以颠覆绝对主义政体为目的,以自然权利与社会契约论为理论基础,但在理论渊源上,民主观念更多地源于天赋人权、主权在民学说,在制度安排上突出代议制或议会主权;而宪政观念则更多地与自然法和混合政体学说联系在一起,在制度安排上突出分权制衡,更多地体现共和精神,即没有不受约束的权力,包括议会。换言之,民主是要通过分享国家权力来体现人的价值和尊严、实现人的权利;而宪政是要约束国家权力的范围和规范权力的运行方式以保证个人权利免遭其害[①]。近代西方宪政理论的直接来源是洛克、孟德斯鸠等人的有限政府思想与分权学说,自觉而充分运用这一思想是美国的建国者,特别联邦党人如麦迪逊、汉密尔顿等,其积极成果是其参与制定的美国宪法。从此,宪政不再只是一种观念形态,而且有了可以验证的制度实践。

中国有无宪政的思想资源可谓见仁见智。在中国传统政治文化中虽然也能找到某种制约皇权的观念(如天道观、天谴说等),"人主虽尊,

---

① 参见徐国利《民主与宪政理论源流及其异同》,载《学术论坛》2005 年第 9 期。

并非独制而无所制",但这"并不足以动摇专制政体的根本"①,仁政之施行靠的是皇帝个人德性的自觉与自律。限制国家权力和保障公民权利的宪政观念对中国来说完全是一个舶来品。"宪法"一词虽然在甲午战争之前已有人提及,但多依附于对西方民主制度的勾勒上。郑观应是较早言及宪法的思想家之一。1895 年他明确提出了"开国会,定宪法"的主张,稍后在诗文中多次讲到宪法。"政归立宪始文明";"变政有先后,维新立宪纲"②。戊戌变法时期,康、梁虽曾有过宪政的动议或理想,但并未大张旗鼓地鼓吹并付诸行动。他们在政治行动上更多的是希望借鉴日本的尊王攘夷,通过强化光绪帝的实权来推行政改,而非制定限制君主的宪法。立宪,在戊戌变法期间充其量不过是维新思潮中的一个很微弱的子概念,立宪成为社会思潮则是进入 20 世纪以后的事。梁氏流亡日本后,虽未放弃保皇的旗帜,但远不如乃师康有为那样忠诚于光绪帝。受"东学"及日本立宪政体的影响,梁启超于 1899 年发表了《各国宪法异同论》后,很快将政改的重点锁定在宪法上。1901 年发表了《立宪法议》,较全面地阐述了对国人来说颇为陌生的宪政常识,并首次提出中国宪政期成的议题,立宪渐成为时代思潮。如果说梁氏有关民族国家、自由等观念的输入是深化和丰富国人的相关知识,那么,有关宪政的论述则是填补中国思想界的这片空白。

> 宪法者何物也?立万世不易之宪典,而一国之人,无论为君主、为官吏、为人民,皆共守之者也,为国家一切法度之根源。此后无论出何令,更何法,百变而不许离其宗者也。西语原字为 the constitution,译意犹言元气也。盖谓宪法者,一国之元气也。③

---

① 萧公权:《宪政与民主》,清华大学出版社 2006 年版,第 72、74 页。
② 《罗浮待鹤山人诗草》,载夏东元编:《郑观应集》下册,上海人民出版社 1988 年版,第 1336、1356 页。
③ 梁启超:《立宪法议》,载《清议报》第 81 册,1901 年 6 月 7 日,本节以下引文未注明者均出自该文。

先前王韬等人有关政体的三分法(君主之国、君民共主之国、民主之国)在19世纪后期几乎被奉为经典的分类。20世纪梁启超率先以宪法为尺度重新厘清政体的类别,完成了政体分类的话语转换。前一种分类关注点在谁来做主,而梁氏的分类关注点落在宪法之有无上。

> 世界之政有二种:一曰有宪法之政(亦名立宪之政),二曰无宪法之政(亦名专制之政)。采一定之政治以治国民谓之政体。世界之政体有三种:一曰君主专制政体,二曰君主立宪政体,三曰民主立宪政体。今日全地球号称强国者十数,除俄罗斯为君主专制政体,美利坚、法兰西为民主立宪政体外,自余各国则皆君主立宪政体也。君主立宪者,政体之最良者也。民主立宪政体,其施政之方略,变易太数,选举总统时,竞争太烈,于国家幸福,未尝不间有阻力。君主专制政体,朝廷之视民如草芥,而其防之如盗贼;民之畏朝廷如狱吏,而其嫉之如仇雠。

与专制王朝相比,有限政府是现代民主宪政体制的基本特征。

> 立宪政体,亦名为有限权之政体;专制政体,亦名为无限权之政体。有限权云者,君有君之权,权有限;官有官之权,权有限;民有民之权,权有限。故各国宪法,皆首言君主统治之大权及皇位继袭之典例,明君之权限也;次言政府及地方政治之职分,明官之权限也;次言议会职分及人民自由之事件,明民之权限也。

现代宪政制度不仅要限制君权,界定官权,更要以普遍的民权为基础。

> 民权者,所以拥护宪法而不使败坏者也。……苟无民权,则虽有至良极美之宪法,亦不过一纸空文,毫无补济,其事至易明也。不特此也,即使代代之君主,圣皆如汤、禹,明皆如高、光,然一国之大,非能一人独治之也,必假手于官吏。官吏又非区区少数之人已也,乃至千万焉、亿兆焉。天下上圣少而中材多,是故勉善难而从恶易,其所以不敢为非者,有法以限之而已;其所以不敢不守法者,有人以

监之而已。……是故欲君权之有限也,不可不用民权;欲官权之有限也,更不可不用民权。

囿于对皇权的敬畏或国民接受的限度,梁启超虽未阐述西方立宪思想的中的"普遍性恶"原则,但对必行民权的论证同样有较强的说服力。故得出了如下的结论:"宪法与民权,二者不可相离,此实不易之理,而万国所经验而得之也。"在他看来,民主绝对是个好东西,而拒绝民主是没有任何道理的!

古今国家,兴衰相继,唯有民主宪政可保国家之稳定与长治久安:

> 专制之国,遇令辟则治,遇中主则衰,遇暴君即乱,即不遇暴君,而中主与中主相续,因循废弛之既久,而亦足以致乱。……若立宪之国,则无虑是。君位之承袭,主权之所属,皆有一定,而岂有全壬得乘隙以为奸者乎?大臣之进退,一由议院赞助之多寡,君主察民心之所向,然后授之,岂有操、莽、安、史之徒,能坐大于其间者乎?且君主之发一政、施一令,必谋及庶人,因国民之所欲,经议院之协赞,其有民所未喻者,则由大臣反复宣布于议院,必求多数之共赞而后行。民间有疾苦之事,皆得提诉于议院,更张而利便之,而岂有民之怨其上者乎?故立宪政体者,永绝乱萌之政体也。

此论虽不免有"宪政万能"之嫌,但在客观上可启导国人对宪政的热情期待与无限想象,并使传统的治乱相袭的循环史观得到刷新。

在《时务报》时期,民权说通常被视为君主之天敌。"吾侪之昌言民权,十年于兹矣;当道者忧之、嫉之、畏之,如洪水猛兽然。此无怪其然也,盖由不知民权与民主之别,而谓言民权者必与彼所戴之君主为仇,则其忧之、嫉之、畏之也固宜。"为此,梁氏为"民权"正名,民权论即主张君主立宪制:

> 不知有君主之立宪,有民主之立宪,两者同为民权,而所以驯致之途,亦有由焉。凡国之变民主也,必有迫之使不得已者也。使英人非虐待美属,则今日之美国,犹澳洲、加拿大也;使法王非压制其

民,则今日之法国,犹波旁氏之朝廷也。故欲翊戴君主者,莫如兴民权。不观英国乎?

梁氏在此将民权制界定为君主立宪和民主立宪两种,而"驯致之途"取决于君王与臣民关系紧张的程度,实暗含对朝廷的警告与规劝。如拒绝君主立宪将导致颠覆君主制,实现法国式的民主立宪制。

自严复将达尔文的进化论引进中国并在知识界中传播以来,"公理"一词的使用频率越来越高。梁启超认为行立宪,符合公理,这将是20世纪不可抗拒的潮流:

> 今日之世界,实专制、立宪两政体新陈嬗代之时也。按之公理,凡两种反比例之事物相嬗代必有争,争则旧者必败而新者必胜。故地球各国,必一切同归于立宪而后已,此理势所必至也。以人力而欲与理势为敌,譬犹以卵投石,以蜉撼树,徒见其不知量耳。

虽然梁氏对立宪有着强烈的期盼,但他并不认为当下中国即可行立宪,征之于各国的立宪史,立宪是有条件的。宪法乃万世不易者,是一切法度之根源。"故当其初立之也,不可不精详审慎,而务止于至善。日本之实行宪法也,在明治二十三年;其颁布宪法也,在明治十三年;而其草创宪法也,在明治五年。当其草创之始,特派大臣五人,游历欧洲,考察各国宪法之同异,斟酌其得失;既归而后,开局以制作之。"为此,梁启超还开列了一个中国20年立宪的路线图①。"立宪政体者,必民智稍开而后能行之。日本维新在明治初元,而宪法实施在二十年后,此其证也。

---

① 一、首请皇上涣降明诏,普告臣民,定中国为君主立宪之帝国。二、宜派重臣三人,游历欧洲各国及美国、日本,考ئ其宪法之同异得失,何者宜于中国,何者当增,何者当弃。三、所派之员既归,即当开一立法局于宫中,草定宪法,随时进呈御览。四、各国宪法原文及解释宪法之名著,当由立法局译出,颁布天下,使国民咸知其来由,亦得增长学识,以为献替之助。五、草稿既成,未即以为定本,先颁之于官报局,令全国士民皆得辨难讨论,或著书,或登新闻纸,或演说,或上书于立法局,逐条析辩,如是者五年或十年,然后损益制定之。定本既颁,则以后非经全国人投票,不得擅行更改宪法。六、自下诏定政体之日始,以20年为实行宪法之期。参见闾小波《论近代中国宪政期成之争》,载《南京大学学报》2008年第5期。

中国最速亦须十年或十五年,始可以语于此。问者曰:今日既不可遽行,而子汲汲然论之何也？曰:行之在十年以后,则定之当在十年以前。"①此论看似与其在《时务报》时期谈民智与民权的关系如出一辙,但此时找到了验证这一观点的有力证据。

《新民丛报》时期的梁启超正处在一个思维活跃的巅峰期。总体而言,他心目中理想的国家是英国,对英国的民情、政制倍加推崇。受其影响的胡适对此印象也极为深刻。梁氏"那样热烈提倡的新民的新德性,如独立、自由、自治、自尊、自立、冒险、进步、尚武、爱国、权利思想,……无一项不是那十九世纪的安格鲁撒克逊民族最自夸的德性。那时代中国知识界的理想是西洋文明,只是所谓维多利亚时代的西欧文明;精神是爱自由的个人主义,生产方式是私人资本主义,政治组织是英国遗风的代议政治。"②

20世纪初,"梁启超式"的西学输入内容极为广泛,其中既有他撰写的,也有编写或翻译的,其思想观点前后并不统一,也不系统。在其构建的民主知识库中可以找到各种(甚至相互矛盾的)民主学说以及不同历史时期代表人物的观念;其对民主的诉求既有应然的,也有实然的。有关自由的论述大致经由激进而审慎的转变,对于主权在"民"还是在"国"？他也曾摇摆不定,对卢梭的评价先是推崇,后又有所保留。凡此,在知识界引起过不小的争议,但这非但不影响其对民主观念的传播,反而吸引了更多的人关注民主,探讨民主。当民主、共和成了人们热议的话题时,国人有关民主的理解出现了前所未有的分岔,并朝着两极化的方向发展。

---

① 以上引文皆见梁启超:《立宪法议》,载《清议报》第81册,1901年6月7日。
② 胡适:《建国问题引论》,载《独立评论》第77号,1933年11月19日。

第二节　革命派浪漫主义民主观的强势表达

传统中国的制度资源是单一的。近代以降,面对众多的制度资源,中国人不仅面临制度的选优汰劣,还面临通往最优制度的路径选择。西方早在古希腊时期就存在众多的制度资源,政论家们乐道于政体优劣之比较。亚里士多德对那个时代的政论家作了这样的分类:

> 世上的政论家可以分为两类:有些人追求最崇高的(理想)制度,那是必须有广大的自然条件作为基础的。另一些人虽然崇尚实际政治,却老是不满自己所处身于其中的本邦的体系,而往往盛称拉根尼(斯巴达)(一个兼顾品德和人数、贵族和民主的混合政体——引者注)或其他城邦的良法。①

> 最良好的政体不是一般现存城邦所可实现的,优良的立法家和真实的政治家不应一心想望绝对至善的政体,他还必须注意到本邦现实条件而寻求同它相适应的最良好政体。……政治学术还该考虑,在某些假设的情况中,应以哪种政体为相宜;并研究这种政体怎样才能创制,在构成以后又怎样可使它垂于久远。②

20世纪初中国政论家所面临的情况与亚氏当时面临的情况有相似之处。他们有"崇高的理想",也关切"本邦现实条件",但他们对理想与现实条件有着各自不同的理解,故而大致可分为"两类政论家",孙中山和梁启超分别是其中的代表人物。

如果说1899～1903年梁启超倾心从英国、美国、法国、德国等西方国家输入各种民主学说,那么1903年前后以群体姿态登上历史舞台的革命青年则有选择地推崇法国和美国,尤其是法国的暴力革命模式。振

---

① (古希腊)亚里士多德:《政治学》,吴寿彭译,商务印书馆1996年版,第177页。
② (古希腊)亚里士多德:《政治学》,吴寿彭译,商务印书馆1996年版,第176页。

兴中华,千头万绪,唯有革命可以纲举目张,可以毕其功于一役。自1903年以后中国的思想界几乎成了革命浪漫主义者独步的舞台,革命浪漫主义者在随之而至的革命行动中释放出来的巨大能量对其后的政治发展与民主观念产生了深远的影响。

罗素在分析欧洲的浪漫主义时发现,"合成彻底浪漫主义的全部要素"有以下五种:叛逆、反抗、藐视陈规、不顾后果以及行为崇贵。"为了希腊的自由事业而死在密索隆奇沼泽地,这一直是诗人拜伦最伟大的浪漫主义姿态。德国和法国后来的浪漫主义诗歌都受到了他的影响。"① 欧洲的浪漫主义首先在青年诗人中获得知音,中国青年诗人同样充满豪情,具有革命浪漫主义者的精神气质。如,金松岑作诗抒豪情:

> 娶妻当如韦露碧,生儿当生玛志尼。得听雄鸡三唱晓,我侬身在法兰西。②

> 支那有一士,独立三十春;十五好词赋,二十穷典愤。少更多事代,南疆战血腥;中历忧患界,东海飞琼尘。健者振笔呼,慨然起合群;大开国耻会,诞育军国民。③

中国的革命浪漫主义者虽然于1903年前后才登上历史舞台,但先前谭嗣同喋血菜市口的壮举以及激进思想已经在召唤革命浪漫主义者。台湾学者黄克武先生将清末激进思想与调适思想的分野追溯至谭嗣同时期有道理的:

> 在目标方面,谭氏较高远并重视群体,梁氏则较平实而环绕着个人;在知识方面,谭氏以科学为基础建立一完整系统,梁氏则系统性不那么强,并以为在科学范畴之外有道德涵养的世界;在人性论

---

① (英)罗素:《西方的智慧》,崔人元译,世界知识出版社2007年,第279页。
② 松岑:《陈君去病归自日本,同人欢迎于作文地氏退园,醉归不寐,感事因作》,载《江苏》第5期,1903年8月23日。
③ 松岑:《今怀》,载《江苏》第4期,1903年6月25日。

方面,谭氏主性善,梁氏则有较强的幽暗意识;在对现实的态度上,谭氏较激烈,要打破三纲五常与推翻满人政权,梁氏则较平缓,他肯定儒家传统,主张由君宪过渡到共和;在方法上,谭氏倾向流血革命,要从平天下做起,梁氏则支持和平改革,以个人的修身为齐家治国的基础。①

孙中山在兴中会时期提出的"驱除鞑虏,恢复中华,建立合众政府"的纲领为革命浪漫主义者指明了奋斗的目标,但当时的社会背景与知识基础尚不足以使革命浪漫主义者以群体的姿态登上历史舞台。庚子事变以后民族危机进一步加深,朝廷摆出了政改的姿态(厉行"新政"),使"庶人议政"具有了正当性;而梁启超构建的民主知识库不仅为人们提供了一把衡量政改正当性的尺度——民主、宪政,而且唤起人们对政改所能达至限度的想象——民主共和。

广义的近代中国革命属民主革命的范畴。追求民主,颠覆专制是其最为重要的政治使命。纵览近代各国的民主化进程,由专制通往民主的实现方式有多种,有暴力革命,也有政治改良;暴力革命也有法国式的大革命,也有英美式的有限革命。而民主的实现方式或制度安排也非唯一的,民主共和制有之,君主立宪者也不少。最终以何种方式达至民主当取决于一国的国情、民情及所处的历史阶段,即"本邦实现条件"。中国作为一个民主化进程中的"后来者",在追求民主的过程中自然要师法"先行者"的实现路径与实现样式。回到历史的场景,革命派与改良派的争论其实是不同实现路径与实现方式之争,并不存在《新民丛报》主张专制的事实,民主是他们共同的目标,而专制政体是他们共同的敌人。

尽管在20世纪前后,两派的政见分歧日渐鲜明,1903年前后甚至发

---

① 黄克武:《一个被放弃的选择:梁启超调适思想之研究》,新星出版社2006年版,第168页。黄先生还认为:这条激进的思路是"以谭嗣同与章炳麟等人的思想为其萌芽或代表的,孙中山的思想在某种程度上,与此方向颇为接近,而后来的五四运动和毛泽东思想,也与清末这种转化性取向有某种程度的关系"。第35页。

生过观念的交锋,但大论战的全面展开则是在 1905 年中国同盟会成立以后,激辩的时间近两年,论战文字累计多达百余万,这大大超过了此前半个世纪中国人讨论民主文字的总和,而中国人有关民主的观念与实现民主的路径由此出现了分岔。

孙中山虽然是近代中国民主革命也是革命浪漫主义的先行者,但自兴中会成立以来孙中山在内地的同道者并不是很多,其在中国沿海及东南亚的反叛活动与思想传播的成效并不理想。故在 1903 年 9 月~1905 年 7 月孙中山作为革命浪漫主义的布道者远赴欧美,在华侨和留学生中寻觅知音,建立革命组织。恰好在这期间革命浪漫主义在留日学生及中国沿海知识青年中弥散开来,其最强有力的助推器则是邹容于 1903 年 5 月发表的《革命军》。

20 世纪初邹容(1885~1905)在中国思想界的影响力似乎与其年龄及留下来的文字数量(《革命军》不过是一本仅有 2 万字的小册子)极不相称。1902 年秋 17 岁的邹容来到日本后,接触到了西方的民主思想,很快由一个思想叛逆的青年转变成革命浪漫主义者。邹容的革命思想有两个来源,一是近代西方民主革命时期的经典,如卢梭的《民约论》、孟德斯鸠的《万法精神》、弥勒的《自由之理》、《法国革命史》、《美国独立之檄文》等,二是中国传统的汤武革命及种族主义与夷夏观念。邹容通过对如下命题的阐发,以简洁而流畅的笔触构建了一幅革命浪漫主义的诱人图画:

1. 革命是必然而神圣的。

> 我中国今日欲脱满洲人之羁缚,不可不革命。我中国欲独立,不可不革命。我中国欲与世界列强并雄,不可不革命。我中国欲长存于二十世纪新世界上,不可不革命。我中国欲为地球上名国,地球上主人翁,不可不革命。
>
> 巍巍哉!革命也。皇皇哉!革命也。
>
> 大怪物哉!革命也。大宝物哉!革命也。吾今日闻之(英、美、

法之革命),犹口流涎而心痒痒。

> 革命者,天演之公例也。革命者,世界之公理也;革命者,争存亡过渡时代之要义也;革命者,顺乎天而应乎人者也。

2. 革命万能。

> 革命者,去腐败而存良善者也;革命者,由野蛮而进文明者也;革命者,除奴隶而为主人者也。

3. 革命教育是"文明革命"的前提条件之一。

"文明之革命,有破坏有建设,为建设而破坏。……欲大建设,必先大破坏;欲大破坏,必先大建设。此千古不易之定论。"所谓"必先有大建设",并非指国家的物质建设,而是指"革命之教育",要求中国人当知"中国者中国人之中国也"、人的自由与平等权利是天赋的、要有"政治法律之观念"。

4. 革命英雄主义与革命浪漫主义是革命家必备的崇高品格。

革命家要养成"上天下地,惟我自尊,独立不羁之精神";"冒险进取,赴汤蹈火,乐死不辟之气概";"相亲相爱,爱群敬己,尽瘁义务之公德";"个人自治,罢休自治,以进人格之人群"。

邹容对未来中国政治目标之构建大体上是对美国政制的移植,国名为"中华共和国"。"所有宣战、议和、订盟、通商,及独立国一切应为之事,俱有十分权利与各大国平等。""立宪法,悉照美国宪法,参照中国性质立定。""自治之法律,悉照美国自治法律。""凡关全体个人之事,及交涉之事,及设官分职,国家上之事,悉准美国办理。"①

邹容理直气壮地讴歌革命,推崇暴力,一改王韬、康有为笔下法国大

---

① 邹容:《革命军》,中国近代史资料丛刊:《辛亥革命》第1册,上海人民出版社1957年版,第332~364页。

革命"流血盈野,死人如麻"①那种令人恐惧的惨状,启开近代中国革命浪漫主义、革命救世主义之先河。

统计《革命军》中的核心概念及词频,也可勾画出邹容所讲的"革命"的意涵:革命(99)、国民(29)、独立(28)、自由(26)、权利(21)、平等(13)、文明(12)、主人(12)、义务(10)、自治(9)、议院(5)、民主(1)。从词频的数量也不难看出,"革命"一词居于核心地位,其他词汇均用来强化革命的正当性及功效。

一个经历了太多的挫折与毁辱的民族,太需要一个点燃民族激情的观念,而口号或纲领式的小册子也许是最佳的表达此种观念的载体。《革命军》充满激情,撩人魂魄,气壮山河,不仅催人泪下,更激励着无数热血青年为"驱除鞑虏"抛头颅、洒热血。该书出版后,很快冲破了官方的封锁,通过半公开或秘密渠道在学界、军中由沿海向内地流传,风靡大江南北,被媒体誉为"今日国民教育之第一教科书"。据冯自由估计,其发行量在百万册,占清季革命宣传品销场第一位。鲁迅在评估此间各种革命动员的文献时也有中肯之论:那些"悲壮淋漓的诗人,也不过是纸片上的东西,于后来的武昌起义怕没有什么大关系。倘说影响,则别的千言万语,大概都抵不过浅近直截的'革命军马前卒'邹容所做的《革命军》"②。冯自由从观念导致行动的逻辑出发,甚至认为,邹容因著《革命军》,其"功不在孙、黄、章诸公之下"③。在世纪之初,《革命军》几乎成了绝大多数青年知识分子的《圣经》。"少年壮志扫胡尘,叱咤风云'革命军'。号角一声惊睡梦,英雄四起挽沉沦。"④

邹容(1903年在沪被捕,两年后死于狱中)虽然不是第一位为民主革

---

① 康有为:《进呈法国革命记序》,汤志钧编:《康有为政论文集》上册,中华书局1981年,第308页。
② 鲁迅:《杂忆》,载《莽原周刊》第9期,1925年6月19日。
③ 冯自由:《革命逸史》初集,中华书局1981年版,第49页。
④ 吴玉章:《纪念辛亥革命五十周年》,载《人民日报》1961年10月10日。

命捐躯的烈士,但却是继谭嗣同①之后影响最大的反清英烈。民主、革命、流血,从此有着无法切割的关联。邹容也因此成为革命英雄主义与革命浪漫主义的化身。

革命浪漫主义的弥散为革命运动的展开提供了一定的思想铺垫,而革命运动的展开还有赖于革命领袖对革命力量的整合和革命进程的规划。1905年夏孙中山再次回到日本,并整合革命团体,成立了统一的革命组织——中国同盟会。

孙中山是革命的政治领袖与精神领袖,其政治逻辑是毕其功于一役,即在排满的同时,乘势颠覆专制政体,建立共和制,并实现民生主义,以避免中国出现那种过于两极化的资本主义经济制度,进而使中国在政治、经济等方面后来居上。1905年8月13日孙中山在东京中国留学生欢迎大会的演说阐明了革命浪漫主义的行动纲领。

1. 中国完全可以后来居上,短期内迅速赶超西方大国。

> 中国之文明已著于五千年前,此为西人所不及,但中间倾于保守,故让西人独步。然近今十年思想之变迁,有异常之速度。以此速度推之,十年、二十年之后,不难举西人之文明而尽有之,即或胜之焉,亦非不可能之事也。

2. 政治制度的取舍如同科技成果一样,择优而从。

> 又有谓各国皆由野蛮而专制,由专制而君主立宪,由君主立宪而始共和,次序井然,断难躐等;中国今日亦只可为君主立宪,不能躐等而为共和。此说亦谬,于修筑铁路可以知之矣。铁路之汽车,始极粗恶,继渐改良,中国而修铁路也,将用其最初粗恶之汽车乎?抑用其最近改良之汽车乎?

---

① 谭嗣同就义那年,年仅13岁的邹容就十分仰慕谭氏的为人,参见邹鲁《中国国民党史稿·邹容略传》,上海书店1989年版。

3. 真正的民主立宪制度必以流血而得之。

吾侪不可谓中国不能共和,如谓不能,是反夫进化之公理也,是不知文明之真价也。且世界立宪,亦必以流血得之,方能称为真立宪。同一流血,何不为直截了当之共和,而为此不完不备之立宪乎?①

领袖通常是政治议题的设计者,其思想的阐释与宣传则由一批政治宣传家来担纲。

革命阵营中继之而起者当推陈天华、胡汉民、汪精卫等②。其时章太炎的思想影响虽大,但传统的狭隘的民族主义有余,具有现代性特征的民主观念不足,而朱执信的思想因过于超前(他接受了各式各样的社会主义),回应者寥寥。

陈天华,步武邹容,著有说唱体的《警世钟》与《狮子吼》,宣扬的是民族主义与民主思想,其政治主张的代表作是《论中国宜改创民主政体》。他认为,从比较政治的角度看,"共和善"。君主立宪派是"为彼少数异种方握政权者计,而非为我汉族光复于将来者计",这不仅曲解了君宪派的政治主张,而且扣上了一顶与专制同道、与异族为伍的政治帽子,可谓一语即置其于死地!该文的主旨是以破代立,即通过破君宪派的民智不逮论,而立"排满—共和"。君宪派认为:"国之治化,其进在群,群之为道,其进以渐;躐等而求之,则反蹶则仆,或且失其最初之位置。法兰西之革命,流血至多,而卒不若英国民权之固,由程度之不逮也。中国经二十余朝之独夫民贼,闭塞其聪明,箝制其言论,灵根尽去,锢疾久成,是虽块然七尺之躯乎,而其能力之弱,则与未成年者相差无几,遽欲与他人之成年者同享自由之福",其不可得。陈天华的反驳是尽显约化、煽情、豪迈的特点。

---

① 过庭(陈天华):《记东京留学生欢迎孙君逸仙事》,载《民报》第 1 号,1905 年 10 月。
② 他们三人均是日本法政大学为中国留学生设立的法政速成科的学生,其政治思想较为接近。

> 吾民族有四千余年之历史,有各民族不及之特质,姑不论,即以目近而言,民族主义提倡以来,起而应之者,如风之起,如水之涌,不可遏抑,是岂绝对无能力者所能之耶?……质而言之,吾民族之进步实具长足之进步也。西人未脱于榛狉之时,吾族之文明实达于极点,特因四旁皆蛮夷,无相竞争之族,侈然自大,流于安逸,渐致腐败。幸与欧美接触,其沉睡亦稍醒悟矣。醒悟之后,发奋自雄,五年小成,七年大成,孰能限制之。
>
> 使中国改而共和也,当兴立兴,当革立革,雷厉风行,毫无假借,岂若今政府之泄泄乎!吾侪求总体之自由者也,非求个人之自由者也。以个人之自由解共和,毫厘而千里也。共和者,亦为多数人计,而不得不限制少数人之自由,且当利未见害未形之时,自非一般人所能分晓,于是公举程度较高于一般人者为之代表,以兴利于未见,除害于未形。

在他看来,所谓民主有条件论、民智的程度不高等,实是迂腐之见。"吾欲彼志行薄弱者姑缄其口,拭目以俟吾人之效果也,而何有程度之足云哉!"①

孙中山的助手胡汉民的浪漫主义民主观的表达亦循此思路。

> 惟我汉族,民族思想与民权思想发达充满,故能排满,能立国,而既已能排满立国,则探乎一般社会之心理,必无有舍至平等之制不用,而犹留治人者与治于人者之阶级也。若虑夫革命之际,兵权与民权相抵触,而无以定之,则孙逸仙先生之言约法精矣。②

胡汉民虽然接受了"开明专制"→"民主"的逻辑,但认为"开明专制"时代在中国早就过去了:

---

① 思黄(陈天华):《论中国宜改创民主政体》,载《民报》,第1号,1905年10月。
② 汉民:《民报之六大主义》,载《民报》第3号,1906年4月。

>吾人闻最新法学者之言,谓立宪之先,必有开明专制时代。所谓开明专制时代者,其君以植民权为目的,而用民权为手段,训练其民,使有立宪国民之资格者,如拿破仑之于法是也。以言中国,则汉唐盛时亦为开明专制时代(说本日本法学博士笕克彦)。准是以言,则中国之为开明专制已久,虽中经异族之乱,而根株不尽斲丧。今日征以历史,而断言我民族不可以为共和立宪,不知何据。①

汪精卫的《驳〈新民丛报〉最近之非革命论》较集中地反映了其民主观。汪精卫并不反对立宪,甚至也不排斥开明专制。与君宪派所不同的是:不进行政治革命,则不能立宪;不进行种族革命,则不能立宪。"革命者,建立宪制之唯一手段也。"

>开明专制者,待其人而后行。……然欲得其人非能自然必至,乃偶然之遭值而已。且治国者不徒恃有治人而兼恃有治法,开明专制有治人无治法者也。彼非无法,而法之力不足以限制之,则犹之无法也。故开明专制非适宜于今日之中国,尤非能望之今日之政府者也。

>自由、平等、博爱三者,人类之普通性也。……论者(指梁启超)虽武断,敢谓我国民自有历史以来,绝无自由、平等、博爱之思想乎?但观贵族政治,至战国而荡尽,我国民之精神,宁可诬者?夫我国民既有此自由、平等、博爱之精神,而民权立宪,则本乎此精神之制度也,故此制度之精神,必适合于我国民,而决无虞其格格不入也。②

革命党人对民主的期盼是真诚的,但他们对民主的理解过于表象化,将民主之获取看得过于易得,总以为有革命为因,即可得民主之果。革命党人的浪漫主义民主观充满了豪情与想象,革命后的中国好似一张白纸,可以绘就人类历史上最为美好的民主蓝图。《革命军》的结语是这

---

① 汉民:《民报之六大主义》,载《民报》第 3 号,1906 年 4 月。
② 精卫:《驳〈新民丛报〉最近之非革命论》,载《民报》第 4 号,1906 年 5 月。

一代革命青年政治心理的生动写照：

> 掷尔头颅,暴尔肝脑,与尔之世仇满洲人,与尔之公敌爱新觉罗氏,相驰骋于枪林弹雨中;然后再扫荡于涉尔主权之外来恶魔,尔国历史之污点可洗,尔祖国之民(名)誉飞扬,尔之独立旗已高标于云霄,尔之自由钟已哄哄于禹城,尔之独立厅已雄镇于中央,尔之纪念碑已高耸于高冈,尔之自由神已左手指天,右手指地,为尔而出现。嗟夫! 天清地白,霹雳一声,惊数千年之睡狮而起舞,是在革命,是在独立。皇汉人种革命独立万岁! 中华共和国万岁! 中华共和国四万万同胞的自由万岁!①

革命派普遍对民智的程度及其提高抱乐观的态度,中国通往民主的道路如同他们就读的法政速成科一样,可"五年小成,七年大成"。

视革命为万能的工具,民主、独立、平等、自由等目标可以因革命而自动生成,而这正是法国大革命催生出来的一种革命观。对此,阿伦特有颇为精当的概括:

> 革命这一现代概念与这样一种观念是息息相关的,这种观念认为,历史进程突然重新开始了,一个全新的故事,一个之前从不为人所知、为人所道的故事将要展开。十八世纪末两次伟大革命之前,革命这一现代概念并不为人所知。在加入到后来才证明是一场革命的事业之前,演员们丝毫也无法预知这场新戏剧的情节将如何发展。然而,一旦革命的战车驶入轨道,早在相关人等得知他们的事业以胜利还是以灾难告终之前,故事的新意和情节的深刻意义都已经向演员和观众一起展示出来了。②

无论是逻辑还是中外历史的经验都表明,作为工具的革命,可能有

---

① 邹容:《革命军》中国近代史资料丛刊《辛亥革命》第 1 册,上海人民出版社 1957 年版,第 363—364 页。
② (美)汉娜·阿伦特:《论革命》,陈周旺译,译林出版社 2007 年版,第 17 页。

助于民主、自由等价值的实现。但,"解放与自由并非一回事;解放也许是自由的条件,但绝不会自动带来自由;包含在解放中的自由观念只能是消极的,因此,即便是解放的动机也不能与对自由观念的渴望等而视之"①。

第三节　君宪派审慎民主观的弱势论辩

与革命浪漫主义者的强势姿态相比,主张君主立宪的梁启超等人处于弱势地位。1903年之前在梁启超构建的民主知识库里虽不乏浪漫主义的成分,但自1903年访美归来后,一改此前"破坏主义"的立场,转而强调"共和国民应有之资格,我同胞虽一不具,且历史上遗传性习,适与彼成反比例"②。面对革命派浪漫主义民主观的弥漫,向为自信的梁启超公开与其辩论,以捍卫其青年人精神导师的地位。以梁氏为代表的审慎的民主观日渐成型,而原先夹杂的浪漫主义民主观的成分也被其剔除。

20世纪初年,梁启超的思想是庞杂的,其中也夹杂了不少欧洲激进主义与浪漫主义的思想成分。1900~1902年间,梁启超在日本一接触到卢梭的思想即为其所折服。他不遗余力地讴歌法国革命,颂扬卢梭是法国革命的精神领袖。他体悟到若没有孟德斯鸠、卢梭,就不可能成就法国大革命。"《民约论》者,法国大革命之原动力也;法国大革命,十九世纪全世界之原动力也。"③(而柏克则确信:"卢梭的著述会直接导致这种可耻的邪恶。"④)梁启超先后发表了《卢梭学案》、《民约论巨子卢骚之学说》,对卢梭的"人民主权"思想顶礼膜拜,称"《民约论》正今日中国独一

---

① (美)汉娜·阿伦特:《论革命》,陈周旺译,译林出版社2007年版,第18页。
② 梁启超:《政治学大家伯伦理知之学说》,《饮冰室文集》之十三,中华书局1989年版,第85页。
③ 《梁启超:论学术势力之左右世界》,载《新民丛报》第1号,1902年2月8日。
④ (英)埃德蒙·柏克:《自由与传统——柏克政治论文选》,蒋庆等译,商务印书馆2001年版,第202页。

无二之良药也"①。

梁氏还甘冒"举国皆敌我"的风险,鼓吹"破坏主义",并撰写了《讨伐专制政体檄》的鸿文,为革命造势,其于20世纪初中国革命思想生成之贡献丝毫不逊于孙中山。

如果说在1903年前梁启超在革命与改良、渐进与激进、共和与君宪,"排满建国主义"与"大民族主义"等问题上尚无定见的话,那么到1903年后,他对自己此前介绍过的西方思想进行梳理、辨析、取舍,并形成了与革命党人浪漫主义民主观完全不同的审慎的民主观。

梁氏的转向从否定卢梭学说开始。基于卢梭学说及《革命军》等在中国已催生出了一种反叛的危险的社会行动,即新式学堂大规模的"退学风潮"②。他敏锐地洞察到此"风潮"实是"卢梭思想—法国大革命"的"中国版"雏形。梁氏遂对卢梭学说提出批评:

> 五年以来,卢(梭)氏学说,稍输入我祖国。彼达识之士,其孳孳尽瘁以期输入之者,非不知其学说在欧洲之已成陈言也,以为是或足以起今日中国之废疾,而欲假之以作过渡也。顾其说之大受欢迎于我社会之一部分者,亦既有年;而所谓达识之士,其希望之目的,未睹其因此而得达于万一,而因缘相生之病,则已渐萌芽,渐弥漫一国中。现在未来不可思议之险象,已隐现出没,致识微者慨焉忧之。③

梁氏后来的追述对这一转变作了更为直白的表达:

> 见留学生及内地学校,因革命思想传播之故,频闹风潮。窃计学生求学,将以为国家建设之用,雅不欲破坏之学说,深入青年之脑。又观乎无限制之自由平等说,流弊无穷,惴惴然惧。又默察人

---

① 梁启超:《答某君问法国禁止民权自由之说》,载《新民丛报》第25号,1903年2月11日。
② 1902年10月上海南洋公学200余名学生退学,继而在许多新式学堂引发"退学风潮"。
③ 梁启超:《政治学大家伯伦知理之学说》,载《新民丛报》第32号,1903年5月25日。

民程度,增进非易,恐秩序一破之后,青黄不接,暴民踵起,……自此思想来往于胸中,于是极端之破坏不敢主张矣。①

卢梭走下了神坛,法国大革命自然失去原先的光环。卢梭思想的崇拜者、法国第一女杰罗兰夫人在被雅各宾派送上断头台前的遗言"呜呼!自由自由,天下古今几多之罪恶,假汝之名以行"深深打动了梁启超。他确信人民的自治力是民主革命成功的要件:

> 英国革命之后,则宪政确立焉,民业骤进焉,国威大扬焉。法国革命后,则演成恐怖时代,长以血迹污染其国史,使千百年后闻者,犹为之股栗,为之酸鼻。若是者何也?英国人能自治,而法国人不能也。能自治之民,平和可也,破坏亦可以也。平和时代,则渐进焉,破坏时代,则骤进焉。不能自治之民,则固不可以享平和,亦不可以言破坏。平和时代,则其民气惰而国以敝,破坏时代,则其民气嚣而国以危。②

> 法国大革命之始,民党民士星罗棋布,风驰电掣,只能破坏法国,不能成就法国,而成就之者乃一当时无名之拿破仑。③

如果说卢梭学说是浪漫主义民主论者的最为重要的思想资源的话,那么"排满建国"口号则是其最具感召力的政治动员纲领。其实,20世纪初梁氏就率先提出了张扬民族主义、构建现代民族国家的主张,但他倡导的民族主义实是抵抗西方民族帝国主义的爱国主义。这一思想很快为革命浪漫主义者所承接,转换成排满的民族主义或"排满建国主义"。邹容就高呼"中国者,中国人之中国也"。"中国为中国人之中国,我同胞

---

① 丁文江等编:《梁启超年谱长编》,上海人民出版社1983年版,第298~299页。
② 梁启超:《近世第一女杰罗兰夫人传》,载《新民丛报》第18号,1902年10月16日。
③ 梁启超:《自由书·十九世纪之欧洲与二十世纪之中国》,载《清议报》第96册,1901年11月1日。

皆须自认为自己汉种中国人之中国。"①"合同种,异异种,以建一民族的国家,是曰民族主义。""非民族的国家不得谓之国"②。对此,梁启超则提出了"大民族主义"的概念加以反驳,主张"合汉、合满、合蒙、合回、合苗、合藏,组成一大民族"。"吾中国言民族者,当于小民族主义之外,更提倡大民族主义者。小民族主义者何? 汉民族对于国内他族是也。大民族主义者何? 合国内本部属部之诸族,以对于国外之诸族是也。"③"大民族主义"的概念随后逐步被其提出的"中国民族"、"中华民族"所取代④。

针对革命党人那种"革命"、"民主"波涛相随的断言,梁氏反唇相讥。他从中外历史的经验出发,断言革命只能以暴易暴。"在历史上久困君主专制之国,一旦以武力颠覆中央政府,于彼时也,惟仍以专制行之,且视前此之专制更加倍蓰焉,则国本其庶可定,所谓刑乱国用重典是也。"他断言:"人民以武力颠覆中央政府,其与共和立宪制,无一毫因果之关系"⑤。因为"革命事业,其与秩序性质,最难相容,虽以素有秩序之民行之,其骚扰混杂,犹常在意计之外,若以素无秩序之民行之,其危险宁更可思议耶!"其危险将表现为:

> 中央旧政府既倒,而新共和政府不能成立,或暂成立而旋起冲突,中央纷如乱麻;而各省新经兵燹之后,人民生计颠顿,加以乱机已动,人人以好乱为第二之天性,自然的暴动陆续起,而政府所有有限之军队,不能遍镇压此无垠之广土,于是秩序一破,不可复回,而外国之干涉乃起。⑥

---

① 邹容:《革命军》,中国近代史资料丛刊:《辛亥革命》第1册,上海人民出版社1957年版,第351、361页。
② 余一(蒋方震):《民族主义论》,载《浙江潮》第1期,1903年2月。
③ 梁启超:《政治学大家伯伦知理之学说》,载《新民丛报》第32号,1903年5月25日。
④ "最早具有较为明确的中国各民族一体融合的'大民族'现代观念,且率先在这一意义上使用'中国民族'和'中华民族'一词者,可能均为梁启超。"参见黄兴涛《重铸中华:近代中国"中华民族"观念研究》,北京师范大学出版社2017年版,第60—61页。
⑤ 梁启超:《申论种族革命与政治革命之得失》,载《新民丛报》第76号,1906年3月9日。
⑥ 梁启超:《暴动与外国干涉》,载《新民丛报》第82号,1906年7月6日。

梁启超的预言,可谓一语成谶。在革命大潮涌动的年代,梁氏发出如此警言,与朝中那些恪守"祖宗之法不可变"的士大夫或诅咒与谩骂"自由"、"民主"的当道者不可同日而语。因为梁氏对革命的排拒并未使他止步于反对革命的诘辩或死守传统的专制王权制度上。在他看来,革命不可取,改革不可无,立宪不可缓。梁氏强烈要求朝廷加快政治改革,推进民主化进程,扩大政治参与,以最小的成本换取政治发展,进而实现政治稳定与国家强盛。

从《时务报》到《清议报》,梁启超的思想在朝着一个激进化的方向发展,至1902年底转向持中、审慎,形成求革新、避革命的思想,这一方面与他的知识积累及对中外历史经验的观察与思考有关,另一方面与两位受其敬重的思想导师——严复与黄遵宪有关。

严复是开民智、兴民权的首倡者,深受英国式的自由主义、渐进主义的熏陶,持论平和而富有智慧,两人在《时务报》时期即有书信往还,1896年底严复还将刚译出的《天演论》手稿寄给梁启超参阅。梁称严是"于中学西学皆我国第一流人物"①。其后,严复时常对梁的不当言论进行点拨。如,当梁追随乃师康有为热衷于"保国、保种、保教"这一口号时,严复认为"教不可以保,而亦不必保"。梁阅后茅塞顿开:"不意数千年闷葫芦,被此老一言揭破。不服先生之能言之,而服先生之敢言之也"②。受其启发,梁日后发表了《保教非所以尊孔论》,与康有为分道扬镳。与梁氏的多变不同,严氏观念上有定见。1905年春他在伦敦与孙中山的一次谈话,大体能概括两种民主观的歧义。严复说:"以中国民品之劣,民智之卑,即有改革,害之除于甲者将见于乙,泯于丙者将发之于丁。为今之计,唯急从教育上着手,庶几逐渐更新乎。"孙中山答道:"俟河之清,人寿几何?君为思想家,鄙人乃实行家也。"③

---

① 梁启超:《介绍新著》,载《新民丛报》第1号,1902年2月8日。
② 梁启超:《与严幼陵先生书》,《饮冰室合集·文集》第1册,中华书局1989年版,第109页。
③ 严璩:《侯官严先生年谱》,转引自王栻主编《严复集》第5册,中华书局1986年版,第1550页。

相比之下，梁氏此间观念的转变受其亦师亦友的黄遵宪①的影响更大、更直接。黄氏自1877年出使日本，走上外交官的生涯，先后在美国、英国、新加坡等地任职。其政治主张亦经历过由激进向审慎的转变，最终坚定"以英吉利为师"的信念。1902年底，黄氏致书梁启超，详述自己对民权、自由、革命、政体等主题体认的心路历程。早在1880～1881年间，黄氏在日本读到卢梭、孟德斯鸠的著作时，"心志为之一变，以谓太平世必在民主，然无一人可与言也。及游美洲，见其官吏之贪诈，政治之秽浊，工党之横肆。……文明大国尚如此，况民智未开者乎？"黄氏认识到一国即便有优越的制度和高水准的教育，要实现民主理想同样是困难的。他断言中国采用民主或共和制是遥远的事情。三、四年后他来到伦敦，"乃以为政体当法英"，至此终身守此说。但那时黄氏的这一认知缺少知音，"胸中蓄此十数年，而未尝对一人言"②。现在黄氏明确告诫梁启超：当下中国，"以如此无权利思想、无政治思想、无国家思想之民而率之以冒险进取，耸之以破坏主义，譬之八九岁幼童授以利刃，其不至引刀自戕者几希？"所以，在中国"虽卢骚再卢骚千万卢骚，至口瘠手疲，亦断不能立之立，导之行也"③。

矜持审慎的严复、黄遵宪当是近代中国最早理解并推崇英国渐进主义、排斥法国暴力革命模式的思想家，才思敏捷的梁启超不仅承接了严、黄的审慎的民主观，更重要的是将其张扬，成为近代中国第一个高扬英国渐进主义、经验主义的旗手。在"革命"已取得了话语霸权的时代，梁氏手中的这面旗帜尽管难以招展，但并没有偃旗息鼓。

---

① 黄遵宪在去世前一年致函梁："国中知君者无若我，知我者无若君。"参见梁启超：《嘉应黄先生墓志铭》，载黄遵宪《人境庐诗草笺注》，上海古籍出版社1981年版，第1165页。
②《黄遵宪至梁启超函》，丁文江、赵文田编：《梁启超年谱长编》，上海人民出版社1983年版，第289～290页。
③《水苍雁经馆主人（黄遵宪）来简》，载《新民丛报》第24号，1903年1月13日。

第四节　民主及宪政观念的社会化与知识化

辛亥革命前中国思想界在民主观念及中国实现民主的路径方面出现了两极化的趋向,君主立宪派和革命派的领袖与追随者全力投入,展开了一场近代以来规模空前的大论战。论战在日本、南洋、美洲及内地等几乎同时展开,参与的报刊多达 20 余家。在论辩过程中革命派不惜将对方妖魔化:"《民报》主共和,《新民丛报》主专制。"①对论战结果的评估通常认为以《民报》的"全胜"而告终。所谓"全胜",一是指论战到了后期,君宪派败下阵来,革命派不战而胜;二是指最终因千年帝制被推翻,革命至少实现了"破"的目标,历史事实给论战画上了一个圆满的句号,这显然是一种以眼前的成败论英雄的逻辑。然而,无论是回到论战的现场,还是从大历史观的角度去审视,时人所言的"胜"、"败"恐非一个学术的、客观的结论,而是一个非此即彼(革命与反对革命)政治立场审查。以其后百年来中国民主的曲折进程来重新审视这场论战,君宪派的审慎不乏具有历史穿透力的政治智慧(毛泽东成立的"新民学会"即受梁氏在《新民丛报》上发表的《新民说》的启示),而革命派的浪漫主义确有诸多值得反思之处。若从民主观念的社会化与知识化的角度判之,论战非但没有妨碍这一进程,反而使这一进程以前所未有的速度推进。大论战的展开客观上有利于民主观念的厘清与深化,其效果则是吸引更多的受众来比较不同的民主观念与路径,当然也拓展了民主观念的市场。就民主观念社会化而言,早在 1903 年即已初显成效:

> 夫自甲午之创,庚子之变,大江以南,六七行省之士,翘然于旧政治、旧学术、旧思想之非,人人从事于新智识、新学术,迄今而自由民权之论飘沸宇内,莫能禁遏,固不得谓智育无进步矣。②

---

① 《民报与新民丛报辩驳之纲领》第 1 条,载《民报》第 3 号号外,1906 年 4 月 5 日。
② 杜士珍:《论德育与中国前途之关系》,载《新世界学报》第 14 号,1903 年 3 月 15 日。

> 今者欧化东渐,民权自由之说,人群进化之理,日充积于青年之脑筋,有史(以)来遗传之性质为外界魔力所摄去者,一旦得复其本来,则其勃发不可复制,如火之燎原,水之溃堤,岂一手一足所能阻遏哉!浅识之士主调和之政策,而不知其无(可)调和也;顽固之徒谋压制之方法,而不知其无可压制也,孰优孰劣,孰胜孰败,一任天演之自然而已。①

随着民主、自由观念在留学生及沿海新知识界中的广泛传播,观念的接受者的行为方式很快发生了明显的变化。早在1902年夏,因清政府不许自费留学生学习陆军,东京发生了成城学校入学事件,吴稚晖被遣送回国,吴氏以投河自杀相抗。此事被《新民丛报》解读为国民权利思想之自觉。"吴君之被捕也,以为士可以杀,不可辱。欲以一死唤醒群梦,起国民权利思想。"②旋即上海南洋公学学生受《新民丛报》宣传的民主、自由观念的洗礼,发生200余人的集体退学事件,次年又在许多新式学堂引发连锁反应,上海的《苏报》特辟"学界风潮"专栏加以报道,为学潮推波助澜。"学潮"也首次成为统治当局必须面对的棘手问题。"自海上风潮小起,满洲官吏惊魂悸丑,烈心怵目于'学堂'二字。"③

"学界风潮"的发生也表明:青年人从梁启超那里接受的"自由主义"发生了变异。虽然梁启超在宣传自由主义时提醒国人:"滥用其自由,必侵人自由,是谓野蛮之自由。"但接受者更多的是将其理解为不受约束。或许正是基于此,1900年严复将《论自由》译出后取名为《自由释义》,而在1903年正式出版时更名为《群己权界论》,《东方杂志》在推介该书时亦称:

> 欧学东渐,自由说盛,然所谓自由者,必有限域。我国社会骤闻

---

① 《论东京留学满汉之冲突》,载《苏报》1903年3月26日。
② 《附记一则》,载《新民丛报》第13号,1902年7月。
③ 《办学堂之诸君听者》(本省时评),载《江苏》第5期,1903年8月。

其说,遽尔昌言,往往以不知权界,侵人损己,流于狂恣,则由于未明其说之本原也。①

在一个风云际会的年代,历史不可能是单线演进,而是呈复线或多元状。革命派浪漫主义思潮的兴起,宣传革命的报刊层出不穷,使得以孙中山为首的革命派由边缘向中心迁移;清廷为消解革命派的影响,部分接纳了君主立宪派的主张,试图阻止不断流失的执政资源。"立宪"、"宪政"渐由民间话语而成为官方话语,这使得宪政观念社会化的速率大大加快。

义和团事变后,朝廷面临前所未有的信任危机及合法性危机。慈禧太后于1901年1月29日宣布厉行"新政":"世有万祀不易之常经,无一成不变之成法"。此举使朝野间的对立出现趋缓的趋向。其后官民纷纷上书,献计献策。从当时舆论来看,官绅们大多不怀疑朝廷"新政"诚意,由此人们议政的言论空间越来越大。最早向朝廷进呈立宪的是出使日本国大臣李盛铎。就在梁氏发表《立宪法议》的当月,李氏上奏朝廷,力主立宪。"查各国变法,无不首重宪纲,以为立国基础。惟国体、政体有所谓君主、民主之分,但其变迁沿改,百折千回,必归依于立宪而后底定。"他吁请清廷,命督办政务大臣参考各国宪法,"撷诸国之精华,体中国之情形,参酌变通,会同商拟,勒为定章,恭候睿裁,请旨颁行,垂为万世法守。大纲既立,然后条目可得而言。"②1902年康有为以数百万侨民的名义上书朝廷,请下诏"立定宪法,世垂后世,立与民权,以保国祚"③。此举开民间群体上书立宪之先河。

"一种思想对时代的影响大小,并不总是与阐述这种思想的知识多

---

① 《新书介绍·群己权界论》,载《东方杂志》第1卷第1号,1904年3月11日。
② 转引自侯宜杰《二十世纪初中国政治改革风潮》,人民出版社1993年版,第28页。
③ 《请归政皇上立定宪法以救危亡折》,上海市文物保管委员会编:《康有为与保皇会》,上海人民出版社1982年版,第23页。

少、水平高低、理解深浅成正比,它常常取决于某种思想的契机。"① 如果说当年邹容《革命军》产生爆炸性的影响缘于新知识界接受了梁启超的"新民说"而引发对专制政体的声讨,那么立宪思想快速放大则缘于日俄间的一场战争,及随后朝廷对立宪的积极回应。

立宪始为民间话语(指学界话语,而非大众话语),由于梁氏提出的宪政议题逐渐得到了官绅的回应,进而通过开明的官僚渐渐成为被朝廷接受的官方话语,而1904年在中国领土上爆发的日俄战争成了话语转换的关节点。当一个国家深处内忧或革命的前夜,国际议题很容易转变为国内的政治议题。美国政治学家、历史制度主义的代表人物之斯考切波通过对法国、俄国和中国革命的比较分析发现这样一个现象:

> 跨国性关系不但会促成所有社会革命危机的出现,而且必然会有助于塑造革命的过程和后果。事实上,对所有现代社会革命而言,其原因与成就都与世界范围内的资本主义经济发展和民族国家形成的不均衡状况有着紧密的关系。②

在日俄战争初期,由上海立宪派人士主导的报刊就大肆渲染:

> 专制、立宪,中国一大之问题也。若俄胜日败,则我政府之意,必以为中国所以贫弱者,非宪政之不立,乃专制之未工。此意一决,则凡官与民交涉之事,无一不受其影响,而其累众矣。黄种、白种,中国之一大问题也。若俄胜日败,则我国国人之意,必以为白兴黄蹶,天之定理,即发愤爱国之日本,亦不足与天演之公理相抗,而何论于中国?③

---

① 葛兆光:《西潮又东风:晚清民初思想、宗教与学术十讲》,上海古籍出版社2006年版,第112页。
② (美)斯考切波:《国家与社会革命——对法国、俄国和中国的比较分析》,何俊志等译,上海人民出版社2007年版,第19~20页。
③《论中国所受俄国之影响》,载《中外日报》1904年4月4日。

沙俄战败后，1905年7月，朝廷决定派大臣出国考察宪政，宪政话语之转换遂告完成。

同年，7月2日，张之洞、袁世凯、周馥等封疆大吏联名上奏朝廷，吁请12年期成宪政。在朝野基本达成"救危亡之方只在立宪"的共识基础上，7月16日，清廷颁发"考察政治谕"，派员"分赴东西洋各国考求一切政治，以期择善而从"①。出国考察宪政的五大臣于同年年底从上海放洋。五大臣历时半年，先后考察了15个国家，他们传回的信息是立宪有百利而无一害。载泽等人在考察途中，便迫不及待地吁请朝廷"期以五年改行立宪政体"，"将朝廷立宪大纲，列为条款、誊黄刊贴，使全国臣民，奉公治事，一以宪法意义为宗，不得稍有违悖。"②端方考察回京后，上奏朝廷，建议预备立宪以15—20年为期③。1906年9月1日，清政府发布了预备立宪的上谕，宣布"仿行宪政"："各国之所以富强者，实由于实行宪法，取决公论，君主一体，呼吸相通。……今日惟有及时详晰甄核，仿行宪政，大权统于朝廷，庶政公诸舆论，以立国家万年有道之基。"④次日即成立官制编制馆，期成宪政成了中国的基本国策。

1908年8月27日，朝廷颁布《九年预备立宪逐年推行筹备事宜谕》，公布了由宪政编查馆等仰承清廷意旨草就的《宪政编查馆资政院会奏宪法大纲暨议院法选举法要领及逐年筹备事宜折》，并声明："宪法者，国家之根本法也，为君民所共守，自天子以至庶人，皆当率循，不容逾越。"⑤

尽管革命党人视立宪为反动，甚至有人发出极端主义的誓言"宁为革命鬼，毋为立宪狐"⑥，但这并不妨碍宪政观念的社会化。1905年以

---

① 故宫博物院明清档案部编：《清末筹备立宪档案史料》上册，中华书局1979年版，第1页。
② 《奏请以五年为期改行立宪政体折》，《清末筹备立宪档案史料》上册，中华书局1979年版，第112页。
③ 《请定国是以安大计折》，《端敏忠公奏稿》卷六。
④ 《清末筹备立宪档案史料》上册，中华书局1979年版，第43~44页。
⑤ 《宪政编查馆资政院会奏宪法大纲暨议院法选举法要领及逐年筹备事宜折》，《清末筹备立宪档案史料》上册，中华书局1979年版，第54~67页。
⑥ 载《江苏》(补白)第6期，1903年9月。

后,国内的宪政团体、宪政刊物、相关的书籍等骤增。立宪成了朝野热议的话题:"今者立宪之声,洋洋遍于全国矣。上自勋戚大臣,下逮校舍学子,靡不曰:'立宪'、'立宪'。一倡百和,异口同声。"①立宪派人士致力于宪政观念的知识化与社会化与其精神领袖梁启超的指导思想紧密相关。他认为,宪政的原动力不在朝廷而在国民。立宪政治就是国民政治,欲实现国民政治,其原动力不可不求诸国民之自身。"其第一著,当使国民勿漠视政治,而常引为己任;其第二著,当使国民对于政治之适否,而有判断之常识;其第三著,当使国民具足政治上之能力,常能自起而当其冲。"②

层出不穷的宪政团体除出版刊物外,还大量印发文字浅显的小册子。以上海预备立宪公会为例,印售的小册子有:《日本宪法解》、《选举法要论》、《公民必读初编》、《国民必读二编》、《城镇地方自治宣讲书》、《咨议局章程讲义》等。这些小册子价廉,且浅显易读,十分畅销。如《公民必读初编》发行不到一年,印刷26次,《二编》印刷15次,其中有不少由官方或团体订购,向下分发。上海最大的新式出版机构商务印书馆也不失时机,大量印售此类书籍,且服务十分周到。它刊登广告称:"本馆编印中外政法各书将及百种,非特为咨议局议员者应亟研究,凡我国民皆当取而读之。欲知各书内容,本馆印有书目提要,函示即寄。"③

清末民主观念的社会化与知识化进程在1905年之前与留学运动有密切联系,虽然留日学生的数量在1906年才达到高峰④,但从民主观念输入的角度看,相关的知识源主要是由《清议报》和1903年之前的《新民丛报》供给的。自1903年留学生刊物及宣传民主、排满的论著快速增加,并向国内渗透:

---

① 《中国未立宪以前当以法律遍教国民论》,载《东方杂志》第2卷第11号,1905年12月21日。
② 梁启超:《政闻社宣言书》,载《政论》第1号,1907年10月7日。
③ 《上海商务印书馆告白》,载《预备立宪公会会报》,第18册封底。
④ (日)实藤惠秀:《中国人留学日本史》,谭汝谦、林启彦译,三联书店1983年版,第36页。

1903年留日学生报刊向国内传播的基本路线为'东京→上海→以长江流域为中心向南北散发',其中上海作为各报刊向国内传播的总发行所、总代派处、总分售处之地,是因为上海既是日本通往中国最为繁忙的交通枢纽,又有中国最大租界,这些总发行处、发行网点在上海,又主要集中在当时租界内的四马路两旁,充分利用租界内清政府鞭长莫及的优势,在留日学生报刊向国内传播网络中起着关键的传播链作用,是连接日本和祖国内地的桥梁。①

　　1905年科举制度的废除,不仅是一项教育制度的变革,而且使得维持了千余年的政治文化与政治体制之间的相互支撑关系不复存在,西学新知逐步取代四书五经,儒学正由中心地位而日渐边缘化。1898年主张对西学采取包容态度的张之洞是1905年废科举的强有力的支持者②,然而,在科举废除后的二年开始为"正学"(儒学)之式微而心忧:

　　　　近来学堂新进之士,蔑先正而喜新奇,急功利而忘道谊,种种怪风恶俗,令人不忍睹闻。至有议请废罢《四书》、《五经》者,有中小学堂并无读经、讲经功课者。……循是以往,各项学堂于经学一科,虽列其目,亦止视为具文,有名无实。……正学既衰,人伦亦废,为国家计,则必有乱臣贼子之祸;为世道计,则不啻有洪水猛兽之忧。③

　　科举之废除使得民主观念的社会化与知识化的进程进一步加快,而这一逐步加快的进程又使"正学"加速式微,但在这西学日渐成强势的时代张氏的担忧可谓孤掌难鸣。然而到了民国初年,持"调适论"的文化保守主义者承接张氏的担忧,对"正学"的地位问题进行了深刻的反思,但

---

① 严昌洪、许小青:《癸卯年万岁——1903年的革命思潮与革命运动》,华中师范大学出版社2001年版,第101页。
② 张之洞说:"欲补救时艰,必自推广学校始;而欲推广学校,必自先停科举始。"《会奏请立停科举推广学校并妥筹办法折》,苑书义等主编:《张之洞全集》第3册,河北人民出版社1998年版,第1661页。
③ 《创立存古学堂折》,苑书义等主编:《张之洞全集》第3册,河北人民出版社1998年版,第1762—1765页。

后来又遭遇"五四"一代的强烈反弹。凡此,皆与废科举有着切不断的关联。

辛亥革命前民主观念的社会化与知识化并非单线演进的过程,而是以革命浪漫主义民主观与审慎的民主观并进的方式分途演进。前者的社会化在1905年前后进展迅速,并在侨界、沿海学界、会党及新军中聚集了相当数量的支持者。其后革命党人的主要精力便由宣传造势转为直接的反叛行动。"数年以来,革命论盛行于国中,今则法理论、政治论以为之羽翼,其旗帜益鲜明,其壁垒益森严,其势力益磅礴而郁积。下至贩夫走卒,莫不口谈革命,而身行破坏。"①革命浪漫主义的社会基础主要是下层社会(贩夫走卒),其知识水准较低,草根性特征较为明显。其核心理念主要表现为一些民主、共和、排满等口号的叠加,学理上并不复杂,所以从其知识化的角度审之,远不如梁启超等阐述的审慎的民主权。

立宪派人士尽管在1905年前后与革命党人的论战中暂居下风,但随着1905年朝廷确立立宪的国策,立宪成为官方话语,国内的立宪团体、宣传立宪的报刊骤增,立宪成了其后中国人政治生活中的关键词。立宪派的社会基础主要是士绅阶层(中层)及部分开明的官僚,其知识水准相对较高。此间,民主、宪政的社会化与知识化齐头并进,尤其是对地方自治、民主选举、议会制度、中央与地方关系、行政与立法的关系等的研讨均达到一定的深度。

不乏政治智慧的政治家总是与时俱进。革命派与立宪派在中国的民主目标与实现路径方面看似势如火水,其实他们对此的理解也在因时而变,在民主观念方面亦互相影响。自1905年,朝廷在立宪问题上变被动为主动,立宪派人士乘势高歌猛进,朝廷再次陷入了被动的境地。自1909年立宪派发动国会请愿运动,并屡遭朝廷排拒时,立宪派便与朝廷渐行渐远。此时,革命派的激进主义取向也在感化立宪派人士,立宪派

---

① 与之(梁启超):《论中国现在之党派及将来之政党》,载《新民丛报》第92号,1907年。

人士的思想与行为也日趋激进,立宪派人士还不时以革命之将至来胁迫清廷在立宪方面有更为积极的作为。唯其如此,武昌起义爆发后,多数立宪派人士转而支持革命也在情理之中。立宪派在国内的喉舌上海的《时报》在武昌起义后特辟"中国革命消息"专栏,转而为革命党张目:

> 言"革命"于三年以前,诚非万全之策,微论诸君,即记者亦尝持极端之反对矣。若夫今日而倡言"革命",则固仁之至交之尽,而丝毫无可迟疑者。试问今日之中国,尚能舍"革命"两字,而别商和平改革之方略乎?①

革命党人虽然一直怀疑朝廷立宪的诚意,但并不否认多数推动立宪的活跃分子对民主宪政的追求是真诚的。而立宪派人士多年来在民主观念的社会化与知识化方面所作的努力也为革命党人所认可,并为最终颠覆清廷提供了思想基础。

在朝廷顽固不化、对行宪毫无诚意的面目暴露无遗后,梁启超并不否认革命的正当性。1911年黄花岗起义失败后,梁氏坦言其对革命与时局的态度:

> 革命暴动之举,吾党所素不赞成也。盖以历史之通则言之,革命本属不祥之事。无论何国,苟经一次大革命后,其元气恒阅十年或数十年而不能恢复。今日我国凋瘵已极,譬诸萎黄之树,岂堪复经漂摇之风雨与饕虐之霜雪。且外患方殷,动则牵引干涉,深恐徒糜烂其民,以为他人作驱除,吾党所以不敢妄赞革命主义者。虽然革命党则亦有辞矣。曰:今者五千年之国命与四万万之民命,皆悬于现政府之手,而现政府则更有何望者?多存留一日,则元气多斲丧一分。……复次,外国之干涉,洵可畏也,然不革命而遂可得免乎?今之外交当局者,日以卖国为专业,日敦请外人之干涉我,其干

---

① 《论今日国民不可存疑虑之见》,载《时报》1911年11月7日。

> 涉者,皆据条约上正当之权利,使我历劫而不能解脱。……虽无革命,而埃及覆辙,其终不免。毋宁革命焉而犹可以冀免干涉于万一,且冀可以减干涉之程度也。
>
> 要之,在今日之中国而持革命论,诚不能自完其说;在今日之中国而持非革命论,其不能自完其说抑更甚。政府日日以制造革命党为事,日日供给革命党以发荣滋长之资料,则导全国人心理尽趋于亦宜。①

而立宪派人士对革命采取的审慎态度及非难革命的理由也为革命党人的领袖所接受。武昌起义后孙中山亦担心列强干涉:

> 革命军骤起,有不可向迩之势,列强仓猝,无以为计,故只得守其向来局外中立之惯例,不事干涉。然若我方形势顿挫,则此事正未可深恃。戈登、白齐文之于太平天国,此等手段正多,胡不可虑?②

孙中山在就任临时大总统的次日,在复袁世凯电文中再次强调了"议和"胜于"战争"的观点:

> (孙)文不忍南北战争,生灵涂炭,故于议和之举,并不反对。……倘由君之力,不劳战争,达国民之志愿,保民族之调和,清室亦得安乐,一举数善,推功让能,自是公论。③

事实上,至武昌起义爆发,两派对颠覆清廷实无太大的分歧,而取代清廷的南京临时政府实是由两派人士联合执政的政权,即为两派趋同的明证!从这个意义上讲,辛亥革命前中国人关于民主的观念虽然出现了分岔,但就总体而言,此种分岔并不妨碍民主观念的社会化与知识化,亦不妨碍双方相机合作。但,合作并不表示中国人的民主观念及未来中国

---

① 梁启超:《粤乱感言》,载《国风报》第11期,1911年5月19日。
② 《与胡汉民廖仲恺的谈话》,《孙中山全集》第1卷,中华书局1981年版,第569页。
③ 《复袁世凯电》,《孙中山全集》第2卷,中华书局1982年版,第5页。

通向民主的路径的认识从此就统一起来了。

清末有关民主观念的社会化与知识化肇始于留日和旅日人士,受"东学"之影响甚大。因为文化、地缘、语言的关系,使得"东学"之中国化的速率较此前的西学东渐大大加快,但因思想资源单一、时局日趋窘迫等,势必使得此间民主观念的社会化与知识化显得过于功利、肤浅与急躁,甚至不得要领。对此有西学背景的严复最为不满:

> 大抵翻译之事,从其原文本书下手者,已隔一尘,若数转为译,则源远益分,未必不害,故不敢也。颇怪近世人争趋"东学",往往入者主之,则以谓实胜"西学"。通商大埠广告所列,大抵皆从东文来。夫以华人而从东文求西学,谓之慰情胜无,犹有说也;至谓胜其原本之睹,此何异睹西子于图画,而以为美于真形者乎?①

日后,梁启超对此间源于"东学"的"西洋思想之运动"的缺陷也深以为然:

> 晚清西洋思想之运动,最大不幸者一事焉,盖西洋留学生殆全体未尝参与于此运动。运动之原动力及其中坚,乃在不通西洋语言文字之人。坐此为能力所限,而稗贩、破碎、笼统、肤浅、错误诸弊,皆不能免。故运动垂二十年,卒不能得一健实之基础,旋起旋落,为社会所轻。②

"为社会所轻",恐怕是后人之见;而"不能得一健实之基础"确是事实,以民初民主制度运作的脆弱性即可验证。在梁氏看来,欲奠定民主观念"健实之基础",思想家应本着"正其谊不谋其利,明其道不计其功"的态度。然而,在这国势不振、诸强压境的年代,"谋利"与"计功"不仅是行动人物的首选,观念人物亦在所难免。

---

① 《与曹典球书》,王栻主编:《严复集》第3册,中华书局1986年版,第567页。
② 《清代学术概论》,朱维铮校注:《梁启超论清学史二种》,复旦大学出版社1985年版,第80页。

始于 1901 年的"新政"及 1908 年实施的预备立宪是中国近代民主史上的大事,其于民主观念的社会化具有重要的积极意义。1908 年颁布的 9 年政改路线图①为何与"百日维新"一样中途夭折?时人的批评是时不待我,政改必须速进。然而,10 年前的维新之举可谓高速,结果催生出一个庞大的既得利益集团,维新派对其无赎买之策,他们与维新派为敌,结果由政治上可能的失势者最后成了现实的获利者。预备立宪的失败与"百日维新"夭折的机理不完全一样。一个越来越失去执政合法性的集团、一个越来越被统治对象妖魔化的王朝,为延续其执政时间所作的任何革新都将构成原罪的迭加,所作的积极努力将被视为毫无诚意。

---

① 据《九年预备立宪逐年推行筹备事宜谕》及《逐年筹备事宜清单》,"9 年政改路线图"特列表示之:

时间	筹办内容	筹办部门
1908	筹办咨议局,颁布城乡地方自治章程、调查户口章程	各省督抚、民政部等
1908	编辑简易识字课本、国民必读课本	学部
1909	举行咨议局选举,各省一律开办	各省督抚
1909	颁布资政院章程,举行该院选举	资政院、各省督抚
1910	召集资政院议员举行开院	资政院
1910	续办城乡地方自治,筹办厅州县地方自治	民政部、各省督抚
1911	编订会计法、会查全国岁出入确数、颁布地方税章程、厘订国家税章程	宪政编查馆、度支部、各省督抚
1912	汇报各省人口总数,颁布户籍法	民政部、宪政编查馆
1913	实行户籍法、新刑律,颁布新定民律、商律、刑事民事诉讼律等法典	宪政编查馆、修订法律大臣
1914	厅州县地方自治一律成立,乡镇初级审判厅年内粗具规模	民政部、法部等
1915	设立审计院、确定皇室经费等	宪政编查馆等
1915	实行会计法、民法、商法、民事诉讼法等法典	
1916	宣布宪法、皇室大典法,颁布议院法及议员选举法	宪政编查馆等

参见:《清末筹备立宪档案史料》上册,中华书局 1979 年版,第 54~67 页。

1907年初,立宪派公开撰文哀叹:

> 革命党指政府为集权,詈立宪为卖国,而人士之怀疑不决者,不敢党与立宪。遂至革命党者,公然为事实上之进行;立宪党者,不过为名义上之鼓吹,气为所慑,而口为所钳。①

就9年的政改路线图而言,可谓目标明确,措施周密,内容翔实,且不乏理性的成分。从速度的角度权之,中国这样一个超大规模且民主存量极为有限的国家,9年恐非太慢,而是太快了。然而,这一个不慢的政改方案,被那些心存二心的人斥之为太慢和没有善意,也是不难理解的。进退失据,是清末立宪运动的宿命。

清末政改的成败与得失,客观上都有助于民主观念的社会化,也会促使人们进一步反思各自所信奉的民主观。

---

① 与之(梁启超):《论中国现在之党派及将来之政党》,载《新民丛报》,第92号,1907年5月。

第六章　超越与调适：民初民主观念的进一步分岔

重大的政治事件过后，总会出现深刻的反思，并改变人们的一些政治认知，从而加速人们观念的分化。霍布斯的《利维坦》(1651)、哈林顿的《大洋国》(1656)是对英国革命后处死国王建立所谓共和国政体的反思；柏克的《法国革命论》(1790)和贡斯当的《古代人的自由与现代人的自由》(1819)则是对法国大革命的回应。中国在辛亥革命后也不例外。

民主、共和、宪政等观念的广泛传播势必会动摇旧政权的合法性，并会催生出以民主为取向的政治运动（国会请愿运动与辛亥革命运动），而轰轰烈烈的民主运动尘埃落定后反过来会对原有的民主观念产生何种影响呢？在不具合法性的旧政权瓦解的同时，新生政权的合法性会自动生成吗？这一方面要看传播了何种民主观念、此种观念传播的深度与广度以及受众从中作了何种取舍；另一方面还要看政治运动展开的方式（和平的抑或暴力的）及政治运动带来的结果。

辛亥革命运动，既是中国近代民主运动的一个高潮，也是中国近代民主观念流变史上又一个重要的拐点。十余年来，革命党人与立宪派经过不懈的奋斗，甚至流血牺牲，终于推翻了令他们痛恨的专制集权政体，搭建了一个民主共和的政治框架。民主志士们与共和国同行，他们带着喜悦与期盼昂首挺进民国。然而,无论是师法英国式的渐进主义道路,还是走法国式的激进主义路径,民主的路障不是一天就能扫除的,民主大厦也不是一天就能建成的。倘若缺少为民主而长期奋斗的思想准备,挫折、失望、甚至颓唐也在所难免。面对民主的挫折,中国人对民主的观念又出现了进一步的分岔。以孙中山为代表的革命浪漫主义者选择了更为激进的民主路径:超越代议制,走上了直接民主的道路;而以梁启超等为代表的持审慎态度的知识精英则强调应调和中国传统文化与现代西方政治文明,从本土传统中吸取现代政治文明的有效资源,走一条渐进式的民主道路。

第一节　革命民主主义者的凯旋与顿挫

从保路运动、武昌起义、孙中山回国、清帝退位、再到南京临时政府的成立,革命民主主义者一路高歌猛进。清廷在失去了道义、民众、军队乃至体制内官僚的支持时几乎自动跨台了,但这并不表示取而代之的新政权立即会赢得道义及民众的拥戴。孙中山在南京忙于搭建民主大厦的同时,袁世凯依仗其优势的政治与军事资源向孙中山提出了在京师组建新政权的要求。经由南北议和,结束了短暂的南北政权对峙的格局,统一的民主共和政体最终在北京呈现在世人面前。革命党阵营内部虽然有人对孙中山让出临时大总统表示不满(如黄兴、胡汉民等),但多数人(如宋教仁等)对未来还是乐观其成,并以饱满的热情准备投身于即将到来的第一届国会大选之中。其间,革命民主主义者以孙中山与宋教仁为代表。

孙中山作为近代民主运动与革命党的领袖,有关民主观念的阐述并不多,但他的观点经由其追随者的发挥与宣传,不仅在革命党人内部,在知识界也有广泛的影响。如,孙中山"毕其功于一役"的思想、后来居上的思想等,即取法于世界上最为先进的民主国家——美国[①],但又超越美

[①] "中国革命之目的,系欲建立共和政府,效法美国,除此之外,无论何项政体皆不宜于中国。"《在巴黎的谈话》,《孙中山全集》第1卷,中华书局1981年版,第563页。

国,因为这场革命不仅要解决中国的民族独立与建立民主共和制的问题,还要避免美国出现的越来越严重的贫富分化。

孙中山在美国欣闻武昌起义的消息即启程回国,途经伦敦接受记者采访时表示:

> 不论我将成为全中国名义上的元首,还是与别人或那个袁世凯合作,对我都无关紧要。我已经做成了我的工作,启蒙和进步的浪潮业已成为不可阻挡的。中国,由于它的人民性格勤劳与驯良,是全世界最适宜建立共和政体的国家。在短期间内,它将跻身于世界上文明和爱好自由国家的行列。①

1911年12月29日,南京临时政府还在筹备之际,孙中山即在上海宣布:"今民族主义、民权主义二者虽已将达,而欲告大成,尚须多人之努力。况民生主义至今未少着手,今后之中国首须在此处着力。"②经过两个多月的努力,孙中山于1912年3月3日中国同盟会本部在南京召开会员大会修改党章时宣布:"本会以巩固中华民国,实行民生主义为宗旨。"③显然,在孙中山看来,民权主义与民族主义在中国已实现了。如此,所谓"毕其功于一役"只成功了三分之二。南北议和期间传来清帝逊位的消息,孙中山即表示辞去临时大总统:清帝"今既宣布退位,赞成共和,承认中华民国,从此帝制永不留存于中国之内,民国目的亦已达到。"④

当革命阵营内有不少人表示对袁不信任时,孙中山则立即为之释疑解惑:"项城(袁世凯)以和平手段达到目的,功绩如是,何不可推诚?且

---

① 《我的回忆——与伦敦〈海滨杂志〉记者的谈话》,《孙中山全集》第1卷,中华书局1981年版,第557~558页。
② 《在上海中国同盟会本部欢迎大会的演说》,《孙中山全集》第1卷,中华书局1981年版,第574页。
③ 《中国同盟会总章》,《孙中山全集》第2卷,中华书局1982年版,第160页。
④ 《咨参议院辞临时大总统职文》,《孙中山全集》第2卷,中华书局1982年版,第84页。

总统不过国民公仆,当守宪法,从舆论。"①

1912年4月1日,孙中山以开国之元勋和党的领袖身份在南京同盟会会员饯别会上发表的演说,对此次革命及革命后共和国的走势所作的权威判断,是该党今后的行动纲领,也为孙中山民主主义增添了浪漫主义的色调。

> 八九年前,少数同志在日本发起同盟会,定三大主义:一民族主义,二民权主义,三民生主义。今日满清退位、中华民国成立,民族、民权两主义俱达到,唯有民生主义尚未着手,今后吾人所当致力的即在此事。

孙中山不仅要实现政治民主,而且要在经济民主(社会革命)方面领先于西方国家。

> 社会革命为全球所提倡,中国多数人尚未曾见到,即今日许多人以为改造中国,不过想将中国弄成一个极强大的国,与欧美诸国并驾齐驱罢了。其实不然。今日最富强的莫过英、美,最文明的莫过法国。英是君主立宪,法、美皆民主共和,政体已是极美的了,但是贫富阶级相隔太远,仍不免有许多社会党要想革命。

对中国来说,社会革命不仅必要,而且易成。

> 中国民族、民权两层皆已达到,只有民生还未做到。即本会中人亦有说种族革命、政治革命皆甚易,唯社会革命最难。因为种族革命,只要将异族除去便了,政治革命,只要将机关改良便了,唯有社会革命,必须人民有最高程度才能实行。中国虽然将民族、民权两革命成功了,社会革命只好留以有待。这句话又不然。英美诸国因文明已进步,工商已发达,故社会革命难。中国文明未进步,工商未发达,故社会革命易。英美诸国资本家已出,障碍物已多,排而去

---

① 《复谭人凤及民立报馆电》,《孙中山全集》第2卷,中华书局1982年版,第110页。

之故难。中国资本家未出,障碍物未生,因而行之故易。然行之之法如何?今试设一问,社会革命尚须用武力乎?兄弟敢断然答曰:英美诸国社会革命,或须用武力,而中国社会革命,则不必用武力。所以刚才说,英美诸国社会革命难,中国社会革命易,亦是为此。中国原是个穷国,自经此次革命,更成民穷财尽,中人之家已不可多得,如外国之资本家,更是没有。所以行社会革命是不觉痛楚的,但因此时害犹未见,便将社会革命搁置,是不可的。①

孙中山不仅要将中国建成亚洲第一个共和国,而且要建成世界上第一个社会主义国家的设想,其实是对西方世界普遍存在的"现代性"症候作出的不切实际的反应,列宁将其"穷国"易行"社会革命"的思想斥之为"民粹主义"和空想社会主义②。列宁认为,孙中山的主张同俄国的民粹主义者十分相似,"以致基本思想和许多说法都完全相同"。"中国民粹主义者的这种战斗的民主主义思想体系,首先是同社会主义空想、同使中国避免走资本主义道路、即防止资本主义的愿望结合在一起的;其次是同宣传和实行激进的土地改革计划结合在一起的。正是后面这两种政治思想倾向使民粹主义这个概念具有特殊的意义,即与民主主义的含义不同,比民主主义的含义更广泛。"列宁称孙中山的这一理论为小资产阶级社会主义者反动分子的理论,这一理想无异于乌托邦。

列宁认为,中国可以"防止"资本主义,落后的中国比较容易实行"社会革命"想法与主张都是极其反动的空想。孙中山是以其独特的少女般的天真粉碎了自己反动的民粹主义理论,承认了生活迫使他承认的东西:"中国正处在工业(即资本主义)蓬勃发展的前夜",中国"商业(即资

---

① 《在南京同盟会会员饯别会的演说》,《孙中山全集》第 2 卷,中华书局 1982 年版,第 319~320 页。
② 孙中山这篇演说的前半部分被译成法文后,载于同年 7 月 11 日比利时工人党机关报《人民报》上,又被从法文译成俄文,7 月 15 日刊于俄国布尔什维克报纸《涅瓦明星报》第 17 期上,同期发表了列宁的《中国的民主主义和民粹主义》。

本主义)将大大发展","五十年后我国将出现许多个上海"①。

同年7月,当陆征祥内阁与参议院因党争发生分歧,外界对中国共和制的前景表示担忧时,孙中山在沪接受美国长老会在华的代言人李佳白采访时确信中国的传统及民族的习性与民主共和制是完全匹配的,所谓"民智未开论"纯属子虚乌有,民主共和制不会面临危机:

> 民主的观念一向在中国颇为流行,没有理由要以君主政体来妨害这种民主观念。中国人民不但爱好和平,遵守秩序,而且也浸染了选择自己的代表管理自己事务的观念。我们所要做的,只是把这种民主观念付诸实行。为此,人民须有自己选出的全国及各省的代表,他们为人民所选,代表人民,将为人民的最高利益而工作。我们现在为建立一种最能适应我们广大国土与众多人口的共和政体所遇到的困难,是不可避免的,但我确信没有其他的政体再会在中国建立。中华民国将永久存在。②

次年初,孙中山来到日本,他对留学生发表演说,再次表达了其乐观的判断:

> 中国国民从前本来无国家思想,忽然发生此种事业,建设共和国家。自外人眼光观之,狠(很)觉奇怪,究竟不晓得是真共和,是假共和。这种心理,实在是把中国数千年之文明忘记了。中国此次之革命,就是恢复数千年历史上之文明。从前中国文化,限于东亚一小部分,不能扩张。今日得一种高尚完全之政体,政体既改良,人民道德亦必随之改良,方可表示共和政体之真象。③

此时,孙中山对时局与未来中国发展走向的判断太天真了,以至于受到党内人士的批评。他自己后来也承认:革命初成,对其政治理想,

---

① 《中国的民主主义和民粹主义》,《列宁选集》第2卷,人民出版社1974年版,第425—427页。
② 《中华民国》,《孙中山全集》第2卷,中华书局1982年版,第393页。
③ 《在东京中国留学生欢迎会的演说》,《孙中山全集》第3卷,中华书局1984年版,第25页。

"党人即起异议,谓予所主张者理想太高,不适中国之用;众口铄金,一时风靡,同志之士亦悉惑焉。是以予为民国总统时之主张,反不若为革命领袖时之有效而见之施行矣。"①当时,"客气的人说他是'理想家',不客气的人嘲笑他是'孙大炮'!"②

虽说此间孙中山浑身洋溢着浪漫主义,但作为政治领袖总还是有一些现实主义的考量,其中最突出的一点表现在制度设计上。南京临时政府时期的制度设计依据的是《中华民国临时政府组织大纲》,实行总统制。考虑到临时大总统将让位于袁世凯,南京临时参议院为袁氏量身定做了一套新的制度,即《中华民国临时约法》,将总统制改为内阁制,总统成为虚位元首,短短的数月竟制定了两个差别甚大的宪法文本。显然,民初的制宪者包括孙中山,不是将宪法视为"万世不易之宪典",而存有谋权获利的考虑③。反观美国,独立战争结束后,制宪会议在费城开了116天(1787年5月25日～9月17日),几乎在天天辩论,结果产生了一部迄今为止寿命最长的宪法。这多少反映了世界上第一个共和国与亚洲第一个共和国的制宪者们有着极不相同的良苦用心。有美国"联邦宪法之父"之称的麦迪逊说:

> 对目前联邦政府的无能有了无可置疑的经验以后,要请你们为美利坚合众国慎重考虑一部新的宪法。这个问题本身就能说明它的重要性。……人类社会是否真正能够通过深思熟虑和自由选择来建立一个良好的政府,还是他们永远注定要靠机遇和强力来决定他们的政治组织。如果这句话不无道理,那末我们也许可以理所当然地把我们所面临的紧要关头当做是应该作出这项决定的时刻;由此看来,假使我们选错自己将要扮演的角色,那就应当认为是全人

---

① 《建国方略》,《孙中山全集》第6卷,中华书局1985年版,第158页。
② 《知难,行亦不易——孙中山先生的"知难行易说"述评》,载《新月》第2卷4期,1929年。
③ 闾小波:《政治约定的失效与政治秩序的失范——基于清末民初立国建政时期的考察》,载《江海学刊》2018年第3期。

类的不幸。①

民国以来中国的制宪不能说不慎重考虑,但考虑乃至争论的重点往往与未来政权中权力的拥有者(个人或党派)有很大的关系,结果使得"自己将要扮演的角色"产生了错位。

孙中山的政治浪漫主义建筑在对中国历史及国情的误判和对社会主义的误读之上,宋教仁的政治浪漫主义较之于孙中山要多些现实的成分。他认为中国的民主共和体制已经确立,民主体制的发展与完善具有不可逆性。基于此,他以国民党政治领袖②的身份积极参与国会选举,以期以国会第一大党领袖的身份组阁,使国民党由革命党转变为执政党。如果说此时的孙中山是一个十足的浪漫主义者的话,那么宋教仁则是一个基于浪漫主义立场的现实主义者。

宋教仁跃居为革命党的领袖人物是在武昌起义前后。辛亥革命的成功得益于武昌起义,而武昌起义的发动,又得益于1911年广州"三·二九"黄花岗之役失败后宋氏在沪发起成立的中部同盟会的筹划,这不能不说宋氏具有远大的战略眼光。宋氏还是革命党人中杰出的政法专家,他对西方政法的熟悉程度可与孙中山比肩。在留日期间他先后入政法大学和早稻田大学钻研政法。作为同盟会章程的起草者之一,宋教仁在武昌起义后抵汉,并在炮火硝烟中着手制定革命约法,以巩固和规范新生的革命政权。11月9日军政府颁布了由宋教仁起草的《中华民国鄂州约法》,这是武昌起义后第一部民主政权法典,它绘就的民主共和国的雏形为接踵独立的省份提供了一个样板。

南京临时政府成立后,宋氏任法制院院长。由于在采用内阁制还是总统制问题上与孙中山等人有分歧,宋氏提出的内阁制方案在指斥他是自谋总理的声浪中遭到否决。然而,其后南京临时参议院通过的《临时

---

① (美)汉密尔顿等:《联邦党人文集》,程逢如等译,商务印书馆1980年版,第3页。
② 1912年8月25日国民党成立大会在京召开,通过票选产生了理事:孙中山得1130票,黄兴1079,宋教仁919,王宠惠909,孙中山当选为理事长,委托宋氏为代理理事长。

约法》鉴于大总统让位于袁世凯已成定论,遂改采内阁制,并对总统的权力作了诸多限制,以总理和国会作为国家权力的中枢。宋氏的责任内阁制借"让位"这一契机终于营销出去。自此,他信心百倍,并朝着内阁总理的目标奋进。

临时政府北迁后,四名同盟会会员入阁,宋氏出任唐绍仪内阁的农林部总长。数月后在直隶总督人选问题上因袁世凯及其党羽从中作梗,迫使唐氏内阁瓦解,同盟会的四名阁员随即辞职。

依照《临时约法》的规定,1912年8月10日袁世凯公布了《国会组织法》及参众两院议员《选举法》。参众两院合计870名议员。选举采取复选制、大选区制,所定选民资格仍有较多的限制,但较晚清宽松。同年年底至次年初,全国举行国会议员选举。在这种情况下,通过合法途径使同盟会获得执政地位几乎是摆在革命党人面前的唯一选择。为因应即将到来的国会大选,同盟会与其他5个政党合并成立了国民党。国民党由谁来担纲呢?精神领袖孙中山自辞去临时大总统后,醉心于在中国实现民生主义,黄兴在临时政府北迁后暮气已现。可以说,由宋教仁挺身而出,举起大旗,是革命党人的不二选择。就个人禀赋、才能、谋略、志趣而言,革命党内部能担纲并负众望者也唯有宋氏。此时的宋教仁更是踌躇满志:"民国政党,唯我独大,共和党虽横,其能与争乎?"①

1912年10月10日,宋教仁在辛亥革命周年纪念会发表的演说对未来中国得民主发展充满了信心:

> 世界上有永远纪念之日三:一为美国之七月四号;一为法国之七月十四号;一即我中华民国之十月十号是也。革命思想为我中华民族心理中所固有,……数年以来,继继绳绳,盖如一日,故能使今日思想普及全国,一举手成共和之大业。……溯武昌起义以来,未

---

① 《同盟会本部总务部通告海外书》,陈旭麓主编:《宋教仁集》下册,中华书局1981年版,第418页。

及一年,而有今日者,岂非我五族同胞倾向共和,赞成民主之所致欤?夫吾等计划,前后计算均未实现,而其最近效果,竟得于一年之间达到目的,视美之十三年,法之三革命,不亦较胜十倍?则将来大势所趋,三年五年之后,其所得效果,有不能驾欧轶美者,吾不信也。①

为今之计,须亟组织完善政府,欲政府完善,须有政党内阁。今国民党即处此地位,选举事若得势力,自然成一国民党政府。兄弟非小视他党,因恐他党不能胜任,故不得不责之国民党员。②

宋教仁对未来中国民主发展走势的乐观判断与孙中山是有区别的。孙中山认为民权主义已经实现,革命已告终结。宋教仁则认为"今革命虽告成功,然亦只可指种族主义而言,而政治革命之目的尚未达到也。"③

以前,我们是革命党;现在,我们是革命的政党。以前,是秘密的组织;现在,是公开的组织。以前,是旧的破坏的时期;现在,是新的建设时期。以前,对于敌人,是拿出铁血的精神同他们奋斗;现在对于敌党,是拿出政治的见解同他们奋斗。我们此时,虽然没有掌握军权和治权,但是我们的党是站在民众方面的,中华民国政权属于人民。我们可以自信,如若遵照总理孙先生所指示的主义和方向切实进行,一定能够取得人民的信赖。民众信赖我们,政治的胜利一定属于我们。④

在宋看来,当下中国政治的运作固然是百弊丛生,但尚未到绝望之时,及早延聘医生,犹可救也。"兄弟所言,未免陷于悲观,而吾人之进行,仍当抱一乐观。盖延聘医生之责任,则在吾国民党也,而其道即在将

---

① 《辛亥革命周年纪念会演说辞》,《宋教仁集》下册,中华书局1981年版,第423~425页。
② 《国民党湘支部欢迎会演说辞》,《宋教仁集》下册,中华书局1981年版,第446页。
③ 《国民党沪交通部欢迎会演说辞》,《宋教仁集》下册,中华书局1981年版,第459页。
④ 《国民党鄂支部欢迎会演说辞》,《宋教仁集》下册,中华书局1981年版,第456页。

来建设一良好政府,与施行良好政策是已。而欲建设良好政府,则舍政党内阁莫属。"①在整个竞选过程中,宋教仁为了拉票、拜票,反复表达对现政权国家治理能力的失望与批评,强调只有国民党才能救民国,这种政治立场与政治行为方式实是现代民主国家政党政治的常态,但以政党轮替为特征的政党政治在当时的中国,既无实践经验的积累,更无与之匹配的公民文化。

1913年初,当国会选举的结果显示国民党获胜,不少人担心袁世凯会陷害国民党时,宋教仁则不以为然:"他(袁世凯)不久的将来,容或有撕毁约法背叛民国的时候。我认为那个时候,正是他自掘坟墓,自取灭亡的时候。到了那个地步,我们再起来革命不迟。"②3月20日宋教仁在沪遇刺。

年轻气盛,锋芒毕露,是其遭人忌恨乃至暗算的表面原因,更重要的是党争只具有文本上的合法性,而与温、良、恭、俭、让的道德标准及崇尚暴力的成者为王败者为寇的政治逻辑不符。宋氏的悲剧是过于迷信党争在文本上具有的合法性。民初的著名记者黄远庸以敏锐的眼光洞察政党政治在中国无法运行的缘由:

> 夫政治主义之竞争,盖国家之基础定后,乃能存立。所谓基础定者,国体之确立是也。国体之确立云者,即在同一之国家以内,决无私人之特殊势力。国之特殊势力,仅存于各种社会。国之最高权力,乃唯在于国家。而政治家则各以其主义政策相角逐之谓也。罗斯福去而塔虎脱(Taft,1909年当选为美国总统——引者注)来,美之基础如故也,塔虎脱去而威尔逊来,美国之基础仍如故。今吾国甲乙两造,既绝然不相容,则政治主义之角逐,即等于私人势力之角逐。故其结果,仅容有彼此之相摧残,而决不许有公明之竞争。于

---

① 《国民党沪交通部欢迎会演说辞》,《宋教仁集》下册,中华书局1981年版,第463页。
② 《国民党鄂支部欢迎会演说辞》,《宋教仁集》下册,中华书局1981年版,第457页。

是一切之政治问题、法律问题,皆超然于是非得失之外,而纯纳于势力相持之中。①

黄氏所讲的现代民主政治的"基础"是指人们普遍遵从国家的公共权力来自于民意,确立国家的权力合法性乃是基于民意这一宪政原则与政治基础。

民初的中国政治何以给人如过山车般的感觉?托克维尔对法国大革命的分析或许可以开阔人们认识这一奇观的视角:

> 革命的发生并非总是因为人们的处境越来越坏。最经常的情况是,一向毫无怨言仿佛若无其事地忍受着最难以忍受的法律的人民,一旦法律的压力减轻,他们就将它猛力抛弃。被革命摧毁的政权几乎总是比它前面的那个政权更好,而且经验告诉我们,对于一个坏政府来说,最危险的时刻通常就是它开始改革的时刻。只有伟大的天才才能拯救一位着手救济长期受压迫的臣民的君主。人们耐心忍受着苦难,以为这是不可避免的,但一旦有人出主意想消除苦难时,它就变得无法忍受了。当时被消除的所有流弊似乎更容易使人觉察到尚有其他流弊存在,于是人们的情绪便更激烈:痛苦的确已经减轻,但是感觉却更加敏锐。封建制度在盛期并不比行将灭亡时更激起法国人心中的仇恨。②

的确,中国和法国在革命前均"开始改革",但鼎革之际的中国与122年前法国的情形当然不完全相同。比如,从现代国家建设的角度观之,路易王朝正朝着建设一个中央集权制的绝对主义国家的方向迈进,法国大革命后亦沿着这一方向前行;而清末中央集权日渐式微,地方势力不断增强,中央在与地方进行博弈的过程中处于弱势,革命后"去中央化"的惯性仍在延续,但两国开始的改革也带来了相似的效应。中国在国家

---

① 黄远庸:《一年以来政局之真相》,载《远生遗著》卷一,商务印书馆1984年版,第85页。
② (法)托克维尔:《旧制度与大革命》,冯棠译,商务印书馆1996年版,第210页。

政治生活的开放程度、民众的言论空间、官绅政治参与的渠道等方面,自1901年"新政"以来的10年无疑有了明显的改观。随着民主观念的传播,尤其是革命派的浪漫主义民主观的弥散,人们的感觉也"更加敏锐",对现状正"变得无法忍受"。"新政"前人们对未来无所期望,现在人们对未来无所畏惧。如同邹容、陈天华等人一样,"人们的想象力预先就沉浸在即将来临的闻所未闻的幸福中,使人们对既得利益无动于衷,一心朝着新事物奔去"①。

政治行动纲领的实现,可强固人们对这一行动纲领的信心;而行动纲领的受挫,必将促使人们对此种行动纲领进行反思。

第二节 从超越议会民主到追求直接民主

政治浪漫主义者付出了生命的代价!这是意外还是必然?不同的人有不同的判断。

共和制能否有效地运作?当时媒体的态度并不乐观。早在国会选举的之前,就有媒体发出了悲观的预言。革命党人戴季陶主持的上海《民权报》对政治现状的看法与孙中山截然相反:"今则中央政府之已革去了者,不过'大清帝国'四个字而已。革命之起,起于地方,革命之终,亦终于地方。中央政府既未经事实上之改造,更未受思想上之淘汰,而遂标榜曰'革命成功'。是失败耳,何成功之有!"②当国会选举紧锣密鼓之际,政论家预言:"纵使将来国会议员人人皆肩比卢梭,而驾孟德斯鸠,一入袁氏之武力世界中皆成无数木偶。"③

素怀超越情结与浪漫主义情怀的孙中山面对突如其来的打击,极为

---

① (法)托克维尔:《旧制度与大革命》,冯棠译,商务印书馆1996年版,第211页。
② 《天仇文集·单刀直入录》,转引自丁守和主编《辛亥革命时期期刊介绍》(4),人民出版社1986年版,第212页。
③ 《正式国会之殷鉴》,《民权报》1912年9月11日;转引自《辛亥革命时期期刊介绍》(4),第220页。

震惊。他开始怀疑、动摇对代议制及政党政治的信心,转而想越超这一制度,追求更高程度的民主——直接民主,遂使其民主易行论的政治浪漫主义得到进一步的升级。

"宋案"的发生是对孙中山民主浪漫主义的极大嘲讽。孙中山不得不承认:"中华民国成立一年矣,此一年中吾人所抱负之希望,未达其十一。"突如其来的惊天大案,并未立即动摇孙中山对议会制与两党制的信念,他仍寄希望于国会及在国会占多数席位的国民党来挽救民国,挽救共和政体。1913年5月,孙中山撰文称:"今者国会将开,吾人所怀抱之政策,将以正式国会为发表之机会。夫中华民国一切建设之大业,其根本问题,皆国会之职务,而国民党在国会所负之责更大焉。以进步思想,乐观精神,准公理,据政纲,以达巩固中华民国图谋民生幸福之目的,当然为吾党之责。"①7月,孙中山执意发动颠覆袁氏政权的"二次革命"几乎不战而溃。袁世凯于11月下令解散国民党,次年1月下令停止该党全体议员的职务。至此,国民党几乎完全丧失了与袁氏较量的暴力及非暴力的资源。国民党人相继败走,孙中山的民主浪漫主义行动纲领失去了最起码的支撑力量。

袁世凯肆无忌惮地践踏议会制及政党政治。共和制失败的原因何在?中国政治的出路何在?这是民主革命的精神领袖孙中山必须回答的问题:"此不行革命方略之过也!"②这里讲的"革命方略"是指中华革命党的政治纲领。

1914年7月,孙中山在日本改组国民党,成立了新的中华革命党,并揭橥其"革命方略"。中华革命党的党章恢复了民权主义的革命目标:"本党以实现民权、民生两主义为宗旨。本党以扫除专制政治、建设完全民国为目的。"③这一宗旨无异于向世人宣告中国的民主革命尚未成功。

---

① 《〈国民〉月刊出世辞》,《孙中山全集》第3卷,中华书局1984年版,第62页。
② 《中国革命史》,《孙中山全集》第7卷,中华书局1985年版,第66页。
③ 《中华革命党总章》,《孙中山全集》第3卷,中华书局1984年版,第97页。

革命方略即建国三阶段:军政时期(以积极武力,扫除一切障碍,而奠定民国基础),训政时期(以文明治理,督率民国,建设地方自治),宪政时期(俟地方自治完备之后,乃由国民选举代表,组织宪法委员会,创制宪法;宪法颁布之日,即为革命成功之时)。新的革命方略不提代议制,表明孙中山开始疏离代议制。

疏离了代议制的孙中山,进一步发展其政治浪漫主义。孙中山在民初时的政治浪漫主义主要表现在对民主制的乐观判断及在社会经济领域实现民生主义,而此时的浪漫主义又要在民主的制度安排上超越西方,追求超越于西方间接民主(代议制)的直接民主。1916 年他在上海发表演说,首次公开主张引进直接民主制度:

> 欧美之共和国,创建远在吾国之前,二十世纪之国民,当含有创制之精神,不当自谓能效法于十八、十九世纪成法而引为自足。共和政体为代议政体,世界各国隶于此旗帜之下者,如古之希腊则有贵族奴隶之阶级,直可称曰专制共和,如美国则已有十四省树直接民权之模,而瑞士则全乎直接民权制度也。吾人今既易专制而成代议政体,然何可故步自封,始终落后于人。故今后国民,当奋振全神于世界,发现一光芒万丈之奇采,俾更进而底于直接民权之域。代议政体旗帜之下,吾民所享者只一种代议权耳。若底于直接民权,则有创制权、废制权、退官权。……如是数年,必有一庄严灿烂之中华民国发现于东大陆,驾诸世界共和国之上矣。①

"在民主观混乱的时代,这个替代的世界当然总能被说成'更民主'。"②在孙中山看来,他倡导的直接民主就是一个真正的、更高一级的民主制:

> 直接民权,一是"选举权"。人民既得直接民权底选举权,尤必

---

① 《在沪尚贤堂茶话会上的演说》,《孙中山全集》第 3 卷,中华书局 1984 年版,第 323 页。
② (美)乔·萨托利:《民主新论》,冯克利等译,东方出版社 1993 年版,第 78 页。

有"罢官权"。选之在民,罢之亦在民。又如立法部任立一法,人民因其不便,亦可起而废之。此种废法权,谓之"复决权",言人民可再以公意决定之。又人民应有"创制权",即人民可以公意创制一种法律,……此为具体底民权,乃真正底民权主义。①

直接民主是指国家的政治权力直接取决于全体公民,而不通过诸如党派、议会这样的组织来作中介的政治形式。历史上的雅典城邦,近代英、美、瑞士等国政治单位较小的地区(如规模较小的市镇)实行直接民主(镇民大会的形式),但就整个国家制度安排而言,近代西方尚无以直接民主完全取代代议制民主的国家。人类历史上的任何一种政治制度从来都没有十全十美的,作为现代民主制度最为普遍的实行形式的代议制也不例外。现代代议制起源于英国,后被众多的民主国家所广泛采用。自代议制问世后,西方思想家从来没有停止过对代议制的批评,其中最重要的代表人物当推卢梭,卢梭对直接民主的构想是诱人的,雅各宾派曾为此而付诸行动,但最后还是复归代议制。代议制出现后,一直在批评声中不断发展与完善,其中最主要的是代议制的民意基础在不断扩大,即对政治参与(选民)的限制越来越少,但并没有改变代议制的性质与政治功能,也没有预示直接民主距离人类越来越近。英国自由主义者阿克顿,早在19世纪就提醒那些迷信人民主权及直接民主的人们:

> 任何民主,任何建立在人民主权之上的政府,其命运依赖于它在这些相互对立的原则之间所做的选择:一方面是绝对权力,另一方面是法制的制约和传统的权威。把至高无上的地位赋予法律还是人民的意志,是建构一个以义务维系的道德团体,还是一个以暴力支撑的自然团体,就此做出的选择决定着它的兴衰。②

---

① 《在中国国民党本部特设驻粤办事处的演说》,《孙中山全集》第5卷,中华书局1985年版,第476页。
② (英)阿克顿:《自由与权力》,侯健等译,商务印书馆2001年版,第136页。

而萨托利的提醒似乎更富有哲理。他认为如果要保留"人民主权"的价值,必须随着民主的发展而逐渐修改为"一切权力不属于任何人"的原则,即任何人不应拥有全部权力的原则,否则,如果在实践中"蔑视中介结构(指代议制)并将它们作为障碍抛弃,把理想强化到极致,只会产生假人民之名而行使的绝对权力。于是,理想终于毁掉了他的创造物"①。但他同时也承认:

> 真实的情况是,仅仅包含着人民权力观念的民主理论只够用来同独裁权力作战,一旦打败这个敌人,自然而然移交给人民的不过是名义上的权力,权力的行使完全是另一回事。②

"赶超"不只是孙中山个人政治思维的特征,而是19世纪末以来许多政治精英争相标榜的口号。在中国这样一个超大规模又缺少民主传统与实践经验的国度,在政治转型时期豪强四起,武人横行,而众生又集体失语。因此,以"人民主权"的名义来呼唤大众来抗拒强权,看似一个自然并符合逻辑的选择,但在另一些人看来,这不够审慎,甚至过于天真。

第三节 "国性论"与"调适论":文化保守主义者的诉求

近代中国始终面对着这样一个悖论:一方面中国必须告别传统,走向现代化,走向民主之路;另一方面,走向民主与现代化的中国又无法与传统作一彻底的切割。传统是中国的传统,而民主也只能是中国式的民主。

革命之生成是因为旧政权、旧政体面临着合法性危机,但取而代之的新政权、新政体的合法性不可能自动生成:

---

① (美)乔·萨托利:《民主新论》,冯克利等译,东方出版社1993年版,第77页。
② (美)乔·萨托利:《民主新论》,冯克利等译,东方出版社1993年版,第34页。

合法性不是绝对意义上的正义或是正确,它是一种存在于人们主观理解之中的相对概念。任何一个政治制度如能有效运行,都必须以某种合法性原则为基础。没有完全依靠强权来达到统治目的的独裁者。①

清王朝赖以存续的合法性并非由爱新觉罗家族提供的,而是依靠自孔子以来历代儒家构建宣传的早已深入人心的王权主义。暴君的出现会使该政权(某一特定的王朝)面临统治的合法性危机,但政体的合法性是稳固的(帝国时期政体的合法性从未动摇)。作为具有现代性意义的辛亥革命则颠覆了王朝政体的合法性。信奉民主的人士确信以民主制取代专制王权制,即韦伯讲的由传统型权威、个人魅力型权威递进到法理型权威,这样就完成了合法性的重建。然而,中国却因此出现了前所未有的长期的政体合法性的断裂,原先稳定的社会政治秩序日渐失范,在人们的观念与信仰上,则出现了"数千年未曾有的思想大恐慌时代"②。从这个意义上讲,民初以来的政治危机就是一种深刻的政体合法性危机。

在近代中国特殊的历史情境下,要使得中西文化、传统与现代始终保持合理的张力,实现新旧合法性的无缝隙对接是极其困难的。尽管如此,仍不断有人在两者之间作调适的努力,以缓和两者的紧张关系。这看似一厢情愿,但绝非毫无价值。

帝制倾覆,新制鼎立,社会舆论弥漫着较为浓烈的弃古趋新的西化倾向。对此,年轻的张东荪发出了"隐忧":

> 吾虽固有根本思想,然亦不可不与西方思想调和,惟调和与捐弃有别,前者谓固守其本有之物,而后加味以外来者;后者乃捐弃一

---

① (美)弗朗西斯·福山:《历史的终结及最后之人》,黄胜强等译,中国社会科学出版社2003年版,第17页。
② 转引自(日)狭间直树《对中国近代"民主"与"共和"观念的考察》,中国史学会编:《辛亥革命与20世纪中国》下,中央文献出版社2002年版,第1592页。

切以从他人,所谓舍己从人者是也。今举世滔滔,陷于民权狂,尽行抛弃,使有识者能不抱隐忧乎?①

民国初年文化保守主义者同样有着民主的诉求,但与革命浪漫主义者不同,他们不仅"瞻前",且强调要"顾后",他们更关注本土的文化资源和制度资源与现代民主如何对接,他们虽然主张守护本土传统,但有别于倭仁等一代理学大师们所谓"天不变道亦不变"的思维逻辑。他们关切秩序、精神、道德等成长与发展的连续性,其文化观接近西方古典的自由主义与保守主义。西方的自由主义者从柏克到哈耶克都强调人的理性与知性是有限的,他们对并不完全知晓的传统、习性及与之相伴的各种制度心怀敬意与敬畏,并认为这些对自由社会的培育与成长有不可或缺的积极意义:

> 如果对于业已发展起来的各种制度没有真正的尊重,对于习惯、习俗以及"所有那些产生于悠久传统和习惯做法的保障自由的措施"缺乏真正的尊重,那么就很可能永远不会存在什么真正的对自由的信奉,也肯定不会有建设一自由社会的成功努力存在。这似乎很矛盾,但事实可能确实如此,因为一个成功的自由社会,在很大程度上将永远是一个与传统紧密相连并受传统制约的社会。②

民初思想界的两极化不仅表现为代议制民主与直接民主的分道扬镳,还表现在文化、伦理领域,即文化调和主义与文化激进主义的对峙。前者更多的是基于人类历史经验与现实可能性的考量,而后者更多的是基于人类理性与理想主义的立场。文化观的两极化与民主观念的两极化在相当大的程度上是相互支援的。通常文化保守主义者崇尚英国式的渐进发展的道路,而激进主义者推崇的是法国彻底革命的道路。从发生学的角度观之,通常是先有舍旧趋新的革新派,继而遭致守成派的反

---

① 张东荪:《余之民权观》,载《庸言》第1卷第12号,1913年5月16日。
② (英)哈耶克:《自由秩序原理》上册,邓正来译,三联书店1997年版,第71页。

弹,改革受挫后继而出现两个替代性的派别:激进派和调和派。

到"五四"前后激进主义思潮发展到极致,他们提出的一些概念、口号、价值成为其后检验真理与谬误、进步与反动的尺度,文化保守主义因此被妖魔化,并被斥之为守旧甚至是帝制的拥护者。其实,民国初年的许多文化保守主义者,其价值诉求同样是民主政治。

变革政治制度的"物理形态"①固然不易,变革积淀数千年的政治知识体系更是难上加难;摧毁一个久已成形的政治知识体系不易,但要重构一个新的替代的政治知识体系绝非旦夕之功。在民初这样一个进退失据的非常时期,中国思想界并不比清末面临政治危机的时候平静。唱赞歌者有之,主悲观者有之,袖手旁观者也不少。其中有一派人物政治上认同民主共和,但他们对通过革命的方式即可构建一个坚实的民主大厦持怀疑态度。甚至认为这非但不能确立民主共和制,反而会造成社会的无序,结果走向民主的反面,这就是文化保守主义者在民初的基本立场,严复、梁启超、杜亚泉等人为其代表。文化保守主义者并不具有观念的一致性与行动上的组织性,他们是因立论相对接近而形成的松散的知识共同体。其观念的思想资源来自于 20 世纪初的国粹派及对英、法政治道路得失的比较,思维方式与晚清以来流行的"中体西用"说也不无相通之处,后续的影响及于"五四"前后以梁漱溟等为代表的东方文化派,但其观念的成熟与完整的表达则在民初袁世凯当政时期。

"守成"或"保守",其意涵在中国这样一个崇尚经典与礼法的政治文化中并非是一个负面的词汇,但到 19 世纪末渐成为中国积弱的缘由,惟有不断"革新"才是进步的动力。到了 20 世纪,"保守"逐渐成为中国政治话语中的一个贬义词。由于长期以来革命被赋予了天然的合理性,保守无异于顽固、守旧,甚至是反动。

民初,南北两大政治权力中心在对待中国传统文化的问题上先后发

---

① 刘建军:《中国现代政治的成长》(曹沛霖序),天津人民出版社 2003 年版。

出了两种不同的声音,文化问题日渐成为精英人物关注的主题之一。南京临时政府并没有因为"临时"而忽略对传统政治文化改造的使命。蔡元培、宋教仁、汪精卫等人对国民素质的判断开始回归现实,他们深知国人的素质与民主共和制度并不相称,故倡议成立"社会改良会","期以保持共和国民之人格":

> 所谓共和国民之程度,固不必有一定之级数,而共和思想之要素,则不可以不具。尚公德、尊人权、贵贱平等,而无所谓骄谄;意志自由,而无所谓徼幸;不以法律所不及而自恣,不以势力所能达而妄行,是皆共和思想之要素,而人人所当自勉者也。我国素以道德为教义,故风俗之厚,轶于殊域,而数千年君权、神权之影响,迄今未沫,其与共和思想抵触者颇多。同人以此建设兹会,以人道主义去君权之专制,以科学知识去神权之迷信。①

1912年2月,蔡元培以教育总长的名义在《临时政府公报》上发表《对于新教育之意见》,根据蔡氏的建议,临时政府颁布的普通教育暂行办法规定,小学"读经科"一律废止:

> 满清时代,有所谓钦定教育宗旨者,曰忠君,曰尊孔,曰尚公,曰尚武,曰尚实。曰忠君与共和政体不合,尊孔与信教自由相违(孔子之学术,与后世所谓儒教、孔教当分别论之)。②

南方临时政权的革新之风徒具象征性,其影响所及恐怕难以越出古老的南京城垣。在北方,袁世凯当政后,一反南京临时政府对孔教的政策。袁氏就任临时大总统后第一次到参议院发表政见时即声明其尊孔的立场:"古今立国之道惟在整饬纪纲,修明法度……迩来兵事扰攘,四民失业,公私交困,已达极点。而士兵多昧服从之义,人民鲜知公共之

---

① 蔡元培等:《社会改良会宣言》,《蔡元培全集》第2卷,中华书局1984年版,第137页。
② 高叔平编:《蔡元培全集》第2卷,中华书局1984年版,第136页。

益……循此不变,必至纪纲废坠,法度荡然。"①1912年9月,袁世凯发布《崇孔伦常文》宣称:"中华立国,以孝、悌、忠、信、礼、义、廉、耻为人道之大经,政体虽更,民彝无改。"儒教的八德"乃人群秩序之常"②。尊孔再度成为国策。1913年6月,袁氏发布《尊孔祀孔令》,宣扬孔子是万世师表,其学说放之四海而皆准,令全国尊孔祀孔,以正人心。

1912~1913年间,虽然南北势力对儒学经典的态度相左,但正面的交锋尚未开始。按照先前的约定,1912年底全国举行第一届国会大选,大选吸引了人们的眼球,各政党的领袖均以高昂的热情投身于选战。此时的梁启超虽然关注大选,但并未像宋教仁那样为大选而痴狂,也不像孙中山那样乐观其成,与其师康有为敌视革命、共和也不一样。在这历史的关键时刻,梁启超头脑似乎显得格外清醒,他对民主共和能否在中国建立并健康运行持审慎甚至怀疑的态度。在梁氏看来,"辛亥"这一空前的变故,使得中国的"国性"出了问题(亦即法国大革命时期英国保守主义者柏克所指的"世代衔接"问题)。梁启超于1912年底在《庸言》创刊号上发表的《国性篇》,较为自觉而理性地阐述其调适思想(文化保守主义的思想)③。

国之而立,在于特有的"国性"。所谓"国性"是指一政治共同体中,千百年来不知不觉而养成的"无形之信条"。国语、国教、国俗,三者合,而国性仿佛可得见也。国性可助长而不可创造,可改良而不可蔑弃。"国性之为物,必涵濡数百年而长养于不识不知之间,虽有神奇圣哲,欲悬一理而咄嗟创造之,终不克致。"④梁氏对"国性"态度非常审慎,而"审

---

① 袁世凯:《大总统莅参议院之宣言》,载《东方杂志》第8卷第11号,1912年5月1日。
② 徐有朋编:《袁大总统书牍汇编》第2卷,广益书局1920年版,第17页。
③ 台湾学者黄克武先生在《一个被放弃的选择:梁启超调适思想之研究》(新星出版社2006年版)中主要以梁氏1902~1903年间发表的《新民说》为分析对象,阐述其调适思想的渊源与内容,认为此间的梁启超虽然"太无成见","流质易变","但实际上也有其根本不变的一些特质",许多保守与调适的取向已经存在。参见该书第一章导论。窃以为黄先生的分析与判断很有见地,但此间梁氏的调适思想尚不够自觉,与调适思想相悖的言论并不少见。
④ 梁启超:《国性篇》,载《庸言》第1卷第1号,1912年12月1日。

慎"确是柏克最为推崇的政治家应具有的美德。他说:"审慎,在所有事务中都堪称美德,在政治领域中则是首要的美德。"①梁氏认为:

> 当国性之衰落也,其国人对于本国之典章文物、纪纲法度,乃至历史上传来之成绩,无一不怀疑,无一不轻侮,甚则无一不厌弃。始焉少数人耳,继则弥漫于国中,及其横流所极,欲求片词只义足以维系全国之人心者而渺不可得。公共信条失坠,个人对个人之行为,个人对社会之行为,一切无复标准。虽欲强立标准,而社会制裁力无所复施,驯至共同生活之基础日薄弱,以即于消灭。……乃至社会一切有形无形之事物皆失其中心点,不复成社会。②

> 若新信条涵养未熟,广被未周,而旧信条先已破弃,则社会泯棼之象立见。夫信条千百而动摇一二,或未甚为病也。若一切信条所从出之总根本亦牵率而动摇,则社会之纽殆溃矣。③

所谓"总根本",其实就是道德的最高本体,并无新旧、东西之分,当是人类亘古不变且超越空间的信条。"吾以为道德最高之本体,固一切人类社会所从同也,至其具象的观念及其衍生之条目,则因时而异,因地而异。"④其实这就是宋儒陆象山讲的:"东海有圣人出焉,此心同也,此事同也。西海有圣人出焉,此心同也,此理同也。南海北海有圣人出焉,此心同也,此理同也。千百世之上有圣人出焉,此心同也,此理同也。"⑤正是为了固本,梁氏等人主张孔不可弃、经不可废。

其间,持此种观点的并非梁氏一人。严复的立论与其极其相似。他深为此次革命的后果而忧心:"一善制之立,一美俗之成,动千百年而后

---

① (英)柏克:《自由与传统——柏克政治论文选》,蒋庆等译,商务印书馆2001年版,第304页。
② 梁启超:《国性篇》,载《庸言》第1卷第1号,1912年12月1日。
③ 梁启超:《中国道德之大原》,载《庸言》第1卷第2号,1912年12月16日。
④ 梁启超:《中国道德之大原》,载《庸言》第1卷第2号,1912年12月16日。
⑤ 《谥议》,《陆九渊集》,中华书局1980年版,第483页。

有,奈之何弃其所故有,而昧昧于来者之不可知耶!"①1913年严复在中央教育会上发表演讲,表明其对读经的态度:

> 大凡一国存立,必以其国性为之基。国性国各不同,而皆成于特别之教化,往往经数千年之渐摩浸渍,而后大著。但使国性长存,则虽被他种之制服,其国其天下尚非真亡。……中国之特别国性,所赖以结合二十二行省,五大民族于以成今日庄严之民国,以特立于五洲之中,不若罗马、希腊、波斯各天下之云散烟消,泯然俱亡者,岂非恃孔子之教化为之耶! 孔子生世去今二千四百余年,而其教化尚有行于今者,岂非其所删修之群经,所谓垂空文以诏来世者尚存故耶!……中国之所以为中国者,以经为之本原,……至于人之所以成人,国之所以为国,天下之所以为天下,则舍求群经之中,莫有合者。②

所谓"群经"亦即诸子百家,此乃国人安身立命之所在,弃之则无根,遑论图存复兴。但严复并非顽固的拒变之徒。"国之进也,新旧两党,皆其所不可无,而其论亦不可偏废。非新无以为进,非旧无以为守;且守且进,此其国之所以骏发而又治安也。"③

章士钊在20世纪初曾是一个极端的排满革命论者,后赴英留学,深受英国政治传统与思维(自由主义、经验主义、保守主义、渐进道路)的影响,排斥法国式的激进主义与理性主义。章士钊在武昌起义后回国,"二次革命"失败后也流亡日本,1914年5月在东京与陈独秀、谷钟秀等人创办《甲寅》月刊,章在创刊号上发表的《政本》揭示了调和的政治立场。"为政有本,本何在? 曰:在有容。何谓有容? 曰:不好同恶异。"④同年,还发表了《调和立国论》,强调"调和者,立国之大经也"。

----

① 《宪法大义》,王栻主编:《严复集》第2册,中华书局1986年版,第246页。
② 《读经当积极提倡》,王栻编:《严复集》第2册,中华书局1986年版,第330~331页。
③ 《主客平议》,王栻主编:《严复集》第1册,中华书局1986年版,第119页。
④ 《政本》,载《甲寅》第1期,1914年5月。

> 共和者,政想之最高者也。苟得如其想而致之事,岂不可尚?惟建国不如筑室。筑室可以自由择址而为之,鸠工庀材,一任己意,而建国则否。国家者既有一定之土地、人民,复有特殊之历史、族性,易之不能,绝之不可。于斯本吾理想之力,创为政制,以复于上,亦惟视其土地、人民、历史、族性,所能受之量,斟酌损益以出之,而后足以为功。不然,将不至溃裂无可收拾不止。①

章氏在该文中还以法国大革命为例:"首义诸贤所倡自由、平等、博爱三大义,心诚求之,未遗余力",而结果只能是"破坏也、暴徒也、恐怖也、断头机也、阴谋举兵也、武力压迫也",而未见有任何"与自由依稀相似之物"。章氏的这些观点与柏克对法国革命的态度极为相似。

杜亚泉在近代中国思想史上的地位似乎与许多正史的记载不太相称。杜氏未出过国,其活动半径很少越出江浙。他接受过旧式教育,还参加过科举考试,1904年入商务印书馆后长期以科学文化的编译与著述为志业,一生编辑过多种刊物(其黄金时段是1911年1920年任《东方杂志》主编),均以传播西方科学、沟通中西文化为主题,为传播西方知识作出了巨大的贡献。因其有深厚的中学与西学功底,加之不介入现实的政治,其表达的政见与思想更具有历史的眼光与世界的视角,其思想特征是调和折中。诚如同乡蔡元培所对他所作的评价:

> 以科学方法研求哲理,故周详审慎,力避偏宕,对于各种学说,往往执两端而取其中。如惟物与惟心、个人与社会、欧化与国粹、国粹中之汉学与宋学、动机论与功利论、乐天观与厌世观,种种相对的主张,无不以折衷之法,兼取其长而调和之。②

---

① 章士钊:《调和立国论》,《甲寅杂志存稿》上卷,商务印书馆1921年版,第137~138页。章士钊讲的"调和"即"妥协",其观念多引自英国自由主义者John Morley(1838~1923)的"On Compromise".(1874)
② 蔡元培:《书杜亚泉先生遗事》,许纪霖等编:《一溪集:杜亚泉的生平与思想》,三联书店1999年版,第7~8页。

杜亚泉的政治观与文化观可以其倡导的"接续主义"冠之,其立论与章士钊的"建国不如筑室"的主张颇为接近。他说:"国家者,国民共同之大厦,我国民生于斯,聚于斯,而不可一日无者也。"国家对于国民来说,不是"一时之业,乃亿万年长久之业"。"国家如一大家产,我祖宗传之于我,我当经营之,增殖之,以复传之于我之子孙。"

> 国家之接续主义,一方面含有开进之意味,一方面又含有保守之意味。盖接续云者,以旧业与新业相接续之谓。有保守而无开进,则拘墟旧业,复何所用其接续乎?若是则仅可谓顽固而已。……反之,有开进而无保守,使新旧间之接续截然中断,则国家之基础,必为之动摇。盖旧时之习惯既失矣,各人意见纷呈,甲以为然者,乙以为否;丙以为是者,丁以为非。此时虽有如何之理论,决不能折衷于一是。……故欲谋开进者,不可不善于接续。近世之国家中,开进而兼能保守者,以英国为第一,用能以三岛之土地,威加海陆。即北美合众国之政治,亦根据于殖民时代之历史者为多。此接续主义对于国家之明效大验也。①

杜氏在赞赏英、美于保守中求开进的同时,批评法国有开进而无保守,遂成灾难。"法国当革命之后,古法破灭,其后虽屡欲复古,卒不能成功。"杜氏还认为,民主国家较之君主国家,更应持接续主义。因为君主国家之接续主义与君主个人之接续相关联,而民主国家,无论是总统制还是内阁制,权力交替与党派之争不断,易生纷更。所以,"民主国家于新旧交递之间,当以稳静持重为主。接续主义一破,则亚影响之留遗,虽数世而犹未艾,此固吾民国国民,所当慎之于始者也。"而要想保持国家的接续主义,"非国法所能限制也,要恃民国之道德以救济之"。所谓国民之道德,就是要舍个人之目的,以服从国家之目的。"国民之从事于政治者,谓之公仆,公仆之意义,即其人无自己之目的,而受国家役使者之

---

① 杜亚泉:《接续主义》,载《东方杂志》第 11 卷第 1 号,1914 年 7 月 1 日。

谓。无道德之国民,其从事于政治者,往往役使国家,以达其自己之目的。"①

与梁启超相似,杜氏颇为精确地表达了对英国经验主义的推崇与向往。与柏克一样,他们均排斥法国大革命,但并未止步于现实,也没有舍弃对自由与民主的追求,坚信中国不改革将无以自立,甚至会亡国灭种:

> 吾侪自与西洋社会接触以来,虽不敢谓西洋社会,事事物物,悉胜于吾侪,为吾侪当所效法,然比较衡量之余,终觉吾侪之社会间,积五千余年沉淀之渣滓,蒙二十余朝风光之尘埃,症结之所在,迷谬之所丛,不可不有以廓清而扫除之。故近二三十年以内,社会变动之状况,虽左旋右转,方向不同,而其以改革为动机则一也。社会间稍有智能之人士,其对社会之运动,虽温和急进,手段不同,而其以改革为目的则一也。改革云者,实吾侪社会新陈代谢之机能,而亦吾侪社会生死存亡之关键也。②

注重个人人格的成长与完善是文化保守主义者共同的主张。杜氏认为改革不仅是外在的制度变革,更要促进个人素质的提高。"社会者,个人之集合体。个人完成,而后社会乃能进步。吾侪欲改革社会,而不从个人着手,不从自己之个人着手,不揣其本而齐其末,则其改革之结果,亦惟有增官僚之腐败,纵党人之暴乱已耳,于社会何益之有哉!"③此论与梁启超"新民说"的逻辑如出一辙。

民国初年的文化调和论者大都反对非孔。其中一些孔教会的活跃分子尤其是袁氏称帝的支持者可谓文化调和论者中的右翼。孔教会由康有为的弟子陈焕章等于1912年底在上海发起成立,自任主任干事,宗旨是"昌明孔教,救济社会",孔教会在全国设有若干分会。陈焕章,光绪

---

① 杜亚泉:《接续主义》,载《东方杂志》第11卷第1号,1914年7月1日。
② 杜亚泉:《个人之改革》,载《东方杂志》第10卷第12号,1914年6月1日。
③ 杜亚泉:《个人之改革》,载《东方杂志》第10卷第12号,1914年6月1日。

进士,1907年留学美国哥伦比亚大学,其博士论文是论述孔子及其学派的经济原则①。陈焕章回国即致力于推动将孔教定为国教,还先后任袁世凯的总统府顾问、"安福国会"议员、北京孔教大学校长、曹锟的政治顾问等职。他认为:"今日国体共和,以民为主,更不容违反民志,而为专制帝王之所不敢为。且共和国以道德为精神,而中国之道德,源本孔子,尤不容有拔本塞源之事,故中国当仍奉孔教为国教。"②在他看来,孔子的思想与理想不仅与共和国的原则相合,而且正足以在共和的原则下解决中国当前所面临的实际社会问题及道德问题。孔子(孔教)是中国道德本体的载体。

1913年2月孔教会在北京创办《孔教会杂志》,呼吁尊孔子为教主,以孔教为国教。同月,康有为"不忍"于中国自清亡民兴以来,教化衰息、纲纪扫荡、中央权威流失、国土沦丧(外蒙古之失)、财政之竭、割据之祸、国将不国的局面,在上海创办了《不忍》杂志。1913年他在《中国以何方救亡论》中称,凡此皆由于民权重而暴民大兴:

> 试问今之医,开如此之方,服如此之药,恐中国有彭祖之寿,而必自毒之,则误服欧、美唾弃之民权之说致之也。
>
> 今若人人知以救中国为最要之图,则国重而民轻矣,先于为国而后于为民矣,重于为国而轻于为民矣。若然,则凡可以救中国之方药,无美恶,惟救国是宜。③

他认为孔教是"国粹"、"国魂"、"国本","孔子之教,自人伦、物理、国政、天道,本末精粗,无一而不举也。"他还论证了"国魂"与立国的关系:"亡莫大于国魂亡,而国亡次之。意大利不亡于奥乎?而国魂不亡,则今复立国而再强。"④孔教若一旦弃之,"则举国四万万之人,徬徨无所从,行

---

① (美)周策纵:《"五四"运动:现代中国的思想革命》,周子平译,江苏人民出版社1996年,第403页。
② 陈焕章等:《向两院请定孔教为国教书》,《孔教十年大事》卷八,第31页。
③ 康有为:《中国以何方救亡论》,载《不忍》第2册,1913年3月。
④ 康有为:《中国学会报题词》,载《孔教会杂志》第1卷第2号,1913年3月。

持无所措,怅怅惘惘,不知所之。若惊风骇浪,泛舟于大雾中,迷惘惶惑,不知所往也。"①

9月初,在国会制宪委员会着手制定"天坛宪草"时,孔教会及副总统黎元洪等电请国会参众两院,要求速定孔教为国教,藉范人心,以息邪说,并得到了部分地方督军的附和。在袁氏的操纵下,进步党议员提出一个以孔教作为国教的条款,遭到国民党议员的反对,不久成了举国上下辩论的热点。经过长时间的激烈争论达成妥协,规定"国民教育以孔子之道为修身之大本"②。孔教会于9月3日在国子监举行祀孔典礼,有众议院议长汤化龙、袁世凯的特别代表梁士诒以及袁世凯的宪法顾问有贺长雄等政治人物参加。同月27日,孔教会3000余人齐集山东曲阜召开第一次全国大会。11月康有为被推为总会会长。

"国性不存,国将不国",是此间文化保守主义者的共同信仰。他们向世人发出的警示,非但不能得到社会的积极回应与善意的理解,也不能使儒学重新回归信仰对象,反而成为讨伐的对象,儒学有陷入绝境之虞。1918年11月10日梁漱溟之父梁济(1859~1918)选择了以自杀的方式来警醒国人。他在遗书(敬告世人书)中称:

> 吾因身值清朝之末,故云殉清。其实非以清朝为本位,而以幼年所学为本位。吾国数千年,先圣之诗礼纲常,吾家先祖先父先母之遗传与教训,幼年所闻,以对于世道有责任为主义。此主义深印于吾脑中,即以此主义为本位,故不容不殉。③

梁济之死当然不可引来国人对国性论的认同。其实,梁济之死与陈天华有相通之处。自杀的"诱因"都是"国人皆醉我独醒",他们都是孤独的"异见"者。

---

① 康有为:《复教育部书》,载《不忍》第4册,1913年5月。
② 吴宗慈编:《中华民国宪法史(前编)》,上海大东书局1924年,第38页。
③ 转引自陈独秀《对于梁川先生自杀之感想》,载《新青年》第6卷第1号,1919年1月15日。

从梁启超到梁济,民初的文化保守主义者虽然对民主共和制不乐观,但他们大都不是民主主义的反对者(梁济也明确表示"极赞成共和"①),更不是传统的君主论者。他们有着明确的民主、共同的诉求,但在他们看来,民主、共和不能以牺牲国性为代价,舍国性求共和,无异于缘木求鱼。

在民主化进程中,因新旧势力的对比失去平衡而使政治制度出现倒退(复辟)的现象并不罕见,英国有之,法国有过多次,其原因是复杂的,应对之策也各不相同。英国通过制度的修补("光荣革命"),保留了君主,但同时确立了议会主权,从此奠定了现代君主立宪政体。法国大革命后的反复,主要表现为各派政治力量间的较量,拿破仑称帝,反而将法兰西帝国推向强盛,其间颁布的《拿破仑法典》对法国乃至欧洲普及自由和平等原则、所有权原则、契约自治原则等起重大的推动作用,也为后来法兰西共和国的建立奠定了思想基础。从这个意义上讲拿破仑是一个具有现代性的皇帝。

袁氏称帝,在一定程度上符合极少数文化保守主义者的脾胃,因为这场革命违背了世代接续的原则,但他们期待的也是一个有现代性取向的皇帝,而非旧式君主。但多数的文化保守主义者是不接受袁氏称帝的,梁启超用言论和行动表达了对帝制的排拒。文化保守主义者的对应之策是于保守中求"更新"。"亚洲今日诸种,如支那、如印度,尚不至遂为异种所剋灭者,亦以数千年教化,有影响果效之可言。特修古而更新之,须时日耳。"②所谓"修古而更新",强调的是"继往"与"开来"间的逻辑联系。因少数文化保守主义者涉嫌支持袁氏称帝,这就使得整个文化保守主义群体被妖魔化,文化保守主义者便有了洗刷不清的原罪,到"五四"时期,几乎成了过街老鼠。

---

① 林毓生:《论梁巨川先生的自杀——一个道德保守主义者含混性的实例》,《中国传统的创造性转化》,三联书店1988年版,第217页。
② 严复:《法意按语》,《严复集》第4册,中华书局1986年版,第981页。

袁氏称帝,对以陈独秀为代表的《新青年》派来说,问题的症结也是文化的接续。不过两方的立场正好相异。调和主义者强调"接续"的重要性,担心的是文化的断裂,而曾是反清先锋派的陈独秀等人则相反,他们将革命思维由政治领域推及到文化领域,强调的是切断文化的接续关系,担心的是断裂不开。他们将数十年来的中西之争,等同于新旧较量,中西之争完全是新旧的对决,欲以西方文化取代中国传统文化,以西方文化来接续中华民国时代的政治制度。

西学乃新学,中学乃旧学,这本是客观事实。但是中西、新旧是可以互补相济的,这在张之洞时代即开始流行。及到《新青年》问世,中西、新旧渐成水火。"所谓新者无他,即外来之西洋文化也;所谓旧者无他,即中国固有文化也如是。……两者根本相违,绝无调和折中之余地。"①这在进化论大行其道的年代,给中国文化帖上旧的标签,自然难逃文化革命对象的厄运。袁氏帝制失败后,陈独秀则将"孔子之道"直接说成"封建时代之精神":

> 孔子生长封建时代,所提倡之道德,封建时代之道德也;所垂示之礼教,即生活状态,封建时代之礼教,封建时代之生活状态;所主张之政治,封建时代之政治也。封建时代之道德、礼教、生活、政治,所心营目注,其范围不越少数君主贵族之权利与名誉,于多数国民之幸福无与焉。②

继而他又将国故、孔教、帝制说成是三位一体:"湘绅叶德辉论省宪一电,尤敢公然谩骂,……如前此之列名者,全为'孔道学校'之教职员,此次所谓绅界,又多为'前清状元'、'复辟派'、'王湘绮门徒'与叶沆瀣一气者。国故、孔教、帝制本来是三位一体,叶德辉、康有为都是这三位一体之代表。"③有鉴于此,钱玄同也将孔教与皇权画上等号:"要国粹、要东

---

① 汪叔潜:《新旧问题》,载《青年杂志》第1卷第1号,1915年9月15日。
② 陈独秀:《孔子之道与现代生活》,载《新青年》第2卷第4号,1916年12月1日。
③ 陈独秀:《三位一体的国故、孔教、帝制》,载《向导》第61期,1924年4月16日。

方文化,则请赶紧叫仪哥儿再坐龙廷,或叫什么人来做皇帝,承天建极,传之万世。"①革命家的思维通常是对革命对象作格式化的分类与取舍,非此即彼,明快而简约,且不留余地。从此,反传统成为强势话语,反传统的思潮也波浪相逐。

儒学或孔子与民主观念及现代生活的关系,自 20 世纪初即成为一个有争议的话题,至"五四"孔教几乎陷入绝境,成为民主志士之大敌,他们对孔教乃至整个中国传统文化均充满了怨恨。若放宽历史视野,早在法国启蒙运动初期,儒学的精髓"四书五经"成为法国启蒙思想家反抗专制王权的重要思想资源与精神武器。而如今,随着中国的和平崛起,孔子地位不但与帝制、专制主义剥离开来,且快步走向世界,迄今已有百余家孔子学院遍布世界 40 多个国家。作为"旧学"的孔子学说正反销"新学"的故乡。2004 年 9 月 5 日,海内外一批文化名流语言学家许嘉璐、科学家杨振宁、国学家季羡林、哲学家任继愈和文学家王蒙发起在北京签署《甲申文化宣言》,他们呼吁重新评估和重建文化传统,弘扬中华传统文化的核心价值。孔子的命运何以起伏不定?一方面与国势有关,国势强大或上升时,国人的自信也表现在对文化传统的自信上;反之,则自卑。另一方面,与人们对民主观念的理解有关。儒家虽然有着强烈的民本关怀,但"君临天下"、"天下一统"恐怕才是其终极关怀。孔子的"君子"与"小人"说,具有鲜明的政治精英主义取向,如果将民主一开始就理解为大众的、无差别的、普遍的、直接的政治参与权,那么孔子又势必成为通向这一民主目标的障碍。如今,国人可以更为宽容的心态面对儒学、面对西学,用"接续主义"的眼光来审视儒学在近代、当代及未来中国的命运。

概而言之,如果说革命民主主义者的特质是迷信未来的话,那么文化保守主义者的特质则是珍惜既往。

---

① 《赋得国庆》,《钱玄同文集》第 2 卷,中国人民大学出版社 1999 年版,第 213 页。

第七章　庶民与民主：庶民主义民主观的生成

因五四运动催生了中国共产党及共产主义革命,而共产党又是现代中国的缔造者,故长期以来"五四"的历史地位难免被政治化与符号化。"五四"不仅是旧民主主义革命与新民主义革命的界碑,也是现代中国"现代性"的真正始点。因《新青年》打出了"德"、"赛"两先生的旗帜,从此,民主思想的表达与开展民主运动具有毋庸置疑的正当性与通往成功之路的可能性,民主走上神坛。然而,历史的多面性、连续性与内在的关联性在遮蔽多年后不难被揭示,"五四"时期的许多主张、观念在民国初年甚至在清末就已经生成,"五四"精神绝非无源之水,"五四"的精神遗产亦非铁板一块。

五四运动留给后人解读的主旨其实是多面向的。就文化观而言,其中有一条突出的主线是：批文化调和论,革孔学儒教之命；就民主观而论,痛斥精英主义与贤人政治,礼赞庶民与大众政治；就道路选择而言,舍弃英美的渐进变革,师从苏俄的激进革命；从受外部思想的影响来看,戊戌至"五四"前期,中国思想界受"东学"的影响甚大,思想界的活跃分子大都有留日的背景,1919年以后,越来越多的学子从欧美学成归国,"西学"很快取代了"东学"。此时的"西学"已不再是晚清含糊不清的"海国"见闻或"泰西"传说,而是流派纷呈,界线分明①。其中,对中国人来说,影响最大的有两派:"苏俄社会主义—马克思主义"与"英美资本主义—自由主义",而民主主义是他们争相高举的大旗。

凡此,"五四"构成了中国近代民主观念史及民主运动史上又一个关键的拐点,即李大钊、陈独秀等人承接孙中山提出的直接民主,倡导的庶民(平民)主义民主的主张得到深入阐述和广泛的传播。这样,西式民主政治中核心议题如议会主权、三权分立、政党政治、复杂的选举制度等不再是无可争辩的追求目标,甚至成了辨析或质疑的对象,并逐步被过滤掉了,而人民当家作主、直接民主等成为革命者的祈盼,革命民主主义为越来越多的民众所承接。为了实现这一目标,必须颠覆现行的制度与政治理念。超越资本主义民主的革命民主主义经由共产党人的实践与宣传,最终成为中国民主观念的主干——人民民主专政。而与之相对应的自由主义的宪政民主由一批受过英美教育的自由主义知识分子执着地守望着,他们不遗余力地输入、阐述、宣传,到1930~40年代也曾风光一时,但最终成为绝唱。

民主或民主制在西方自雅典时期至近世一直是一个存在争议的议题,在主流思想家那里民主通常是与暴民统治或"多数人的暴政"联系在一起,而在中国自初识民主以来,短短的数十年便取得了毋庸置疑的话语霸权,"民主是个好东西"在五四以后几乎成了中国人的共识。从此,公开质疑、排斥民主的时代一去不复返,中国也由此进入了一个民主图腾的时代,而承载着太多期望与使命的民主也被赋予了各自所需的意涵。萨托利提醒世人,当民主成为一个广受赞誉的词,"如果人人自称民主派,民主越是成为一个无所不包的概念,我们就越有可能因为众说纷纭而彻底陷入概念混乱之中"。

---

① 从大历史观的角度来看,西方文化在中国的布道者前后有三代人,第一代以"西学"大师严复为代表(自强运动至戊戌),第二代以"东学"巨擘梁启超为代表(戊戌至五四),第三代以自由主义大师胡适为代表(五四以后)。

直到40年代以前人们一直知道什么是民主，并且喜欢它或反对它，而后来我们虽都声称喜欢民主，却不再知道（理解、一致同意）什么是民主了。于是我们生活在一个以民主观混乱为特色的时代里。'民主'获得若干意义我们尚可容忍，但它若是可以无所不指，那就太过分了。①

第一节　民粹（庶民）主义的一般特征与功效

民粹主义（Populism，又译为平民主义）及民粹主义民主在各国由传统政治向现代民主政治转型的过程中均有程度不同的表现，可谓一种普世性的现象。正像许多重要的社会政治范畴一样，学界对什么是民粹主义并无公认的定义。现代民主政治常态是代议制，而代议制的外观又有鲜明得精英政治色彩，大众则成为民主时代被统治的对象，这又与"主权在民"的民主价值相悖，这是民粹主义得以滋生的逻辑与历史前提。

后现代化国家，尤其是现代工业基础较为薄弱的农业国家，更容易成为民粹主义滋生的沃土。这些国家因受到早期资本主义国家的对外扩张与掠夺，加之国内在工业化初期必然导致传统产业与行业的凋零及严重的贫富分化，从而招致大量下层民众的普遍不满与怨恨。"哪里有普遍的怨恨情绪，哪里就存在着民粹主义。"②

在西方世界言及民粹主义，让人联想到的是阿根廷的庇隆及有"阿根廷玫瑰"之称的庇隆夫人。在该国的民粹政治中，民众的力量得到彰显，最终也是由民众与领袖吞下自酿的苦果。在中国言及民粹主义，学界自然联想到列宁与俄国民粹主义者的论战、俄国的农村公社。显然，各国民粹主义的思想内容与政治主张均带有本土政治与文化以及所处时代的特征，两个完全相同的民粹主义实例是罕见的。

---

① （美）萨托利：《民主新论》，冯克利等译，东方出版社1993年版，第4、7页。
② （英）保罗·塔格特：《民粹主义》，袁明旭译，吉林人民出版社2005年版，第15页。

《布莱克维尔政治学百科全书》将民粹主义分为农业(农民)平民主义和政治平民主义。前者有两个范例:美国的人民党主义和俄国的民粹主义。19世纪90年代,美国的人民党主义宣称自己的目标是把共和国政府的权力还给普通人民,他们谴责金融寡头,要求政府采取行动帮助小生产者。俄国的民粹主义盛行于19世纪后半叶(1850~1880),它不仅是对俄国内部资本主义发展的一种反应,也是对俄国外部资本主义的一种反应,其代表人物是俄国的一些激进的知识分子、革命民主主义者,如赫尔岑、车尔尼雪夫斯基等。他们认为俄罗斯农民的某种共产主义天性("村社社会主义")与西欧社会主义运动的理想具有相似性,进而将农民理想化,希望在农村中残存的集体耕种的传统基础上建立一个新型的社会主义社会。他们对城市里的资本主义深恶痛绝,视之为是一切罪恶的渊薮。他们的基本口号是"到民间去",到农村去①。1912年,列宁对俄国民粹派的乌托邦特征作了透彻的分析:

> 民粹派的乌托邦就是民粹派的知识分子和劳动派的农民所抱的幻想,他们以为可以用公平合理地重分全部土地的办法来消除资本的权力和统治,消除雇佣奴隶制,或者以为在资本统治下,在金钱权力下,在商品生产下,也可以维持"公平的"、"均等的"土地分配制度。②

列宁认为,民粹派的乌托邦是千百万小资产阶级劳动群众要求根本消灭封建旧剥削者的愿望的反映和同时消灭资本主义新剥削者的幻想。

政治平民主义作为一种政治立场,归根结底是迎合"人民"或"大众",反对精英,也常常反对外来者和外国人,对人民的信任最直接地导致平民主义的民主制。它反对代表制、政党政治,力求把权力尽可能地掌握在普通公民手里。西方学者将此种平民主义视为民主的一种极端

---

① 参见《布莱克维尔政治学百科全书》,中国政法大学出版社1992年版,第588~589页。
②《两种乌托邦》,《列宁选集》第2卷,人民出版社1974年版,第429~430页。

形式①。前一章孙中山有关直接民主的设想即接近此种"政治平民主义"。而"五四"时期的中国的民庶主义民主可视为农民平民主义与政治平民主义的混合体。

当然,民粹主义与精英主义的对立只是一个表象。民粹主义通常不会在民众中自发生成,而是精英人物精心设计与鼓动的结果(尽管他们声称排斥精英主义),否则民粹主义也不可能成为批判的武器,并通过大规模社会政治运动产生出对现行体制的强大冲击力。民粹主义虽然高扬民众、劳工的大旗,视民众为社会政治运动的力量源泉,但在民粹主义的制造者看来,民众又是他们拯救的对象,无意识的散漫的民众需要他们去动员,而民众的意愿则是由精英人物"自上而下地表达出来的"②。所以,"精英主义实质上是产生民粹主义的内在因素和推动力,精英阶层与中下层社会在某种情形下的暂时合作反映了精英阶层的一种策略性选择,归根到底,精英阶层是民粹主义政治动员的设计者和主导者,大众只不过是可以提供合法性动员的对象而已。因此,民粹主义是概念上的'底层的主义'和实际上的'精英的主义'。"③

民粹主义尽管有相当大的不确定性与模糊性,但也有些相似的特质。有人将其概括为以下六点:

一、民粹主义者敌视代议制政治;

二、民粹主义者把他们所偏爱的群体作为理想化的中心地区并以此作为辨识自身的依据;

三、民粹主义作为一种思想意识缺乏核心价值;

四、民粹主义是对严重危机的强烈反应;

五、民粹主义因自身的矛盾性而具有自我局限性;

---

① 《布莱克维尔政治学百科全书》,中国政法大学出版社1992年版,第588~589页。
② (英)保罗·塔格特:《民粹主义》,袁明旭译,吉林人民出版社2005年版,第132页。
③ 林红:《民粹主义——概念、理论与实证》,中央编译出版社2007年版,第143页。

六、民粹主义作为像变色龙一样的东西,能够随环境的变化而变化。①

民粹主义因带有明显的拜民主义倾向,极易吸引大众的注意,是动员民众参与政治运动的利器。民粹主义的功效通常与一国的工业化程度及民族国家的制度化程度成反比,与一国传统农业及传统政治制度存留的程度成正比。"一个国家的自由愈少,公开的阶级斗争愈弱,群众的文化程度愈低,政治上的乌托邦通常也愈容易产生,而且保持的时间也愈久。"②

民粹主义与民主主义虽然皆视人民为政治权威合法性的最终来源,从这个意义上讲,正是民主(准确地讲是无条件的直接民主)为民粹主义提供了强有力的思想支援,但两者对人民行使主权有不同理解。民主主义或自由主义民主通常强调一切政治生活必须以法治、秩序为基础,尊重法定程序的权威;在精英与大众的关系问题上,民主主义承认政治制度中精英群体的存在及其合理性,接受代议制作为人民主权实现的机制,即选民通过选举选出民意代表,由他们组成权力机关,代替民众行使对国家的统治。早在19世纪就有人断言:"严格地说,可以构成一个民族的那么多人民从来就没有自己管理过自己。在人类生活的条件下,可以达到的最高境界,看来只能是他们应自己选择自己的管辖者,同时,在某些选定的情况下,能直接对管辖者的行为施加影响。"③而民粹主义民主往往表现出极端的"平民化"倾向。民粹主义把平民大众作为所有政治运动和政治合法性的最终来源,并企图超越间接民主的现实,实现直接民主的理念。

民粹主义作为一种社会政治运动,在它的组织结构上,政治人物和追随者之间建立了领导与被领导者的主从关系,两者之间缺乏相应的中

---

① (英)保罗·塔格特:《民粹主义》,袁明旭译,吉林人民出版社2005年版,第3页。
② 《两种乌托邦》,《列宁选集》第2卷,人民出版社1974年版,第429页。
③ (美)科恩:《论民主》,聂崇信等译,商务印书馆2004年版,第7页。

间组织,这使它从根本上区别于一般的政党运动。这样一种组织结构,常常依靠政治人物的超凡魅力和普通民众的狂热崇拜来维持,它离不开政治人物对民众的操纵,使政治人物很容易将自己的思想诉诸普通民众以获取更大的合法性,从而回避制度性的障碍,达到其个人目的,为政治人物权力的扩张铺平了道路,使民主制度中应有的法治与制衡等流于形式。这是民粹式领导进行统治的机制,也是危及这种统治潜在的威胁。即民粹式的政治人物一旦无法再取悦于民众,就会连同这套统治机制一起被抛弃①。正因为如此,塔尔蒙称民粹主义式的民主为"极权主义民主"(totalitarian democracy)②。

此外,在后现代化国家,民粹主义者还与民族主义存在亲和关系。

> 民族主义的知识分子倾向于拥护民粹主义。因为他们既同现有的权利等级体系缺乏联系,又对之不满,他们惟一的力量源泉在于人民。同时,他们的民粹主义也派生于他们对发达国家所持的一种矛盾心理。……对民粹主义的崇拜产生了一种信念,即"相信普通民众(即为受教育者和非知识分子)的创造力和巨大的道德价值。"③

民粹主义运动凭借的是对人民的感召力,加之带有乌托邦式的价值旨趣,因而其功效也是显而易见的,尤其是在社会怨恨情绪普遍高涨的国家或地区。诚如恩格斯在揭示空想社会主义本质时所说的:"在经济学的形式上是错误的东西,在世界历史上却可以是正确的。"

> 这种社会主义所以是"错误的",因为它认为从交换规律的观点来看,剩余价值是不公平的。资产阶级政治经济学的理论家反对这

---

① 李强,《超越大众民主与权威主义》,《改革内参》2004 年第 33 期。
② 参见(以)J·L·塔尔蒙:《极权主义民主的起源》,孙传钊译,吉林人民出版社 2004 年版。
③ S. M. Lipset: The First New Nation (1963),转引自顾昕:《民粹主义与五四激进思潮》,载李世涛主编:《知识分子立场:民族主义与转型期中国的命运》,时代文艺出版社 2000 年版,第 338—339 页。

种社会主义,在经济学的形式上则是正确的,因为交换规律产生剩余价值是完全"自然的",完全"公平的"。但是,空想社会主义在世界历史上是正确的。因为它是由资本主义产生的那个阶级的象征、表现和先声。①

列宁还认为,这种情形不仅俄国如此,在20世纪发生资产阶级革命的许多亚洲国家都应当是这样:

> 民粹派的民主主义在经济学的形式上是错误的,而在历史上却是正确的;这种民主主义作为社会主义乌托邦是错误的,但是,作为农民群众的特殊的、有历史局限性的民主主义斗争的表现,却是正确的。……马克思主义者应当透过民粹派乌托邦的外壳细心辨别农民群众真诚的、坚决的、战斗的民主主义的健全而宝贵的内核。②

这里,恩格斯和列宁都揭示了民粹主义的内在悖论,即民粹主义者渴求民主的愿望是真诚而坚决的,但他们通往这一目标的路径是不现实的。

美国19世纪末的民粹主义运动(进步运动)随着领导人布莱恩在1896的总统大选中的失败而式微。进入20世纪,美国的民粹主义运动虽时隐时现,但呈越来越边缘化的趋势。在俄国,20世纪初随着马克思主义在俄国的传播,民粹主义思潮逐渐失去了市场。而在俄国民粹主义与美国民粹主义运动退场之际,中国的庶民(民粹)主义正在酝酿,待机勃发,并以其独特的姿态和话语折射出神奇的魅力,产生了深远的历史影响。美国学者迈斯纳提醒人们注意中俄民粹主义产生的不同时期及不同的影响:

> 俄国革命运动的民粹主义阶段先于马克思主义阶段,而在中

---

① 《两种乌托邦》,《列宁选集》第2卷,人民出版社1974年版,第431~432页。
② 《两种乌托邦》,《列宁选集》第2卷,人民出版社1974年版,第432~433页。

国,一个真正的民粹主义冲动多少是与马克思主义思想的介绍和传播同时出现和发展的。在俄国,民粹主义逐渐趋向于被马克思主义取代,民粹主义思想和民粹主义运动最终为列宁主义所抑制。而在中国,一个强大的民粹主义冲动继续存在下来,使中国共产主义革命的列宁主义性质发生了重要的改变。①

关于民粹主义在中国尤其在中国共产党内的影响,中共领袖到"七大"前夕才有所警觉。1945年3月31日毛泽东在六届七中全会上对《论联合政府》所作的说明中特别提醒中共领袖们注意:

> 报告中对共产主义提过一下以后,仍着重说明民主革命,指出只有经过民主主义,才能达社会主义,这是马克思主义的天经地义。这就将我们同民粹主义区别开来,民粹主义在中国与我们党内的影响是很广大的。这个报告与《新民主主义论》不同的,是确定了需要资本主义的广大发展,又以反专制主义为第一。②

遗憾的是毛泽东这一审慎而正确的思想到1950年代中后期未能坚持下来。"领导失之毫厘,民粹主义思想就在下面大为膨胀。"③这再一次印证了毛泽东本人的判断:"民粹主义在中国与我们党内的影响是很广大的。"

第二节 "五四"前后庶民主义民主的学理构建

19世纪,democracy的中文译名不外乎民主、民权、民治,与其相对应的则是君权至上或君主专制。但此间的"民"通常理解为官绅,而非普通民众。20世纪初,当民主或民权成为革命派排满与颠覆清王朝的利

---

① (美)莫里斯·迈斯纳:《马克思主义、毛泽东主义与乌托邦主义》,张宁、陈铭康译,中国人民大学出版社2005年版,第89页。
② 《对〈论联合政府〉的说明》,《毛泽东文集》(3),人民出版社1996年版,第275页。
③ 胡绳:《毛泽东的新民主主义论再评价》,载《中国社会科学》1999年第3期。

器,并轻而易举地推翻清朝廷后,国人对民主充满了想象力,对强国梦之实现充满了期盼。然而,民初的政治,民主、民权已由宣传的口号转化为以"民主"为旗号的权力争夺,孙中山与袁世凯、南方与北方、总统制与内阁制、两党制与多党制、联邦制与单一制(中央与地方)之争大多引入民主的元素,这不仅吸引了政治家的眼球,且引来媒体与知识精英高度关注。民主的期望值在上升,而国家的政治秩序却在衰退,中国正沦为民主化进程中的失败国家。当现实的制度运作越来越偏离国人的预期、孙中山揭示的"民权主义"无法兑现时,对民主的反思将成为必然。此种反思到了后袁世凯时期便转而对既往民主观的批判与抛弃和对一个全新民主观的构建。于是,讨论、辨析"民主"渐成为知识精英热议的话题。民主越来越溢出政治科学或经验研究的范畴,民粹主义者或有着民粹主义倾向的人对民主的诠释越来越道德化。泛民主主义的平民主义快速弥散,民主之"民"越来越成为大众、工农、穷人、平民的代名词。

近代中国政治发展的动力主要是内生、内聚的,但发展的目标更多的是引进、师从的。唯其如此,中国人的民主诉求不仅与国内政治主题的转移紧密相联,还随国际政治潮流的方向逐浪而行。1914 年爆发的第一次世界大战,中国人也快速捕获到欧洲人对这场战争的理解——民主国家与专制国家的对决①。中国参战的一方协约国最后取得了胜利,印证了民主的力量与不朽的价值,民主的声浪随之高涨,对民主的期待越发强烈。而一战后期俄国爆发的十月革命被视为对既有的民主政治与社会制度的刷新,一直想迎头赶上的中国人又有了更高的师法目标。1919 年上半年,第一次世界大战的战胜国(协约国)和战败国(同盟国)在巴黎召开的和平会议,最终成了列强重新瓜分世界的分赃会议,这给国人的上了一堂生动的"民主课":原来受中国人崇拜的那种民主不并不是

---

① "世每谓欧战为专制与自由之争,以德国代表专制,以联合国代表自由。"李大钊:《Pan……ism 之失败与 Democracy 之胜利》,载《太平洋》第 1 卷第 10 号,1918 年 7 月 15 日。

什么自由、公平，而是分赃、强权。真正的民主不应该是代议制、权力制衡、精英治国，而是一种神圣而崇高的理想与精神，是直接民主、平民当家、劳工治国。西方自英国"光荣革命"以来形成并日趋完善的代议制民主、政党制度、立宪自由主义等，也是被中国人越试越糟糕的东西，正被越来越多新潮派人士所抛弃。用"苏俄民主"来置换"西方民主"日渐成为多数人的共识。

虽然，早在清末就有人将民主之"民"与庶民联系起来。严复在《法意》中将"民主"又译作"庶建"："庶建乃真民主，以通国全体之民，操其无上主权者也。"《法意》中西译名表："庶建 democracy，本书中又作民主。"①所谓"庶建乃真民主"意指"全体之民"都来行使权力才叫真民主，非普选的制度不能叫"真民主"。严复揭示民主的终极意义与理想状态，但他并不认为甚至排斥中国推行此种"庶建"。革命派阵营内较早表现出民粹主义倾向的是章太炎。他从道德之高下表达了反智主义的立场。"今之道德，大率从于职业而变。"农民的道德最高。"知识愈进，权位愈申，则离道德也愈远。"②他明确反对代议制的主张在当时影响并不大。

将民主等同于庶民主义或对民主作民粹主义的理解大致始于民国初年，盛行于"五四"运动前后。其间，有不少学人有留日或旅日的背景，他们受到日本大正民主运动(1912—1926)的精神洗礼，奉吉野作造③为精神导师。大正年间掀起了一场民主运动是"继承明治十年代的'自由民权运动'而在全国人民中大规模兴起的第二次民主运动。……是日本资本主义已经完成其转化为帝国主义的阶段，以城市工业资产阶级为指

---

① 参见王栻主编《严复集》第 4 册，中华书局 1986 年版，第 937、1064 页。
② 章太炎：《革命之道德》，载《民报》第 8 号，1906 年 10 月 8 日。
③ 吉野作造(1878—1933)，毕业于东京帝国大学法学部，1906—1909 年在天津北洋法政学堂教书。吉野回日本后在东京大学法科讲授政治史，1910—1913 年游学欧美，返日后继续在东京大学任教。

导阶层,以工人、农民和劳动小市民为基础而展开的民主主义群众运动。"①与明治年间的自由民权运动不同,大正民主运动是对明治时代国家中心主义造成的国家强大化和个人矮小化的两极化现状表达的抗争,较之明治时期的自由民权运动声势更为浩大,社会运动的特征更为显著。

1915 年张东荪在《甲寅》上撰文称:"近世国家新式政治得一言以蔽之曰:惟民主义也。"所谓惟民主义,即对应英文中的 democracy 和 popular government。他说:该词"本译为'民主政'或'民政',实则不仅近世之共和国足以当之,而今之立宪国,亦莫不可以此字冠之,如英伦乃其好例也,故易以今名。""所谓惟民主义,乃为人民以自身之能力运用其政治耳。"实行惟民主义的前提条件是人人具有独立人格,有"发展之能力与自觉之活动"②。其后,陈独秀在《青年杂志》上也沿用了这一提法。"英法革命以还,惟民主义已为政治之原则。美法等共和国无异矣,即君主国,若英吉利、若比利时,亦称主权在民,实行共和政治。……十八世纪以来之欧洲绝异于前者,惟民主义之赐也。"③张、陈此时所讲的惟民主义是指民主的"原教旨",也是一种目标或理想状态,而非实然。这里既表现出对民主"原教旨"的礼赞,也意涵着对西方现代政治并不完全符合"原教旨"的遗憾。

此时的"惟民主义"只是对 democracy 诸多解说中的一种,尚无浓烈的民粹主义色彩。例如,在政治学领域颇有造诣的张东荪其后对此作进一步的辨析。将英文中的民主译为"惟民主义",更多的是指民主的原生形态,即雅典政制。

---

① (日)近代日本思想史研究会:《近代日本思想史》第 2 卷,李民等译,商务印书馆 1991 年版,第 162 页。
② 张东荪:《行政与政治》,载《甲寅杂志》第 1 卷第 6 号,1915 年 6 月,参见朱志敏《五四运动前后 democracy 译语演变之考察》,载《党史研究与教学》1999 年第 2 期。
③ 陈独秀:《今日之教育方针》,载《青年杂志》第 1 卷第 2 号,1915 年 10 月 15 日。

> 庸众主义之发生可远溯于太古希腊之雅典。自毗兰克来斯(雅典黄金时期的领袖伯里克利,Pericles,约公元前495年~前429年,引者注)以后,平民主义已臻极度。……贱民跋扈之风日甚,民会中常占多数,……使社会上高尚浮华之气,优秀超越之风,一变而为卑劣猖獗之习,堕落苟且之行。当时忧时之学者咸太息痛恨之,遂定有democracy一词,所谓demos者,此言贱民,即含讥贬之意,此平民主义一语之由来也。①

的确,在近代西方长期以来雅典式的民主是个贬义词,美国建国时联邦党人对"民主"不仅有保留,甚至排斥。张东荪对民主的态度与联邦党人相近。他崇尚"人民之政府即为人民而设之政府,亦即由人民之优秀者而成之政府"的"贤人主义",不赞成"人民之政府即为人民而设之政府,亦即由人民而成之政府"的"庸众主义"。

同年,在留日学生发起的"中华学艺社"的机关刊物《学艺》上发表了留日学生陈启修的《国宪论衡》对将民主一词译为"惟民主义"表示怀疑:

> Democracy一词,吾国向译为"民主政治"。"民主"二字与君主对立,与democratie原意嫌有未尽,近有改为"惟民"者,义较贴切,然犹恨偏重Pour le people(意为"为了人民"),而与Du people(意为"通过人民")及Par le peuple(意为"属于人民")之意不能兼含。②

张东荪等人对古典民主与现代民主差异的梳理充满了学究之气,非但未能引起国人对雅典民主导致的那种"贱民跋扈之风"的警觉,反而开启了中国人对古典民主畅想的大门,而推开这扇大门的则是以李大钊为代表的"五四"一代的知识分子。

李大钊是那个时代为数不多的受过系统的政法教育的学者(1907~1913年在天津北洋法政专门学校读书,1913~1916在日本早稻田大学

---

① 张东荪:《贤人政治》,载《东方杂志》第14卷第11号,1917年11月15日。
② 陈启修:《国宪论衡》,载《学艺》第1卷第1号,1917年4月。

政治科留学),他在留学日本期间就钻研过西方各种社会政治思潮,其思想倾向与章士钊颇为接近,推崇英国模式,赞赏调和主义,对法国式的暴力革命模式保持几分清醒,是一个倾向于英国模式的立宪自由主义者:

> 一国政治之骤行变易,必有艰辛之代价,以培植其根本,始能获无疆之福祉。……抑知英格兰绝美之政治,未尝极杀人流血之惨。迄今三岛宏规,苟为立宪国家,孰不宗为模式。即以英、法相较,英无法之惨剧,而获得之政治,什倍于法。法以百年之血历史,易得者仅勉为共和,而其所以能勉为共和者,尤非纯为杀人流血之制造,实赖一二明敏稳健之政治家。①

然而,此时李大钊对英国"模式"的崇尚或许是受到日本学界的影响,恐非李大钊的定见。国内政治的败坏、国际政治的变幻时刻吸引着李大钊的注意力,也在改变李大钊对未来中国政治道路的择定。1917年是李大钊的政治思想快速转变的关键年份。是年,国际上俄国发生了"二月革命",他认为这预示"贤人政治"、"官僚政治"的终结。国内黎元洪再造共和努力失败,更糟糕的是还发生了张勋复辟的闹剧。面对社会舆论对共和政治的疑虑,李大钊则表示出对共和必胜的信念,同时也流露出对既往所谓民主政治(贤人政治)的疏离。他呼吁"主张'官僚政治'者其猛醒! 鼓吹'贤人政治'者其猛醒!"

> 吾国改建共和以来,国中犹有一部分人,对于共和政治深抱疑虑,此无须讳言者也。虽一再革命,国民不惜以头颅血肉为之保证,为之牺牲,而此辈顽迷,终难使之觉悟。……今以俄人庄严璀璨之血,直接以洗涤俄国政界积年之宿秽者,间接以灌润吾国自由之胚苗,使一般官僚耆旧,确认专制之不可复活,民权之不可复抑,共和之不可复毁,帝政之不可复兴。即彼貌托共和之"官僚政治",于今

---

① 李大钊:《政治对抗力之养成》,载《中华杂志》第1卷第11号,1914年11月1日。

亦不可尝试。①

1918年初李大钊任北大图书馆主任、教授，成为京师知识精英中重要一员，其对民主的阐释影响了一大批处于政治迷茫与精神饥饿中的青年才俊。十月革命爆发后，对政治极为敏锐的李大钊发现一种可能取代"贤人政治"、代表人类未来的"新文明"模式诞生了：

> 今俄人因革命之风云，冲决"神"与"独裁君主"之势力范围，而以人道、自由为基础，将统制一切之权力，全收于民众之手。世界中将来能创造一兼东西文明特质，欧亚民族天才之世界的新文明者，盖舍俄罗斯人莫属。②

在李大钊看来，协约国的胜利及俄国的十月革命证明大众民主是不可抗拒的：

> Democracy于今日之世界，正犹罗马教于中世之欧洲；今人对于Democracy之信仰，正犹中世欧人对于宗教之信仰。吾目所见者，皆Democracy战胜之旗，耳所闻者，皆Democracy凯旋之声。顺Democracy者昌，逆Democracy者亡。③

随后，李大钊在中央公园发表了激情澎湃的演讲："民主主义战胜，就是庶民的胜利。社会的结果，是资本主义失败，劳工主义战胜……这劳工的能力，是人人都有的，劳工的事情，是人人都可以作的，所以劳工主义的战胜，也是庶民的胜利。""我们要想在世界上当一个庶民，应该在世界上当一个工人。诸位呀！快去作工呵！"④

此刻，处于精神亢奋状态的李大钊急切地要向读者和听众推荐其对"新文明"见解。他在《晨报》撰文，进一步阐述其民粹主义的民主观：

---

① 李大钊：《俄国大革命之影响》，载《甲寅》日刊，1917年3月29日。
② 李大钊：《法俄革命之比较观》，载《言治》季刊第3册，1918年7月1日。
③ 李大钊：《Pan……ism之失败与Democracy之胜利》，载《太平洋》第1卷第10号。
④ 李大钊：《庶民的胜利》，载《新青年》第5卷第5号。

> 现代生活的种种方面,都带着 Democracy 的颜色,都沿着 Democracy 的轨辙。政治上有他,经济上也有他;社会上有他,伦理上也有他;教育上有他,宗教上也有他,乃至文学上、艺术上,凡在人类生活中占一部位的东西,靡有不受他支配的。简单一句话,Democracy 就是现代唯一的权威。现在的时代就是 Democracy 的时代。……因为 Democracy 的精神,不但在政治上要求普通选举,在经济上要求分配平均,在教育上、文学上也要求一个人人均等机会,去应一般人知识的要求。现代的著作,不许拿古典的文学专门去满足那一部分人的欲望,必须用通俗的文学法,(使)一般苦工社会也可以了解许多的道理。现代的教育,不许专立几个专门学校,拿印板的程序去造一班智识阶级就算了事,必须多设补助教育机关,使一般劳作的人,有了休息的工夫,也能就近得个适当的机会,去满足他们知识的要求。①

受俄国思想的影响,李大钊也号召青年知识分子到农村去"开发农村":

> 我们中国今日的情况,虽然与当年的俄罗斯大不相同,可是我们青年应该到农村里去,拿出当年俄罗斯青年在俄罗斯农村宣传运动的精神,来作些开发农村的事,是万不容缓的。我们中国是一个农国,大多数的劳工阶级就是那些农民。他们若是不解放,就是我们国民全体不解放;他们的苦痛,就是我们国民全体的苦痛;他们的愚暗,就是我们国民全体的愚暗;他们生活的利病,就是我们政治全体的利病。去开发他们,使他们知道要求解放、陈说苦痛、脱去愚暗、自己打算自己生活的利病的人,除去我们几个青年,举国昏昏,还有那个?②

---

① 李大钊:《劳动教育问题》,载《晨报》,1919 年 2 月 14、15 日。
② 李大钊:《青年与农村》,载《晨报》,1919 年 2 月 20、23 日。

乡村文明是美好的,所谓都市文明是肮脏的。乡村是人类的前途所在,都市是人类命运的深渊,这是"农民平民主义"的重要特征之一:

> 在都市里漂泊的青年朋友们呵!你们要晓得:都市上有许多罪恶,乡村里有许多幸福;都市的生活黑暗一方面多,乡村的生活光明一方面多;都市上的生活几乎是鬼的生活,乡村中的活动全是人的活动;都市的空气污浊,乡村的空气清洁。你们为何不赶紧收拾行装,清结旅债,还归你们的乡土?你们在都市上天天向那虚伪凉薄的社会求点恩惠,万一那点恩惠天幸到手,究竟是幸福,还是苦痛?尚是一个疑问。曾何如早早回到乡里,把自己的生活弄简单些,劳心也好,劳力也好,种菜也好,耕田也好,当小学教师也好,一日把八小时作些与人有益、与己有益的工活,那其余的工夫,都去作开发农村,改善农民生活的事业,一面劳作,一面和劳作的伴侣在笑语间商量人生向上的道理。只要知识阶级加入了劳工团体,那劳工团体就有了光明;只要青年多多的还了农村,那农村的生活就有改进的希望;只要农村生活有了改进的效果,那社会组织就有进步了,那些掠夺农工、欺骗农民的强盗,就该销声匿迹了。青年呵!速向农村去吧!日出而作,日入而息,耕田而食,凿井而饮。那些终年在田野工作的父老妇孺,都是你们的同心伴侣,那炊烟锄影、鸡犬相闻的境界,才是你们安身立命的地方呵!①

自西方的民主观念传入中国以来,致力于推进中国民主化进程的领袖人物向来是绅士、开明官僚以及新知识群体的代言人等,制度设计也是以满足他们的政治参与为目的,中国通往民主的路径是自上而下的,而李大钊则反其道而行之,视广大农民为中国实现民主的引擎,以庶民政治来取代"贤人政治"。由此出发,我们或许能更好地理解毛泽东思想

---

① 李大钊:《青年与农村》,载《晨报》,1919年2月20、23日。

中的一些命题:"严重的问题是教育农民"①、"中国的革命实质上是农民革命"②、"六亿神州尽舜尧"等。

在内治无秩、外交无能、国家元气屡弱的时代,中国需要激情,更需要能点燃激情的偶像人物,李大钊对民主的独特阐释恰好满足国人对激情的期待,其思想上的追随者也越来越多。

时受聘北大政治系主任的陈启修与李大钊有着相似的留日背景,且懂英文、法文、德文。他说:时下国人对 democracy 的理解可分为两种,一是视为一种理想者,将其译为某某主义,二是视为一种政体形式者,将其译为某某政治。他还列举了中日知识界对民主的八种译名:民众主义、民权主义、民本主义、民主主义、平民主义、唯民主义、民治主义、庶民主义。他认为确切的译名当是"庶民主义"。因为"庶者,all 之谓也。庶民者,全体之民也,即国之总分子也,不偏于民,亦不偏于国,且意甚浑涵,无偏重主权、政权之行使,或政治目的之弊。"③与李大钊相比,陈启修的文章虽多了些学究气,但毫不掩饰对庶民主义的偏爱。

31 岁才考入北大哲学系的谭平山思想上却是比他小 3 岁的李大钊的追随者,他在《新潮》上发表的《"德谟克拉西"之四面观》和《现代民治主义的精神》将民主视为一种"理想"与"精神"。谭认为,时下中国对"democracy"的译名尚未定型,"或译作平民政治,或译作平民主义,或译作庶民主义"。他认为德谟克拉西是一种不可抗拒的时代潮流,表现在现代生活的政治、经济、精神与社会四个方面。现代民治主义(democracy),是"劳动阶级对非劳动阶级争自由平等发生的,这是现代民治主义的出发点"。其"精神特质"有二:一是"以反对资本的托拉斯做出点,故以劳动中心主义做中坚,而要求真正的自由、真正的平等、真正的解放"。二是"一定要抱着个除恶务尽,万死不辞的大决心,冲入社会

---

① 《论人民民主专政》,《毛泽东选集》第 4 卷,人民出版社 1991 年版,第 1477 页。
② 《新民主主义论》,《毛泽东选集》第 2 卷,人民出版社 1991 年版,第 692 页。
③ 陈启修:《庶民主义之研究》,载《北京大学月刊》第 1 卷第 1 号,1919 年 1 月。

上、产业上，而要求人间精神的满足"①。这里作者绘就了一个诱人的民主主义的理想王国。

在北京大学谭平山式的学生数量迅速增多。受李大钊支持的学生刊物《国民》(1919年1月1日创刊)痛斥不劳而获的剥削者,歌颂了劳动的伟大②。当下中国是一个"寄生生活的社会,是私产制发达的社会,是军阀压制平民的社会,是资本家压制劳动者的社会"③。

1919年10月10日,北京高等师范学校的师生成立的"平民教育社"创办《平民教育》周刊,冀希通过教育来实现一个没有剥削、没有压迫、人人平等的政治理想：

> 我们若想优游于平民主义的天地,踏平这个高高低低的社会,第一步必须打破那些"愚民的政策",开放这种"独占的教育",把神圣的教育普及到一般神圣的平民身上,万不可再让我们少数人在这里独独霸住一。若那大伙儿的"真正平民"都既受着教育,而且都能受着程度相等的教育了,平民主义的基础方才稳固,平民主义的社会才能完全实现。④

极端的平民主义不仅表现为反精英主义,还表现为反智主义(anti-intellectualism):

> 念书人是什么东西？还不是"四体不勤,五谷不分",无用而又不安生的一种社会民吗？……所以我们此后应当觉悟,教育应当给一般有用的人民——平民——受的……。我们这些人,号称是受了高等教育的人了,但是请问回到家里抗得起锄？拿得起斧子、凿子？……再翻回头来,看看那些睁着大眼不识字底可怜底平民,却

---

① 谭鸣谦:《现代民治主义的精神》,载《新潮》第2卷第3号,1920年4月1日。
② 陈宝锷:《劳工神圣》,载《国民杂志》第1卷第2号,1919年2月1日。
③ 杨亦曾:《社会为什么要改造》,载《国民杂志》第2卷第1号,1919年11月1日。
④ 光舞:《平民主义和普及教育》,载《平民教育》第12号,1919年12月27日。

实实在在,我们的衣食生命都在他们掌握之中。他们才是真正的中国人,真正的社会的分子。①

此种思想在中国社会产生了久远的影响,半个世纪后席卷华夏的千百万知识青年的上山下乡运动其实不只是领袖的个人魅力所致。

被毛泽东称之为"思想界的明星"的陈独秀作为《新青年》的主编和共产党的创始人,在 1919 年之前,其撰写的文章多以非议孔教、批判旧道德为主题,几乎没有一篇专门谈论"民主"的文章,有关马克思主义的论述也不多见。而他在 1919 年的《〈新年青〉罪案答辩书》中把《新青年》的"罪案"归结为拥护德、赛二先生,这与其说是《新青年》一直在倡导民主,不如说他将"解放"、"人权"、"自由"、"平等"等所有代表时代潮流的价值与符号均视为民主,民主成了能容纳一切新观念的大容器。

陈独秀透过"五四"爱国运动,看到了平民的力量,开始由批判旧道德、旧伦理而转向颠覆现行的政治与社会秩序,其对民主的理解一方面受到李大钊庶民主义的影响,另一方面部分受到来华讲学的杜威的启示。杜威排斥以权利为基础的自由主义,推崇社群主义的民主②。其在《美国之民治的发展》中对民主的理解(政治上的民治主义、民权的民治主义、社会的民治主义和生计的民治主义)及美国民主的基础在乡镇基层自治的观点为陈独秀所接受,后者认为"杜威博士关于社会经济(即生计)的民治主义的解释,可算是各派社会主义公同的主张",但其关于政治的民治主义的解释不够彻底。陈独秀主张应打破治者与被治者的界限。杜威那种"单靠'宪法保障权限'、'用代议制表现民意',恐怕我们生活必须的几种自由权,还是握在人家用手里,不算归我们所有。我们的政治民治主义的解释:是由人民直接议定宪法,用宪法规定权限,用代表制照宪法的规定执行民意;换一句话说:就是打破治者与被治者的阶级,

---

① 真:《教育的错误》,载《平民教育》第 9 号,1919 年 12 月 6 日。
② (美)郝大维、安乐哲:《先贤的民主:杜威、孔子与中国民主之希望》,何刚强等译,江苏人民出版社 2004 年版,第 73 页。

人民自身同时是治者又是被治者。"①

此间,陈独秀的民主观念发生改宗式的变革还受到苏俄革命的影响。俄国人告诉陈独秀:

> 他们的"科学社会主义"才是真正的"科学",才是真正的"民主"。老的民主根本不成其为民主。因为那只是"布尔乔亚"的民主。只有布尔什维克党人所推行的民主的、所想望的新的民主,才是人民大众和"普罗阶级"的民主。因此,"科学"和"民主",在这里又有了新的意义了。②

随后,陈独秀审时度势,吹响了行动的号角。《新青年》于1919年底重新发表宣言,宣示其全新的政治理念:

> 我们理想的新时代新社会,是诚实的、进步的、积极的、自由的、平等的、创造的、美的、善的、和平的、相爱互助的、劳动而愉快的、全社会幸福的。……我们主张的是民众运动、社会改造,和过去及现在各派政党,绝对断绝关系。我们虽不迷信政治万能,但承认政治是一种重要的公共生活;而且相信真的民主政治,必会把政权分配到人民全体,就是有限制,也是拿有无职业做标准,不拿有无财产做标准;这种政治,确是造成新时代一种必经的过程,发展新社会一种有用的工具。至于政党,我们也承认运用政治应有的方法;但对于一切拥护少数人私利或一阶级利益,眼中没的全社会幸福的政党,永远不忍加入。③

"民众运动"、"社会改造",陈独秀指出了中国政治的出路——舍弃自由主义的宪政民主,走俄国人的道路,追求最为彻底的革命民主主义。

"五四"时期毛泽东的言论及其主编的《湘江评论》并不具有全国性

---

① 陈独秀:《实行民治的基础》,载《新青年》第7卷第1号,1919年12月1日。
② 《胡适口述自传》,安徽教育出版社1999年版,第216页。
③ 陈独秀:《新青年宣言》,载《新青年》第7卷第1号,1919年12月1日。

的影响,但此间他的价值选择与取向对后来成为中共领袖的毛泽东影响甚大。"五四"时期毛泽东民主观的资源有二:一是在北大期间受到的思想洗礼,二是旅法的新民学会成员尤其是蔡和森等人的影响。1919年毛泽东曾在北大图书馆任职,在李大钊身边工作了4个多月,深受各种新思潮的洗礼,尤其是李大钊的庶民主义民主思想的影响。"五四"前夕回到长沙后于法国国庆节日(7月14日)创办了"以宣传最新思潮为主旨"的《湘江评论》。毛泽东在创刊号上对民主的解释与李大钊有着惊人的相似之处:"各种对抗强权的根本主义,为'平民主义'(兑莫克拉希,一作民本主义、民主主义、庶民主义)。宗教的强权,文学的强权,政治的强权,社会的强权,教育的强权,经济的强权,思想的强权,国际的强权,丝毫没有存在的余地,都要借平民主义的高呼,将它打倒。"①毛泽东在《民众的大联合》中开篇表现出了十分鲜明的颠覆现行制度的倾向:"国家坏到极处,人类苦到极处,社会黑暗到极处。"②而结语则向民众发出革命的呐喊,表现出了浓烈的革命浪漫主义:

> 思想的解放,政治的解放,经济的解放,男女的解放,教育的解放,都要从九重冤狱,求见青天。我们中华民族原有伟大的能力!压迫愈深,反动愈大;蓄之既久,其发必速。我敢说一怪话,他日中华民族的改革,将较任何民族为彻底。中华民族的社会,将较任何民族为光明。中华民族的大联合,将较任何地域任何民族而先告成功。③

毛泽东接受无产阶级专政或人民民主专政思想则受到蔡和森等人的直接影响。蔡和森多次来信阐明未来中国实行无产阶级专政的必要性。"无产阶级革命后不得不专政的理由有二:无政权不能集产,不能使

---

① 毛泽东:《湘江评论》创刊宣言,载《湘江评论》第1号,1919年7月14日。
② 《民众的大联合》(一),载《湘江评论》第2号,1919年7月21日。
③ 《民众的大联合》(三),载《湘江评论》第4号,1919年8月4日。

产业社会有。换言之,即是不能改造经济制度。无政权不能保护革命,不能防止反革命,打倒的阶级倒而复起,革命将等于零。"无产阶级专政"就是把中产阶级那架机器打破(国会政府),而建设无产阶级那架机器——苏维埃"①。毛泽东阅后称这些思想"见地极当,我没有一个字不赞成"②。"激烈方法的共产主义,即所谓劳农主义,用阶级专政的方法是可以预计效果的,故最宜采用。"③

有了激进的革命民主主义思想,便会产生革命家的行动宣言。基于此,他倡导"民众的大联合",走俄国式的激进道路。1921年元旦,新民学会在长沙举行新年大会,兴奋的湘湖子弟为回应先前在法国留学的新民学会会员争辩的有关新民学会"应以甚么作共同目的"的论题,也展开了热烈的辩论。在巴黎有人主张"急进",有人主张"缓进";而国内,"一派主张改造,一派则主张改良。前者如陈独秀诸人,后者如梁启超张东荪诸人"。越来越激进的青年再也不能只是兼听、观摩、等待、务虚了。青年毛泽东提出:"改良是补缀办法,应主张大规模改造。"新民学会的政治目标不仅要"改造中国",还要"改造世界"。"至于方法,启民(指陈启民,1998—1970)主用俄式,我极赞成,因俄式系诸路皆走不通了新发明的一条路。"最后与会代表各自表明自己的政治主张,赞成以"改造中国及世界"有15人,赞成"促进社会进化"的1人,另有一人两者均赞成④。湖湘儿女指点江山的精神气质,表明他们传承了清季湖湘文化具有"舍我其谁"的政治救世主义取向⑤。

新民学会作为"五四"时期众多学会的一个,其民主取向的激进化,可谓"五四"青年政治转向的又一个重要风向标。

---

① 《蔡和森文集》,人民出版社1980年版,第50~51页。
② 《毛泽东书信选集》,人民出版社1983年版,第15页。
③ 《毛泽东著作选》上册,人民出版社1986年版,第3页。
④ 《新民学会会务报告》第2号,中国现代革命史资料丛刊:《新民学会资料》,人民出版社1979年版,第17~22页。
⑤ 闾小波:《南学会:空间、结构、功能与影响》,载《中国图书评论》2006年第10期。

中国庶民主义民主的生成并不是源泉自中国农民的思想,而是那些自认为代表了农民利益的知识分子表达的反抗思想,这在毛泽东身上最为典型。"你觉得他(毛泽东)的身上有一种天命的力量。这并不是什么昙花一现的东西,而是一种实实在在的根本活力。你觉得这个人身上不论有什么异乎寻常的地方,都是产生于他对中国人民大众,特别是农民——这些占中国人口绝大多数的贫穷饥饿、受剥削、不识字,但又宽厚大度、勇敢无畏、如今还敢于造反的人们——的迫切要求作了综合和表达,达到了不可思议的程度。"①乡村社会与非乡村社会的反差(包括中国农业社会与西方工业社会的反差以及中国乡村社会与迅速发展起来的都市之间的反差)是这一思想得以广泛传播的社会基础。

经由"五四"运动的精神洗礼,革命民主主义者看到了街头政治或广场政治的巨大潜能(毛泽东率先发现中国的乡村要比街头和广场具有更大的能量),以权利、平等相号召,动员、组织庶民走出家庭、农田、工厂、学校,以平民政治的蓝图来召唤庶民投身于反帝、反封建的革命运动成了革命民主主义者最为执着的追求。

革命民主主义的延展,使得中国的社会政治运动渐渐转入俄国式的轨道,由精英时代转入"大众时代"。对平民来说,"天高皇帝远"是千年的谬误,政治原来就是自己的事,自由、民主唾手可得,自己才是政治舞台上真正而高傲的主角,大众时代渐行渐近:

> 大众突然出现在世人面前,并且在社会上占据着优越的地位,而在过去——如果它存在的话——它却未被人注意过,它仅仅是社会舞台的背景,一点儿也不起眼。然而,如今它却越过舞台的脚灯,摇身一变成了主角。在社会的舞台上,再也找不到严格意义上的主人公,取而代之的是合唱队。②

---

① (美)埃德加·斯诺:《西行漫记》,董乐山译,三联书店1979年版,第62页。
② (西)奥尔特加·加斯特:《大众的反叛》,刘训练等译,吉林人民出版社2004年版,第5页。

德国学者埃内亚斯·卡内提从人的生物性与社会性的结合上探讨群众(Crowds)与权力(Power)的关系。人最畏惧的是接触不熟悉的事物,只有在"群众"中人才能免于对接触的这种畏惧心理。

大众时代的"群众"有其自身的特点,卡内提将其概括为四个特性:一、群众要永远增长;二、在群众内部平等占统治地位;三、群众喜欢紧密地聚在一起;四、群众需要导向:

> 在群众那里,群众的过程不是以平等开始,而是以紧密性为开端,平等遂成为群众最终追求的主要目标。于是,每一次共同的呼喊,每一次共同的姿势都有效地表达了这种平等。①

群众要想永远增长,还需要不间断的政治动员。卡内提认为"解放"是最有效的动员手段:

> 在群众中最重要的一件事是解放。在此之前,群众并未真正存在过,只有解放群众才真正创造出群众。解放是这样一个时刻,在这个时刻,所有属于群众的人都失去了他们的差别并且感到自己是平等的人。……但是,群众本身会瓦解。它感到它将会瓦解,它担心瓦解。惟有解放的过程继续下去,新的人员的加入,它才能维持下去。惟有群众数量的增加才能阻止它的成员不知不觉地回到他们的私人重负之下。②

中国在20世纪的很长一段时间,正是"翻身"、"解放"、"当家作主"等政治动员口号,使得"大众"不断增量,革命民主主义也日渐成为时代的最强音,社会政治运动的深度和广度在与日俱增。

随着"庶民"(劳工)时代的到来,中国进入了一个超越西方代议制民主而追求直接民主的新时代,而自由主义者所追求的精英政治、代议制、

---

① (德)埃利亚斯·卡内提:《群众与权力》,冯文光等译,中央编译出版社2003年版,第12~13页。
② (德)埃利亚斯·卡内提:《群众与权力》,冯文光等译,中央编译出版社2003年版,第3~4页。

人权、个人自由等在大众看来不过是陈旧的、无望的洋人之"牙慧"。但，守望"牙慧"的人并没有退出历史舞台。

第三节 守望自由主义民主——"好政府主义"

在革命民主主义者逐渐疏离自由主义与精英主义的同时，一批有着英美教育背景或受西方自由主义影响颇深的知识分子，意欲捍卫其主导民主观念的话语权，试图继续引领中国民主化的进程。

"五四"前后的政治实态是：主政的北洋军阀践踏法制，无视人权，其政权既无民意基础，亦无政治业绩与权威，只能恃暴力称雄。孙中山企图在南方积蓄政治资本，与北洋军阀相抗。此间思想界的实相是，知识界尤其是青年人越来越激进化，信奉大众民主或庶民主义，走俄式道路的呼声越来越高。那些信奉英美式的自由主义、共和民主的精英人物的政治活动空间与话语空间几乎被挤压到了最低值。他们既不希望看到中国思想界"左"转，也不满北洋当局执政及南北对峙的政治格局。为了守望其信仰的自由主义民主，胡适、蒋梦麟、张祖训（慰慈）、陶履恭（孟和）李大钊等7人1920年8月1日在《晨报》上发表了《争自由的宣言》：

> 我们本来不愿意谈实际的政治，但实际的政治，却没有一时一刻不来妨害我们。自辛亥革命直到现在，已经有九个年头。这九年在假共和政治之下，经验了种种不自由的痛苦；便是政局变迁，这党把那党赶掉，然全国不自由的痛苦仍同从前一样。政治逼迫我们到这样无路可走的时候，我们便不得不起一种彻底觉悟，认定政治如果不由人民发动，断不会有真共和实现。但是如果想使政治由人民发动，不得不先有养成国人自由思想自由评判的真精神的空气。我们相信人类自由的历史，没有一国不是人民费去一滴一滴的血汗换来的。没有肯为自由而战的人民，绝不会有真正的自由出现。这几年军阀政党胆敢这样横行，便是国民缺乏自由思想自由评判的真精

神的表现。我们现在认定,有几种基本的最小限度的自由,是人民和社会生存的命脉,故把他提出,让我全国同胞起来力争。①

该宣言还强调:不得在宪法外再设立限制下列四种自由的法律:言论自由、出版自由、集会结社自由、书信秘密自由。

该宣言虽然主张人民应"为自由而战",政治应由人民来发动,但其主旨是要捍卫自由主义的价值,"养成国人自由思想自由评判的真精神",这是"政治由人民发动"的前提条件,这实际上是承接了当年严复与梁启超"开民智、兴民权"的渐进主义政治思维。宣言发表后,《东方杂志》在转载的同时还刊登了一些署名文章,认为几位北京教授所争的言论自由是自由之本。开放言论机关,既可以"使君子道长小人道消",又"于国民运动必有裨益"②。

《争自由的宣言》更多的是纸上谈兵,是一种价值诉求,很难在民众或政客中间引起反响。面对思想界激进化的趋势,胡适等人只好"平心降格",提出了当下可以操作"最低限度的要求"——建立"好人政府",希冀以此为基础,慢慢拓展自由主义民主成长的空间。1922年云集了自由主义者的《努力周报》发表了《我们的政治主张》,其签名者多为北京大学教授,连蔡元培、李大钊也被拉进来了,但精神领袖是具有英美教育背景的胡适、丁文江等人:

> 我们所谓"好政府",在消极的方面是要有正当的机关可以监督防止一切营私舞弊的不法官吏;在积极的方面是两点:1. 充分运用政治的机关为社会全体谋充分的福利;2. 充分容纳个人的自由,爱护个性的发展。

他们对中国今后的政治改革提出了三条基本的要求:

---

① 胡适等:《争自由的宣言》,载《东方杂志》第17卷第16号,1920年8月25日。
② 郑贞文:《学术界的新要求》,载《东方杂志》第17卷第16号,1920年8月25日。

一、一个"宪政的政府",因为这是使政治上轨道的第一步。

二、一个"公开的政府",包括财政的公开与公开考试式的用人等等,因为我们深信"公开"是打破一切黑幕的唯一武器。

三、一种"有计划的政府",因为我们深信,中国的大病在于无计划的漂泊。因为我们深信计划是效率的源头。因为我们深信,一个平庸的计划胜于无计划的瞎摸索。①

胡适等人还提出了解决当前一些棘手问题的具体主张:

关于南北对峙,他们不承认南北的统一是可以用武力做到的,"要求一种公开的、可以代表民意的南北和会"。南北议和的条件是:1. 南北协商召集民国六年解散的国会,因为这是解决国会问题最简易的方法;2. 和会应责成国会克期完成宪法;3. 和会应协商一个裁兵的办法,议定后双方限期实行;4. 和会的一切会议都应该公开。

对于现行的选举制度,他们认为有进行改良的必要。1. 废除现行的复选制,采用直接选举制;2. 严定选举舞弊的法律,应参考西洋各国的选举舞弊法,详定细目,明定科罚,切实执行;3. 大大的减少国会与省议会的议员名额。

透过好政府主义者这些简约的政治主张,不难发现字里行间充溢着自由主义民主的气息,试图循着法制、秩序、公开、和平的路径,将中国一步一步地推向宪政民主的轨道,以避免滑入"大众时代"。他们虽然是"平心降格",但并没有放弃也没有动摇其对自由主义民主的信念,同时也无法掩藏其对越发恶化的时局及因时局恶化导致的思想界快速"左"转的无奈。

其实,胡适等人对这些政治主张的可行性并不看好。他们在意的是借助这些听起来合情合理的主张,提醒国人不要遗忘宪法、国会、选举、人权等神圣的自由主义民主的标识,在民众的集体记忆中必须保存这些

---

① 胡适等:《我们的政治主张》,载《努力周报》第2期,1922年5月14日。

标识,只有这些标识才具有正当性与合理性。要人们关注这些标识,必须吸引舆论和知识界的关注。该文刊出后,很快引起了各方的关注和强烈的社会反响。北京有 7 所高校校长联署公开在《努力周报》上发表声明,支持这一主张。有学者称之为中国历史上一次"稍微像样的自由主义运动"①。

胡适等人对自由主义的坚守是执着的,但并不能赢得革命民主主义者毫无保留的支持,他们坚持必须对社会进行根本的改造,颠覆现行的政治秩序,不相信在北洋派武人势力的基础之上,可以建立"好政府"。中国共产党领导的中国社会主义青年团的机关刊物《先驱》发表评论,讥讽好政府主义者"未免太空想、太滑稽,而且太不努力了!"②已成为共产党领袖的陈独秀发表回应文章,运用阶级分析方法,强调惟有阶级斗争才是人类进步的动力。"人类每一个重要的政治争斗,都有阶级争斗的意义含在里面。"他主张要真正解决现在的中国政治问题,"只有集中全国民主主义的分子组织强大的政党,对内倾覆封建的军阀,建设民主政治的全国统一政府,对外反抗国际帝国主义,使中国成为真正的独立国家,这才是目前扶危定乱的唯一方法"③。中国共产党中央执行委员会发表的《对于时局的主张》称:"好政府主义者诸君"的主张是"妥协的和平主义,小资产阶级的和平主义,正都是'努力''奋斗''向恶势力作战'的障碍物。……和平自然是我们所不排斥的,但是虚伪的妥协和平,愈求和平而愈不和平的伪和平,乃是我们所应该排斥的。"④为此,共产党针锋相对地提出了保障公民权利、普选制、男女平等 11 条激进的民主主义

---

① 傅国涌:《笔底生澜——百年中国言论史的一种读法》,广西师范大学出版社 2006 年版,第 128 页。
② 《批评"好政府"主义及其主张者》,载《先驱》第 9 号,1922 年 6 月 20 日。
③ 陈独秀:《对于现在中国政治问题的我见》,载《东方杂志》第 19 卷第 15 号,1922 年 8 月 10 日。
④ 《中国共产党对于时局的主张》(1922 年 6 月 15 日),中央档案馆编:《中共中央文件选集》第 1 册,中共中央党校出版社 1982 年版,第 42、44 页。

主张。

胡适与陈独秀分别是此间两种不同政治思维的代表,前者主张对现行的政治"努力改造",后者主张彻底颠覆当下的政治秩序,但两者有相近之处,即都对现行的政治秩序不满。这一点颇似晚清革命派与立宪派的关系。唯其如此,也不难理解为什么《我们的政治主张》上有李大钊的签名。《努力周报》不但转发陈独秀的文章,且全文转载了中共对时局的11条主张。胡适还发表评论:"这十一条并无和我们的政治主张绝对不相容的地方。他们和我们的区别只在步骤先后的问题。……我们并不非薄你们的理想和主张,你们也不必非薄我们的最低限度的主张。如果我们的最低限度做不到时,你们的理想主张也决不能实现。"①

为什么胡适硬要将中共视为同道者呢? 其实,胡适对中共主张的认同只是民主的终极价值与目标,并不认同中共为实现民主终极价值所采取的手段。胡适随后借机批评"左"派人士的激进主张:"我们相信平民革命的兴奋剂,一面是'到民间去',一面是手枪炸弹。中国五千年的历史没有'国民运动'、'阶级斗争'一回事。到如今政治的本能,潜伏麻木不仁,非一面'到民间去',提高他们的智识,一面用手枪炸弹,刺戟他们的情感,单用那种极丑极臭极滑头的机会手段——新华门前的请愿、中央公园的开会、打通电发宣言——出风头有余,奋兴人民不足。"读者的这则来信给了胡适进一步阐述自己立场的机会。他回复说:"我们很诚恳的替你们指出'到民间去'四个字现在又很快变成一句好听的高调了。俄国'到民间去'的运动,乃是到民间去为平民尽力,并不是到民间去运动他们出来给我们摇旗呐喊。'到民间去'用是最和平的手段,不是革命的手段。"②胡适视陈独秀、李大钊为同道者,也说明20年代初的中国思想界迅速"左"转,自由主义者不得不"降格"妥协,以免自由主义完全被

---

① 《胡适致陈独秀》,中国社会科学院近代史研究所中华民国史组编:《胡适来往书信选》(上),中华书局1980年版,第119~120页。
② 胡适:《关于〈我们的政治主张〉的讨论》,载《努力周报》第4期,1922年5月28日。

边缘化。

同年9月,在《我们的政治主张》上签名的三位"好人"——王宠惠、罗文干、汤尔和入阁。然而,胡适等人所期待的宪政的、公开的、计划的好政府在军事强人的操弄下没有也不可能出现。1923年初,胡适只得发出无望的哀叹:"宪法是根本法律,民治国家的法律决不是那般自己不守法律的无耻政客所能制定的。我们可以预言,吴景濂(国会议长)即使制定出一个宪法来,将来决不会有宪法的效能,将来不过是添一张废纸。"①

文人气质较浓的胡适,面对残酷的现实,自感实在无法打动、说服人们接受其政治理念,失落无助之感溢于言表。象牙塔与十字街头是两个难以沟通的世界。其对自由主义民主的守望此时不得不暂时隐匿在内心深处,《努力周报》也自动宣告终刊。他不无忧伤地表示:

> 此时谈政治到"向壁"的地步。若攻击人,则至多不过于全国恶骂之中,加上一骂,有何趣味?若撇开人而谈问题和主张——如全国会议、息兵、宪法之类——则势必引起外人的误解,而为盗贼上条陈也不是我们爱干的事。②

看来,干自己"爱干的事",不独取决于主观的愿望,还要看外在政治生态的改善。

---

① 《这一周》,载《努力周报》第41期,1923年2月11日。
② 《与一涵等四位的信》,载《努力周报》第75期,1923年10月21日。

第八章　人权与自由：自由主义民主思潮的兴衰

在胡适等人看来，南京国民政府成立后国内的政治生态正朝着积极的方向变化，他们可以干点自己"爱干的事"了。

在一个动荡的年代，知识分子为显示自己的权势与价值，办报刊几乎是其首选。胡适在1923年曾说一个杂志可代表一个时代，创造一个新时代①。近代中国民主观念的流变因而也可以用若干著名的政论报刊串联起来表达。这些报刊至少可分为两类：一是党派色彩强的报刊，如康梁、孙中山及中共创办的报刊；二是无党派色彩的报刊，以自由主义知识分子经营的报刊最为典型。民主观念是这些报刊共同追求的主题，区别是党派经营的报刊不仅要传播该党的民主观念，且想借此扩大党派的影响；而非党派的报刊则以评议政治，阐明理念，为中国政治发展指明方向为目的。

知识精英因媒体而"暴得大名"，思想观念因媒体而广布社会，政党也因媒体而伸张势力。若从自由主义思潮兴衰的角度来看，大致有三个颇具代表性的刊物：《新月》、《独立评论》和《观察》。

---

① 胡适：《致高一涵、陶孟和等》，载《努力周报》第75期，1923年10月21日。

如前所述,自由主义之于近代中国,源于严复的输入、得益于梁启超的张扬,成型于胡适等人的学理阐发。"自由"一词到20世纪初已成为政治学话语系统中一个无法抹去的关键词。"五四"时期,在《新青年》学人发动的文化革命中,自由主义自然也是题中之意,但非中心议题。由于该时期"新青年"一代越来越政治化,自身的知识储备也相当有限(多数人仅有"东学"背景),加之学人普遍为政治所累,他们有各自的政治追求,但热情有余、理性不足,是他们共有的特征,这使得自由主义与其他观念一样,更多的只是一个政治动员的口号,而在学理上未得到清晰的厘定与准确的阐发。"五四"潮落,"五四"之子分途进发。虽然革命民主主义渐成强势,自由主义民主有过短暂的沉寂,但它始终与革命民主主义相伴而行。

1927年南京国民政府的建立,使得久别了的、形式上统一的中央政权可以期待。但国民党政权奉行一个政党、一个主义、一个领袖,公开提倡"以党治国","党在国上",并在全国范围内推行"党化教育",限制言论自由和结社自由,这对经由"五四"精神洗礼过的老将与新兵来说均难以接受。信奉自由主义的知识分子开始聚合,他们以为现在可以干点自己"爱干的事":提醒国民党不要"北洋化",不应背离"人权"、"自由"等价值。

随着"新青年"一代政治上的不断分化,到20年代中后期自由主义知识分子的群体属性也越来越鲜明。但中国的自由主义知识分子又是一个极为松散的群体,不少学者试图对这一群体作类型学的分析,如观念人物与行动人物、工具型自由主义与理念型自由主义、民间议政型与组党参政型等。其实,在近代中国这样一个风云际会的年代,面对国内政治与国际政治的诸多不确定性、个人命运的不可测性,一个真正信仰自由主义的知识分子对现实政治的感受与态度以及个人行动的逻辑很难始终如一,而不变的则是对自由、民主、人权等价值的守护和对国家与民族命运的关切。若以一时的言论或对一事的态度对他们进行分类或划派,难免使活生生的自由主义变得固化与刻板。

对近代中国的自由主义者可以有不同的观察点。信奉自由主义的杜迈之(1917～1984)对所属群体作了一幅"自画像":

> 在中国,所谓自由主义者原是一般(班)个人生活尚称优裕而非富有、曾留学欧美或国内直接间接地接受自由主义教育影响,而崇信民主主义的中上层知识分子。就阶级属性说,这一批人中极大多数是中间阶层人物。因此,也同资本主义社会中的中产阶级一样,他们也重视个人自由、个人的快乐和"至善"的追求。在政治上,也是民主政治的忠实拥护者,认为政府的活动应以社会上最大多数的最大福利为依归,社会上各不同阶级各政党的不幸控诉和反对意见应该在公共允许的方式下作合法的斗争。因之而主张一切社会政治的改革应在继续承认现存制度的基础上逐步进行,反对根本倾覆现有制度的流血革命,革命只能产生武力破坏的循环,在凭借现有基础上的一点一滴的改良才能产生真正的进步。①

其实,这幅"自画像"并不完整,它只是突出了中国自由主义者的政治立场。自由主义者的内涵大致表现在以下四个方面:一是政治自由主义:强调以民主、分权来保障个人的自由与权利,建立宪政政府,人民逐步享有选举与参与政治的权利、选择政治体制的权利。二是经济自由主义:强调私有财产,经济个人主义与自由企业制度,以及国家较少对经济干预与控制。三是社会自由主义:19世纪以后,自由主义也关心社会问题,注意到社会公正,特别是弱势群体的基本生存条件。四是哲学自由主义:强调个人的价值与权利,个人应该得到最高的尊重,并享有某些基本的权利等②。当然不是中国所有的自由主义者都强调这四个方面的内

---

① 杜迈之:《论中国的自由主义者》,载《文萃》(新年号)第2年第22期,1947年3月6日。杜氏1945年加入中国民主同盟,初为民盟云南省支部秘书处主任,并任《自由论坛》、《民主周刊》主笔。著有《自由与自由主义》,中华书局1949年版。
② 李强:《自由主义》,中国社会科学出版社1998年版,第16—18页。

涵，但作为一个群体，这四个方面的内涵均有涉及。

国民党主政时期，自由主义者观念的表达虽然受到限制，甚至还发生了像杨杏佛(1933)、史量才(1934)及李公朴与闻一多(1946)等惊天惨案，但标榜奉行民权主义的国民党并没有完全关闭言论自由的空间，也不能阻止自由主义者对这一议题的阐发与传播，而此类极端的惨案，或许恰恰说明国民党政权无力对自由主义者进行有效的体制化的规训。此间，自由主义观念的阐发，除了《新月》、《独立评论》和《观察》外，还有《大公报》、《申报》、《再生》、《东方杂志》、《国闻周报》等报刊。从《新月》唱响自由主义，到成为自由主义绝唱的《观察》，记录了中国近代自由主义由兴而衰的观念历程。

第一节　自由主义者的呐喊——《新月》

刊物尤其是同仁刊物，不仅是其作者群的精神家园，更是他们阐发理念和播撒思想的最为有效的倍增器。涉足报刊的自由主义者往往特立独行，"各自决定其办法与命运"。其心迹亦如一生不加入任何党派、也不出任政府公职的自由主义者傅斯年(1896～1950)在致胡适的信中所言：

> 我们自己要有办法，一入政府即全无办法。与其入政府，不如组党；与其组党，不如办报。……我们是要奋斗的，唯其如此，应永远在野，盖一入政府，无法奋斗也。①

胡适的回复说得好：我们在野，是国家、政府的一种力量。一旦加入政府，"结果是毁了我三十年养成的独立地位，而完全不能有所作为。结果是连我们说公平话的地位也取消了"②。自由主义知识分子所希望的

---

① 《傅斯年致胡适》(1947年2月4日)，《胡适来往书信选》(下)，中华书局1980年版，第170页。
② 《胡适致傅斯年》(1947年2月6日)，《胡适来往书信选》(下)，中华书局1980年版，第173年。

"作为",就是立于体制(党和政府)外,充分、独立、自由地表达自己的思想。唯其如此,他们对民主、自由的阐发或许更加丰富、深刻,也更具学理性。

《新月》(月刊)是一个由自由主义知识分子群体经营的舆论阵地,它与"新月社"和"新月书店"三位一体。"新月"之得名取自印度诗人泰戈尔的《新月集》,意指"新月必圆",寄托着新月派良好的祈愿。先前一些志同道合的北京学人以聚餐会的形式组成新月社。新月社在1925年以前,一直是一个以戏剧活动为主的文学团体。北伐战争爆发后,因北方政局动荡,新月社成员星散四方,有的出国,有的南下。1927年5月,胡适从英国开完"中英庚款顾问委员会"会议回到上海,同期一批在"五四"后出国的北大和清华的学子陆续学成归国,他们大多暂居在上海,而此时的上海正是新成立的南京国民政府的津要之地。新月社新老成员及一些有自由主义倾向的文人因精神领袖的到来即图复兴组织,遂于同年7月1日在沪上开办股份公司性质的新月书店①(1933年该店盘给了商务印书馆)。

1928年春,胡适接任中国公学校长。他仿照蔡元培办北大的理念,先后延揽了高一涵、杨亮功、罗隆基、梁实秋、郑振铎、叶公超、沈从文等人任教。同年3月《新月》的杂志在沪问世。

《新月》创刊时有几项不成文的约定:要成立独立的机构,不假借任何其他的力量,尤其是官方的力量;所需资金,都由同仁自己筹措;以自己所能筹到的钱为准,能维持多久就维持多久。这一点颇似当年《大公报》的办刊方针,但读者对象不同,《大公报》作为综合性的大报面向所有的有阅读能力的人,而《新月》创刊之初属文艺性的专业刊物,以发表小说、诗歌、文艺批评为主,政治色彩并不十分鲜明。新月社的成员有着较

---

① 新月书店不仅出版许多文艺作品,也出版了一批宣讲自由主义的著作,如胡适等人的《人权论集》(1930年版)、《中国问题》、储安平编的《中日问题各家论见》(1931年版)、拉斯基的《政治》(邱辛白译,1931年版)、拉斯基的《国家的理论与实际》(王造时译,1936年版)。

为强烈的抒发政见的欲望,他们还成立了费边社式①的"平社",并酝酿另办政论刊物《平社》,准备专门就国家问题讲一些政治上的"平正的话",表示一个"平正的观点"。嗣因种种原因《平社》未能问世,《新月》第 2 卷第 2 期遂从单纯的文艺刊物变为政论刊物②,成为自由主义知识分子讨论政治的大讲坛,其中的活跃成员有胡适、罗隆基、王造时、徐志摩、闻一多、吴景超等。

胡适在《新月》上发表的《人权与约法》一文揭开《新月》时期自由主义大讨论的序幕,而中心议题就是"人权",相关的讨论文字后来以《人权论集》出版。

自 1928 年国民政府宣布进入训政期后,训政并未取得任何实绩,而人权记录反而越来越糟糕。国民党却装出一副人权卫士的面孔,国民政府于 1929 年 4 月下了一道保障人权的命令:

> 世界各国人权均受法律之保障。当此训政开始,法治基础亟宜确立。凡在中华民国法权管辖之内,无论个人或团体均不得以非法行为侵害他人身体、自由及财产。违者即依法严行惩办不贷,着行政司法各院通饬一体遵照。③

在胡适看来,此命令名为保障人权,实是突显党权至上、人治大于法治的传统理念。

---

① 费边社(Fabian Society)由英国一些自由主义知识分子于 1884 年 1 月成立于伦敦。前期的主要领导人有萧伯纳和韦伯夫妇等人。其名称来源于以善于使用缓进待机策略著称的古罗马统帅 Q. 费边的名字,表明他们主张采取缓慢渐进的策略来达到改革社会的目的。

② 《新月》的政治化在该刊内部引起了分歧,罗隆基、梁实秋等人都主张继续发表政治论文。他们特地写了篇《敬告读者》,夹在《新月》的第 2 卷第 6、7 期合刊内本。"自从第 2 卷第 2 期起,《新月》月刊的面目和从前不同了。我们接连着登了胡适、梁实秋、罗隆基几位先生的文章,于是许多人都异口同声地说:'新月谈政治了!'不错,我们是谈政治了,我们以后还要继续谈。"该告示还称:"胡适之先生的那篇《人权与约法》已引起了全国人士的注意,不,全世界人士的注意。编者无意的发表了几篇文章,但是新月月刊的性质变了,赢了许多的新朋友。反对的声浪也起来了,这是我们认为当然的。"

③ 转引自胡适:《人权与约法》,载《新月》第 2 卷第 2 号,1929 年 5 月 6 日。

> 命令所禁止的只是"个人或团体",而并不曾提及政府机关。个人或团体固然不得以非法行为侵害他人身体自由及财产,但今日我们最感觉痛苦的是种种政府机关或假借政府与党部的机关侵害人民的身体自由及财产。如今日言论出版自由之受干涉,如各地私人财产之被没收,如近日各地电气工业之被没收,都是以政府机关的名义执行的。四月二十日的命令对于这一方面完全没有给人民什么保障。这岂不是"只许州官放火,不许百姓点灯"吗?
>
> 命令中说,"违者即依法严行惩办不贷",所谓"依法"是依什么法?我们就不知道今日有何种法律可以保障人民的人权。中华民国刑法固然有'妨害自由罪'等章,但种种妨害若以政府或党部名义行之,人民便完全没有保障了。①

言论自由是最基本的人权,也是自由主义者最为关切的一项权利。在胡适看来,当下中国没有言论和思想自由,与国民党圣化孙中山相关。对国民党来说,孙中山不仅是一个重要的政治符号,更是支撑其统治合法性的重要资源。胡适揭示了其中秘密与要害:

> 一班当权执政的人也就借"行易知难"的招牌,以为知识之事已有先总理担任做了,政治社会的精义都已包罗在《三民主义》、《建国方略》等书之中,中国人民只有服从,更无疑义,更无批评辩论的余地了。于是他们揩着"训政"的招牌,背着"共信"的名义,箝制一切言论出版的自由,不容有丝毫异己的议论。"知难"既有先总理任之,"行易"又有党国大同志任之,舆论自然可以取消了。②

从自由主义立场发出,阐发人权理论,痛斥专制集权,以罗隆基(1898~1965)的文章最显功力。1921年罗氏从清华留美预科学校毕业,

---

① 胡适:《人权与约法》,载《新月》第2卷第2号,1929年5月6日。
② 胡适:《知难,行亦不易——孙中山先生的"知难行易说"述评》,载《新月》第2卷4号,1929年6月10日。

后赴美留学,获得哥伦比亚大学政治学博士学位。1925年进入伦敦大学政治经济学院师从拉斯基①继续研修。1928年回国后在上海光华大学任教,同时参与《新月》的编辑。在胡适发表《人权与约法》两个月后,罗隆基发表了具有重要启蒙价值的《论人权》。

该文摄取英国古典自由主义的要旨,张扬个人权利的神圣性,崇尚个人主义。他对人权下了如下的定义:

> 人权是做人的那些必须的条件。人权是衣、食、住的权利,是身体安全的保障,是个人"成我至善之我",享受个人生命上的幸福。因而达到人群完成人群可能的至善,达到最大多数享受最大幸福的目的上的必须的条件。

在国家权力与个人权利关系上,他心仪个人优位论:"国家的功用,就在保障人权。""国家的权威是有限制的,人民对国家服从的义务是相对的,什么时候国家担当不了我托付给他的责任,在国家失了命令我的权利,在我没有服从的义务。"同理,法律也是为了维护个人的自由:"法律保障人权,人权产生法律。""在一个法治的国家,政府统治人民,人民同时统治政府。""没有任何个人或任何团体处于超法律的地位。"

罗氏认为,人权破产是中国目前不可掩盖的事实;努力起来争回人权,是中国人立志做人的目标。争人权的手段既可以是和平的,也可以是暴力的。"纸笔墨水,可以订定英国1215年大宪章;枪林弹雨,才能换

---

① 拉斯基(Harold Laski,1893~1950)是两次世界大战之间英国著名的费边主义思想家,英国工党主要的理论家,1945年出任工党的主席,第二次世界大战结束后,工党取代丘吉尔执政。尽管拉斯基没有来过中国,但中国的信徒甚众,自由主义阵营中的中坚人物,如罗隆基、王造时、储安平都是他的学生。张君劢与拉斯基虽无师承关系,但十分推崇拉斯基主义,他们将拉斯基的政治思想广泛传播于中国,其影响之大,几乎成为现代中国自由主义之主流。1920年代末,拉斯基在中国开始走红。平社成员热衷于翻译拉斯基的著作,研讨费边主义的理论,并以此为借鉴,探求改造中国的自由主义方案。30年代以后,拉斯基在中国的风头虽然有所减弱,但其理论已经渗透到中国自由主义者的精神深处,无论是他们的政治思想,还是其社会改造方案,随处可见费边主义的深刻痕迹。1940年代末的《观察》再次高举费边主义的大旗,大谈民主社会主义,其中最具代表性的人物当推张东荪。

到法国 1789 年的人权宣言。"①他还特列出了中国人目前必争的 35 项人权。

1929 年 10 月罗隆基在《新月》第 2 卷第 8 期上以显要的位置发表了《我对党务的"尽情批评"》,旋即引来国民党的强烈弹压。北平市党务整理委员会称:《新月》"载有诋毁约法,诟辱党国之文字,极应严行取缔"。天津市党务整理委员会也说:"查《新月》月刊发行以来,时常披露反对本党之言论。近于第八期中,竟载有诋毁约法,诟辱本党之文字,迹近反动,亟应严行取缔,以辟邪说,而正听闻。"②《新月》随后被没收,新月书店遭查封,罗隆基被捕。

罗隆基出狱后,斗志不减,又在《新月》上发表了《什么是法治》,指出国家即便形式上有了白纸黑字写明的法律条文,并不算法治;国家的老百姓都守法奉公,也不能算法治:"法治的真精神,是政府守法,是政府的一举一动,都以法为准,不凭执政者意气上的成见为准则。"③

尽管胡适与罗隆基在《新月》时期都是自由主义在中国最为出色的代言人,但两人诉求点是有差异的。胡适出于要自由表达对党国体制不满,更多的是要争取言论自由,视此为最为基本的人权。他在 1929 年 12 月出版《人权论集》序文中说:"第五、六篇讨论人权中的一个重要部分——思想和言论的自由。第七篇讨论国民党中央的反动思想,希望国民党的反省。第八篇讨论孙中山的知难行易说。这两篇只是'思想言论自由'的实例;因为我们所要建立的是批评国民党的自由和批评孙中山的自由。上帝我们尚且可以批评,何况国民党与孙中山?"④作为政治学博士的罗隆基则不然,他不仅要表达人权至上的理念,更想说明应构建何种国家制度来确保人权,为国人指划一条通向人权保障的有效路径。

---

① 罗隆基:《论人权》,载《新月》第 2 卷第 5 号,1929 年 7 月 10 日。
② 罗隆基:《什么是法治?》,载《新月》第 3 卷第 11 号,1931 年 8 月 5 日。
③ 转引自罗隆基《什么是法治?》,载《新月》第 3 卷第 11 号,1931 年 8 月 5 日。
④ 胡适:《人权论集序》,《胡适论学近著》,山东人民出版社 1998 年版,第 491 页。

如果说胡适表现为一个言论自由的卫士,那么罗隆基则想扮演一个制度的设计师,这在其后的宪政运动中表现的尤为突出。

罗隆基声称:"今日中国的政治,只有问制度不问人的一条路,制度上了轨道,谁来,我们都拥护。没有适合时代的制度,谁来,我们总是反对。"①同期该刊的另一位作者称:制度"可以使人为恶,使人为善,可以亡强盛之国,可以兴弱国之民"②。罗氏还发表了不少有关美国文官制度历史沿革的文章,毫不掩饰其对英美制度的推崇。在谈到国家的制度设计时,他设定了政治制度的几个最低限度:一、有委托政权的立法机关;二、有专门人才的吏治制度。

此外,上海光华大学政治系主任王造时(1903～1971,留美的政治学博士)有关"中国问题"成因的系列论文(《中国社会原来如此》、《昨日中国的政治》、《政党的分析》)、彭基相及赵少侯有关欧陆近代历史的文章、余楠秋关于法国大革命的系列文章,以及梁实秋(1903～1987)在该刊发表的《孙中山先生的论自由》、《论思想统一》等,均拓展了"自由"、"人权"、"政党"、"宪政"等西方民主观念的知识基础,人权、民主等不再像"五四"时期那样,仅仅是个抽象口号、符号。

同期,同属自由主义阵营的张君劢与罗隆基等人相比更具世界眼光,也更加关切当下中国的国情。他认为若过分张扬此种古典自由主义的个人优位论,于中国面临危亡之际显然不合时宜,故不得不对古典自由主义的个人主义作出必要的修正。张君劢说:英国古典的自由主义,"以个人为原始的(primary),而国家为导引的(derivative)";而德国占主流地位的哲学家,则强调"以国家为原始的,而个人为导引的"。他认为中国应调和这两种国家学说,尽可能在个人与国家之间达到平衡。

> 吾人之地位,则介于二者之间,二者之为原始的因素同焉,然

---

① 罗隆基:《我们要什么样的政治制度》,载《新月》第2卷第12号,1930年2月10日。
② 郑放翁:《制度与民性》,载《新月》第2卷第12号,1930年2月10日。

其所司之职掌大异。自心能之发展而言之，不能不让个人居于第一位，自民族之保护言之，不能不让国家居于第一位，故二者之或轻或重，当视其时期的要求而定。吾民族之在今日，正为存亡绝续之交，其不应以个人驾国家之上，有断然也。且十九世纪之自由主义者以财产自由与思想言论结社生命四者并重，同在不可侵犯之列。①

这表明，张君劢也没有完全疏离英国古典的自由主义，而是力图将古典的自由主义中国化。从思想谱系上来看，他是严复、梁启超的精神之子。

1933年6月，支撑了5年的《新月》杂志在出满4卷7期之后仓促停刊，最后一期上甚至连停刊告示之类文字的表示也没有，突然就从人们的视野中消失了。导致《新月》停刊的原因主要是内部意见不统一及办刊经费不济。

《新月》创刊之初发行量大致在3000～4000之间，转向政论之后，销路骤增至万份左右。作为一个唱响自由主义的刊物，《新月》可谓骤起骤落，但其对处于鼎革之际的国民党政权的冲击以及当时中国思想界的影响不可小视，以至于1931年5月沪上的"左"派报刊《民报》说："中国目前三个思想鼎足而立：1、共产；2、《新月》派；3、三民主义。"②

1930年代前期在民族危机上升的同时，国家的经济持续好转，国家的制度构建虽然面临内外双重压力，步履维艰，但总体呈上升趋势。南京国民政府行使权力的空间在逐步放大，法律与制度的供给在有序地增长，中央权威自民初以来流失的惯性得到遏止，这使得越来越多的自由主义知识分子对现政权的态度由起初的排斥转向有条件的接受，即部分

---

① 张君劢：《国家民主政治与国家社会主义》，载《再生杂志》第1卷第2期，1932年。
② 《罗隆基致胡适》(1931年5月5日)，《胡适来往书信选》(中)，中华书局1980年版，第64页。

接受现政权存在的合理性。他们中的不少人在向现行的体制、秩序靠拢,有些人甚至被现代体制所吸纳。在这一情境下,知识界出现了大分化趋向:以胡适为代表的有英美教育背景的自由主义知识分子纷纷北上,回归象牙塔,回到自由主义的大本营、"五四"运动的发祥地——北平,并创办了《独立评论》;而左翼文化人及革命民主主义者纷纷南下,逐渐汇聚到上海"十字街头"。前者在体制内抒发自由与民主的价值,后者在体制外发泄对世道与体制的愤懑。

第二节　自由主义阵营内部的论辩——《独立评论》

如果说《新月》时期新月派对"人权"、"个人自由"等价值的张扬表现出心仪古典自由主义(个人主义)的倾向,目标是讨伐当局;那么《独立评论》时期自由主义阵营内部的不少人则出现了向政府、国家靠近的趋向,目标是向当局建言。由此,在自由主义阵营内部引发了民主制与独裁制、个人自由与国家自由的论辩。

在一个社会迫切需要学界对克服政治、社会危机作出明确回应的时代,思想、观念如果高悬于现实生活之上,或一味攻击政府,势必会被边缘化。自古以来中国学人具有经世传统,出世者往往是另类。自由主义者胡适曾发誓不谈政治,但不得不为经世传统所累,为现实政治所诱,转而大谈政治。"九一八"事变后,自由主义者与当局一样,不得不直面日益加重的民族危机。创办《独立评论》的同仁称:

> 我们八九朋友在这几个月之中,常常聚会讨论国家和社会的问题,有时候辩论得激烈,有时候议论居然颇一致。我们都不期望有完全一致的主张,只期望各人都根据自己的知识,用公平的态度,来研究中国当前的问题。所以尽管有激烈的辩争,我们总觉得这种讨论是有益的。……我们都希望永远保持一点独立的精神。不依傍任何党派,不迷信任何成见,用负责的言论来发表我们各人思考的

结果:这就是独立的精神。①

《独立评论》的刊名由胡适提出,"独立的精神就是思想自由的精神"②。

与《新月》相同,《独立评论》也不假任何机构或政党,经费由社员捐款筹集,所有稿件均不付稿酬。作为一份政论性、学术性的刊物,之所以能维持到抗战全面爆发,一个重要原因就是该刊位于自由主义者云集的北平。蒋梦麟1930年底辞去教育部长就任国立北京大学校长后,使曾一度是革命活动和学生运动中心的北大逐渐变为学术的中心。清华学校于1928年改制为国立清华大学,国民政府为控制该校先后任命了多位校长,但一直受到该校师生的抵制,直到1931年任命留美的无党籍人士梅贻琦出任清华大学校长才使存在多年的校长风波得以平静,梅氏的办学理念"所谓大学者,非有大楼而谓也,有大师而谓也",使清华在其任内确立了国内著名学府的地位。1929年刚成立不久的中央研究院历史语言研究所从广州迁到北平,胡适的学生、留学英国的傅斯年任所长,傅氏同时还兼任北大教授。1930年代的"两校一所"云集了一大批有着欧美等国教育背景的自由主义知识分子,他们虽身居江湖,但心系庙堂安危。这样一个特定的时空,为自由主义知识分子表达政治理念提供了一个近代史上十分难得的机遇。另一方面,该刊的立论有着强烈的现实关怀和问题意识,颇受读者的喜好,发行量也持续上升。其创刊之初约2000份,第三年升至7000份③,第四年突破13000份④。从其存在的时间与发行量尤其是社会影响来看,该刊堪与《新民丛报》、《民报》及《新青年》比肩,其主要的撰稿人多为思想界的大家,除了胡适(担任主编,为该

---

① 《引言》,载《独立评论》第1号,1932年5月22日。该刊于1937年7月25日停刊,共出版244期。
② 胡适:《又大一岁了》,载《独立评论》第151号,1935年5月19日。
③ 胡适:《又大一岁了》,载载《独立评论》第151号,1935年5月19日。
④ 胡适:《独立评论四周年》,载《独立评论》第201号,1936年5月17日。

刊撰文 123 篇,约占 10%)、蒋廷黻、丁文江外,主要撰稿人还有陈衡哲、吴景超、陈之迈、任鸿隽、傅斯年、萧公权、张奚若等。他们讨论的内容多与"当前的问题"紧密相关,用胡适的话说:"我们自始就希望它成为全国一切用公心讨论社会政治问题的人的公共刊物。"①

自由主义者在《新月》时期主要是向新成立的南京国民政府表达一种对人权的强烈关切,到了《独立评论》时期随着南京政权的相对稳定且得国际社会的承认,则要表达他们在民族危机重压下的建国理想,包括建国的路径与目标等。他们虽然在价值观上并不认同国民党的一党专政与党国体制,但大体认同南京国民政府在这样一个国难当头的非常时期是中国唯一的可以改造和依靠的国家政权。对他们来说,国民党政权非理想之政权,但又是唯一能够统一中国的政权。1935 年胡适在与日本自由主义者室伏高信交谈中同意其"除蒋氏政权外,贵国将无统一之途"的意见。至于蒋氏政权将朝着独裁还是朝民主方向的发展?胡适认为:"关于这一点,中国人倒不大注意,应该用甚么方法,是第二问题,无论甚么,没有比统一再要紧的,除此而外,全不是现在的问题。"②虽然有人对现行的体制不满,甚至怀有某种敌意,但并不谋求颠覆现行的国家政权。这是因为 1930 年代前期的中国,新生的南京国民政府着力全方位地推进国家的制度与秩序建设,促进经济发展,经济状况呈现稳步上升的趋势③。

总体而言,南京国民政府的权威较之北洋政府呈走强的趋势,有效的统治半径在逐步延伸,北洋时期纷乱的内政到这时正在向着整合、有序的方向发展。据易劳逸统计,1929 年南京国民政府仅控制约 8% 的国

---

① 《独立评论的一周年》,《独立评论》第 51 号,1933 年 5 月 21 日。
② (日)室伏高信:《胡适再见记——中华的动静如何?》,载《大公报》,1935 年 12 月 18 日。
③ 1935 年实行法币,改银本位制为金本位制,法币与英镑挂钩,统一了国内货币。法币由国家银行发行,以国家信用作担保,符合现代国家的金融体制。参见(美)阿·恩·杨格:《1927 至 1937 年中国财政经济情况》,中国社会科学出版社 1981 年版。

土和20％的人口,到抗战前夕,分别升至25％和66％①。但国民党出于对政权的贪欲,拒绝与其他党派及利益集团分享政权,加之没有有效的机制来舒缓党内的矛盾、中央与地方的利益冲突以及国家与社会的紧张关系,使其在党治与宪政之间无法找到有效的平衡。1930年代初发生的蒋介石非法囚禁胡汉民、广州另立中央事件、福建事变②,此前还有中共在苏区成立的号称全国性的中央政府——中华苏维埃共和国。这表明在国家权威上升的同时又面临着来自体制内部及外部的种种挑战,这一方面加大了国家制度建设的成本,同时也使得制度的产出效应大打折扣,"这使得一般人畏惧一个已够分裂的国家或者还有更破碎分裂的危险"③。与此同时,南京国民政府所处的国际环境也在加速恶化。继"九一八"事变之后,日本又在上海制造"一二八"事变,1933年初日军进攻山海关,5月31日中日签订了事实上承认日本对东三省及热河占领《塘沽协定》,华北危如累卵。

  这种中央政府力图有所作为与民族危机并存的情形,与清末立宪时期的情境有部分相似之处。所不同的是,清末的立宪使得国家权威在流失,权力重心在下移,尤其是各省的咨议局成为分割国家权力与权威的容器,中央一极无足够的资源来因应时局的挑战,加之排满情绪的喷发,最终导致国家政权的解体。而自1930年中原大战以后,散落于地方的权威开始向中央政府缓慢地回流,中央政府并信誓旦旦要实现民族复兴,中央一极的政治与经济资源的存量也在增加。在这种情形下,即便是信奉个人价值至上的自由主义者,在国家面临内忧外患的时刻也不得从个人主义的立场上有所退却。《独立评论》派对现政权的态度大体与

---

① (美)易劳逸:《流产的革命:1927—1937年国民党统治下的中国》,陈谦平、陈红民等译,中国青年出版社1992年版,第331页。
② 1933年11月20日,李济深、陈铭枢、蒋光鼐、蔡廷锴等人以国民党第十九路军为主力,在福建发动的抗日反蒋事件,简称"闽变",次年初中央军占领福建,福建事变的相关人员逃往香港。
③ 胡适:《一年来关于民治与独裁的讨论》,载《东方杂志》第32卷第1号,1935年1月1日。

清末预备立宪运动初期的立宪派相近,即促进国家政权朝着民主化的方向演进,但其思考问题的深度与视野则是当年立宪派无法比肩的。

1930年代初,上海的两家重要报刊《东方杂志》、《申报》先后设置了两个议题——"新年的梦想"和"中国现代化问题",以吸引读者讨论,这表明中国知识界对现实越来越关心,对未来也有所期待。

1932年11月1日,《东方杂志》就梦想中的未来中国是怎样?个人生活中有什么梦想?向知识界发出400份"新年的梦想"的征文通知,至年底,回收160余份,挑选了142份刊登在《东方杂志》第30卷第1号上。这些"'梦'虽然不能代表四万万五千万人的'梦',但是至少可以代表大部分知识分子的'梦'"①。概括起来此时的知识界有三"梦":

一是御侮图强梦。希望国民党停止内战,团结一致,抗击日本帝国主义,收复失地。中央大学教授凌梦痕梦见有一天国民党全体中央执行委员会在中山陵前召开临时紧急会议,并当场做出三点决议:1.即日起凡为总理信徒,俱应牺牲任何个人私念,团结一致,就个人专长推行职务,消除政争,以挽救危局;2.全体党员于四小时内一律编成国民军先锋队,集中所在地,候令向各省前线开拨;3.任命某某某为全国国民军总司令,全权处理全国军务,限三日内将日军驱出平津,一个月内收复东三省失地。

二是民主社会主义梦。"未来的中国,既非苏俄式的一党专政,也非美国式的两党更替,乃民治的国家,法治的国家。""凡生产者和一切体力智力的劳动者都参加政治,并且指导政治的活动,使中国政治不至于陷于'乌托邦'的'齐家治平天下',而是合理的不偏于某一部分人或少数人的政治。"

三是大同世界梦。柳亚子梦想着一个"没有金钱、没有铁血、没有家庭、没有监狱,也没有宗教,各尽所能,各取所需;一切平等、一切自由"的

---

① 记者:《〈新年的梦想〉读后感》,载《东方杂志》第30卷第1号,1933年1月1日。

大同世界。谢冰莹梦想着一个"没有阶级、共同生产、共同消费的社会主义国家"。邹韬奋则期盼一个"共劳共享的平等社会"。

梦想虽然可以没有边际,但多数人还是积极入世的,对未来不仅有梦想,也有信心与追求①。

在《东方杂志》召唤国人梦想的同时,《申报月刊》关切的是当下中国道路的择定。为纪念该刊创刊一周年,1933 年 7 月《申报月刊》拟出版"中国现代化问题"特刊,其征文主题有二:1. 中国现代化的困难和障碍是什么?要促进中国现代化需要什么先决条件? 2. 中国现代化当采取哪一种方式,是个人主义抑或社会主义的?是外国资本所促成的现代化抑或是国民资本所自发的现代化?实现这种方式的步骤是什么?在收到的 10 篇短论和 16 篇专论中,只有一篇明确主张中国的现代化应该走自由资本主义式的个人主义道路,而明确主张走社会主义道路或兼采社会主义之长的多达 14 篇。其实,征题者在当时情形下预设的"个人主义抑或社会主义"本身已就有着鲜明的导向。中国走国家社会主义道路,这一方面表明孙中山倡导的节制私人资本的民生主义在中国知识界引起了广泛的共识,同时也是对西方资本主义大危机与苏俄"一五"计划取得成功的回应。

南方两大媒体的征文举动的确反映了 1930 年代初中国知识界的积极入世的取向:承认南京国民政府作为国家统一政权的存在,并为其如何拒敌及国家建设献计献策,这也是《独立评论》派人士的基本立场和主要诉求,后来部分《独立评论》派人士直接加入南京国民政府也说明他们是认同现政权的。

《独立评论》作为自由主义知识分子云集的平台,对民主与自由固然有着更多的关切,他们不会向上海方面让渡出中国的现代化的道路及未来的梦想的话语权,而 1933 年 12 月清华大学历史系主任蒋廷黻教授发

---

① 参见郑大华:《民国思想史论》,社会科学文献出版社 2006 年版,第 313~325 页。

表的《革命与专制》可视为对此讨论的间接回应,并由此在《独立评论》派人内引发一场关于民主政治与独裁政治的大讨论。

蒋廷黻,1912年赴美留学,1923年在美国哥伦比亚大学获得历史学博士后回国执教。蒋氏在哥大初学新闻,想成为左右中国政治的报业大亨,而要左右政治,必须懂得政治学,后改习政治科学,不久又觉得"欲想获得真正的政治知识,只有从历史下手"①,转而改学历史。其在哥大的学术漫游印证了英国剑桥大学历史系的希里教授一句名言:"没有政治科学的历史无果,没有历史的政治科学无根。"②其研究英国政党的博士论文《工党与帝国》也说明了这一点。

蒋氏回国时"五四"的高潮已过,这使他错过一场精神洗礼,加之其历史学的教育背景也许使他立论更为理性。蒋氏的立论从反思中国的革命史开始。革命自清末始,与民主一样渐成为强势话语,辛亥受挫,革命处于低潮,而国民革命再次将革命运动推至高峰。孙中山的一句"革命尚未成功,同志仍须努力"则成为国民党的训词。如前所述,对暴力革命作学理上的反思始于清末的黄遵宪和梁启超,但被时人视为敌视革命的谬误。民初梁启超进一步反思革命,并发表了《国性篇》(《庸言》第1卷第1号,1912年12月1日)《革命相续之原理及其恶果》(《庸言》第1卷第16号,1913年6月16日)③,但在这鼎新之际,梁氏的洞见犹如空谷足音。蒋氏《革命与专制》再次将革命作为一个可讨论的议题提出来,他明确认为中国既无革命的能力,亦无革命的资格:"我们近二十年为革命而牺牲的生命财产,人民为革命所受的痛苦,谁能统计呢?""在中国近年的革命,虽其目的十分纯洁,其自然的影响是国权和国土的丧失。我

---

① 《蒋廷黻回忆录》,岳麓书社2003年版,第77页。
② 转引自(美)莱斯利·里普森《政治学的重大问题》,刘晓等译,华夏出版社2001年版,第16页。严复是Seeley的"Introduction to political science: two series of lectures"一书的读者,1906年严复的《政治讲义》的内容受Seeley的影响较大。参见戚学民《严复〈政治讲义〉研究:文本渊源、言说对象和理论意义》,《历史研究》2004年第2期。
③ 参见间小波《柏克与梁启超——革命年代的智者》,载《江海学刊》2006年第3期。

们没有革命的能力和革命的资格。"①

蒋氏还以英、法、俄三国现代化的经验为依据,"各国的政治史都分为二个阶段,第一步是建国,第二步才是用国来谋幸福"。所谓建国即民族国家的构建,而这一构建就应像英、法、俄那样经过一个专制时期。英国经过了"十六世纪的顿头朝(Tudor Dynasty,都铎王朝)的专制",法国有过"二百年布彭朝(Bourbon Dynasty,波旁王朝)的专制",俄国则有过"罗马罗夫朝(Romanov Dynasty,罗曼诺夫王朝)三百年的专制"。中国虽然有过几千年的专制,但专制君主因为环境特别,没有能尽到他们的历史责任。因此,现在的中国也应经过一个专制建国的阶段,而中国现在的"所谓革命就是建国的一个大障碍。"②他还向胡适明确表示:

> 民治在中国之不能实行,全由中国无适宜民治之经济、社会及智识,倘统一能完成,建设即可进行,而适于民治之环境自然会产生矣。短期之专制反过成为达到民治之捷径。目前在中国大倡"天赋人权"、"主权民有"等理论不但无益,而且有损。③

> 我所要求的是……有一个中央政府。有了个这样的中央政府,教育、工商业及交通就自然而然的会进步。……一个现代的银行和现代的工厂都是超省界的,甚至超国界的。一条铁路统一人民意态的功效是很大的。人民衣食有着,而又受了相当现代化教育,就不甘心作军阀私争的战品。④

蒋氏对欧洲各民族国家的成长及中国革命史的描述道出的不过是一个历史与政治学的常识。文艺复兴以后,西方在通往现代民族国家的道路上大都经过了一个绝对主义国家时期,即所谓专制建国,巩固国权。随着市民社会的发展,民权意识的觉醒,启开了一个国家与社会关系调

---

① 蒋廷黻:《革命与专制》,载《独立评论》第80号,1933年12月10日。
② 蒋廷黻:《革命与专制》,载《独立评论》第80号,1933年12月10日。
③ 蒋廷黻草拟:《独立评论编辑方针》,《胡适来往书信选》(下),中华书局1980年版,第574页。
④ 蒋廷黻:《论专制并答胡适之先生》,载《独立评论》第83号,1933年12月31日。

整的过程,并逐步构建一个由国权至上到国权与民权相对平衡权力关系。中国虽有漫长的专制传统,但20世纪的中国的确不能称之为现代民族国家。问题是现代的中国是否有必要和可能重复西方国家成长的路径?其实,在此之前知识界心存此想法与困惑的人也不在少数,且不说早期康梁的开明专制论,蒋氏的同事俞平伯教授也认为:"绝对的开明专制阶段是必需的……,以中国之大,真的专制之治本不容易,加以近代思想之庞杂,国际关系之错综,更不容易。""但我觉得中国无救则已,有救大约非走过这一阶段不可。"复旦大学袁道丰教授(留学法国)也觉得"中国的未来会有一位狄克推多(Dictator)出现。这狄克推多如不采拿破仑的帝制形式,必取凯末尔的共和形式,而慕沙利尼(墨索里尼)的那种形式,他是不愿采用的。这因为中国人有这劣根性:就是不欲有一位高于己上的君主,虽则他在事实上不过是个木偶。这狄克推多晓得适应潮流,能为工农阶级制定许多法律。"①张君劢强调革命不是目的,更不能成为常态:

> 我们最痛心的就是中国迄今尚未成(曾)有政治家替国家建立一个牢固不拔的制度。一班浮浅之徒只知道革命。于是革命之后又继以一个革命,结果成为循环革命和连续革命。须知倘使一个国家终日在'革命尚未成功,同志仍须努力'中讨生活,则这个国家未有不精疲力竭而死的。可见革命是万不得已的事,而只能陷于一次。一经革命以后,必须替国家立一个万年有道的常轨。可怜中国今日尚在循环革命和连续革命之途中。我们的努力就是在于要打破这个局面。②

蒋、张等人不是顽固不化之徒,也不是教条主义者,但其立论在自

---

① 转引自刘仰东编《梦想中国:30年代知识界对未来的展望》,西苑出版社1998年版,第6—7页、第56页。
② 张君劢:《我们对于救国问题的态度》,载《再生》第2卷第8期,1934年5月1日。

由、民主、革命早已取得话语霸权的中国注定会掀起一场轩然大波。在这场辩论中最早接招的是胡适。其实,胡适对蒋氏非议革命的立论一直是认同的:"我们认为今日所谓'革命',真所谓'天下多少罪恶假汝之名以行'"。因为"今日所谓有主义的革命,大都是向壁虚造一些革命的对象"①。但胡氏对"专制建国"的提法则感到栗然以忧。他在接下来的两期《独立评论》上连续发表了《建国与专制》和《再论革命与专制》,表明他对专制建国的排斥。

"我们与其说专制是建国的必经阶段,不如说政权统一是建国的条件,而政权统一固不必全学罗马罗夫朝的独裁政治。"因为今日中国不应该也不可能行专制,其理由有三:一、当下的中国并没有一个能专制的人、专制的党或专制的阶级;二、中国也没有大魔力的活问题可以号召全国人的情绪与理智,使全国能站在某个领袖或某党某阶级的领导之下,造成一个新式专制的局面;三、民主政治是一种幼稚的政治制度,最适宜于训练一个缺乏政治经验的民族,而现在独裁政治则是一种特别英杰的政治,是需要很大多数的专家的政治,在今日中国是做不到的。结论是:"在我们这样一个缺乏人才的国家,最好的政治训练是一种可以逐渐推广政权的民主宪政。"②其后,胡适还再次重申民主易行论,甚至认为:"民主政治是常识的政治,而开明专制是特别英杰的政治。特别英杰必不可得,而常识比较容易训练。"③

平心而论,胡适自认为见解独特的"英美式的民主政治是幼稚园的政治"、"新式独裁政治是研究院的政治"的说法,并无什么事实根据或逻辑上的严谨性,甚至有违历史常识,只能表示对民主价值的坚守而已。立论上的破绽注定会引来同道的批评,其中张奚若的批评可谓一语中的:如果民主政治是幼稚园政治,那么这种政治升学后是高度的民治呢,

---

① 胡适:《我们走那条路?》,载《新月》第2卷第10号,1929年12月10日。
② 胡适:《再论建国与专制》,载《独立评论》第82号,1933年12月31日。
③ 胡适:《答丁在君先生论民主与独裁》,载《独立评论》第133号,1934年12月30日。

还是专制与独裁呢?若是高度的民治,那它还属幼稚园政治吗?若是专制与独裁,那民治岂不就成了进入专制与独裁的预备阶段了吗?① 胡适这种中国民主易行易成论其实与清末邹容、孙中山等革命党人的民主浪漫主义在逻辑思维上不无相通之处。

毕业于哈佛大学的政治学家钱端升发表的《民主政治乎?极权政治乎?》既是对胡适"民主易成论"的否定,也是对蒋廷黻"专制论"学理上的补充与深化。

> 我所敢言的只有三点:第一,民主政治是非放弃不可的。……第二,紧接民主政治而起的大概会是一种独裁制度。第三,在民族情绪没有减低以前,国家的权力是无所不包的——即极权国家。
>
> 大家对于独裁也不必一味害怕。若以大多数人民的福利而论,独裁也不见得不及民主政治。……独裁既真是能为大多数人(几乎是全体人民)增进福利,则又乌能因少数人的自由之被剥夺,而硬要维持谋福利不及独裁的民治?
>
> 我以为中国所需要者也是一个有能力、有理想的独裁。中国急需于最短时期内成一具有相当实力的国家。……在一二十年内沿海各省务须使有高度的工业化,而内地各省农业则能与沿海的工业相依辅。……欲达到工业化沿海各省的目的,则国家非具有极权国家所具有的力量不可,而要使国家有这种权力,则又非赖深得民心的独裁制度不为功。
>
> 一切的制度本是有时代性的。民主政治在五十年前的英国尚为统治阶级所视为不经的、危险的思想;但到了1900以后,即保守党亦视为天经地义。我们中有些人——我自己即是一个——本是受过民主政治极久熏陶的,这些人对于反民主政治的各种制度自然看了有极不顺眼,但如果我们要使中国成为一个强有力的近代国

---

① 张奚若:《民治政治当真是幼稚的政制吗?》,载《独立评论》第239号,1937年6月20日。

家,我们恐怕也非改变我们的成见不可。①

"极权"、"独裁"、"专制"等不仅在20世纪西方政治话语库中丧失了正当性,在"五四"以后的中国同样是令人厌恶的词汇,但钱氏等人所讲的"独裁"乃是"有能力、有理想的独裁",它可以为大多数人民谋福利。这样的独裁既非秦始皇式的暴政,亦非路易王朝式的"朕即国家",而是近似于苏俄式的或德国国家社会主义党式的一种有理想、有能力的现代党国体制,它表现为强国家、强政府,这与英美式的民治政府不同。此种极权政治难免会限制少数人的自由,但可换取多数人的福利,并能在一个弱肉强食的时代使国力得到快速的提升。钱氏"极权政治"的提法是胡适无法接受的,但对他还是产生了不小的触动,并引来了"惨痛的回忆与反省"。

为纪念"九一八"事变一周年,胡适发表《惨痛的回忆与反省》:"我们把六、七十年的光阴抛掷在寻求建立一个社会重心而终不可得。……我以为中国的民族自救运动的失败,这是一个最主要的原因。"所谓"重心"其实就是一个强有力的中央政府,几十年的努力虽未求得"重心",但循此方向的努力是正确的,问题是通过何种路径建立"社会重心"。"现在统一的最大障碍是在各地割据的局面之上绝没有一个代表全国或全省人民的机关,所以割据分裂的趋势终无法挽回。挽救的方法只有在各割据防区之上建立全省民意机关,在各省割据区域之上建立全国竞争的政党",来"监督"执政的国民党,达到"改良国民党自身"的目的。政权一旦开放,"政权有个可以被人取而代之的可能,国民党的政权也许可以比现在干得更高明一点"。胡适也明白,代议制、多党竞争等或许过于理想化,"眼前决不会有第二个政党可以同国民党抗衡"②。因此,国民党若开放政权、实行宪政只会因其名义正、人心顺而使其统治基础更加稳固。

---

① 钱端升:《民主政治乎?极权国家乎?》,载《东方杂志》第31卷第1期,1934年1月1日。
② 胡适:《惨痛的回忆与反省》,载《独立评论》第18号,1932年9月18日。

"国民党若能了解他的使命,努力做到这一点,我们就祝愿他成功,否则又得浪费一二十年重觅一个重心。"①

不难看出,貌似对立的双方出现了趋同。蒋廷黻对胡适的上述观点基本上是认同的。"我们的问题不是任何主义或任何制度的问题,我们的问题是饭碗问题,这些问题是政治的 ABC。字母没有学会的时候,不必谈文法,更不必谈修辞学。"②可见蒋、胡、钱等人的立论并非水火不容,他们以自由主义者特有的一种开放的心态来思考当下棘手的难题。所以说,胡适对蒋廷黻《革命与专制》的回应与其说是反驳蒋氏的观点,不如说是要向世人表白,我胡适主编的刊物不会成为宣传专制独裁的讲坛。

1934 年 11 月 27 日,国民党四届五中全会召开前夕蒋汪合流,并联名通电全国,建议中央执行委员会厘定中央与地方权责,声明国内问题取决于政治,而不取决于武力,倡议保障自由,并承诺"中国今日之环境与时代,实无产生意、俄政治之必要与可能"③。蒋汪的通电是否是对蒋胡之争的回应尚难断言,但此前他们确有交往。1933 年 3 月,任行政院长的汪精卫函请胡适出任教育部长。同年夏天,蒋介石也透过《大公报》的发行人吴鼎昌邀请蒋廷黻相见,听取其对政府内政与外交的看法。誓言做国家诤臣、政府诤友的胡适,在蒋汪通电发表后,借题发表了《中国无独裁的必要与可能》、《汪蒋通电里提起的自由》,重申其的自由民主理念得追求。"我们很诚恳的赞成这个宣言,……在今日不少政客与学者公然鼓吹中国应采取独裁政制的空气里,上述的两句宣言是值得全国的注意的。"④

胡适的言论似有为这场争论画上句号的意味,而此前一直引而未发

---

① 曹伯言整理:《胡适日记全编》(6),安徽教育出版社 2001 年版,第 186 页。
② 蒋廷黻:《知识阶级与政治》,载《独立评论》第 51 号,1933 年 5 月 21 日。
③ 参见贾晓慧《大公报新论:20 世纪 30 年代大公报与中国现代化》,天津人民出版社 2002 年版,第 85 页。
④ 胡适:《中国无独裁的必要与可能》,载《独立评论》第 130 号,1934 年 12 月 9 日。

的北大地质系教授丁文江直接表达对中国行民主政治的非议:"汪蒋两先生是当国的政党的领袖。他们都说'中国今日之环境与时代,实无产生义(意)、俄政制之可能也,然则他们一定是承认中国今日没有能独裁的人或是党。"独裁政治不可能,民主政治是可能的吗？他说:

> 假如民主政治是要根据于普选——就是凡是成年的人都要有选举权,然后算是民主政治,则民主政治在中国今日不可能的程度远在独裁政治之上。因为中国今日是否有能独裁的人或是党,还是信仰问题——我们不信有这种人或是党,别人也许相信。至于中华民国的人民百分之八十或是百分之七十五以上是不识字的,不识字的人不能行使选举权的,是大家应该承认的。……前清的咨议局和民国的国会都是"可能"过的了,不过这是不是我们所谓民主政治?
>
> 事实上看起来,民主宪政有相当成绩的国家,都是政治经验最丰富的民族。反过来说,政治经验比较缺乏的民族,如俄、如意、如德,都放弃了民主政治,采用了独裁制度,足见民主宪政不是如胡适之先生所说的那样幼稚的。
>
> 胡适之先生似乎以为专门技术人才是行独裁政治才需要的。事实上在任何政治制度之下,民主也好,独裁也好,如果国家是现代式的,胡先生所举的一百五十万个专家一个也少不了的！英美政治以前比较简单,因为他们是实行的正统经济学的放任主义的Laisszfaire(自由放任理论——引者注),与政制无关。现在英国也要有专家政治,美国也要有"智囊团"了。

丁氏的结论是:"独裁政治与民主政治都是不可能,但是民主政治的不可能的程度比独裁政治更大。……我们的国家正遇着空前的外患——不久或者将遇着空前的经济恐慌。在没有渡过这双重国难以前,要讲民主政治,是不切事实的。"

丁氏所理想的"新式"独裁并非改头换面的旧式专制。所谓"新式"

至少要符合以下四个条件:

> 一、独裁的首领要完全以国家的利害为利害。二、独裁的首领要彻底了解现代化国家的性质。三、独裁的首领要能够利用全国的专门人才。四、独裁的首领要利用目前的国难问题来号召全国有参与政治资格的人的情绪与理智,使他们站在一个旗帜之下。
>
> 目前的中国这种独裁还是不可能的。但是我们大家应该努力使它于最短期内变为可能。放弃民主政治的主张就是这种努力的第一个步骤。①

其实,丁氏这一的观点与先前他和胡适一起倡导的"好政府主义"有渊源关系,而1933年他先后对德国和苏联的考察又强化了这一认知:

> 我以为假如做首领的能够把一国之内少数的聪明的才德之士团结起来,做统治设计的工作,政体是不成问题的,并且这已经变为资本主义、共产主义国家所共有的现象——罗斯福总统一面向议会取得了许多空前的大权,一面在政客以外组织他的智囊团,就是现代政治趋向的风雨表。②

丁氏在"现实"与"价值"之间选择前者实出于无奈,这也反映了这一代知识精英的矛盾心理。他甚至发誓:"新式的独裁如果能够发生,也许我们还可以保存我们的独立。要不然只好自杀或是做日本帝国的顺民了。我宁可在独裁政治之下做一个技师,不愿意自杀,或是做日本的顺民。"③

随着"独裁论"者与"民主论"者观点的充分展开,初始的核心概念已变得越来越模糊,原因之一是对核心概念理解上的歧义。刚刚从哥伦比亚大学获得政治学博士的陈之迈于1934年回国,很快成为这场论辩中

---

① 丁文江:《民主政治与独裁政治》,载《独立评论》第133号,1934年12月23日。
② 丁文江:《我的信仰》,载《大公报》,1934年5月6日。
③ 丁文江:《再论民治与独裁》,载《独立评论》第137号,1935年1月27日。

的新锐。陈认为"民主政治"的概念在中国常常被乱用,这既有敌视民主、热心独裁者的故意歪曲,也有心仪民主人士的误读。故有必要对"民主政治"的概念作出正确的诠释与必要的规范。"民主政治的精义在于一切国内问题取决于政治而不取决于武力。"民主的要旨是:一、统治者由被统治者产生;二、统治者根据被统治者的同意而统治,在统治者失去了被统治者的同意的时候,被统治者可以不用暴力便能请统治者下台,另外产生符合被统治者脾胃的统治者来统治,"抓住了这层便有了民主政治",而胡适、丁文江等人的民主观陈义过高,亦不合事实。他认为民主政治不等于全民政治。"选举权之普及与否只是程度问题,并不是民主政治的主要特色。"当下应做和能做到的就是利用现存的制度资源来扩大民主:

> 对于现存的带有民主色彩的制度,如目前的国民党全代会,能代表一部分应有选权的人民,并能产生稍为类似内阁制的政府,应认为是一种进步。对民国二十年的国民会议,也认为是一种收获。对宪草里规定的国民大会,则应努力使它成功。我们不斤斤于普选,因为那只是程度问题;我们不斤斤于代表机关之是否能代表人民,因为哪国的议会都不是反映着社会的一面好镜子。我们只求先抓住了民主政治的根本,因为我们认定"国内问题取决于政治不取决于武力"是"救亡图存"的基础。①

陈氏认为,事实上,现在最为先进的民主国家都没有真正实现普选,普选并不是衡量民主政治的唯一尺度,"虽则我们不能不把普选高高悬起来作我们的鹄的",但当下的中国应当朝着这样的一个"鹄的"步步前行。

> 在民主政治未曾确立以前没有主权者来裁判哪个政党应当执

---

① 陈之迈:《民主与独裁的讨论》,载《独立评论》第 136 号,1935 年 2 月 3 日。

政,哪个政党应当下台。现在去玩民选的把戏是不会比民初或民二十高明多少的。事实上我们目今也找不到一班人能组织一个政党和那创造共和提倡三民主义的国民党抗衡的,勉强开放党禁只有重新开演民初党派合纵连横的怪剧。①

针对"独裁论"者所依凭的当下西方出现的民主国家议会制度式微,行政集权化的倾向,即以为:专制独裁=高度集权=高效的社会动员能力=国家统一、政治稳定和经济发展。民主政治=放任主义和分散主义=行政效率低下=国家的分裂和民族的危亡。陈之迈认为这是一个天大的误区:

> 民主政治不过是一种政权更替的和平"方法",不必一定是全民政治,或一种含有平等性质的社会组织,更不必是厉行放任主义反对集权主义的无为政治。民主政治只有在人民享有政治上的自由,而不是人民享有经济上的自由。②

> 民治政府应付反对势力是令其公开宣传与批评,故用不着党狱、放逐与屠杀;独裁政府即只知用暴力来抑压反对势力,故舍党狱、放逐与屠杀外别无其他途径。这是独裁政治的特征,与独裁者所标榜的为何种主义全无关系。③

针对"独裁论"者以为"独裁是一种最有力的制度,苟不用独裁,则民治时代一盘散沙式的生产制度将无法可以纠正过来"④的论点,陈之迈认为这实际上是对"集权"、"独裁"与"民主"的误读。他不仅有眼见为实之感,且援引哥伦比亚大学政治系主任罗杰士(Lindsay Rogers)1934年提出的"危机政府"(Crisis Government)理论来厘清民主与独裁的界线,化

---

① 陈之迈:《政制改革的必要》,载《独立评论》第162号,1935年8月4日。
② 陈之迈:《上轨道的政治》,载《独立评论》第237号,1937年6月6日。
③ 陈之迈:《论苏联的党狱》,载《独立评论》第241号,1937年7月4日。
④ 钱端升:《民主政治乎?极权国家乎?》,载《东方杂志》第31卷第1期,1934年1月1日。

解时人对民主制的信任危机。英美等民主国家在1930年代前后所作的制度架构的微调,并没有突破宪法的根本精神。罗斯福新政的某些内容遭到最高法院的否决就说明了这一点。"危机的应付,并不一定要实行独裁,我们可以在不违反民治主义下改革政府而收到独裁的一切好处,而避免独裁的坏处。""美国式的政府,在平时是笨重迟钝的,但遇到危机临头的时候却能产生最强有力的政府。"[1]

陈之迈对这一议题的阐发并不完全是对胡适等民主派的支持,也隐含着对其民主易行论的批评;而"危机政府"的解说看似对"独裁论"者的某些主张提供了有力的证据,但批评其将"危机政府"的出现视为民主制让步的结果,或由此判断民主制的式微。陈氏在这场论辩中表达的观点不仅持中,而且相当理性,这在客观上使得论辩之初那种两极化的紧张关系得到缓和。不久,钱端升也表示:"在原则上,独裁不是好制度,个人的独裁不必说,即党魁的独裁,也不及领袖们的共和。"[2]如此,民主论者不再那么"骛远",只仰望空间;独裁论者也不再偏执,或只俯看足下。

与陈之迈一样立论审慎与理性的还有留学英国的社会学家陶孟和。他是一个坚定的民主论者,但并不盲目崇拜民主:

> 人类本身是有许多缺点的动物。至今人类还没有发现完美的共同生活的方式,还没有实现一种完全无缺的制度。所有的政治制度都不过是残缺的程度问题,我们与丁先生不同的,所以相信民治制度,正因为他比一切其他制度的缺点较少,并且有健全的主义基础。[3]

陈之迈与陶孟和等人对民主的认知可谓是对"五四"以来民主神话

---

[1] 陈之迈:《介绍几部关于政治制度的新著》,载《清华学报》第10卷第1期,1935年1月。
[2] 钱端升:《中央政制的改善》,载《华年》第4卷第41期,1935年10月19日。
[3] 陶孟和:《民治与独裁》,载《国闻周报》第12卷第1期,1935年1月1日。

的解构,难能可贵!

当下,许多学人将由《独立评论》社内部发生的这场关于民主与独裁的争论多称之为"论战",窃以为"论战"似夸大了自由知识分子内部的紧张关系和对立程度。事实上,这场争论远不像清末君宪派与革命派及"五四"时期《新青年》派和东方文化派之间的论战,后者的分歧因有着不同的底线,难以调和,并将对方妖魔化,而《独立评论》社内部的分歧则不然。虽然独裁论者的一些立论也可以从梁启超的开明专制那里找到部分思想资源,民主论者的民主易成的高调与清末浪漫主义民主也不无相通之处,但他们毕竟同属自由知识分子阵营,虽有异见,但彼此均认同民主、自由的价值,且彼此有容忍并兼听对方观点的雅量。没有容忍也就没有自由,审慎务实是这批自由主义知识分子共有的精神气质。从这个意义上讲,这场讨论为20世纪中国知识分子思想观念的交锋树立了一个难得的范例。

那么,他们的分歧何在呢?用留美博士清华大学社会学教授吴景超的话来说,实由于对以下三个问题的分析角度、判断与理解不同:1.中国现在的实际状况(这种讨论注重的是事实问题),2.中国未来发展的目标(这种讨论注重的是价值问题),3.达成目标的途径和手段(这种讨论注重的是技术问题)[①]。其实,论辩的双方均坚守着一条共同的底线:自由与民主。蒋廷黻说:"我从未认为胡适反对向繁荣方向发展经济,同时,我也希望他从未怀疑我反对政治民主。我俩的不同点不是原则问题,乃是轻重缓急问题。"[②]"我向《独立评论》的读者保证,尽管自由主义推行困难,有些地方不合时宜,但是最后胜利还是属于它的。"[③]被归为独裁论者的钱端升也声明:"我现在对于以平民为主体的政治固仍有无穷的希望,而对于漠视平民利益的独裁制度固仍丝毫不减其厌恶,而对于有组织、

---

① 吴景超:《中国的政制问题》,载《独立评论》第134号,1935年1月6日。
② 《蒋廷黻回忆录》,岳麓书社2003年版,第147页。
③ 《蒋廷黻回忆录》,岳麓书社2003年版,第177页。

有理想，能为民众谋真实福利的政治制度纵是独裁制度，我也不能不刮目相看。"①所谓独裁论者，既不反对自由民主的价值，也不否认以民主作为未来中国政治的归属，他们与民主派一样对民主有着强烈的期待。钱端升认为当下的中国暂不具备行民主的条件："中国固然还不够资格做一现代国家，但要成为一个现代国家，也万无绕道民治的理由。而且，即使民治宜于中国，中国人民现在也实在没有实行民治的能力。成功的民主宪法皆先有民治而后有宪法，先于民治的宪法皆为失败的宪法。"既然目前中国亦不具备宪政的条件，对立宪就不能抱过高的希望。因为"令法律（就公法而言）迁就事实易，而令事实遵随法律难。这本在各国皆确，而在中国为尤甚。过去二十余年的经验更是历历不爽。所以，如为树立法治而立宪，则所立宪法，第一须切合现时的国情，第二须简要，庶几遵守实行俱没有问题。如果有法而不能实行，不被人所遵守，则离法治更远，不如无法。"②在他看来，立宪是神圣的，但假立宪或伪立宪不如不立宪。

《独立评论》社内部同仁展开的这场争论，是对民主与自由价值的一次还原、回归与深化，即将"五四"以来的平民主义民主还原成民主宪政或精英民主，而自由则是将片面的"Freedom"还原成"Liberty"。此种还原与回归在自由主义知识分子内部或许能达成较为一致的认识，但对绝大多数受过"五四"精神洗礼、对"五四"记忆极为深刻的人尤其是那些"左翼"理论家来说，这场争论的结果并不是什么"回归"，而是民主对独裁的又一次凯旋。这，或许进一步强化其对庶民主义民主的追求与信念和颠覆国民党一党专政独裁的决心，不可能吸引普通民众投身于这样一

---

① 钱端升：《民主政治乎？极权国家乎？》，载《东方杂志》第31卷第1期，1934年1月1日。钱端升将民主制的特征概括为如下五点："1. 人民在法律上一概平等，不问事实如何；2. 国家的权力有限制，个人保留着一部分自由权；3. 有一代议机关，由人民依平等的原则选出；4. 议会中有两个以上的政党存在，互相监督，轮替执政；5. 政府采分权制。"《评立宪运动及宪草修正案》，载《东方杂志》第31卷第19号，1934年10月1日。
② 钱端升：《评立宪运动及宪草修正案》，载《东方杂志》第31卷第19号，1934年10月1日。

个自由主义的政治运动与思想运动。传承"五四"民主精神与理念并能吸引广大民众积极参与的则是日后毛泽东的新民主主义。

《独立评论》派人士作为一个自由主义知识分子组成的松散团体,在对国家政制进行辩论的同时,并未放弃传布自由主义、个人主义理念的使命。如胡适的《个人进步与社会进步》、清华大学政治学教授张奚若的《国民人格之培养》《再论国民人格》、北大政治学教授张佛泉的《论自由》等。其中,张奚若对英国古典自由主义的阐发颇为精当:

> 一、个人解放是现代一切文化的基础;二、个人主义的优点在能养成忠诚勇敢的人格,而此种人格任何政制下都有无上的价值,都应该大量的培养;三、中国今日急需培养此种人格,以立国本而救国难。

个人与国家的关系是自由主义者永远必须面对的拷问。张奚若认为:"个人不能离开国家而存在,国家的生存发生危险的时候,个人的自由就受减缩,个人的生命就应受牺牲,……这是很明显的道理。"但是,国家又何尝能离开个人而存在?

> 讲到底,国家还是为个人而存在的,个人并不是为国家而存在的。国家只是一个制度,一个工具。它除过为人谋福利外别无存在的理由。这个制度,这个工具,在人的生活中虽极重要,但毕竟只是一个为人享受、受人利用的东西,谈政治者若不把这个宾主关系分别清楚,不但是不通的,并且是很危险的。

他认为中国的历史与现实恰好倒置了这种宾主关系。国民党总是宣传"国家高于一切,绝对的服从,无条件的拥护,思想要统一,行为要纪律化,批评是反动,不赞成是叛逆,全国的人最好都变成接受命令的机械,社会才能进步,国家才能得救,运用政治的人才觉得真正成功!外国人想拿机械造人,我们偏要拿人作机械。这种工业化在今日实在没有提倡的必要。"

张奚若还不厌其烦地向国人灌输西方古典自由主义者有关国家的观念：

> 假使国家果真是不能作非，政府是的确万能，那么，绝对的服从，无条件的拥护，至少还有实际上的利益。不过不幸经验告诉我们，世上没有这样的国家和政府。最简单有理由就是因为政府是由人组织的，不是由神组织的。政府中的人与我们普通人一样，他们的理智也是半偏不全的，他们的经验也是很有限的，他们的操守也是容易受诱惑的。以实际上如此平常如此不可靠的人而假之以理论上无所不包无所不能的权力，结果焉能不危险。权力对于运用它的人们有一种侵蚀的力量，有一种腐化的毒素。这种侵蚀腐化的象征便是滥用权力。坏的统制者固然逃不掉此种侵蚀与腐化，就是再好的统制者，若不受限制，也难抵抗滥用的引诱。某种限制权力的特殊方法，例如分权，不见得一定有效，但是权力应受限制的原则却是毫无问题的，经验告诉我们，接受批评容纳意见是有效方法中最重要的一种。①

这里，张奚若简直就是在转述英国的古典自由主义及美国联邦党人所信奉的"政治格言"：

> 许多政论家已将下述主张定为一条格言：在设计任何政府体制和确定该体制中的若干制约、监控机构时，必须把每个成员都设想为无赖之徒，并设想他的一切作为都是为了谋求私利，别无其他目标。我们必须利用这个人的利害来控制他，并使他与公益合作，尽管他本来贪得无厌，野心很大。这不样的话，他们就会说，夸耀任何政府体制的优越性都会成为无益空谈，而且最终会发现我们的自由或财产除了依靠统治者的善心，别无保障，也就是说根本没的什么

---

① 张奚若：《再论国民人格》，载《独立评论》第152号，1935年5月26日。

保障。因此,必须把每个人都设想为无赖之徒确实是条正确的政治格言。①

在民主制度的成长史上从来都不缺少争议,正是在这些争议中使得民主制日臻完善。西方学者对这一争议形象地称之为"木筏"与"帆船"优劣之辨:

> 民主与专制之间的差异,可比为木筏与帆缆具全的帆船之间的差异。前者航行安全,但很缓慢,在浪中起伏,有时后退,风暴冲击时,乘客的脚常常被弄湿。后者则航行时迅速壮观,舒服而有把握,有时却撞在木筏可安然渡过的礁石上,造成灾祸。这一比喻虽过分渲染,但以之对比这两种制度下解决冲突的模式,还是适当的。专制政体解决冲突的办法宣布时就有把握,必然是干净利落、径情直遂的,行动也是迅速的,方向也是明确的。但社会中多种利益集团,一般都不愿意准确地朝着同一方向走去。专制政体的效率与决断是以高昂的代价取得的。它壮观的表面可能掩饰着日益加剧的愤怒与不满,基础的不牢。民主的解决办法系来自妥协,更有些像木筏。他们不是声势浩大地解决问题,而且很少谈得上效率与干脆。他们甚至可能不是明确地向一个方向。然而,由于冲突各方的压力,而且各方都得到某种满足,他们必然会缓和最严重的紧张局面;渡过专制主义所不能渡过的难关。②

《独立评论》内部这次围绕独裁与民主的论辩,其意义也许不在于谁说服了谁,而是对议题理解的深化。这场争论在一定程度上将"五四"时期生成的那种充满激情与浪漫色彩的精神气质拉回到面对实然的政治生活中来,也使自由主义民主得到较为充分的辨析与展呈。

---

① (英)大卫·休谟:《休谟政治论文集》,张若衡译,商务印书馆1993年版,第27页。
② (美)科恩:《论民主》,聂崇信等译,商务印书馆2004年版,第183~184页。

第三节　自由主义者的绝唱——《观察》

如果说《新月》面对的是法治、《独立评论》面对的救亡,摆在《观察》同仁面前的则是国家的重建。因《观察》与《新月》和《独立评论》所处的时代不同,其自由主义取向的最大特色是民主社会主义,既要维护个人自由、公民权利等,又要避免因私有制导致的不平等,他们试图将政治民主与经济民主及市场经济有机地结合起来,将中国引入民主社会主义的道路。

抗战结束后,中国的政治生态发生了巨大变化。抗战之初,国共合作,共产党认同国民政府作为领导中国抗战的唯一合法的中央政府,共产党控制的边区则以一个特别行政区的形式存在。至抗战结束,国共两党的力量对比发生根本性的变化。共产党领导的军队由抗战初的几万人增至百余万人。国共两党各自形成了一个领袖、一个主义、一支军队的能攻可守的态势。在战后国际及国内的政治与舆论的双重压力下,两党领袖于1945年10月10日在重庆签订了《国共双方代表会议纪要》("双十协定"),承诺采取用和平的方法解决建国问题。

崇尚妥协,用非暴力的方式解决政争,这符合民主主义者的思维与价值,故而得到自由主义者的一致拥护。不久内战爆发,并不断升级,战争或暴力革命取代了政治对话,成王败寇的逻辑再次主导着中国政治的走势,自由主义者的期盼几近落空。"我们在原则上是反对一个政党蓄养军队,以武力来夺取政权的;为中国的元气设想,我们也不希望共产党采取武力革命的方式,但这是就理论而言。就事论事,共产党不肯放下枪杆,也未尝不能使人同情,因为在国民党的这种政治作风下,没有枪,简直没有发言权,甚至没有生存的保障。"[①]出于对自由主义的信念和对

[①] 储安平:《中国的政局》,载《观察》第2卷第2期,1947年3月8日。

战争及暴力革命的排斥,自由主义者以《观察》为阵地,极力营销他们的建国理念——民主社会主义,《观察》成了近代中国自由主义的绝唱。

其实,在《独立评论》时期自由主义知识分子已显露出民主社会主义的取向,但非中心议题。抗战以后,自由主义者的这一取向越来越明显:

> 社会主义是一个极其广泛笼统的名词,就经济生活方面而言,共产主义只是社会主义的一种,其间只是一个程度上的问题而已。就实行社会主义而言,今日中国一般人民,特别是一般知识分子,并不反对,毋宁说是很期望的。今日一般知识分子,在共产党心目中,他们都是"小资产阶级",但是实际上,今日中国的知识分子,除了极少数一些人外,大都已沦为"无产阶级"了。这是国民党的恩赐!①

战后的民主社会主义取向固然与当时国共两极化的政治生态有关,同时也是对欧洲民主国家及政治思潮转向的回应,这与1930年代初代议制在西方式微而在中国产生的回响相似。

欧洲因战争摧残的经济,战后亟待复兴,美国实施了帮助欧洲复兴的"马歇尔计划"(The Marshall Plan)。"马歇尔计划"有强烈的政治意图。用拉斯基的话说:"接受援助各国停止进行从资本主义社会转到社会主义的变易。简言之,美国援助将齿合到市场经济中,而后者正是资本主义的中心原则。"他呼吁欧洲应迈向"一个统一的社会主义欧洲":

> 英国政府应该做领导者,工党政府在国会里既有广大的多数,得为英国建立一个社会主义共和国基础,他若是因为须在暴风雨中完成其职责而遽行退缩,则将是一个懦夫。英国须再度靠其自身的努力而获救,进而以其榜样拯救人类的文明,现在正是这样一个无上的时机。只有不怕暴风雨的人,才能驾驶他的船,安然返港。②

---

① 储安平:《中国的政局》,载《观察》第2卷第2期,1947年3月8日。
② (英)拉斯基:《欧洲完了么?》,载《观察》第3卷第17期,1947年12月20日。

抗战结束后,虽然时局动荡,物价飞涨,但却不失为一个自由主义知识分子最为活跃的时期,宣扬自由主义的报刊数量骤增,如《大公报》系列(上海、天津、香港)、1946年储安平在沪创办的《观察》、1948年"中国社会经济研究会"创办的《新路》、1947年施复亮等主办的《时与文》以及张君劢主持的《再生》周刊等,其中,影响最大的当推《观察》周刊和《大公报》。

大体说来,民主社会主义是其共同的底线,他们既排斥苏俄式的集权体制加计划经济,也不完全认同英美式的自由放任主义。他们力图摄取两家之长,扬弃两家之短,将西方的政治民主与苏俄的经济民主相结合,将民主、个人主义、自由、人权等嫁接到社会主义制度上,即在国民党与共产党、资本主义与社会主义之外另辟一条中间道路,也就是拉斯基的所谓"社会主义"。

《观察》的作者群与《新月》、《独立评论》具有同质性,《观察》周刊初期首页列出的该刊74位撰稿人名单多为学界名流,有不少曾是《新月》和《独立评论》的作者,如胡适、张东荪、陈之迈、潘光旦、费孝通、钱端升、萧公权等,但民主社会党的张君劢、罗隆基等几位骨干不在其中[①]。与《新月》、《独立评论》分别依托上海和北平两地高校的教授群体办刊言政不同,《观察》实行的是主编负责制,作者分散在全国各地,其市场化的取向非常鲜明。《观察》是以政论为主、兼及新闻时政的综合性周刊,有少量的文艺作品及政治漫画,并注重与读者的互动,就其办刊风格而言与邹韬奋主编的《生活》周刊相近。《观察》所处的环境是内战在不断升级,

---

① 他们之间或许是同志不同道。所谓同志,即均信奉自由主义。所谓不同道,指储氏坚持做一个体制外的观念之士,言政但不从政、不参政,而张君劢、罗隆基等人既是观念之士,更是行动人物,他们热衷于组党参政,徘徊于言政与从政之间。储氏觉得罗隆基这样的人是"德不济才"。参见储安平《中国的政局》,载《观察》第2卷第2期,1947年3月8日。梁实秋也批评罗氏锋芒太露,太急躁,做人不诚恳。关于"观念之士"与"行动人物"的分析,参见殷海光《中国文化的展望》,中国和平出版社1988年版,第586页。胡适虽列为撰稿人,但没有为该刊撰稿。

物价飞涨,交通不畅,但在此种极为不利的情境下,储安平却创造了一个中国新闻史上的一个奇迹①。作为《观察》作者的费孝通对该刊社会影响的评价颇为客观:"《观察》及时提供了论坛,一时风行全国。"②

储安平(1909~1966),1932 年毕业于上海光华大学英文系(当时的光华大学云集了国内一批著名的自由主义者,如罗隆基、张东荪、潘光旦、王造时等),后任《中央日报》副刊编辑,开始其报人的生涯。1935 年留学英国,入伦敦大学政治系,师从费边社的核心人物拉斯基,1938 年归国后,一直以新闻记者和大学老师为业。1946 年回到上海的储安平是复旦大学教授,为政治系和新闻系开设《各国政府与政治》、《比较宪法》等课程。

储氏虽在《新月》时期就是该刊的作者,但其声名之鹊起于 1945 年 11 月在重庆创办的《客观》周刊,大震于《观察》时期。以《观察》取代《客观》意味着储安平及其同仁不仅要客观报道,而且要立足于自由主义的立场对中国的政局作客观的、深度的分析,把脉中国政治的走势。储安平作为 1940 年代中后期中国自由主义知识分子群体中的后起之秀,成为近代中国末期自由主义知识分子的代表人物。

与张君劢式的"行动人物"不同的是,储安平虽然十分关心中国政治,但对以组织党派参加政治的活动不太感兴趣,与傅斯年一样,大体属

---

① 《观察》周刊于 1946 年 9 月 1 日在上海创刊,1948 年 12 月 25 日被国民党查封。该刊以 24 期为 1 卷,第 1 卷各期的发行量接近 1 万份,第 2 卷升至 1.5 万左右。第 3 卷各期超过 2 万份,第 4 卷接近 5 万份,该刊最高发行量达 10.5 万份,储安平不无骄傲地说:"假定每份平均以 10 个人阅读计算,它的实际读者约在 100 万人以上。"《我们的自我批评·工作任务·编辑方针》,《观察》第 6 卷第 1 期(新中国成立后在北京复刊,1950 年终刊),1949 年 11 月 1 日。自 1948 年春《观察》周刊还出版"观察丛书"。第 1 批有 6 种:《政学罪言》(潘光旦)、《唯物史观精义》(吴恩裕)、《乡土中国》(费孝通)、《中国文化与现代化问题》(吴世昌)、《英人·法人·中国人》(储安平)、《论雅俗共赏》(朱自清)。第 2 批有 4 种:《民主主义与社会主义》(张东荪)、《中国在戏星上》(何永信)、《乡土重建》(费孝通)、《红毛长谈》(塔塔木林)。第 3 批有:《两条路》(樊弘)、《皇权与神权》(费孝通、吴晗)、《龙虫并雕斋琐语》(王了一)、《新疆十年》(周东郊)、《优生原理》(潘光旦)、《英国采风录》(储安平),其中有不少多次再版。
② 转引自谢泳《储安平:一条河流般的忧郁》,中国青年出版社 1999 年版,第 20 页。

"观念人物"一类自由主义者。他将其主要精力用于评论时政,并借机阐述和传播其自由主义的信念。"自由"、"自由主义"、"自由思想分子"是该刊出现频率最高的词汇。

在《观察》的创刊号上,储安平阐述了其同仁的政治立场与态度:

> 这个刊物确是一个发表政论的刊物,然而决不是一个政治斗争的刊物。我们除大体上代表着一般自由思想分子,并替善良的广大人民说话以外,我们背后另无任何组织。我们对于政府、执政党、反对党,都将作毫无偏袒的评论;我们对于他们有所评论,仅仅因为他们在国家的公共生活中占有重要的地位。毋须讳言,我们这批朋友对于政治都是感觉兴趣的。但是我们所感觉兴趣的"政治",只是众人之事——国家的进步与民生的改善,而非一己的权势。同时,我们对于政治感觉兴趣的方式,只是公开的陈述和公开的批评,而非权谋或煽动。①

储在致自由主义宗师胡适的函中也表达了这一办刊的目的:"希望在国内能有一种真正无所偏倚的言论,能替国家培养一点自由思想的种子,并使杨墨以外的超然分子有一个共同说话的地方。"②

《观察》同仁以"民主、自由、进步、理性"为信约,秉持"独立的、客观的、超党派的"的办刊原则。

关于"民主":"我们不能同意任何代表少数人利益的集团独断国是,漠视民意。我们不能同意政府的一切设施措置都只是为了一部分少数人的权力和利益。国家政策必须容许人民讨论,政府进退必须由人民决定,而一切措施必须对人民负责。"关于"自由":"自由不是放纵,自由必须守法。但法律须先保障人民的自由,并使人人在法律面前一律平等,

---

① 储安平:《我们的志趣和态度》,载《观察》第1卷第1期,1946年9月1日。
② 储安平:《致胡适的信》(1947年1月21日),张新颖编:《储安平文集》下册,东方出版中心1998年版,第324页。

法律若能保障人民的自由与权利,则人民必守法护法之不暇。政府应该尊重人民的人格,而自由即为维护人格完整所必要。……没有自由的人民是没有人格的人民,没有自由的社会必是一个奴役的社会。我们要求人人获有各种基本的人权以维护每个人的人格,并促进国家社会的优性发展。"①

倡导自由主义的价值是《观察》的核心理念,这方面的言论也最多。如崇尚言论自由与宽容精神:

> 提倡民主政治有一个根本的前提,而且这个前提一点折扣都打不得,就是必须承认人民的意志自由(即通常所称的思想自由)。惟有人人能得到了意志上的自由,才能自由表达其意志,才能真正贯彻民主的精神。假如只有相信共产主义的人才有言论自由,那还谈什么思想自由言论自由? 同时,要实行民主政治,必得有一种公道的精神。所谓公道的精神,一是好的说他好,不好的说他不好;二是我固然可以相信我所相信的,但我也尊重你可以相信你所相信的。就前一点而言,譬如说我们这批自由分子,不讳言,都是受英美传统的自由思想影响的,但我们一样批评英美,抨击英美。②

这里,储安平其实是在阐述伏尔泰的一句名言:"我可以不同意你的观点,但是我誓死捍卫你说话的权利!"而这一点在他们看来也是实现民主、自由的"一个根本的前提"。

留学英国的北大历史系教授杨人楩(1903~1973)在《自由主义往何处去?》充分肯定自由在人类社会发展过程中的功效:

> 自由是人类进化所必需的条件,……自由是促成人类进步的动力。进步必有赖于创造,故自由具有创造性。进步与创造在于改变现有的情况,故自由是反现状的。满足于现状是保守,保守之目的

---

① 储安平:《我们的志趣和态度》,载《观察》第 1 卷第 1 期,1946 年 9 月 1 日。
② 储安平:《中国的政局》,载《观察》第 2 卷第 2 期,1947 年 3 月 8 日。

> 在于使现状成为一种不变的静态,故要保守的生活态度 不能有创造,因而不能有进步。自由和保守是对立的,它要使现状不固着于静态;要变化则不能有阻遏变化的力量,故自由是反干涉的。保守及干涉的势力必然存在,要改变现状必须克服一切势力,故自由具有斗争性的。在此类斗争中,自由可能暂时失败。失败的暂时,便是固着于某一现状而无进步的时代。此一现状终久(究)是会改变的,终久(究)会变成另一现状,这就表明前一现状中的自由要求毕竟达到其改变的目的。人类对于自由的要求是由人类自身决定的,并非由于人类以外的力量,定命论不足以限制这种决定,故自由是反定命论的。人类要求何种自由,是根据现状而决定的,先须认识现状始能考虑到进一步的要求。现状是综合以往历史的结果,根据现状就是根据历史,故任何时代的自由要求仍然是历史的继续,而非切断历史,更非超出历史。
>
> 根据现状,他们至少要提出下列的标准:停止内战以安定人民生活,重人权崇法治以奠定民主政治,反复古尚宽容以提高文化水准——三者概括了我们的经济、政治及精神生活,三者缺一便不能构成进步而完全的生活态度,即自由主义的生活态度。①

杨氏如此守护自由主义的价值,看似染上了自由主义原教旨主义的色彩,其实不然,他并不完全认同古典自由主义的自由竞争。

> 自由竞争在经济上既不再是促进社会进步的动力,那么,自由竞争之说非特不是自由主义的因素,而且已为多数自由主义者所放弃。②

张东荪用历史的眼光评析自由主义的价值,将自由主义区分为政治上的自由主义与文化上的自由主义,深化了国人对自由主义的理解。他

---

① 杨人楩:《自由主义者往何处去》,载《观察》第 2 卷第 11 期,1947 年 5 月 10 日。
② 杨人楩:《再论自由主义者的前途》,载《观察》第 5 卷第 11 期,1948 年 11 月 6 日。

认为政治上的自由主义也是一种"旧式的自由主义"：

> 十八世纪的自由主义建立个人主义的社会，从历史上看，乃是一件空前的功劳。其价值真可谓与日月同光。所不幸的只在于后来由经济方面发生了漏洞。个人主义与自由主义盛行时，在经济方面当然是放任。须知放任政策在资本主义的初期是确有功劳，因为能够助长生产，使资本主义得以形成。……不料就因为这个放任经济的缘故遂致资本主义长成了，资本主义愈长愈大，其弊乃见，对内愈见贫富不均，对外愈趋于侵略。政治离不开了经济，经济或反为政治的主干。于是政治的自由主义就为放任的经济之故，演至今天，已百孔千疮了。

这种"旧式"的"政治的自由主义在今天二十世纪已是过去了"，但自由的精神、态度即"文化自由主义"的价值是永存的。他认为，文化上的自由主义只是一种态度，"是一个批评的精神与一个忍容的态度，没有一个学说与思想不可以批评"。西方自由主义的根底就在文化，"文化上没有自由主义，在政治上决无法建立自由主义"。"中国没有经过个人主义文化的陶养而遽然来到二十世纪是一个遗憾"。他主张中国在经济方面应采取"进步的计划经济"，但在思想文化方面应是绝对自由的。"我主张在这一方面使中国养成良好的自由传统，充分培养个人主义的良好方面。"①张东荪进一步指出：

> 倘使没有这种自由的精神，恐怕就不会有实验的科学，不会有进步的观念，不会对于人生幸福，不论从个人方向，抑或从社会方向，设法去加以改良，所以西洋文化虽不免有种种弊病，但其中所含的这个自由主义精神却是最可贵的，而为其他文化所无。②

---

① 张东荪：《政治上的自由主义与文化上的自由主义》，载《观察》第 4 卷第 1 期，1948 年 2 月 28 日。
② 张东荪：《知识分子与文化的自由》，载《观察》第 5 卷第 11 期，1948 年 11 月 6 日。

战后推崇民主社会主义是许多自由主义知识分子的共性。储安平也认为:"实行社会主义不一定要走莫斯科的路线,英国工党一方面推行社会主义政策,但同时仍承认人民的意志自由"。"今日中国人所追求的就是社会主义和民主政治"①。中央大学教授吴世昌的《政治民主与经济民主》对什么是民主社会主义的阐述更加直白。

> 模仿一党专政的国家,本来还有以前的纳粹德国与法西斯意大利和日本,这些国家都发展成为独裁国家,终因侵略而招致灭亡。苏联当然和轴心国家不同,其不同之点,照同情苏联的英国政治理论家拉斯基的说法:"共产主义如果没有了理想,就会变成法西斯主义。"这个理想,据我看大概即所谓经济民主。……英美有政治民主,而无或缺少经济民主,苏联有经济民主,而无或缺少政治民主。

> 中国人目前正渴求民主。大体说来,中年或中年以上的人所在求的是英美式的民主,青年人则多希望苏联式的民主。当然这也不是绝对的界线,也许应该说,偏于保守者希望英美式的民主,思想前进者希望苏联式的民主。但如果说,青年或前进者只要丰衣足食,中年或保守者只要自由参政,则二者恐怕皆不肯承认。

> 政治民主与经济民主,也非是鱼与熊掌,不可得兼。别人家的短处,我们并没有必须抄袭的义务。中国人需要丰衣足食是天经地义,而自由则更可贵。我们现在只有根深蒂固的不民主,却没有根深蒂固的政治民主或经济民主,二者可以兼得,必须为兼。②

作为民主社会主义的信奉者,关注平等是他们的共性。拉斯基的弟子、北大政治学教授吴恩裕(1909~1979,1939年获伦敦政治经济学院博士)认为平等是自由的基础,而自由又为民主之鹄的。他并不认同阿克顿所讲的"追求平等的热情,使令我们对于自由的希望成为泡影"的判断。

---

① 储安平:《中国的政局》,载《观察》第2卷第2期,1947年3月8日。
② 吴世昌:《政治民主与经济民主》,载《观察》第1卷第5期,1946年9月28日。

> 有钱的,能享受自由的,在现代国家中,都成了特权阶级。他们的自由之获得,是建筑在这个社会的经济不平等上面的。因此,少数人经济上的不平等的存在,恰好是全民不能普遍获得自由的基本原因。……我们一方面固然要争取自由,另方面也要促成平等,以为自由的基础,但这争取自由的运动必须是普及各阶层的,否则就不免流为某一种人的特权之争夺了。
>
> 在我们的民主运动中,绝不可忘记了农民:因为在全中国人民中,倘使把农民抽出去,剩下的便显然是少数特权阶级了。

吴恩裕还从"抽象意义"上区分"积极自由"与"消极自由",对中国人来说这两种自由都是值得争取的。这在近代中国自由主义的文献中是不多见的。

> 自由有积极和消极两种意义。消极方面所谓自由有:取消约束或限制之意。例如信仰自由,便含有旁的人或政府不干涉个人信仰宗教之意。又如言论自由,也有同样反对任何人干涉的意思。积极方面自由有:任意选择办法或观点的意思。例如上述两种自由,在积极方面便含有任意选择宗教信仰,任意选择立论的观点的意义。……从自由的积极意义上说,它乃是任何社会进步的基本条件。一个社会的进步乃是大量的创造活动及思想所造成的,而创造性的活动及思想,都包括着"选择"的作用。……旁人、政治权力,都不能限制或阻止这种选择。如果"钦定"一种办法或观点,迫令人民遵照活动及思考,这个社会是绝不会有进步希望的。所以,我们可以说:阻碍正当自由的政府,不但于法无据,因为正当的自由是宪法上明文规定了的人民的权利,而且是阻碍社会进步的、全社会的罪人。①

吴氏对这两种自由所作的清晰区分与 20 世纪英国著名的自由主义

---

① 吴恩裕:《自由乎? 平等乎?》,载《观察》第 3 卷第 12 期,1947 年 11 月 15 日。

大师以赛亚·伯林(Isaiah Berlin,1909~1997)所讲的两种自由的意涵大体相通,尽管此前中国的自由主义者在阐述自由时,均触及这两种自由的不同意涵,但并无概念上的明确区分。对一个既缺乏个人主义传统,又无自由主义根底的国家来说,在通向民主的道路上对这两种自由的追求虽然同样重要与紧迫,但如何在"积极自由"与"消极自由"之间保持合理的张力更为重要。

此间,站在自由主义的立场上,为民主社会主义辩护影响最大的当推《大公报》,它与《观察》构成了此间自由主义的"双子座"。文人论政的《大公报》一直秉持自由主义的办报立场,崇尚新闻自由,言论自由,在读者中有着广泛的影响。自1926年9月1日新记公司大公报续刊始,该报严守"不党、不卖、不私、不盲"的"四不主义"社训,对各种阴暗不公的现象,不管是何人何党,均毫无保留地揭露、抨击。故他们声称:"《大公报》有自由主义的传统作风,大公报同人信奉自由主义。"①而急不可耐地公开将自由主义作为一种社会政治运动的目标,是在国共内战全面爆发后。

国共内战的全面爆发,意味着中国政治将沿着成王败寇的传统政治逻辑不可逆转地演进,在他们看来,最终无论谁称王都不是一个理想的结局。他们的理想是在两者之间或之外开辟另一条道路——"第三条道路"。1948年1月8日该报发表的社评——《自由主义者的信念——辟妥协、骑墙、中间路线》不仅回应了各方对他们"妥协"、"骑墙"的指责,且正面阐述其自由主义的信念:

> 在举世巨齿獠牙草木皆兵的今日,夹于左右红白之间有一簇难以分类的人物,通常称做"灰色人物"。……我们在此为这"灰色人物"的脸相绘一轮廓,是希望除了把他的五官明晰化些之外,并把那"灰色"根本除去。因为我们信念中的自由主义既不模糊,也是不灰色的。
>
> 自由主义不是一面空泛的旗帜,下面集合着一簇牢骚专家、失

---

① 《政党、和平、填土工作》,载《大公报》(上海)1948年2月7日。

意政客。自由主义者不是看风驶船的舵手,不是冷门下注的赌客。自由主义是一种理想、一种抱负,信奉此理想抱负的,坐在沙发与挺立断头台上,信念都一般坚定。自由主义不是迎合时势的一个口号,它代表的是一种根本的人生态度。这种态度而且不是消极的,不左也不右的。政府与共党,美国与苏联一起骂的未必即是自由主义者。尤其应该弄清的是自由主义与英国自由党的主张距离很远很远。自由主义者对外并不拥护十九世纪以富欺贫的自由贸易,对内也不支持作为资本主义精髓的自由企业。在政治在文化上自由主义者尊重个人,因而也可说带了颇浓的个人主义色彩;在经济上鉴于贫富悬殊的必然恶果,自由主义者赞成合理的统制,因而社会主义的色彩也不淡。自由主义不过是个通用的代名词,它可以换成进步主义,可以换为民主社会主义。

自由主义的基本信念概括起来有如下五条:

1. 政治自由与经济平等并重;
2. 相信理性与公平,也即是反对意气、霸气与武器;
3. 以大多数幸福为前提;
4. 赞成民主的多党竞争制,反对任何一党专政;
5. 任何革命必须与改造并驾齐驱,否则一定无济于事。

在《大公报》同仁看来,"自由主义不止是一种政治哲学,它是一种对人生的基本态度:公平、理性、尊重大众、容纳异己。……所谓'中间路线',绝对不是两边倒,而是左右的长处兼收并蓄,左右的弊病都想除掉。……同时自由主义者既无意夺取政权,所以也谈不到施政纲领,但对人生既具有了坚定而鲜明的态度,对事情自然便有了观点。"[1]

自由主义者在为停战而呐喊,但隆隆的炮声很快使他们的呐喊成为

---

[1]《大公报》社评(萧乾):《自由主义者的信念——辟妥协、骑墙、中间路线》,载《大公报》(上海)1948年1月8日。

近代中国自由主义者的绝唱。

第四节　自由主义命运之反思——天时、地利、人和乎？

源于英国得自由主义大致有两个直接的来源：17 世纪的霍布斯、洛克等人的政治思想和 18 世纪亚当·斯密为代表的自由放任的经济学说。经典自由主义的基本概念是自由、理性、个人主义和人类进步，且特别主张国家减少对个人的干涉，其间有以边沁为代表的功利主义的自由主义。19 世纪后半叶随着工业革命后导致阶级冲突的升级，英国自由主义者陷入了两难境地。当他们通过革命的方式反对传统的统治阶级，扩大了民主之后，又要面对着新的敌人，这就是要在民主进程中获得权利的工人阶级。此间自由主义的代表人物是约翰·密尔与斯宾塞。密尔恪守古典自由主义的原则，同时也理解并支持大众对自由与权利的合理要求，主张应实现统治者和被统治者之间的利益认同和共同安全："我所寻求和所满意的政府是用最小的代价来实现统治者和被统治者之间的利益认同。现在，这种认同还不存在，原因是属于真正统治者的下院的大多数是由少数的寡头所选举的。"[1]在《代议制政府》中他声明："必须承认，自由的好处，就它迄今被享有的情况而论，是通过将自由的特权扩及于社会仅仅一部分人而取得的；而将这种特权公平地扩及于全体人民的政府则仍然是有待实现的迫切要求。"[2]斯宾塞以社会达尔文主义为学理支撑，坚持个人主义的自由主义，其间在自由主义自身出现危机的同时，又遇到社会主义从外部的挑战。到 19、20 世纪之际，自由主义渐渐发展成一种新自由主义或现代自由主义，其理论的集大成者就是霍布豪斯。现代自由主义与古典自由主义的一个重大分歧在于是否承认个人利益

---

[1] John C. Rees, John Stuart Mill's on Liberal, Oxford 1985, P. 53, 转引自李宏图《从"权力"走向"权利"——西欧近代自由主义思潮研究》，上海人民出版社 2007 年版，第 231 页。
[2] （英）约翰·穆勒：《代议制政府》，汪瑄译，商务印书馆 1982 年版，第 47 页。

与社会利益是天然和谐的。与古典派强调个人自由相比,现代派更强调社会自由。1911年,霍布豪斯在其名著《自由主义》中提出并论证了"自由社会主义",即提倡一种和缓的集体主义,要在社会福利中实现个人自由。

可见,自由主义在西方有数百年的演进史,并随着时代主题的转换不断修正立场,赋予其活力,使其始终占据意识形态的主流地位。自由主义在20世纪前半期的中国曾繁荣一时,为何最终凋落?

关于中国自由主义的特点,学界向为推崇美国汉学家史华慈对严复的评价:密尔的自由思想被严复搬移到中国之后,最重要的变化是将个人自由和个人尊严视为终极价值的想法在翻译的过程中丧失了,自由、平等视为强国的手段,古典自由主义的精髓——"个人主义"被置换为"国家主义"。这种自由主义很可能是靠不住的、无生命力的和被歪曲了的。20世纪极权主义国家的出现为此提供了经验证明[1]。此种判断或多或少是在为中国近代自由主义的失败寻找说辞。严氏的翻译也是一个再创造的过程,其过程必然受到历史情境的影响。他重视民族自由,不等于无视个人自由,正如密尔在强调个人自由时,也是以民族自由和政治自由为前提条件一样,故而严氏基于工具理性在翻译时所作的这种微调看似有失学术的严肃性,却具有历史与现实的合理性。因为20世纪初的中国与洛克或密尔时代英国所处的国内及国际环境、需要克服的问题截然不同,况且个人自由与个人所属之群体的自由(民族或国家自由)虽然不完全相同,但至少在所依据的情感上往往是相似的。

> 一般而言,个人自由的倡导者都同情上述民族自由(national freedom)的诉求,而且也正是这种同情,导使19世纪的自由运动与民族运动之间形成了持续的联合,虽说当时的联合有些勉强。然而

---

[1] (美)史华慈:《寻求富强:严复与西方》,叶凤美译,江苏人民出版社1996年版,第62、229、235页。

值得引起我们注意的是,尽管民族自由的概念类似于个人自由的概念,但它们却并不是相同的概念,因为对民族自由的追求并不总是能够增进个人自由的。……尽管欲求个人自由与欲求个人所属之群体的自由,所依据的情感和情绪往往是相似的。①

在中国,虽然很多人突出了自由、民主的工具性价值,但不等于中国的自由主义者全然不顾个人自由、人权等终极价值。如果说英国的古典自由主义秉持个人优位(个人主义)的立场,那么中国的绝大多数宣扬自由主义的人士是以个人与集体(国家)二元并重为基本立场,只是在不同的情境下强调的重点不同而已。

中国自由主义的始祖严复虽然强调了国家自由("自主")的重要性,但他也坚持认为"未见其民之不自由者,其国可以自由也;其民之无权者,其国之可以有权也"②。梁启超流亡日本时期宣扬的自由主义大体上循着严复设定的指向,他力图将个人主义(个人的权利)的张扬与救亡联结起来,在个人自由与民族自由之间探寻一种合理的张力,这至少部分表明中国的自由主义者在传播、阐述西方自由主义观念时并无大的失真。作为观念的搬运工,他们不是如后人想象的那样不称职。

那么,为什么肇始于清末的自由主义,经过若干观念搬运工的代际接力,到1930年代后期至40年代曾出现过持续繁荣的景象,自由主义知识分子群体成为一支较有权势的力量,而到了内战爆发却盛极而衰,迅速走向边缘?今人已献出了诸多相关的求解,窃以为,"系铃人"的言论不仅具有历史感,且不乏解释力。

对自由主义怀有好感的留学欧美的哲学家贺麟,在《自由主义与学术》一文中从近代中国的民情与国情出发,从三个方面分析了近代中国自由主义者生不逢时的"悲哀"命运。

---

① (英)哈耶克:《自由秩序原理》上册,邓正来译,三联书店1997年版,第8页。
②《原富》按语,王栻主编:《严复集》第4册,中华书局1986年版,第917页。

1. 自由主义不适合于激烈的热情的青年。

  青年人大都善良,每感不耐,坚决的主张、确定的方案、高远的理想、响亮的口号,才足以号召青年的行动,唤起青年的想象,打动青年的热忱。这些条件都是注重自由、批评、怀疑、讨论的自由主义所最缺乏的。青年最富于仰慕完善,企求光明的热情。他们有崇拜英雄、服从领袖、信仰权威、接受训练的自然倾向。然而,自由主义的怀疑与批评,是打破偶像,反对权威,让个人的个性自由发展,并反对铁的纪律和严格训练的。所以一般青年,特别是青年群众,对于极端分子的演讲呼号,每每趋之若惊,鼓掌喝彩,而对于自由分子的思想言论则感到淡漠无味,无动于衷。……萧伯纳有句名言:'一个人四十岁以前思想不激进,没有出息;一个人四十岁以后思想仍然激进,也没有出息。'这话最可表示青年人的心理趋于激进,而不易接受缓进的自由主义。

贺氏此论亦有同道者。中央大学教授吴世昌对此也有相近的判断:"中国人民目前正渴求民主。大体说来,中年或中年以上的人所要求的是英美式的民主,青年人则多希望苏联式的民主。当然这也不是绝对的界线,也许应该说,偏于保守者希望英美式的民主,思想前进者希望苏联式的民主。……今日中国的政治,所谓民主也者,还在各阶层人民争取之中,设计之中。中国之幸,枉有三十五年'民'国之号,而到今日,人民对于民主的消息,还在晨占雀喜,夕卜灯花;民主的图样,还在画虎类犬,刻鹄似鹜。"①

2. 自由主义不适合知识水准低下的民众。

  自由主义是重理性反权威的,而一般无知无识的老百姓难于接受理性的指导,可使由之,而不可使知之。如欲用理性以说服人民,

---

① 吴氏:《政治民主与经济民主》,载《观察》第1卷第5期,1946年9月28日。

劳而无功,如用权威——宗教的、法律的、武力的权威以支配人民,则人民每俯首听命,凡事轻而易举。自由主义者大都是属于士大夫阶级的人,而且大都是受欧美教育的知识分子,这些知识分子,无论如何提倡民主,但个人主义习气已深,决难投入民众之内,过与民众一体的平民生活。他们开口闭口都说些西洋民主社会和中国知识分子所特有的术语,他们的意识不是民众的意识,他们的语言不是民众的语言,再加以他们没有组织民众训练民众的政治方案和中心主义,所以,自由主义仅是少数知识阶级所膺服的主义,而不能成为强有力的有组织的民众运动。自由主义无宗教或礼教,感人于无形的权威;无法律制裁人,无武力统治人的权威,在知识程度很低,百分之七十以上的人不识字的国家里,特别感到于影响民众之薄弱无力。

3. 自由主义不适用于战乱危急时期。

  自由主义是离心的,多元的,容忍歧见的,在太平时期较为适用,而当国家在危急存亡之秋,则需要向心的、一元的中心思想以定趋向,一人心而收团结人民,统一国家的效果。即在西洋民主国家内,每当战时政府的权力加强加大,人民的自由须受相当限制。而在承平时候,则人民的自由尽量加强加大,而政府的权力则减轻减小。……平时文人执政机会多,故较能适用自由主义的原则;战时政治每受军事牵制,武人的权势较大,故难于适用自由主义的原则。中国自满清推翻民国成立以来,表面上虽似经过军政训政而达到了宪政,但事实上仍未度过军政时期,政权的取得仍取决于枪杆的胜负。在这种局势下,自由主义仍难于胜过武力的专断。①

贺氏对自由主义在中国命运的判断看似有定命论的色彩,与上一节杨人楩的自由是"反定命论"的判断相悖,其实不然。因为他们叙事语境

---

① 贺麟:《自由主义与学术——自由主义往哪里去?》,载《周论》第2卷第4期,1948年8月6日。

完全不同,杨氏的叙事语境是近代西方,贺氏则是对当下中国的观察:自由主义的"悲哀",也正是共产党人的"幸运"。中国共产党也正是靠"唤起青年的想象,打动青年的热忱",加之采用了"民众的语言"、"过与民众一体的平民生活",于战乱危急时期"一人心而收团结人民统一国家的效果"。

对自由主义知识分子的尴尬处境,作为"系铃人"的朱光潜不仅有切身的感受,更有种难以名状的无助与无奈之痛。

> 在今日中国,自由分子处在怎样一个地位呢?他被挤在夹缝里,左右做人难。在朝党嫌他太左,在野党嫌他太右。政治上一个难能可贵底德行是容忍,而在今日中国的政党,容忍是谈不到底。你不是我的朋友,就是我的仇敌,既是我的仇敌,我就非把你打倒不可。这是在朝党与在野党一致的看法。他们对于自由分子都觉得是眼中钉,时时刻刻想把它拔去。……这样一来,社会上只有两种对峙底相反的力量,没有一个缓冲底保持平衡的因素,结果就只能有冲突,而冲突还是无结果,因为我们无法希望有一个较高一层底综合或调和。在一般民主国家,最后底裁判者是民意,在中国谁知道民意在什么时候才有能力与兴趣去行使这种最后的裁判?我敢说,就在三十年乃至于五十年底未来,中国真正的民意还要藉社会上少数优秀底自由分子去形成、去表现。假使这一部分人逼得终归于没落,民主政治的前途恐怕更渺茫。①

其实,贺麟与朱光潜的这种心境也道出了储安平内心的不安、无奈,与他们不同的是,储安平不愿意做一个定命论者,他胸怀"牺牲自己,造福后代"的历史责任:

> 今日绝大多数的人,既不满意于"国",也未必欢迎"共"。绝大

---

① 朱光潜:《自由分子与民主政治》,载《观察》第 3 卷第 19 期,1948 年 1 月 3 日。

多数的人都希望国共之外能产生一种新的力量，以稳定今日中国的政局。这个要求是时代逼出来的。我们认为中国在最近的几年之内，一般情形还是黯淡的。说得远一点，则我们这一代，大概也注定了是一个'牺牲自己，为后代造福'的时代。然而，我们可以牺牲自己，而不可以不为后代造福。今日中国这批自由思想分子，大都在苦闷地忧虑着国家的前途，但他们实不该止于消极的焦愁忧虑。自由思想分子可以起来，应该起来；这不是他们高兴不高兴，愿意不愿意的问题，而是他们的一个历史上的责任问题。①

从自由主义在近代西方的肇始来看，与一个国家的市场化与法制化程度有着紧密的正相关联系。在中国这样一个农业经济占主导地位、法制供给严重不足，尤其是缺少了法治传统的超大规模的政治共同体中，民主政治所赖维系的私有财产观念、个人主义、自由主义是很难植根的。英国作为现代自由主义的发祥地，早在1640年革命爆发之前，"在其法律传统、财产法以及家庭生活与道德文化中的个人主义就已经存在数个世纪了。正是在这数百年个人主义模式下的社会与经济发展的基础上，洛克和其他辉格党事业的理论家才得以提出他们关于有限政府之下公民联合的思想"②。

中国的自由主义之所以在半个世纪里由唱响而成为绝唱，还与清末以来中国社会一直循着"破字当头"的路径演进关系甚大。民初的调和论者虽然反复论证"破字当头"未必能导致"立在其中"的结果，但他们无法抗拒历史的强大惯性，无力为越来越紧的"破"的"发条"减压。只要当这一"发条"处在不断释放其能量之中，革命民主主义势必压倒自由主义、个人主义。对此，可以借用托克维尔对法国大革命与自由、民权的关联所作的分析：

---

① 储安平：《中国的政局》，载《观察》第2卷第2期，1947年3月8日。
② （英）约翰·格雷：《自由主义》，曹海军等译，吉林人民出版社2005年版，第19页。

> 当我考虑到这场革命摧毁了那样多与自由背道而驰的制度、思想、习惯,另一方面它也废除了那样多自由赖以存在的其他东西,这时,我便倾向于认为,如果当初由专制君主来完成革命,革命可能使我们有朝一日发展成一个自由民族,而以人民主权的名义并由人民进行的革命,不可能使我们成为自由的民族。①

比较中西方自由主义的历史,自由主义者在西方政治力量对比的角力场上虽有消长起伏,但若从大历史观的角度审之,始终是占主导地位的一极。早期的自由主义者作为有产阶级的代言人,呼吁以议会为阵地,并动员民众与王权抗争。在他们争得权利之后,当面对大众普遍的权利要求时,又通过有序地扩大自由、民主,既在一定程度上化解了有产阶级与大众的紧张关系,又捍卫自由主义的原则。而在中国,自由主义者在政治力量的角力场始终是边缘化的一极,找不到强有力的政治盟友。居权力核心的是标榜以党治国的国民党、政客、军阀等,民智未开的草根阶层是共产党政治动员及赖以生存和发展的对象,虽然他们对当家作主有着本能的期盼,但结果总是将权利托付给领袖人物,甘愿分享领袖阳光的沐浴。中间势力或有产阶级虽有一些行业或区域性的组织,但总体而言在政治角力场上则呈粹片状,无力改变其弱势的地位,在高度对抗的政治场域中不可能扮演"极"的角色。凡此,使得中国的自由主义者因失去其为伍者而陷入孤掌难鸣的境地,这也印证了格里德(J. B. Grieder)对自由主义在近代中国命运所作的分析:

> 自由主义在中国的失败并不是因为自由主义者本身没有抓住为他们提供了的机会,而是因为他们不能创造他们所需要的机会。自由主义之所以失败,是因为中国那时正处在混乱之中,而自由主义所需要的是秩序。自由主义的失败是因为,自由主义所假定应当存在的共同价值标准在中国却不存在,而自由主义又不能提供任何

---

① (法)托克维尔:《旧制度与大革命》,冯棠译,商务印书馆 1996 年版,第 201 页。

可以产生这类价值准则的手段。它的失败是因为中国人的生活是由武力来塑造的,而自由主义的要求是,人应靠理性来生活。简言之,自由主义之所以失败,乃因为中国人的生活是淹没在暴力和革命之中的,而自由主义则不能为暴力与革命的重大问题提供什么答案。①

总之,20世纪前半期的中国,在国家、民族命悬一线之时,救亡迫在眉睫,在这片自由主义的不毛之地,自由主义者注定难以积聚必要的人气和力量。

---

① (美)J·格里德:《胡适与中国的文艺复兴》,鲁奇译,江苏人民出版社1988年,第368页。

第九章　宪政与代议制：自由民主主义者的诉求

中国的自由民主主义者是指与革命民主主义者相对应的、信奉自由主义民主的知识群体及少数体制内的开明官僚。自由主义或自由主义民主在中国的命运与宪政在中国的命运是紧密相联的。在他们看来,只有当一部以保障个人自由为目的"保障性宪法"能够得到有效实施和维护的时候,施行这样的宪法才能称之为宪政,人权、自由、民主等才能得到保障。

对民主、自由的追求如果只停留在观念层面,作形而上的论辩,固然可以积累有益的知识资源,但在近代中国这样一个风云际会的时代,民主首先被视为救亡的工具。按民主原则来设计与规划中国的政治制度几乎是所有自由民主主义者一致的追求。

民主制亦称民治,民治政府有赖于法律,尤其是宪法,用根本大法来规范公共权力,保护公民权利,这就是当年梁启超所颂扬的宪政。中国民主革命先行者的孙中山于此不仅了然于胸,且规划了一个通向宪政的路线图:军政→训政→宪政。训政的主体是国民党,客体是民众,故训政时期实行的是党治,或以党治国。自此,党治与宪治、训政与宪政等成为中国自由主义者论辩的重点之一。

中国的宪政实践始于清末预备立宪运动,辛亥革命中断了君主立宪的进程,开启了共和宪政的新途。然而,自进入北洋时期,神圣的宪法被政客与军阀一再糟蹋。虽然宪法文本通过了多部,但实际的宪政进程却在逆向发展。1927年,知识精英所无法容忍的北洋恶政府及南北对峙的格局最终被在国共合作后发动的国民革命运动所终结,中国政治进入了南京国民政府时代,这使得民主派人士从直觉上感到民初以来越来越令人失望的政治秩序将会出现重大的转机。

竖看历史,南京国民政府的建立,在一定程度上刷新了中国政治的形象,民主派人士对其有相当大的期待。然而,在政治理念上党权越来越强势,在实际的政治运作中军权横行。这种畸形的党治/党国体制在民主派人士看来有违民主、自由、宪政的价值取向。期待在流失,失望在上升。结束一党专政、以党治国的党国体制,实行宪政、代议制,成了这一时期多数民主派人士论辩的焦点与奋争的目标。

除本土因素之外,国际因素对中国民主化进程的影响也不可小视。此间,国际社会法西斯主义的泛滥、第二次世界大战全面爆发;代议制面临一定程度的危机、民主主义在西方出现了回潮;日本军国主义侵华的步伐呈加速度的趋势,这使得中华民族如何因应外敌入侵成了中心议题。美国参战后成为中国军事上盟国,罗斯福总统对民主、自由价值的反复宣示,为中国的自由主义者提供了有力的外部支援。1930—40年代的国际与国内情势,看似对倡导民主观念及推进中国的民主化进程相当不利,但实际上却是20世纪中国民主运动的一个高涨期,也是民主观念,尤其宪政体制讨论最为深入的一个时期。

第一节 训政与党治——宪政的前提抑或障碍?

如同一个生命的有机体,有效的民主制度必然表现为一个健康而有序的成长过程。在中国实现民权主义是孙中山的政治理想与现实追求。

早在1906年制定的《中国同盟会革命方略》中,孙中山曾把建立民国的次序分为"循序以进"的三个时期:军法之治,"为军政府督率国民扫除旧污之时代",时间为3年;约法之治,"为军政府授地方自治权于人民,而自总揽国事之时代",时间为6年;宪法之治,"为军政府解除权柄,宪法上国家机关分掌国事之时代"①。清亡民兴,孙中山在临时大总统任内的施政并未完全循此"次序"。在让位之前,孙中山倾其心力制定《中华民国临时约法》,"约法"一词看似循着当年设想的建国"次序",但此前并没有经过预设的3年军法之治,而"约法"的有效期也只有短短的10个月。在10个月内,临时大总统袁世凯必须召集国会,由国会制定宪法。孙中山正是基于这种浪漫的民主速成思想,在解临时大总统职之时宣布民族主义与民主主义已经在中国实现了。

"宋案"及"二次革命"失败后,1914年8月孙中山制定《中华革命党总章》,重提建国程序:"本党进行秩序分作三时期,一、军政时期,此期以积极武力,扫除一切障碍,而奠定民国基础。二、训政时期,此期以文明治理,督率国民,建设地方自治。三、宪政时期,此期俟地方自治完备之后,乃由国民选举代表,组织宪法委员会,创制宪法;宪法颁布之日,即为革命成功之时。"②

其后,孙中山训政思想的表达集中体现在1917年写的《民权初步》(原名《会议通则》)。他认为"民国"名不副实的根源是中国的民权不发达,"今后民国前途之安危若何,则全视民权之发达如何耳。"而民权之发端在于集会选举"代议士":

> 民权何由而发达?则从固结人心、纠合群力始。而欲固结人心、纠合群力,又非从集会不为功。是集会者,实为民权发达之第一步。然中国人受集会之厉禁,数百年于兹,合群之天性殆失,是以集

---

① 《中国同盟会革命方略》,《孙中山全集》第1卷,中华书局1981年版,第298页。
② 《中华革命党总章》,《孙中山全集》第3卷,中华书局1984年版,第97页。

会之原则、集会之条理、集会之习惯、集会之经验,皆阙然无有。以一盘散沙之民众,忽而登彼于民国主人之位,宜乎? 其手足无措,不知所从,所谓集会则乌合而已。①

孙中山此论显然是高度重视代议制民主应然之程序或技术特征。源于英国的代议制,也形成了一套既有别于雅典的公民大会,也不同于君主专制王朝的御前会议的会议制度,相关的论著在西方可谓汗牛充栋。孙中山说:

> 西国议学之书不知其几千百家也,而其流行常见者亦不下百数十种,然皆陈陈相因,大同小异。此书(指《民权初步》)所取材者,不过数种,而尤以沙德氏之书为最多,以其浅显易明,便于初学,而适于吾国人也。此书条分缕析,应有尽有,已全括议学之妙用矣。自合议制度始于英国,而流布于欧美各国,以至于今,数百年来之经验习惯,可于此书一朝而得之矣。②

"沙德氏之书"系美国女权运动者Harriette R. Shattuck女士之《议事规则》(Women's Manual of Parliamentary Law, Lee and Shepard Publishers,1891)。对照《议事规则》,不难发现,孙中山的《民权初步》大体上属于对原著的缩编本,其卷、章、节与原著完全一样。此外,孙中山可能还参阅了另一本畅销书——罗伯特的《罗伯特议事规则》(Robert's Rules of Order,1876)。

既然代议制具有其独特的技术特征,而这些特征只能是后致的,并非先赋的,因为没有一个民族生来就具有这种技术特征,那么,一个对民主制非常陌生的民族来说,习得这一技术特征当然就是一个必不可少的过程。这正是孙中山的训政思维与训政逻辑,"国犹人也,人之初生,不能一日而举步,而国之初造,岂能一时而突飞? 孩提之举步也,必有保母

---

① 《建国方略之三:民权初步》,《孙中山全集》第6卷,中华书局1985年版,第413页。
② 《建国方略之三:民权初步》,《孙中山全集》第6卷,中华书局1985年版,第414页。

教之,今国民之学步亦当如是。"①孙中山在1919年发表的《孙文学说(卷一:行易知难)》中进一步阐发了这一"母婴思维":

> 民国之主人者,实等于初生之婴儿耳,革命党者即产此婴儿之母也。既产之矣,则当保养之,教育之,方尽革命之责也。此革命方略之所以有训政时期者,为保养、教育此主人成年而后还之政也。②

《民权初步》计列出158条(节)会议通则,看似琐碎,亦非常技术化。然而,这些程式的确可以推论出一国行代议制民主之可能性与有效性,并测定一国民主化的质量。如果在开会时"遇事随便发言,彼此交谈接语,全无秩序"的话,当然不能"收集思广益之功"③,遑论民权之体现。这也表明,身处逆境的孙中山,立论较为审慎。从其思想发展来看,《民权初步》的发表,可视为其训政思想的越来越理性化的标识。

1924年,经国民党"一大"审议通过、孙中山手书的《国民政府建国大纲》是其政治思想的成熟之作。《建国大纲》对建国三阶段又作了更明确的说明:

> 在训政时期,政府当派曾经训练考试合格之员,到各县协助人民筹备自治。其程度以全县人口调查清楚,全县土地测量完竣,全县警卫办理妥善,四境纵横之道路修筑成功,而其人民曾受四权使用之训练,而完毕其国民之义务,誓行革命之主义者,得选举县官以执行一县之政事,得选举议员以议立一县之法律,始成为一完全自治之县。一完全自治之县,其国民有直接选举官员之权,有直接罢免官员之权,有直接创制法律之权,有直接复决法律之权。

> 全国有过半数省份达至宪政开始时期,即全省之地方自治完全成立时期,则开国民大会,决定宪法而颁布之。……宪法颁布之日,

---

① 《建国方略之三:民权初步》,《孙中山全集》第6卷,中华书局1985年版,第413页。
② 《建国方略之一:孙文学说》,《孙中山全集》第6卷,中华书局1985年版,第211页。
③ 《建国方略之三:民权初步》,《孙中山全集》第6卷,中华书局1985年版,第415页。

即为宪政告成之时,而全国国民则依宪法行全国大选举,国民政府则于选举完毕之后三个月解职,而授政于民选之政府,是为建国之大功告成。①

孙中山在民国时期尽管两次重提建国的方略,但均未再提三阶段的具体时间,这或许是其政治思想进一步回归理性、现实的表现。三阶段的建国思想自然有其不争的合理性,但若不顾及内因、外因等诸多因素的变化,机械地规定时间,只能说明政治上的幼稚。但,这也为蒋介石及国民党政权扩张党权、无期限地延长训政时间、拒行宪政提供了借口。而那些迫切要求行宪的民主派人士则抓住孙中山早年预设的6年训政期不断向蒋介石施压。训政与宪政成了南京国民政府时期朝野围绕国家治理与制度安排纷争的焦点。

1928年8月,国民党在南京召开二届五次中央全会,宣告自1925年7月1日广州国民政府宣告成立,为期3年军政时期已经结束:"兹军事既终,实施训政之一大责任,为本党所负荷,而无可旁贷。中国国民党中央执行委员会切认革命的武力所成就之功绩,亟须保障之以革命的建设,方能外一世界之观听,内定全国之人心。"②全会通过的《政治问题案》确定了实施训政的原则:依据国民政府建国大纲,应设立司法、立法、行政、考试、监察五院,逐渐实施。平心而论,南京国民政府时此宣布结束军政,始行训政,与其说及时,不如说是过于冒进。此时虽然北洋政权形式上消失了,南京政权成了唯一合法的中央政权,但对外它没有得到国际社会的普遍承认,对内地方上不同层级与规模的武装割据普遍存在。南京政权有效统治的地区十分有限,其后中央与地方各派的战事不断,而1930年爆发的中原大战各方投入兵力逾百万之众。其间,北平、广东、福建都成立过与南京政权对峙的中央政府。在隆隆的枪炮声中启动

---

① 《国民政府建国大纲》,《孙中山全集》第9卷,中华书局1986年版,第127~129页。
② 《第二届中央执行委员会第五次全体会议宣言》,荣孟源主编:《中国国民党历次代表大会及中央全会资料》上册,光明日报出版社1985年版,第533页。

训政,意欲显示国民党政权的革命性与先进性,但这不可能成为政治行动的出发点。

1928年10月3日,国民党中央执行委员会第172次常务委员会通过了《训政纲领》和《中华民国国民政府组织法》,是为训政初期国家政治制度安排的两个重要文件。在孙科、胡汉民等拟定《训政纲领》说明中称:"夫以党建国也,本党为民众夺取政权,创立民国一切规模之谓也。以党治国者,本党以此规模策划训政之效能,使人民自身能确实运用政权之谓也。"①此为"以党治国","一党专政"体制之确立。

《训政纲领》是用国家大法的权威赋予国民党以至高无上的权力,并确认国民党的一党专权的正当性。它规定,在训政期间,中国国民党全国代表大会领导国民行使政权;国民党全国代表大会闭幕期间,由国民党中央执行委员会行使职权。在国民党中央执行委员会内设立的中央政治会议,为在全国实行训政的最高指导机关指导并监督国民政府重大国务的施行、修订及解释国民政府组织法。国民政府总揽行政、立法、司法、考试、监察五种治权及选举、罢免、创制、复决四种政权。《训政纲领》完全无视民众的民主权利,把政权和治权逐步集中到一党之手。

训政是否有必要,中外的经验早就给出有力的回答。立法院院长胡汉民在1929年国民党"三大"上致的开幕词中将民初不行训政视为历史的教训,"在这个时期假如我们不能尽训导的责任,就会使民权失了基础,再蹈民国元年的那种只有虚名,并无实际的共和之覆辙。"中外的历史经验反复证明,民主如果仅体现在制度设计层面,而民众的责任与权利、自由与法律意识等若还停留在传统的臣民或子民阶段,供给民众的民主制度是无法运作的。从这个意义上讲,国民党的训政逻辑确有部分的现实依据,训政思维也具有一定的现代性,但它又与中国传统政治文化中君臣、君民关系,以及民本主义中的"牧民主义"有割不断的联系。

---

① 李时友:《中国国民党训政的经过与检讨》,载《东方杂志》第44卷第2号,1948年2月。

胡汉民在国民党"三大"开幕词中阐述训政的要旨:"所谓训政,是以党来训政,是以国民党来训政。在训政时期中,国民大会的政权乃由本党的全国代表大会代行。"为了将来实现宪政,"最重要的就是要靠实现总理所详细规定的地方自治了。地方自治实在是人民的一种基本团结、基本组织。有了这个组织以后,众人才能变成人民,才能谈到一切民权的行使。"①"三大"通过的决议案讲得更为明了:"总理遗教确认由国民革命所产生之中华民国人民,在政治的知识与经验之幼稚上,实等于初生之婴儿,……而训政之目的,即以保养、教育此主人成年而还之政,为其全部之根本精神。"②"在训政期内,党员与其所属之党部,实为人民由训政以至于宪政时期之教师,故本身必具备政治科学之常识,并了解本党所决定之训政方案及一切建设计划。"③国民党的训政逻辑将其对权力的贪欲暴露无遗,这不能不引起世人对其标榜的宪政诉求表示怀疑。训政必要性不等于国民党的训政逻辑具有正当性。

虽然国民党就是"训政保姆",而训政逻辑的展开必然是"以党治国"、"一党专政",但这只是表象。综观国民党的训政,虽然一直打着"以党治国"、"党在国上"的旗号,强调党治,其实是党治为表,军治为里,人治为实。党治在多数情况下不过是中央削弱地方豪强及中共力量的借口。从最高权力体系来看,孙中山晚年,虽然处在军政时期,但党居于首位,然后是政,最后才是军队,强调以党领政,以党治军。但到南京国民政府训政时期,这一关系逐渐颠倒过来了。在最高权力体系中,蒋介石在多数情况下是集党政军于一体,而对军权的控制不但须臾不让,且是以枪指挥党、指挥政。在中央和地方权力机关中,1935 年在中央执行委

---

① 荣孟源主编:《中国国民党历次代表大会及中央全会资料》上册,光明日报出版社 1985 年版,第 617~618 页。
② 荣孟源主编:《中国国民党历次代表大会及中央全会资料》上册,光明日报出版社 1985 年版,第 658 页。
③ 荣孟源主编:《中国国民党历次代表大会及中央全会资料》上册,光明日报出版社 1985 年版,第 634 页。

员会委员中有 43% 是军官。在 1927～1937 年间,由南京国民政府控制的 33 个省政府主席中,有 25 人是军队司令。"在这十年时间里,政府的三分之二的支出是用于军费和偿还债务的(绝大部分债务来自军事开支合同)。然而,真正能够衡量军队至高无上地位的,还不是这些统计数据,而是一个军人的巨大身影,这个军人就是蒋介石,一个将南京国民政府时期变得日益重要的人物。"①军权已然成了中央及地方各种权力的孵化器。

国民党"三大"上通过了《根据总理教义编制过去一切党之法令规章以成一贯系统,确定总理主要遗教为训政时期中华民国最高根本法案》、《对于党、政府、人民行使政权治权之实际分际与方略》,"确定总理所著三民主义、五权宪法、建国方略、建国大纲及地方自治开始实现法,为训政时期中华民国最高之根本法。举凡国家建设之规模,人民、民权之根本原则与分际,政府权力与其组织之纲要,及行使政权之方法皆须以总理遗教为依归。"②这里所谓"最高之根本法"实是国民党意志的体现,是以党义代替国法。这遭到自由主义知识分子的怒斥。

对国民党训政体制的发难首先来自于胡适,缘由是人权得不到保障,而根源则是国家无法:"现在中国的政治行为根本上从没有法律规定的权限,人民的权利自由也从没有法律规定的保障。"他呼吁,"在今日如果真要保障人权,如果真要确立法治基础,第一件应该制定一个《中华民国宪法》。至少,至少,也应该制定所谓训政时期的约法。""快快制定约法,以确定法治的基础! 快快制定约法,以保障人权!"③"人民需要的训政是宪法之下的公民生活。……我们不信无宪法可以训政,无宪法的训

---

① 参见费正清主编:《剑桥中华国民史》第二部,章建刚等译,上海人民出版社 1992 年版,第 138～139 页。
② 荣孟源主编:《中国国民党历次代表大会及中央全会资料》上册,光明日报出版社 1985 年版,第 654 页。
③ 胡适:《人权与约法》,载《新月》第 2 卷第 2 号,1929 年 4 月 10 日。

政只是专制!"①胡适对国民党政权权威的挑战很快得到了不少人的同情与支持。马君武向胡适建议:"此时应有一个大运动起来,明白否认一党专政,取消现有的党的组织,以宪法为号召,恢复民国初年的局面。"②国民党元老蔡元培特致函胡适:"大著《人权与约法》,振聩发聋,不胜佩服。"③马君武期待的"大运动"虽然没有发生,但随之而来的有关人权的讨论却产生了较大的社会影响,对国民党政权来说也是一个不小的舆论压力。

罗隆基以其接受西方政治学教育的背景,进一步从逻辑与历史相统一的角度论证人权、法治的关联:"法律的功用在保障人权,这是不容怀疑的。争人权的人,先争法治;争法治的人,先争宪法,步骤上我亦认为很合逻辑。"但在中西方历史上,均存在这样一种现象,宪法有时不但不能保障人权,反而为"某个人、某家庭或某团体蹂躏人权的工具"。这就要看宪法是如何产生的。罗氏认为,人权是先于法律而存在的,只有人民自己制定的法律,人民才有服从的责任④。他还直接批评"以党治国","党在国上"的口号。他说,基于人类的经验,自有政党以来,从来没有过"党外无党"这回事,更没有过"党内无派"这回事。政党本来是与民主政治交相为用,相辅进行的。以民主主义治党,就不怕"党外有党",民主的功用就在于调剂党内的派系、党外的党,使一切意见主张的纷争,走上光明正大轨道,而不趋于革命流血一条狭路⑤。

1930年北平的《晨报》呼吁召集国民会议,制定约法。随后上海、天津、武汉等地的报刊纷纷刊载讨论立宪或实施约法的文章,形成了一股

---

① 胡适:《我们什么时候才可以有宪法——对于建国大纲的疑问》,载《新月》第2卷第4号,1929年6月10日。
② 曹伯言整理:《胡适日记全编》第5卷,安徽教育出版社2001年版,第402~403页。
③ 《复胡适函》,高叔平主编:《蔡元培全集》第5卷,中华书局1988年版,第320页。
④ 罗隆基:《论人权》,载《新月》第2卷第5号,1929年7月10日。
⑤ 罗隆基《我对党务上的尽情批评》,载《新月》第2卷8号,1929年10月10日;《我们要甚么样的政治制度》,载《新月》第2卷12号,1930年2月10日。

不小的民主宪政思潮。1931年4月24日,国民政府颁布了《国民会议组织法》,规定出席国民会议者除各地选出的代表外,国民党中央执、监委、国民政府委员也得出席,国民党中央候补执、监委及国民政府各部会首脑可列席会议。如此安排,是要体现国民党的执政党地位。该组织法对国民会议的法律地位、有何种权力、是常任还是一次性机构等均未作规定。这当然不是遗漏,因为在蒋介石看来,训政约法不过是一个面具,而制定该约法的国民会议只是一个临时的造法工具。

5月5日,国民会议召开,出席国民会议的代表共有447名,会议审议由国民党中央执行委员会三读通过《训政约法》。12日,国民会议三读修正通过了《中华民国训政时期约法》,6月1日由国民政府颁布,并宣布即日生效。

《训政约法》共分8章、89条:8章分别为:总纲、人民之权利义务、训政纲领、国民生计、国民教育、中央与地方权限、政府之组织(分中央制度与地方制度两部分)、附则。其体例与现代宪法大致吻合。该约法在确认《训政纲领》中的主要内容的前提下,对"人民之权利与义务"作了详细的规定,计有21条之多。其中有"中华民国国民,无男女、种族、宗教、阶级之区别,在法律上一律平等";"人民非依法律不得逮捕、拘禁、审问、处罚";"人民之住所,非依法律不得侵入搜索或封锢"。关于公民的自由权有五项:"人民有信仰宗教之自由";"人民有迁徙之自由";"人民有通信、通电秘密之自由";"人民有结社集会之自由";"人民有发表言论及刊行著作之自由"①。凡此,与南京临时政府所制定的《临时约法》内的人民的权利与义务大致相同。《训政约法》在人民的五项自由权后面均加上"非依法律不得停止或限制之",而《临时约法》在《人民》一章的最后也有"本章所载人民之权利,有认为增进公益,维持治安,或非常紧急必要时,得

---

① 《中华民国训政时期约法》,二十世纪中华法学文丛:《近代中国宪政历程——史料荟萃》,中国政法大学出版社2004年版,第830~831页。

以法律限制之。"问题是现在的国民党独享制订"停止或限制之"法律的特权,这为国民党限制民权、排斥其他党派预留了巨大的空间。正如罗隆基所揭露的:"一切一切的自由'依法律都得停止或限制之'。左手与之,右手取之,这是戏法,这是掩眼法,这是国民党脚快手灵的幻术。"①

《训政约法》作为宪法颁布之前国家的根本大法,有总比无好,对此连罗隆基也不否认:"好法律胜于恶性法律,恶法律胜于无法律。"约法生效之日,国民政府发表的宣言称:"政府当率文武官吏遵守约法,奉行约法。约法所禁止者,罔敢逾越;约法所督促者,罔敢懈怠。尤望我全体国民共明此志,养成守法之习惯,培植法治之精神,对此国家基本大法,一致以全力拥护。"②

如果国民党当局真正循此路径去努力,也许能接近"养成守法之习惯,培植法治之精神"。然而,中国自古以来,法治传统贫瘠,更何况蒋介石政权以约法为面具,并不想放弃个人独裁的施政理念。正因为如此,《训政约法》颁布后,中国的人权记录并无根本好转。国民党内的异议人士伍朝枢一针见血地指出:

> 豪强专横,官吏恣肆,对于人民自由,任意蹂躏,往往无故加以拘禁;拘时固不经法定手续,拘后则审讯无期,又不开释,致令人久羁囹圄,呼吁无门,即有戚友营救,而除请托及贿赂外,更无途径可寻。其结果有不宜宣布理由而迳予释放者,亦有始终拘禁而不释放者,甚至擅处私刑者。似此黑暗情状,计惟吾国历史上所谓乱世或欧洲中古时始有之。③

《训政约法》的颁布并不能缓和国民党政权的合法性危机。是年"九一八"事变爆发,次年上海爆发"一二八"淞沪抗战,民族危机骤然加剧,

---

① 罗隆基:《对训政时期约法的批评》,载《新月》第3卷第8号,1930年。
② 罗家伦主编:《革命文献》第23辑,(台北)中央文物供应社1960年版,第638~640页。
③ 《伍朝枢致孙科书》(1932年),转引自平心《中国民主宪政运动史》,进化书局1946年版,第296页。

民主派人士要求结束训政和党治的呼声日渐高涨。他们认为，只有放弃一党专政，还政于民，赋予民众应有的言论、出版、集会、结社等民主权利，才能使全国人民万众一心，各党各派通力合作，共赴国难，战胜日本侵略者。信奉国家主义的中国青年党在其机关刊物《民生周刊》发表《告全国国民书》："一党专政有背民主共和的原理"，"一党专政之制既应取消，国民党一党宰制之政府，自应根本改组。依'共赴国难'之原则，集各方优秀之人才，组织国防政府，一洗前此不重国防，不图抵抗的错误，而引起国民奋发图存的精神。"[1]

国家社会党的首领张君劢则从理论与逻辑上颠覆国民党的训政逻辑："就中国人民的知识能力不及格来说，倘使为事实，则必须是全国的人民都如此，决不能有一部分人民被训，另一部分人民能训。被训的人民因为没有毕业，所以必须被训。试问能训的人民又于何时毕业过呢？何以同一人民一入党籍便显分能训与被训呢？"[2]将国民党预设为一个具有排他性的民主导师，由"贤"去训"不肖"，党的缔造者孙中山被推崇为一个至诚至善的民主教父，其遗教为民主及治国的圣经，这无疑与民主宪政的精神相悖。

如果说党派的观点不免格于派别之私见，那么独立媒体的舆论也许更能客观地反映社会对训政的认知。天津《大公报》发表社评："国家受此奇耻大辱之后，训政制度，自应改革，在三省沦陷束手无策之时，而尚以诸葛阿斗之说，解释党治与人民之关系，是徒激动民愤，其危实甚。"[3]上海《申报》的言论则有总结陈词的意味："国民党主政已六载，人民驯服受训亦已三年，训政效果安在乎？就政府本身总揽之五权言，权势依庇，遑言考试，军阀横暴，几见监察？立法为纸上谈兵，司法犹为每况愈下，

---

[1]《中国青年党暨国家主义青年团为日军进攻上海告全国国民书》，《民声周刊》第17期，1932年2月13日。
[2]《我们所要说的话》，载《再生》创刊号，1932年5月20日。
[3]《目前政治上之需要》，载《大公报》社评，1931年12月14日。

行政则漆黑一团。"①

当党治的合法性于法理与事实上面临双重压力时,训政也越来越成为一个名副其实的独裁者遮羞布,这一点连国民党内的开明人士也看得十分清楚。1931年10月18日,在国民党"四大"召开前夕李烈钧等118人联署提案,要求开放政权,准许人民自由组党。年底,国民党四届一中全会上通过了"缩短训政,行宪政案"。立法院院长孙科在国民党四届一中全会闭幕词中大声疾呼:"以党救国并非以党专政来支配国家,使中华民族永远在党的训政之下讨生活,是要实现宪政,使人民能够运用直接民权,完成民主政治。训政不过是一种革命的手段,宪政才是革命的目的。这是我们党的唯一使命。"②当然,孙科的宪政诉求并非是要国民党放弃执政权或推崇多党轮替。他称一党执政的苏俄也是宪政国家,并断言,实施宪政,"国民党必能受全国人的拥戴,国民党的政权,一定可以更加稳固的"。③ 此论颇似清末立宪派人士向朝廷的说辞。

在此,如果从瞻前和顾后两个角度审视一下国民党的训政,或许能更加清楚地判断国民党训政的实质。清末的预备立宪其实就是训政,其9年间的逐年应办事项条条清晰,且事事落实,如准代议机构各省咨议局与全国性资政院的产生与运作、地方自治的展开等,均可圈可点。而国民党集团自宣布训政至1948年"行宪国大"的召开,训政期长达20年之久,距孙中山著《会议通则》(孙文学说·民权初步)31年,在训练民众如何行使选举、罢免、创制、复决四种权力到底有没有实绩呢?民意机关召开的会议是否符合或接近"会议通则",这是验证国民党是真训政还是借训政而集权的最好依据。且看储安平眼中"行宪国大"开会的情形:

---

① 《由训政达到真宪政质疑》,载《申报》,1932年4月6日。
② 孙科:《闭幕词》,荣孟源主编:《中国国民党历次代表大会及中央全会资料》下册,光明日报出版社1985年版,第129页。
③ 孙科:《担任院长经过与今后的希望》(1933年1月),吴经熊、黄公觉:《中国制宪史》附录二《孙哲生院长关于宪法的言论》,商务印书馆1937年版,第261页。

一言不合，四座喊打，意气之徒，直奔讲坛，若无职员劝解，定必扭成一团，偌大一个会议，东一簇，西一簇，乱哄哄，气冲冲，尽管主席嘶哑喉咙，要求维持秩序，可是无人理会，一片喧嚣，一团乱糟。

国大代表，不远千里，进京开会，而不肯在事前稍为补充补充自己的知识，严格言之，可谓有亏职守。就修养而言，民主政治的原则是讲理，喜欢打的朋友何必竞选国大代表？要讲理就得听反对的意见，不愿意听反对的意见的人何必竞选国大代表？

国代和立委的选举，弊端百出，弄到发生命案、选官被控、绝食抬棺，笑话之多，开中外古今纪录。选举的成绩如此，国民党对于这20年来"训政"的这段历史，何以交待？……坦白的说，从这次国大选举和国大开会的情形来论，国民党20年的训政是彻头彻尾的失败了。①

第二节 议会主权——自由民主主义"行动人物"的抗争

近代中国，民主观念总是因特定时期的特定群体对特定的时代议题的关切而得到表达。到1930年代，"五四"时期催生出的一批自由主义知识分子已经越来越成熟，精英人才的聚合化程度越来越高，信众也越来越多。他们有自己的社团、政纲及言论表达的阵地，追求的政治目标是有别于国民党的主权在议会的宪政体制。

国人对"训政"正失去信心和耐心，对国民党来说继续坚持训政的顽固做法显然也是不合时宜的。1935年是国民党兑现"还政于民"的最后一年。自由派人士不时提醒当局："六年结束训政的期票，如今到期了，到期就应兑现。"②1935年底，国民党召开第五次全国代表大会，给出了一个含糊其辞的答复：

---

① 储安平：《国大评论》，载《观察》第4卷第9期，1948年4月24日。
② 罗隆基：《训政应该结束了》，载《独立评论》第171号，1935年10月6日。

自训政开始之后,内忧外患,接踵而来,全党精力,悉用于救亡图存,无暇及于训政工作。故至训政时期届满,而地方自治尚未能如期完成,此诚本党所引为遗憾者也。为今之计,苟延长训政时期,则使党失信于民;苟贸然召开国民大会,实施宪法,则宪政之基础未立,国家之根本未固,躐等求功,亦非国家前途之福。本党处此两难关头,惟一出路,专在一方如何能避去训政之名,而他方却能收训政之实。诚欲如此,则惟有在训政与宪政之间另划出一过渡时期,承上启下,以竟全功。①

所谓"过渡时期"又称为"宪政开始时期"。《建国大纲》及《训政约法》均规定必须在训政期内制定宪法草案:"宪法草案当本于建国大纲及训政与宪政两时期之成绩,由立法院议订,随时宣传于民众,备到时采择施行。""以期促成宪政,授权于民选之政府。"接下来,自由主义知识分子及执政党内的开明派人士与执政当局主要是围绕宪法草案的内容及国家的制度设计进行论辩,其实质是争夺宪政的话语权。

1932年12月20日,在国民党四届三中全会上通过了孙科等27人联署的"集中国力挽救危亡案":拟定于1935年3月召开国民大会,"议决宪法,并决定宪法颁布日期"。又,令"立法院应速起草宪法草案发表之,以备国民之研讨"。② 旋即成立了由著名法学家和贤达40人组成的宪法草案起草委员会,新任立法院院长孙科为委员长。1933年6月,在孙科指导下,由宪法起草委员会副委员长、留美的法学博士吴经熊拟就的宪法草案初稿完成。孙科提议,以吴氏私人名义发表,征求各界意见。宪草体现了"宪法起草委员会"先前确立的原则:1. 规定总统、副总统由国民大会选出。军人非退职者,不能当选。2. 总统为国家元首,不直接

---

① 《实施宪政程序暨政治制度改革案》,荣孟源主编:《中国国民党历次代表大会及中央全会资料》下册,光明日报出版社1985年版,第306页。
② 荣孟源主编:《中国国民党历次代表大会及中央全会资料》下册,光明日报出版社1985年版,第181页。

负行政责任,任期 4 年,不得连任。3. 行政院长由总统提名,经立法院同意任免。4. 省长民选。在县未完成自治前,省长暂由中央任命。

"吴氏宪草"甫公布,各方围绕总统制与内阁制、总统的任期等展开了激烈的争论。1933 年 3 月 1 日,立法院将宪法起草委员会数度修改的宪法草案初稿全文刊登在《中央日报》上,征求国人意见。1934 年 11 月 9 日,立法院将议订的《中华民国宪法草案》呈报国民政府。年底,在国民党四届五次中央全会上提出原则性的修改意见。1935 年 11 月 21 日"五大"通过《召集国民大会及宣布宪法草案》,承诺 1936 年 5 月 5 日宣布宪法草案,11 月 12 日(孙中山诞生纪念日)开国民大会。1936 年 5 月 1 日立法院将第二次议订的《中华民国宪法草案》呈送国民党中央,经国民党中央审定通过,并提交国民政府于 5 月 5 日公布(又称"五五宪草")。随后,《国民大会代表选举法》、《国民大会组织法》及《国民大会选举法实施细则》等相继公布。

历时三年半完成一部宪草,态度是审慎的,从学界及民间参与讨论的角度审之,开放度是较高的,但这并不能削弱国民党高层在宪草修订过程中的绝对主导权。"五五宪草"不仅将内阁制改成了总统制,而且是总统高度集权。总统任期为 6 年,连选得连任一次。总统对国民大会负责,国民大会任期 6 年,每 3 年由总统召集一次会议。如此众多(2000 多人)的代表,开会如此之少,必然会出现"负责者何从负责?问责者何从问起?"的尴尬局面。如此"还政于民",结果将是有名无实。宪草规定"中华民国为三民主义共和国",这又等于宣布不以三民主义为政治信仰的政党将失去合法性。故时人批评,此宪草乃假民治之名,续行党治之实。

"五大"承诺召开的国会大会以代表选举未如期依法办竣为由而延期举行。次年抗战全面爆发,法定的民意机关无法如期召开,但为促进全民抗战局面的形成而成立的国民参政会却为自由主义者及带有民主诉求的党派参政议政提供了一个合法而开阔的平台。

自清末以来民意机关的设立与有效运作一直是政治精英分子的期盼,虽然北洋时期国会的运作玷污了代议制的名声,但对自由主义者来说,代议制始终是其不二的追求。

国民参政会的前身是抗战全面爆发后国民党中央于 1937 年 8 月 12 日决定设立的"国防参议会",目的是吸纳各党派的精英共商国是。张君劢、胡适、傅斯年、梁漱溟、黄炎培、毛泽东等 20 余人被聘为参议员。国防参议会虽然只是一个采集民意的咨询机关,但毕竟是自国民党政权建立以来第一次为党外人士提供了一个问政参政的舞台,或国民党开放政权的端绪,故中共参政员称其具有"使全国政治生活走向真正民主化的初步开端的意义"。① 对民主、自由有执着追求的邹韬奋对此的评价也颇为客观:

> 国防参政会的本身实远够不上"民主政治"这个美名,但是这件事实之所以值得我们提起,一则因为这是"抗战"与"民主"分不开的明证;二则为它是国民参政会的胚胎,究竟是民主在抗战期间开始发展的小小萌芽。……国防参政会本身尽管薄弱,但是,它无论如何是抗战期间团结与民主的巨流中的产物,指示着这个巨流的动向。②

随着正面战场的节节败退,各界要求成立战时民意机关的呼声越来越高。民主派人士及开明的政治家均认为,抗战必须举全国之力,要举全国之力就必须让各界政治力量的代表及知识界的精英人物参与政权,共同谋划抗战之计。这一方面表明全国民众高涨的抗战热情,另一方面也表明当下的国民党政权及体制尚无足够的权威与号召力来领导全国

---

① 毛泽东等:《我们对于国民参政会的意见》,孟广涵主编:《国民参政会纪实》上卷,重庆出版社 1985 年版,第 76 页。
② 邹韬奋:《国防参议会——国民参议会的胚胎》,孟广涵主编:《国民参政会纪实》上卷,重庆出版社 1985 年版,第 41~43 页。1938 年 6 月 17 日,国防参政会举行第 64 次会议后宣告结束。同日,国民政府公布了国民参政会参政员的名单。

的抗战。1938年3月29日至4月1日国民党在武汉召开的临时全国代表大会上作出决定:"组织国民参政机关,团结全国力量,集中全国之思虑与意见,以利国策之推行。"①6月国民参政会在武汉成立,后迁重庆,1948年3月在南京结束,历时10年。其间共召开过4届13次会议,是近代中国存在时间最长、社会影响最大的(准)民意机关,也是这10年中国民主宪政运动的发动机。

按照《国民参政会组织条例》的规定,其性质虽然颇似清末的资政院,但实际运作却在朝着法定的国家民意机关的方向发展(尤其在前期),故有"战时国会"之称。参政员由地方政府与党部按应出名额加倍提出,交国民党中央执行委员会选定。首届200名参政员中,出自各省市的88名,出自蒙藏地区的6名,出自侨界的6名,出自文化团体或经济团体的100名,其中非国民党人士约占3/5。这表明国民党在国难之际政治上不得不作出妥协,有限度地开放政权,吸纳非国民党籍的政治精英。就宽泛意义上的党派而言,国民参政会中除国民党外,还有共产党、青年党、国家社会党、第三党、救国会、职教派、村治派、教授派②。其中,有许多活跃的民主人士、政治活动家及自由主义知识分子:张澜、褚辅成、王造时、梅光迪、陶行知、陶孟和、张君劢、张东荪、黄炎培、沈钧儒、胡适、左舜生、傅斯年、马君武、梁漱溟、张申府、钱端升、邹韬奋、罗隆基、张奚若、章伯钧、王云五、梁实秋、杭立武、陈启天、罗文干、任鸿隽等。他们的政治表现更具"行动人物"的特征。

与清末相似,准民意机关一旦成立便本能地朝着法定民意机关的方向努力,而欲使之成为法定民意机关,就必须结束党治,实行宪政。因此,"党治"与"宪政"也就成为国民参政会存在期间最为关注的政治议

---

① 《抗战建国纲领决议案》,荣孟源主编:《中国国民党历次代表大会及中央全会资料》下册,光明日报出版社1985年版,第485页。
② 此种分类系参照邹韬奋《"来宾"中的各党派人物》,孟广涵主编:《国民参政会纪实》上卷,重庆出版社1985年版,第69~72页。

题。国民参政会的成立,在客观上无异于承认其他党派存在的合法性,但 1939 年 1 月国民党五届五中全会却原则通过《防制异党活动办法》,随后又秘密颁布《异党问题处理办法》、《处理异党问题实施方案》、《运用保甲制度防止异党活动办法》等。由此,国民党开放政权的诚意越来越受到质疑,这也使得国民参政会成立之初朝野精诚团结的局面可能会出现逆转。

1939 年 9 月 9 日,国民参政会一届四次会议召开,议长蒋介石在开幕词中为本届会议设置了三个议题:集中人力,建设后方;加强军事,争取胜利;注意国际形势,推进战时外交。蒋介石闭口不谈结束党治与实行宪政,但参政员提交的众多提案还是将会议的主题拉到结束党治与实施宪政上。

会议期间参政员们提出的 7 项提案中有多项与民主宪政相关。其中最直截了当的是左舜生(青年党)、张君劢(国社党)、章伯钧(第三党)等 36 人签名的《请结束党治立施宪政以安定人心发扬民力而利抗战案》,这是国民参政会中除国共之外仅有的 3 个政党的首次联合。此外,张君劢等 55 人提出的《改革政治以应付非常局面案》、王造时等 37 人提出的《为强加精诚团结以增强抗战力量而保证最后胜利案》、张申府等 21 人提出的《建议集中人才办法案》、中共代表陈绍禹等 26 人提出的《请政府明令保障各抗日力量合法地位案》等。国民党方面为避免陷入与宪政为敌的尴尬境地,由国民党籍的参政员孔庚 59 人联署提出了《请政府遵照中国国民党第五次全国代表大会决议案定期召集国民大会制定宪法开始宪政案》。多数提案要求结束党治,给予各党派合法的政治权利,这是实施宪政的前提。"抗战两年,所流者全国国民之赤血,所竭者全国国民之脂膏,在现行党治之下,政府仅能对党负责,对全国国民几无责任之可言。"为此,他们提出实施宪政的三项"办法":

一、由政府授权国民参政会本届大会,推选若干人组成宪法起草委员会,以制定一可使全国共同遵守之宪法。二、在国民大会未召集以前,行政院暂时对国民参政会负责,省市县政府,分别暂对各级临时民意机关负责。三、于最短期内,颁布宪法,结束党治,全国各党各派,一律公开活动,平流并进,永杜纠纷,共维国命。①

不难看出,这是在与国民党争夺宪政的话语权,并要求执政当局事实上承认民意机关在国家政治生活中的核心地位。

9月15日,国民参政会提案审查委员会围绕宪政议题的7项提案展开论辩,会议从晚上8时,一直开到次日凌晨2时30分。邹韬奋以"好像刀光闪烁,电掣雷鸣"来形容当时气氛的紧张,"你起我立,火并似的舌战,没有一分一秒钟的停止":

> 尖锐达到最高峰的辩论,当然要推"结束党治"的这一点了。"来宾"们一致认为有此必要,一定要把这几个字加入决议案。"陪客"们却又一致大发挥其"不必要论",一定不要把这几个字加入决议案。罗隆基和李璜两先生发言最多最激昂,老将徐傅霖先生也挺身而出,大呼:"一党专政不取消,一切都是空谈!"当时空气已紧张到一百二十分。②

由于"来宾"(非国民党籍的参政员)与"陪客"(国民党籍的参政员)双方互不相让,最后,会议对7项提案合并作出如下决议案:

> 甲、治本办法:(一)请政府明令定期召集国民大会,制定宪法,实行宪政;(二)由议长指定参政员若干人,组成国民参政会宪政期成会,协助政府,促成宪政。乙、治标办法:(一)请政府明令宣布全国人民除汉奸外,在法律上其政治地位一律平等;(二)为因应战时需要,政府行政机构应当充实并改进,借以集中全国各方人才,从事

---

① 左舜生等:《请结束党治立施宪政以安定人心发扬民力而利抗战案》,孟广涵主编:《国民参政会纪实》上卷,重庆出版社1985年版,第584~585页。
② 邹韬奋:《关于宪政提案的一场舌战》,孟广涵主编:《国民参政会纪实》上卷,重庆出版社1985年版,第596页。

抗战建国工作,争取最后胜利。①

国民党高层对高涨而又不失合法性与合理性的宪政要求,不可能像当年摄政王载沣那样拒不接招,身为国民参政会议长的蒋介石不得不顺应汹涌的宪政潮,指定黄炎培、张君劢、左舜生、罗隆基、钱端升、傅斯年、褚辅成、罗文干、章士钊、周览、董必武等19人组成了国民参政会宪政期成会,稍后又增补了章伯钧等6人。蒋介石任宪政期成会议长,黄炎培、张君劢、周览为召集人。一批自由主义的骨干人物终于获得了宪政话语的表达权。修改"五五宪草"固然是他们的分内任务,但在他们看来中国宪政之期成仅靠一部宪法文本是远远不够的:"如果希望宪政的实施真能获得实际的功效和真正的成功,绝对不能坐待国民大会的自然来到与宪法的自然产生。"故必须发动全民关注、讨论宪政,壮大声势,给国民党形成强大的舆论压力:

> 我们主张在这准备的时期即须积极推动各方面参加宪政运动,希望每一个民众团体及学术团体、每个茶馆、每个民众教育馆、每个大大小小的事业机关,都能举行宪政座谈会,使一般民众都能明白宪政究竟是什么一回事,宪政和抗战救国究竟有什么关系,宪政和他们的切身利益究竟的什么关系,他们所希望的宪政内容究竟怎样。这样深入民间的宪政运动,如能得到良好的领导和展开,在直接方面可以充分反映全国民众的要求,使将来的宪法能反映全国民众实际上的需要。在间接方面也就是实际的政治教育,加强他们对于政治的认识与了解,为实施宪政前途建立巩固的基础。②

循着这一思路,国民参政会里有着宪政诉求的参政员身体力行,召

---

① 《召集国民大会实行宪政决议案》,孟广涵主编:《国民参政会纪实》上卷,重庆出版社1985年版,第593页。
② 邹韬奋:《第一届国民参政会亲历记》,孟广涵主编:《国民参政会纪实》续编,重庆出版社1987年版,第454页。

集宪政座谈会,并号召各界立即行动起来,各地有关讨论宪政的团体纷纷成立,宪政骤然升温:"重庆有三十几个妇女团体所发起的妇女宪政座谈会,有青年各团体代表二十五人发起的青年宪政座谈会,成都、桂林、上海、延安各处都有热烈的响应,纷纷发起宪政座谈会及宪政促进会一类的组织。"①

与此同时,宪政期成会也在紧锣密鼓地对《五五宪草》进行修改。1940年3月20日,宪政期成会完成了提交国民参政会的修宪方案——《国民参政会宪政期成会提出中华民国宪法草案("五五宪草")之修正案草案》(简称"期成宪草")。同时,宪政期成会还委托黄炎培和张君劢分别起草了《宪政期成会报告书》和《宪政期成会提出〈中华民国宪法草案修正草案〉说明书》作为向国民参政会的报告文件。

由自由主义者主导的"期成宪草"与国民党主导的"五五宪草"相比较,前者信奉代议制和权力制衡,后者则推崇总统集权制。"期成宪草"所作的重大改动是增设国民大会的常设机构——"国民大会议政会",使虚置的国民大会成为真正的常设的国家最高民意机关。这从"期成宪草"对"议政会"赋予的职权就清楚地反映出来。

"议政会"主要是行使对政府的监督权。如"议决戒严案、大赦案、宣战案、媾和案、条约案","复决立法院所议决之预算案、决算案","创制立法原则并复决立法院之法律案","受理监察院依法向国民大会提出之弹劾案"(以上也是国民大会的权力)。此外,还赋予"议政会"行使以下职权:"对行政院院长、副院长、各部部长、各委员会委员长提出不信任案","对国家政策或行政措施,得向总统及各院院长部长及委员会委员长提出质询,并听取报告",以及"接受人民请愿"、"总统交议事项"和"国民大会委托之其他职权"等。

---

① 邹韬奋:《第一届国民参政会亲历记》,孟广涵主编:《国民参政会纪实》续编,重庆出版社1987年版,第455页。

此种制度设计明显是仿效西方的分权制衡与议会体制,而与孙中山的"权能分治"的制宪思想相左。孙中山的宪政设计是人民主要通过国民大会行使四个政权(选举、罢免、复决、创制),以此来管理并监督政府拥有的五个治权(行政、立法、司法、考试、监察),后者向前者负责,接受前者的监督,以突显"主权在民"的原则,排斥相互制约关系。事实上在中国这样一个超大规模的国家,这种权能分治的制度安排最终很可能会将"主权在民"原则高悬起来或虚置一旁,人民拥有的四权无法兑现,拥有五项治权的政府极有可能沦为全能或极权主义的政府。现代西方民主宪政的历程也昭示了这样一个真理:"为了保障自由,只是把权力简单地划分是不够的,还必须使分开的权力在其活动时能互相监督制和制约"①。分权制衡是"西方立宪主义全部格局的核心","将权威分散于不同的决策中心,这是与极权主义和绝对主义相对立的。"②

如果按照"期成宪草"制宪、行宪,势必斩断了一个领袖、一个政党、打天下、坐天下的政治逻辑,故 1940 年 4 月 5 日当"期成宪草"提交国民参政会讨论时,蒋介石明确表示这是"袭取欧西之议会政治",与五权宪法"完全不和",设立议政会"对执政之束缚太甚",是"不能施行之制度"③。蒋介石的批评也道出了两种宪政观的根本区别。以中间党派及自由主义精英为主体所作的制宪努力在"党治"的情境下又一次无果而终。与此同时,国民党对各地开展的宪政大讨论进行不择手段的打压:

> 首先是宪政运动的消息及言论在报纸上受到封锁,在国民党的党报刊上看到诬陷宪政运动的"理论";其次是索性在参政员二十五人所召集宪政座谈会中实行捣乱,在各地方则严禁宪政运动的出

---

① (日)佐藤功:《比较政治制度》,刘庆林等译,法律出版社 1984 年版,第 31 页。
② (英)M.J.C.维尔:《宪政与分权》,苏力译,三联书店 1997 年版,第 15 页。
③ 转引自梁漱溟《论当前宪政问题》,载《民宪》(东南版)第 1 期,1945 年 9 月 1 日。

现,在各地方报纸上连"宪政"二个字都不许出现。①

国民党的一意孤行加剧了朝野的对抗,参政员对政府的态度由开始的支持、合作转为疏离与对抗。1941年2月23日,参政会中活跃分子邹韬奋在第二届国民参政会第一次会议开幕之际,愤然辞去国民参政员之职,只身一人,离渝赴港,决心"以光明磊落的辞职行动,唤起国人对于政治改革的深刻注意与推进"②。同期,无党籍的参政员西南联大政治学教授张奚若曾在参政会上抨击国民政权腐败,蒋介石粗暴地打断其发言,插话说:"欢迎提意见,但别太刻薄!"张奚若一怒之下拂袖而去,回到昆明。下次参政会开会时,他接到寄来的通知函和路费,当即回一电报:"无政可议,路费退回。"③

宪政运动的低潮是短暂的。蒋介石的独裁体制在受到民主派人士讨伐的同时,还受到盟国的压力。进入1943年欧洲的反法西斯战争出现转机,同盟国开始转守为攻,大国领袖已开始考虑战后的政治秩序。同年9月1日,罗斯福总统直接建议蒋介石:"中国宜从早实施宪政","国民党退为平民,与国内各党处于同等地位,以解纠纷"④。9月13日国民党在五届十一中全会上宣布要"于最短期间完成施行宪政之一切准备,务于抗战结束之一年内召开国民大会制颁宪法,实行总理所主张之民权政治"⑤。随后,国民参政会发起成立了成立宪政实施协进会,该会

---

① 邹韬奋:《抗战以来·苦命的宪政运动》,孟广涵主编:《国民参政会纪实》续编,重庆出版社1987版,第455页。
② 邹韬奋:《抗战以来·第二届国民参政会的前夜》,孟广涵主编:《国民参政会纪实》续编,重庆出版社1987版,第466页。
③ 孙敦恒:《张奚若先生生平事略》,《张奚若集》,清华大学出版社1989年版,第15页。
④ 《中华民国史资料丛稿·增刊》第5辑:《黄炎培日记摘录》(1943年9月10日),中华书局1979年版,第39页。
⑤ 《第五届中央执行委员会第十一次全体会议宣言》,荣孟源主编:《中国国民党历次全国代表大会及中央全会资料》下册,光明日报出版社1985年版,第834页。

隶属于国防最高委员会,蒋介石任会长,孙科、黄炎培和王世杰为召集人①。该会看似由政府主导,但其展开的活动并非秉承一党的意旨,其中的民主派人士李璜、王云五、张志让等在宪政实施协进会的第一次会议上就郑重提出"关于改善新闻检查及书籍审查办法"②等数案,1944年元旦该会发表《为发动研讨宪草告全国人民书》,同日黄炎培、张志让创办的《宪政月刊》在重庆问世。宪政运动再次升温(亦称抗战时期的第二次宪政运动)。

2月,张澜、李璜与川省名流绅士在成都成立民主宪政促进会,讨论促进民主与宪政的问题。6月该会发表了对国事的10项主张,强调"非立即实行民主,不足以团结各方,争取胜利"。他们呼吁:"切实施行约法";"尊重人民言论之自由、人身之自由、思想信仰及一切结社集会之自由。公教人员、学生士兵入党入团,须基于自愿,并不得以党员团员资格为铨叙考核之标准及享受其他特权";"给予各级民意机构以必要的权力";"举凡训练群众、组织民众,均应以国家立场出之,不再以党的立场出之"。与此同时,在知识分子集中的昆明,民主的氛围尤其浓烈。该市的报刊、壁报、各类社团、集会、座谈会等,无不以民主、宪政为讨论的议题。西南联大的教授们呼吁"青年们应加紧争取民主,争取自由,不要吝惜任何牺牲"。社会学教授潘光旦说:"今天不是躲的时候,我们必须要追求光明,打倒黑暗。"闻一多教授更是激昂地号召青年"闹"起来,"打破可怕的冷静"③。学术界的宪政研究会也发表了《我们在宪政实施前的要求》:第一,"政府应遵守训政时期约法,以为宪政实施之初步准备。"第

---

① 10月20日公布《宪政实施协进会会员名单》,包括当然委员(国民参政会主席团成员)7人,国民党中央委员12人,国民参政会参政员23人,遴选富有政治学识经验或对宪政有特殊研究者11人。详细名单参见闻黎明:《第三种力量与抗战时期的中国政治》,上海书店出版社2004年版,第213页。
② 《发动全国人士研究宪草,言论检查办法应予改善》,载(重庆)《大公报》,1943年11月13日。
③ 达生:《大后方民主运动消息》,彭明主编:《中国现代史资料选辑》(5)下,中国人民大学出版社1989年版,第603—606页。

二,"人民应有生命身体之保障,不得滥行逮捕、拘禁、拷打、捆绑或处以死刑,并应从速实施约法上明定之提审法"①。

知识界推动民主宪政运动感化了工商界。1944年9月1日,黄炎培等30位工商界的名流在《宪政月刊》上发表《民主与胜利献言》,提出了9项主张:1. 及早实施人民渴望之民主制度,不惟其名,务求其实;2. 切实执行训政时期约法,以迄于宪政之公布;3. 约法所规人民之各项权利……须予以实际的充分的享受与保障;4. 严厉告诫文武官员,一致守法,一致设施,力行法治,有犯必惩;5. 切实开放言论;6. 兵役、工役与一切赋税制度订立与执行,皆须绝对平等;7. 必须给产业界以一切解放,简化各项法令与手续;8. 学生在不妨碍学校纪律与普通法规之下,予以言论与行动之自由;9. 行政机构自中央以迄基层,一切政令,皆须绝对公开,与民更始②。

其间,借宪政议题充分表达自由主义宪政观的代表人物是张君劢。1944年1月3日至5日,张君劢在成都《新中华日报》上发表《人民基本权利三项之保障——人身自由、结社集会自由、言论出版自由》,批评国民党政权无"尊重人民权利之习惯";"人身、结社集会、言论自由三项为人民基本权利之重且大者",对这三项权利的保障"不宜待诸宪法颁布之后,而应着手于宪法未颁布之前"。"有宪法无人权,不能算是宪政,先有人权的保障,然后才有宪法"。该文在社会上引起了广泛的反响,在国民参政会内也引热议。其对三项自由的阐述概括如下:

1. 人身自由。人身自由是最基本的人权,人民只有在违法的情况下才能予以拘捕。国民政府要保证人民不致遭受非法的秘密拘捕、审判和处决。但今日之中国,人民的人身自由权利没有任何保障,政府可以"任

---

① 转引自黄炎培:《我们共同协助政府促成全国上下尽力奉行约法》,载《宪政月刊》第6号,1944年6月1日。
② 达生:《大后方民主运动消息》,彭明主编:《中国现代史资料选辑》(5)下,中国人民大学出版社1989年版,第609—610页。

意蹂躏人民的人身自由","实非国家前途之福"。

2. 结社集会自由。"政党是多数人的集合体,也就是所谓集会结社。凡民主国家,人民都必享有集会结社自由之权"。他特别强调给人民结社集会自由的积极意义,认为正是结社集会的自由给人民各抒己见的机会,也便于养成民间领导政治的人才,使其发表负责的言论。近代欧洲各国的法律对于人民之结社集会,只要"不以扰乱治安为目的,不以抵触刑法为目的",应当允许人民有结社集会之自由,政府不应干涉,并且对于"结社集会之合法与否,由法庭判决"。

3. 言论出版自由。言论出版之自由与人身自由、结社集会自由一样,也是民主宪政不可或缺的要素,有之则为民治,无之则为专制。"苟人民无言论自由,则学术上无进步,政治上无改良之途径矣",反之,"倘许多人发猖狂无忌之言,则治安混乱而法纪荡然矣"。张君劢要求尽早废除目前的事前监督制度,经立法院议决,制定一部新的出版法,使人民"养成守法之习惯",且"自知其责任之所在","如有逾越范围之言论,政府自可于事后禁止其发行。"

其后,张君劢又相继发表了《英国大宪章提要》、《现代宪政之背景》、《两时代人权运动概论》、《法国人权协会之人权宣言》等系列文章,反复强调三项自由为人民基本权利,是现代宪政的基本条件。经由张氏的连篇累牍地鼓吹,时论也认为:一个国家是否民主,必须以此三项为重要的标识。

国统区及大后方各界凭借越来越发达的大众媒体持续表达对宪政强烈诉求,使民主、自由、法治、平等等理念进一步社会化、知识化,民主、宪政的社会基础在不断扩大。但从国家与社会的关系来看,此间的社会力量与国家权威之间仍是一种非对等的博弈,社会力量远不足以动摇国民党的集权及主导政治的优势地位。这场宪政运动的影响所及也只是一些大中城市中的知识阶层,对处于战乱中的平民来说,维持起码的生计是第一位的;而宪政运动能否有效地向基层推进,除了宣传还有赖于与宪政实践的互动。宪政运动期间,国民党政权迫于压力有时也能表现出有限度的妥协与退让,但始终非未能表现出令人信服的宪政诚意。随着其权势的强固,独裁、腐败的本质越发彰显出来,结果导致社会力量与国家权威的疏离。这类似清末立宪派最终与清王朝分道扬镳,也预示即将而致的制宪与行宪,非但不能巩固执政者的权威与合法性,反而加速其执政地位的丧失。

第三节　制宪与行宪——自由民主主义者的彷徨与分化

抗战结束后,国民党延宕行宪的理由已不复存在,而蒋介石出于排斥共产党、垄断国家政权并取得执政合法性的考虑,急于制宪与行宪。然而,当制宪与行宪姗姗来迟的时候,革命民主主义者向全国发出了推翻现政权的动员令,而自由民主主义者所推崇的西方式的民主宪政、第三条道路却走到了尽头,自由主义者不得不面临两难的痛苦抉择。

按照《双十协定》的规定,1946年1月10日,政治协商会议在重庆召开。出席会议的38位代表分成政府组织、施政纲领、军事问题、国民大会和宪法草案等5个小组,商讨有关问题。由各党派及无党派人士组成的政治协商会议成立了专门的"宪法草案组织审议委员会",其组成人员有:国民党的孙科、邵力子,共产党的周恩来、吴玉章,青年党的陈启天、常乃惠,民主同盟的张君劢、罗隆基、章伯钧,无党派社会贤达傅斯年、郭沫若。1946年1月30日,政治协商会议决定:于两个月内完成宪法修正案,并决定12项修改原则(主要内容有:立法院民选、监察院由省议会选举、司法院为最高法院、行政院对立法院负责等,并对总统权力加以限制)。这些原则在一定程度上体现了"期成宪草"的制宪精神,即严守权力制衡与代议制的底线。唯其如此,同年3月16日国民党六届二中全会通过"修改宪草原则之建议"再次予以拒绝:

一、制定宪法,应以建国大纲为最基本之依据。二、国民大会应为有形之组织,用集中开会之方式,行使建国大纲所规定之职权。其召集之次数,应酌予增加。三、立法院对行政院不应有同意权及不信任权;行政院亦不应有提请解散立法院之权。四、监察院不应有同意权。五、省无须制定省宪。①

随后,"宪草审议委员会"在参酌各方意见的基础上,于11月初完成《五五宪草修正案》(后改称《中华民国宪法草案修正案》),经最高国防委员会通过后,由国民政府转送国民大会。与"五五宪草"相比,此修正案扩大了立法院的权力,缩小了国民大会的权力,立法院既为政权机关又为治权机关;行政院对立法院负责,总统的权力受到行政院与立法院的制约。此方案在相当大的程度上受到张君劢制宪思想的影响,实是一个以五权宪法之名行英美式宪法之实的方案,其实质是要"把立法院变成英国的众议院,行政院形成英国式内阁,总统相当英国女王,行政院长相当英国首相"②。

按照政协决议,国民大会必须在内战停止、政府改组、训政结束、宪草修正完成后,始能召开,但国民党违背政协决议,于10月11日国民党军队占领张家口的当日下令11月12日召开国民大会。国民大会中党派名额仅次于国民党和共产党的民盟断然拒绝参加③,民盟还宣布将准备参加"国大"的张君劢领导的民社党开除出民盟。舆论及学界对张氏率党参加"国大"物议颇多。

张君劢是近代中国自由主义者的健将,在宪法学领域有很深的造诣。1932年,他与张东荪等在北平组织中国国家社会党,出版《再生》月刊,宣扬国家社会主义。1938年被选为国民参政会参政员,是其中最为

---

① 《中国国民党六届二中全会对于政协会议报告的决议》,孟广涵主编:《国民参政会纪实》下卷,重庆出版社1985年版,第1506~1507页。
② 梁漱溟:《国共两党和谈中的孙科》,《梁漱溟全集》第7卷,山东人民出版社1993年版,第195页。
③ 国民大会中的党派及社会贤达代表700名,各党派代表分配后,由各党派自行提出。其中,国民党220名,共产党190名,民盟120名,青年党100名,社会贤达70名。

活跃的成员之一;同年发表《立国之道》一书,阐述其政治观点。1941年参加组建中国民主政团同盟(1944年改称中国民主同盟),任常务委员。1945年4月奉国民政府委派出席联合国会议,代表中华民国签署联合国宪章。1946年回国,参与起草宪法草案。同年8月,中国国家社会党与中国民主宪政党合并为中国民主社会党(简称民社党),张氏当选为主席。该党因参加了"制宪国大",也使其政治理念在最终通过的宪法文本中得到了较多的表达,甚至有人认为这是一部"张君劢版本"的宪法。正是出于营销自由主义的宪政理念,当民盟宣布退出"国大"时张君劢不得不选择退出民盟,多数民盟领导人痛惜张君劢对蒋的支持。"一部分报纸在其电讯、评论、漫画之间,对于张氏备施讽嘲,似非此人前途毁灭,不足快意"。其间,储安平对张氏参加"制宪国大"的评论颇为中肯:

> 政治这样东西,一方面是原则,一方面是事实。国大既然势在必开,宪法既然势在必制,而张氏又复一生献身立宪大业,则他自必较他人更关心于这部宪法的内容,更期望一部较为理想的宪法能够制成,所以他仍参加国大召开前夜在南京举行的几次审议宪草的会议,并与国民党总裁交换函件:假定国民党总裁能保证这部宪法在国大通过,他声明他将同意他所领导的民社党参加国大。张氏主要的目的:和谈须待从长努力,先将宪法通过了再说。①

其实,储氏的这些说辞并非毫无原则地挺张,而是提醒自由主义知识分子不要忘却自由主义者应有的气质与气度:"实行民主政治不能没有良好健全的舆论,我们既要求有一个有风度的政治,我们就得先希望有一个有风度的舆论。"②

应然与实然总是充满矛盾,在两者之间做出的任何选择不宜约化为正当与不正当。张氏一生的理想是希望中国有一部好宪法,20世纪中国

---

① 储安平:《论张君劢》,载《观察》第1卷第19期,1947年1月4日。
② 储安平:《论张君劢》,载《观察》第1卷第19期,1947年1月4日。

的历次宪政运动他几乎无不参加(张氏有"民国宪法之父"之称,1946年初张氏60岁生日时周恩来还送过他一块"民主之寿"的寿匾),他是近代中国为数不多的为宪政而痴狂的人,也是中国民主宪政史上最具争议性的人物。他相信虽然好的宪法未必导致理想的宪政状态,但良法与恶法相比,前者毕竟为通向宪政提供了某种可能性,更何况蒋介石为避免舆论斥之为一党专政,在接纳民社党参加国民大会时对其提出的宪法原则作出了让步。

1946年11月15日,国民大会在共产党与民盟缺席的情况下在南京召开①,12月25日,对宪法草案三读完毕(与原案相比并无原则性的修改),《中华民国宪法》获得通过。国民大会还通过了《宪法实施之准备程序》,决定1947年12月25日为宪法施行日期。

中国民主同盟是抗战以来形成的以西方民主宪政为政治目标的最大的政治团体,也是政治协商会议中的重要一方。"制宪国大"一结束,民盟即发表声明,拒绝承认:

> 政治决议中最重要的一项是先成立各党各派的联合政府,而后由此举国一致的政府共同召集国民大会制定宪法,并同负担实施宪法的责任。这种决议程序与精神已被政府完全破坏了。中国民主同盟站在维护政协的立场,拒绝参加此次国大。因此,本同盟对今天公布的宪法愿保留其接受的权利。

> 国民党片面提出的草案,在法律与事实上均非政协宪草。宪法

---

① 首届"国大"原定于1936年召开,代表总额1200名。选举办法规定:凡年满20岁之国民有选举权,年满25岁之选区内居民有被选举权。除上述1200人之外,国民党中央执监委及候补执监委为当然代表,国民政府还可直接指定代表240名。1936年内,国民政府陆续公布了《宪法草案》、《国民大会组织法》及《国民大会代表选举法》,并进行了代表选举(有部分省区未完成)。但因种种原因,原定1936年召开的"国大"一再延期。1946年初,政治协商会议决定当年召开"制宪国大"。经各方协商,决定原选举的1200名代表继续有效,取消当然代表及指定代表,增加台湾、东北收复区代表150名,各党派及社会贤达代表700名,总计2050名。1946年11月15日,"国大"正式召开,出席代表1381人,大多数是10年前选举的旧代表。

的基础是法治,而法治最重要的条件是守法,破坏政协的行动而制成片面的宪法,则所谓宪法,已失去了法律依据,而违法造法者必不能示人以守法之保证。更就所谓宪法之内容来说,许多重要条文既为政协争论未决之问题,且与真正民主的原则相距甚远。民盟站在争取中国真正民主的立场,愿保留其接受此宪法之权利。①

上海的民主建国会、中国民主促进会、工商协会、妇女节制会、中国人民世界和平促进会、中国国际人权保障会、中华全国文艺协会、中国经济事业协进会、金融业民主和平促进会、中国妇女联谊会上海分会、九三学社等11个团体也发表联合声明:

> 宪法为国家的根本大法,应在和平统一的环境中,由全国人民以自由普选的方法,选出真能代表人民利益的代表,由全国各党派一致参加,共同制定,才有它的尊严性和有效性,这次片面召开的"国大",其代表或为十年前一党所选出,或为最近一党所指定,既非基于今日自由普选而产生,又非根据政协整个政治妥协而成立,根本不能代表今日的民意,当然不能为全国大多数人民及各民主党派所承认。宪法的良否,固然要看条文的内容,尤其要看宪法的基础及其基本精神,这一宪法的产生基础及其基本精神,彻头彻尾是反民主的,反政协的。②

各民主党派及社会团体的这些声明,不但表达了谴责的立场,更在应然意义上表达了自由主义的立宪观基本信条:自由、普选、妥协、宽容、程序、诚信等。

新宪法提供的制度框架,非但没有成为吸纳与整合政治资源的容器,反而成了撕裂社会、加剧对抗的导火线。其后,行宪的进程似乎在与

---

① 《民盟对于伪宪的声明》(1947年1月1日),陈竹筠、陈起城选编:《中国民主党派历史资料选辑》上册,华东师范大学出版社1985年版,第289—290页。
② 《上海十一团体对伪宪法的声明》,载《文汇报》,1947年1月1日。

不断升级的内战赛跑。同年 11 月 21 日全国举行第一届国民大会代表选举,实选代表 2961 名(应选代表为 3045 名)。1948 年 3 月 29 日至 5 月 1 日,"行宪国大"在南京举行,出席大会的代表有 1679 人。大会选举蒋介石和李宗仁为总统和副总统,随后五院院长相继产生并就职,5 月 20 日总统宣誓就职。中华民国终于进入了宪政期。

制宪与行宪终于期成,但热衷于西方式自由民主的精英人物与政治派别却出现了前所未有的分化。面对严酷的现实,他们不得不在国共之间作出抉择,青年党、中国民主社会党加入了现政权(在 1948 年 12 月 25 日中共发布的 43 名头等战争犯罪的名单中,张君劢名列最后一名,旋因对蒋介石能否遵守宪法感到绝望于 1949 年去了美国),而中国民主同盟等民主党派最终与国民党分道扬镳,与体制外的共产党合作,他们中的多数成员在 1948 年中共发表组建民主联合政府的"五一宣言"后选择了奔赴解放区,与共产党一道参加民主联合政府的筹建工作。

第四节 工具与价值——难以调和的紧张关系

宪政期成的目标可谓姗姗来迟,这距离梁氏提出宪政议题已有 47 年,距离清政府启动预备立宪整整 40 年。其间,经过"制宪→失败→再制宪"多次循环。然而,越来越多的人不是对未来充满希望,反而动摇对宪政的信心。这一方面是因为"总统做皇帝,议员变猪仔",刻印在民国以来追求宪政的曲折道路上。此刻,清末那种国会救国、宪法万能的乐观主义早已不复流行。另一方面,"行宪"是在内战全面爆发的隆隆炮声中启动的,党争、政争转变为战争,宪法完全失去了规范政府和民众政治生活的权威性。1949 年 1 月 14 日,中共宣布和平谈判的 8 项条件,要求废除"伪宪法"与"伪法统",并紧锣密鼓地筹备民主联合政府。中国人为宪政之期成,奋争了半个世纪,何以无果而终?

宪法固然是一个规范政府权力与保护公民权利的工具,但又必须符合其内在的基本价值。作为前者可以表现为不同的面向,作为后者则具有同一性;而置价值于不顾,视宪法为工具。此种宪法必将成为一副面具,萨托利称其为"名义性"的或"装饰性"的宪法。

实行民主宪政,除了一部好的宪法外,还需要行宪的文化土壤。一直拒绝加入国民党的萧公权在价值上是一位执着的立宪主义与自由主义者,其思想深受英国保守主义传统的影响,持中、稳健、务实、理性、渐进,秉持"知完而行缺"的理念。在"制宪国大"召开期间,他发表了《制宪与行宪》:

> 追求完美,本是人类的一个优点。道德、社会和物质生活所以能够继长增高,日新月异,多半有赖于这种求满意的上进心思。然而,经验却告诉我们,尽善尽美的理想虽是领导行为的有效目标,它不是在任何时间、任何地方所能完成的实际境界。我们可以由努力前进而接近理想,我们不可因理想的境界未能实现,就放弃了前进的努力。①

基于"行宪"的现实,他主张"有精美的宪法当然比不精美的宪法好一些。有不精美的宪法又比根本没有宪法要好一些。因为一个国家没有宪法,她连民主政治的起码条件都没有了"。"宪法是百年大计,所以成功不可一日求,开端不可一日缓,制宪的争执可以放松,行宪的努力必须加紧。"而中国要真正跨出这关键的一步,他主张各派政治人物应表现出"民主政治家的雅量",相互妥协:

> 妥协不一定是坏事。对不同意见的妥协,为了获取有用的结果而妥协,为了避免决裂分争而妥协——这样的妥协可以说是民主政治的一个运用原则。妥协是让步、是谅解、是宽容、是在尊重自己主张之时也尊重别人的主张。如果毋意毋必毋固毋我是儒家圣人的

---

① 《制宪与行宪》,萧公权《宪政与民主》,清华大学出版社2006年版,第108页。

美德,愿意服从自己所不满意的决议,接受自己所不满意的主张便是民主政治家的雅量。①

现代的民主理论认为,妥协是民主宪政体制建立的前提条件,也是民主得以运行的条件,任何在原则上认为这种程序不适当的人是不会对民主政府感到满意的,也不会使它有所成就:

> 民主国家的公民须乐于以妥协办法解决他们的分歧。民主的所有条件之中,这是最重要的。因为没有妥协就没有民主,而有关各方如不愿妥协,即无达成妥协的可能。任何社会中,人与人之间利益的冲突是无法避免的,要用大家都完全满意的办法来解决,那是很少有此可能的。……拒绝妥协,除开无条件投降外,不接受任何一切,这是专为儿童所写的故事书中那些英雄们所表现的特性。②

胡适也表达了相似的看法。1948年9月4日胡适在北平电台演讲时说:"自由主义在这两百年的演进史上,还有一个特殊的、空前的政治意义,说是容忍反对党,保障少数人的自由权利。"③

然而,19世纪末以来的中国,因国家的制度建设、经济发展、外交努力等屡屡受挫,国人所期待的稳固的"社会重心"无法建立。当政者的所为及绩效与社会的期待落差总是越来越大,而当政者又不愿意开放政权,建立富有成效的妥协、对话的机制。随着怨恨的积累,结果为各种激进主义、冲突理论所表达的貌似现代理论,实是成王败寇的传统逻辑提供了巨大的生长空间,政治生态越来越两极化,政治思维越来越革命化。

历史地看,宪政及民主如同一个有机体的生命,是一个渐进的成长过程。一国的宪政需要经过较长时间的规训,但这种规训通常表现为历史的演进,而非事先计划好的"训政"。作为宪政之母的英国,自1215年

---

① 《制宪与行宪》,萧公权《宪政与民主》,清华大学出版社2006年版,第111页。
② (美)科恩:《论民主》,聂崇信等译,商务印书馆2004年版,第182~183页。
③ 《自由主义》,载《世界时报》(北平),1948年9月5日。

颁布《大宪章》至 1688 年"光荣革命"宪政之基初定,历经数百年,而由宪政通向民主之路到 19 世纪才起步:

> 英美民主政治的成功是受赐于两个主要条件:一是历史的渊源,二是人民的质地。英美的民主政治历数百年之改进发展,然后具备现代的规模。人民的优良质地也就在这个过程当中培养完成。英美人民的民主习惯不是天生的,十三世纪的英国人民并不了解民主政治。《大宪章》不是民权革命的产物,而贵族对抗英王的约文。十九世纪初叶的英国,民权尚未臻于普遍。不但选举权大有限制,而"囊中选区"或"腐败选区"在一八三二年以前依然存在。英国人民从实践当中养成了民主的习惯。他们的宪政可以说是经过一个长期的"训政"而完成的,虽然他们的"训政"是历史的演进,而不是事先的计划。①

与英国内生型的宪政不同,中国自清末的预备立宪运动至民国时期的宪政运动则是政治家或精英人物基于师法西方而制定的"计划",此种"计划政治"不仅要师法西方最完美的宪法,且要超越之(同时又罔顾自身的国情与民情),并一直被视之为一种救亡强国的方案。

中国宪政运动的动力与其说是自由主义、民主主义,不如说是民族主义,这与西方基于自由主义的价值而发动的以限制政府权力并保障民众权利为初衷的宪政运动不同。中国人在将宪政、自由、民主等由西方移植到中国时当然不可能连根拔起,这难免会失去其赖以生长的土壤,而置于民族主义和本土的一元主义沃土之上。哈耶克反复提醒人们,宪政不是一种"物理事实",而是一种"观念状态":

> 宪政(constitutionism)意味着一切权力都立基于下述认识,即必须根据为人们所共同接受的原则行使权力,被授予权力的人士须

---

① 《英美民主政治》,萧公权《宪政与民主》,清华大学出版社 2006 年版,第 63 页。

经由选举产生,然而选举他们的理由乃是人们认为他们极可能做正确的事情,而不是为了使他们的所作所为成为"应当正确"的事情。归根结蒂,宪政立基于这样一种认识,即权力从终极上看终究不是一种物理事实(a physical fact),而是一种人们服从的观念状态(a state of opinion)。①

民初国人对宪政、民主之期成普遍抱有一种乐观主义(像梁启超那样对中国民主制的前景心存忧虑者毕竟是少数),北洋及南京国民政府时期,民主主义、自由主义的信徒无不在为中国的民主而奋斗,而到此时自由主义知识分子普遍是一种悲观主义的心境。从民主制、宪政的绩效来看,20世纪以来的中国未必是一个不断增量的过程;但从中国人对民主制、宪政的认知来看,却不失为一个不断提供增量的过程。

《中华民国宪法》通过后,媒体作出了颇为中肯的评价:"这部宪法的最大缺点,还不在它的本身,而是这次的'制宪国大'缺少了一个和平团结的规模。一个主要的党派未参加,而半个中国还在打着内战,因此大大减损了这部宪法的尊严性。"②作为一位理性的旁观者,萧公权对行宪的前景也不免充满忧虑。此次"制宪"是"在极度纷争之环境中"完成的。国人对宪法的态度有三种:"接受者、反对者与不感兴趣者。大致言之,持第一种态度者为国民党、青年党、民社党及若干无党派之人士。持第二种态度者以共产党及民盟人士为主干。其余一般民众则无具体之态度。倘第一种态度占优势,则一般民众可成为被动接受宪法之人。倘第二种态度占优势,则一般民众又可成为被动反对宪法之人。孰占优势则取决于宪法之能否实行。"③"宪法之能否实现?"萧公权用自己的行动作出了回答。1949年,萧公权选择了赴美执教,继续其学人生涯。

1940年代后期自由主义的新锐储安平面对所谓"制宪",看到的不是

---

① (英)哈耶克:《自由秩序原理》上册(导论),邓正来译,三联书店1997年版,第228页。
② 《国民大会闭幕了》,载(重庆)《大公报》,1946年12月26日。
③ 《中华民国宪法评述》,萧公权《宪政与民主》,清华大学出版社2006年版,第148页。

希望,而是国民党政权的末日:

> 在最近几个月中,南京的高级核心人物,在心理上已起了很大的变化。这种变化是自国民党执政以来所未有的。这个变化就是:他们已深切感觉大势之日非了。迫使他们心理上发生这种变化的原因是多种的:马歇尔的离华、共产党的不妥协、一般舆论对政府的抨击、民心的涣散、经济的崩溃、军事上的没有把握。南京显已沦入黯淡与苦痛之中。①

中国作为一后发展中国家,在师法西方的过程中,人们钦慕宪政体制之美,却鲜有探究宪政历程之内在机理(即便有之,也是言者少听者寡),且通常不愿忍受过程的阵痛,将终极的目标锁定为现实目标,将价值置换为工具;思想上表现为完美主义与理想主义的取向,但又不免为政治功利主义与利己主义所累;行动上又大都表现为激进主义与不妥协的抗争精神。于是,揭竿而起者众,退而结网者寡,而这与宪政的秩序指向正好相反。

宪法应是处常之法,而非处变之法。于充斥暴力与革命及国际环境变幻莫测的处变之际,按计划去立处常之法或许不合时宜,但先辈追求宪政的心路历程、围绕中国宪政之期成而展开的论辩,以及在构建宪政的过程中如何在理想主义与现实主义之间保持合理的张力,则值得总结与记取。宪政是可期的,但绝非成于明天的某一刻。

---

① 储安平:《中国的政局》,载《观察》第 2 卷第 2 期,1947 年 3 月 8 日。

第十章　人民民主专政：共产党人民主观的生成

中国共产党成立后,经过 28 年的奋争,夺取了全国政权,其间形成的独具特色的民主观与其政治力量的上升及政治影响的扩大有着密切的关系,并对 1949 年执政后中国的政治发展有很大的影响。

世界上有许多信奉马克思主义的政党,但其政治理念、发展道路并不完全相同。在西方,马克思主义的政治理论是以颠覆现行的资本主义制度,建立无产阶级专政、生产资料公有制的共产主义社会为目标,达致这一目标的手段是一无所有的无产阶级发动暴力革命。其逻辑推导的事实根据是生产资料的私人占有与社会化的大生产的矛盾无法调和,从而造就了一个庞大的、最具有革命性的工人阶级,而共产党则是由工人阶级的精英或先锋队组成的政治组织,其政治使命就是构建一个理想的社会。

在中国,共产党的诞生有其特殊的思想和社会背景。从思想资源来看,古典时期儒家的天下为公、大同思想一直是中国人可欲却又难求的"理想国";清末民初以来各种理想主义,如无政府主义、社会主义、民生主义、马克思主义等观念的传播、碰撞,始为自发的、零星的,受众也是有限的,但自苏俄革命成功后,马克思主义、社会主义渐成受到认同的社会思潮。从社会背景来看,任何革命主张、革命组织、革命心理的出现都是缘于社会矛盾激化、民众对现行的生活、秩序及制度的强烈不满,对国家和民族的未来失去信心。赤贫、失望、怨恨等通常是革命的催化剂。虽然西方那种生产资料的私人占有与社会化大生产的矛盾从来都不是近代中国的主要矛盾,但此种现代化的症候在西方的呈现(尤其是严重的贫富不均)不时提醒国人,西方的今天千万不能成为中国的明天。那么,中国的出路将是既要师法西方,又要超越西方,则就是孙中山的三民主义。三民主义实是对西方模式的全面超越,经济上的民生主义是避免西方的垄断资本主义,政治上的民权主义是避免政权被少数强势群体所垄断,故而行直接民权,反对代议制。民族关系方面,实行民族平等,既反对国内的民族压制,也反对国家间的民族帝国主义。从这个意义讲,孙中山的三民主义也是一种理想主义。理想主义无疑能激发人们的无限想象力甚至牺牲精神,但当这一切在民初幻灭烟飞后,颓唐、失望甚至自杀情绪与现象都将随之而至,这时就需要用新火种来点燃人们的政治热情,而第一次世界大战后"巴黎和会"的刺激与苏俄革命的成功为人们释放内心愤怒与构建新的理想主义提供了契机。经由"五四"风潮,到1921年中国的思想界呈现出这样一种景观:

> 一年以来,社会主义底思潮在中国可以算得风起云涌了。报章杂志底上面,东也是研究马克思主义,西也是讨论鲍尔希维主义,这里是阐明社会主义底理论,那里是叙述劳动运动底历史,蓬蓬勃勃,一唱百和,社会主义在今日的中国,仿佛有"雄鸡一唱天下晓"的情景。①

社会主义思潮在中国的兴起是中国共产党产生的前提,共产国际是一个不可或缺的助产师。中国共产党的民主观就其思想资源来看,直接取自马克思主义与苏俄的政治实践,同时也切合中国的现实政治生活与

---

① 潘公展:《近代社会主义及其批评》,载《东方杂志》第18卷第4号,1921年2月25日。

历史记忆,故而其话语表达带有中国鲜明的特色。早期共产党人的民主观于其繁杂的词语中突出一个中心议题,即国家主权属于人口众多从事创造物质财富的穷人——劳工、大众、工农、人民,与他们对应的是少数不劳而获的有产阶级——地主、富农、资本家、买办、官僚等,他们属于被打倒、改造、专政的对象。对一个反体制的政党来说,这一理论的构建与传播无疑具有巨大的政治功效,但对后革命时代如何巩固并完善体制,构建和谐、有序的社会与政治秩序来说,将会面临新的挑战。

共产党人民主观的核心内容是人民主权(人民民主专政)和民主集中制。在西方,人民主权观念的确立解决的是国家公共权力的归属(最终的来源)问题,它既不属于神,也不属于君主或豪强,其最主要的理论支撑是社会契约论。随着人类文明的进步,这一观念得到广泛的认同,但不同的人有着很不相同的理解。在自由主义者看来,主权在民,重在维护公民个人的权利,并要在制度设计上设法防止国家权力失去控制,侵害公民个人的权利,而非由人民直接行使国家公共权力。而卢梭则不然,国家权力应体现全体公民的意志,"公意"是至高无上的、至善并绝对正确的,也是不可分割、让渡的。共产党人理解的人民主权观念不仅从卢梭那里获得了理论支援,而且运用马克思主义的阶级斗争学说进一步刷新了卢梭的学说,即人民并不是指全体国民,而是特指无产阶级,与人民相对应的概念是敌人,即资产阶级。人民或无产阶级具有排他的先进性、正确性。他们可以直接行使国家公共权力,也可以由他们的代表(作为无产阶级先锋队的共产党以及各级人民代表会议的代表)来行使,换言之,也是可以委托代理的。在制度安排上,各级民意机关均为国家最高权力机关。自由主义民主中的权力制衡、个人主义则受到排斥。共产党人民主观念的主要载体是党在不同时期的重要文献及领袖人物特别是毛泽东的论著。

由此,西方的主权在民("民"在价值上可泛指国民,操作上特指法律规定的选民)的观念,在中国共产党的民主观中便有了两重意涵:一是国家的政治权力属于人民,人民对敌人具有宰制权(专政)。

第一节　人民主权与民主集中制——早期共产党人民主观的初步表达

建党初期共产党人的民主观大都承接了"五四"时期流行的民治主义或惟民主义,带有一定的庶民主义色彩。"惟民"是由共产党对自身阶级基础(劳工阶级)的定位所决定的:"中国的劳工呀!我们处到这时候,还是让那强盗的列国宰割我们,让那班政客军阀把铁锁系在我们肩上任凭他们掠夺压迫吗?或者讲求自卫的方法,把这要破产的社会夺到我们手里来行社会主义的改造?我们要扑灭世界资本主义,只有举行社会革命建设劳工专政的国家,方能挽救当面的危机,免掉将来的苦痛!"①

共产党成立后对民主观的表达星散在党的章程及历次党代会的宣言等经典政治文献中,且多为政治口号的形式,并无多少学理上的深度探析,马克思主义的理论储备并不充分,而有关西方政治学与法学的知识储备更显匮乏,党内像李大钊对现代政治学与法学涉猎较深的人并不多。

与西方国家共产党不同,中国共产党并不是由于工人阶级强大、聚合自然催生出来的政党,而是一批对资产阶级共和国不报希望的进步青年以及共产国际的帮助下发起成立的。而苏俄和共产国际也正是看到中国共产党过于弱小,还不能独立领导中国革命,才极力主张与国民党合作,发动推翻北洋军阀的国民革命,借此来壮大共产党的力量,使其渐次成为一支独立领导中国共产主义运动的政治力量。

中共"一大"留下的文献虽然较少,但大多涉及民主这一议题。中国共产党的第一个政治纲领称:"革命军队必须与无产阶级一起推翻资本

---

① 《短言》,载《共产党》月刊第 6 号,1921 年 7 月 7 日。

家阶级的政权","承认无产阶级专政","承认苏维埃管理制度"①。从其话语系统来看,此纲领意在宣示中共是走苏俄道路的政党。无产阶级专政的理论基础之一是阶级斗争学说,这一点也为早期共产党人所认同。陈独秀说:"《共产党宣言》自第一页到最末页都是解释阶级战争底历史及必要的讲义。""无产阶级专政就是不许有产阶级得到政权的意思。"②

1922年6月15日,中国共产党中央执行委员会发表的第一次对时局的主张,明确表达了对"实行民主宪法,建设民主政治"的追求。"主张"认为,辛亥革命是民主革命运动,其失败是由于以孙中山为代表的民主派的妥协造成的:"民主派若永远不能用革命的手段从反动派代表军阀首领手里夺得政权,必然是永远失败。""民主政治当然由民主派掌握政权,但所谓民主派掌握政权,决不是在封建的军阀势力之下选一个民主派人物做总统或是选几个民主派的人物组织内阁的意思,乃是由一个能建设新的政治组织应付世界的新环境之民主党或宗旨相近的数个党派之联合,用革命的手段完全打倒非民主的反动派官僚军阀,来掌握政权的意思。""真的民主派,必须有两种证据表现于人民面前:(一)他的党纲和政策必须不违背民主主义的原则。(二)他的行动必须始终拥护民主主义,与军阀奋斗。在这一点看起来,中国现存的各政党,只有国民党比较是革命的民主派。"国民党的问题是行动不一致,政策摇摆不定。"无产阶级在目前最切要的工作,还应该联络民主派共同对封建式的军阀革命,以达到军阀覆灭能够建设民主政治为止。"③

中共"二大"宣言称:中国共产党的任务是"为工人和贫农的目前利益计,引导工人们帮助民主主义的革命运动,使工人和贫农与小资产阶级建立民主主义的联合战线"。"铲除私有财产制度,渐次达到一个共产

---

① 《中国共产党第一个纲领》,《中共中央文件选集》第1册,中共中央党校出版社1982年版,第5页。
② 《社会主义批评》,载《新青年》第9卷第3号,1921年7月1日。
③ 《中共中央第一次对于时局的主张》(1922年6月15日),《中共中央文件选集》第1册,中共中央党校出版社1982年版,第16~26页。

主义的社会"。理想的国家形态是"自由联邦制"、"真正民主共和国","工人农民,无论男女,在各级议会市议会有无限制的选举权,言论、出版、集会、结社、罢工绝对自由"。共产党要为"和平"、"自由"、"独立"而战①。宣言对民主的阐述是原则性的,尽管提到"议会",但无具体的制度设计。

1923年6月,奉共产国际之命,中共"三大"确立了国共合作的方针,其宣言主要是表达对国民革命的参与和支持,并提出"以革命的方法建立真正平民的民权,取得一切政治上的自由及完全的真正的民族独立"②。

1925年初,"四大"召开之际,恰逢孙中山北上,倡导召集国民会议,以谋中国之统一与建设,中共对此积极支持,号召工人、农民、手工业者、商人、学生加入各地的"国民会议促成会"。"国民会议促成会是人民真正的机关,应当要求在善后会议中有最大多数之国民代表。""我们惟有在民众的组织中,在召集国民会议的要求中,在反对帝国主义和军阀的奋斗中,才能找得一条出路,才能避免现在资本帝国主义世界的危险。"③当然,这不是说中共像西方的一些社会民主党那样信奉议会民主的道路,而是表明共产党并不排斥利用合适的时机用本党的政治理念来动员民众参与现实的政治生活,以提高民众的政治热情和组织化程度,进而扩大中国共产党在政治生活中的影响力与知晓度。

"四一二"事变后,宁汉对峙。在武汉召开的中共第五次全国代表大会号召反对"蒋介石所领导的资产阶级和封建阶级",建立"民权独裁制":

---

① 《中国共产党第二全国代表大会宣言》(1922年7月),《中共中央文件选集》第1册,中共中央党校出版社1982年版,第64~79页。
② 《中国共产党党章草案》(1923年6月),《中共中央文件选集》第1册,中共中央党校出版社1982年版,第110页。
③ 《中国共产党第四次全国代表大会宣言》(1925年1月22日),《中共中央文件选集》第1册,中共中央党校出版社1982年版,第317~321页。

> 欲战胜帝国主义干涉及反革命同盟阴谋之急切的危险,必须建立工农小资产阶级的民权独裁制。依工农小资产阶级三个阶级的本性,国民革命的政体应当是民权的,可是对其他阶级必须是独裁的。凡是不和革命站在一起,并且反对我们的,都应当以无情的手段对付他,这是国民革命中的唯一原则。①

中共的宣言清楚地表明,中共与国民党在推翻北洋政权问题上立场是一致的,但未来的政治目标是不同的。宁汉合流后,国共由合作走向全面对抗应在意料之中。在共产国际代表的主导下,中共在汉口召开了"八七会议",陈独秀成了讨伐的对象,罪名是执行了"出卖革命的机会主义政策",并批评了陈独秀的家长制导致党内没有民主:

> 党里面完全是宗法社会制度,一切问题只有党的上层领袖决定,而"首领"的意见不但总应当认为是必须服从的,而且总以为是无置议的可能,无论如何都是对的。这种执行之下,党内的民权主义完全变成空话。甚至于党有极大的公开工作的地方,所谓党的民权主义完全是形式上的,没有党内的生活,没有党内的舆论,没有对于指导者的监督,没有党员群众对于指导者的督促。在这种党内情形之下,自然中央只有用命令方法去实行自己的指令,所以它自己也不求真正实行党内的民权主义。②

对"首领"陈独秀的此种指责作为"大革命"失败的原因未必恰当,但这表明了中共领袖们对"党内民主"的追求和对党员个人权利的自觉,这也是共产党的历史上第一次总结和反思党的领导体制问题。

一般说来,民主集中制是马克思主义政党特有的组织原则,列宁虽

---

① 《中国共产党第五全国代表大会宣言》(1927年5月),《中共中央文件选集》第3册,中共中央党校出版社1989年版,第79页。
② 《中共"八七"会议告全党党员书》(1927年8月7日),《中共中央文件选集》第3册,中共中央党校出版社1989年版,第263—264页。

然不是最早提出这一概念的人①,但他使该原则成为俄共(布)的组织原则。民主集中制因应的是如何解决"民"发表的各种不同意见。西方民主主义者在回答这一问题的时依照"多数原则",即少数服从多数,多数尊重并保护少数。"民主集中制"的解释是允许"民"充分表达各自的意见,在此基础也要依照多数原则进行集中,并上升为党的最终意见,人个必须无条件地服从集中后的意见,这也是铁的纪律。也就是说,在"民主"与"集中"之间强调的是"集中"。从共产国际、俄共(苏共)及中共内部政治运行的实态来看,这一原则或制度更多的表现为"集中制"。其理论体系和制度结构由下面7项要素性原则构成:1. 秘密的组织形式——集中制的前提性原则;2. 党员必须参加党的一个组织——集中制的基础性原则;3. 少数服从多数——集中制的限定性原则;4. 严格的组织纪律——集中制的保障性原则;5. 职业革命家组织——集中制的关键性原则;6. 党的委员会集权制——集中制的根本性原则;7. 地方委员会和党员个人服从中央委员会——集中制的最高原则②。

民主集中制成为党的"指导原则"是在中共"五大"上才确立的③。此前的党章是在《纪律》一章中强调党员及党的下级机关对中央的决议"须绝对服从之"。1927年5月在武汉召开的"五大"上通过的《中国共产党第三次修正章程决案》中特增加"党的建设"一章,第一次规定"党部的指导原则为民主集中制"。"按照民主集中制的原则在一定区域内建立这一区域内党的最高机关,管理这一区域内党的部分组织。党部之执行机关概以党员大会或其代表大会选举,上级机关批准为原则;但特殊情形

---

① "民主集中制"一词,首先出现在俄国社会民主工党1905年11月召开的孟什维克第二次代表会议的决议中,到同年12月初召开的塔墨尔福斯代表会议所通过的《关于党的改组》的决议把它确立为"一致公认"的原则,1906年4月召开的俄国社会民主工党第四次代表大会将其载入党章。参见管怀伦:《"民主集中制"并非列宁首创考》,载《江苏社会科学》2004年第6期。
② 参见管怀伦:《试论列宁集中制的理论体系和制度结构——对于布尔什维克版本的民主集中制原生形态的理论考察》,载《马克思主义研究》2005年,第4期。
③ 参见管怀伦:《中共"一大"并未采用民主集中制》,载《江苏社会科学》1999年第4期。

之下,上级机关得指定之。"①

1927年7月,在莫斯科召开的中共"六大"是唯一一次在国外召开的党的代表大会,会议通过的中国共产党章程受俄共党章的影响最为明显,"民主集中制"首次作为党的"组织原则"载入党章,并对其具体内容作出明确规定。党的中央机构为:党的全国会议、中央委员会、政治局及其常务委员会,后者由前者选举产生:

> 组织原则:中国共产党与共产国际的其他支部一样,其组织原则为民主集中制。民主集中制的根本原则如下:
>
> 一、下级党部与高级党部由党员大会、代表会议及全国大会选举之。
>
> 二、各级党部对选举自己的党员,应作定期的报告。
>
> 三、下级党部一定要承认上级党部的决议,严守党纪,迅速且切实的执行共产国际执行委员会和党的指导机关之决议。管辖某一区域的组织,对该区域的各部分的组织为上级机关。党员对党内某个问题,只有在相当机关对此问题的决议未通过以前可以举行争论。共产国际代表大会,或本党代表大会,或党内指导机关所提出的某种决议,应无条件的执行,即或某一部分的党员,或几个地方组织,不同意于该项决议时,亦应无条件的执行。②

在实际的政治运作中,"民主集中制"的实现程度是难以测定的。作为一个反体制的革命型政党,中共和布尔什维克一样,同样强调集中,这是环境使然,有其合理性。个人对组织、下级对上级的指示决定等应"无条件的服从"、"无条件的执行"。"六大"章程强调的"服从"与"执行",还包括中共对共产国际的服从(章程开宗明义就强调中共是共产国际的支

---

① 《中国共产党第三次修正章程决案》(1927年6月1日),《中共中央文件选集》第2册,中共中央党校出版社1989年版,第125页。
② 《中国共产党党章》,《中共中央文件选集》第4册,中共中央党校出版社1989年版,第298页。

部,服从共产国际的决议案也是"入党资格"之一)。这样,"民主集中制"所传达的意涵是弱化"民主",突出"集中"。在会议通过的《职工运动决议案》中也特别强调"共产党必须时时记得工会是群众的民主式的组织",必须"厉行民主集中制"①。

概而言之,历经党的六次代表大会,共产党人的民主观已越来越清晰:理想是人民主权,实现理想的制度安排是民主集中制。这一过程大体也表现为俄共民主观逐步中国化的过程,由此也将中共的民主观与其他政党或政治团体的民主观区隔开来。

第二节 苏维埃制度——体现人民主权理想的制度设计

作为中共民主观的核心内容——人民主权说一直是建党以来的追求,但将其化为制度安排则是"六大"以后才开始的。当中共开始建立属于自己的军队,并展开武装夺取政权的军事斗争后,中共创建了根据地。中共在其行使管辖权的根据地所实行的制度安排——苏维埃制度,体现了中共的民主观,或曰苏俄民主观的中国版。

中共"六大"上提出"力争建立工农代表会议(苏维埃)的政权,这是引进广大的劳动群众参加管理国事的最好方式,也就是实行工农民权专政的最好的方式"②。大会通过的《苏维埃政权组织问题决议案》,对建立苏维埃制度中的21个具体问题作了明确的规定。

苏维埃的正式名称应当是工农兵代表会议(乡区的可简称农民代表会议)。中国的苏维埃政权的正式名称是"中国工农兵代表会议(苏维埃)政府":

> 我们应该牢记下面列宁所下的苏维埃的定义:"苏维埃乃新的国家机关,它给我们以(一)工农的武装力量,这力量不像旧式军队

---

① 《中共中央文件选集》第4册,中共中央党校出版社1989年版,第232页。
② 《政治决议案》,《中共中央文件选集》第4册,中共中央党校出版社1989年版,第170页。

一样是脱离民众的,而是和民众密切联结的;从军事讲,这力量比以前的军队强大的多;就革命的意义上讲,这力量是任何东西所不能代替的。(二)这个机关是和群众及大多数人民密切无间的相联系的,容易考验自己的错误,容易恢复意外的创伤,这是从来国家机关所未曾梦见的。(三)这个机关为民意所选出,因民意而撤换,没有官僚主义的空架子,所以比从前的国家机关不知要更民权主义得几多倍。(四)它在各项职业间实现密切的联系,所以没有官僚主义,而能促进种种深入群众的改良。(五)它是先锋队,是被压迫的工农阶级中最觉悟最努力最先进这个部分底组织形式,这个先锋队可以经由这个机关来教育、训练并领导这些被压迫阶级的全体广大群众——直到而今还是僻处于政治生活及历史之外的群众。(六)它兼有议会主义及直接民权二者之长:人民选举代表同时有立法及行政之权;和资产阶级的议会政策相较,这种进步,在民主主义的发展上,实有全世界的历史意义。"①

这里强调是苏维埃不仅是代议机关,同时拥有"行政之权",拒绝三权分立,实行议行合一,是人类民主史上最为民主的一种制度。关于党和苏维埃的关系,决议案强调党是苏维埃思想上的领导者,这一原则不能动摇:

> 党在各处苏维埃中,均应有党团的组织,经过这些党团,经过党员所发的言论,表示党对苏维埃工作上各种问题的意见。党随时随地都应作苏维埃思想上的领导者,而不应限制自己的影响。不过党应预防以党代苏维埃或以苏维埃代党的种种危险。党应预先保障其在苏维埃领导机关中的领导作用,因此,党须在苏维埃中,组织有

---

① 《苏维埃政权组织问题决议案》,《中共中央文件选集》第4册,中共中央党校出版社1989年版,第245页。

威望的、能工作的党团,以执行党的命令。①

由于中共作为共产国际的一个支部,此种支配与服从式的关系模式决定了早期共产党人对政治纲领及民主的表达在很大程度上受制于苏俄。"六大"代表并当选为中央政治局常委的蔡和森是这一时期中共杰出的理论家,他对苏维埃政权的阐述准确地反映了列宁和共产国际的思想,对苏维埃政权的性质所作的阐述表明中共对这一决议案的认知水平与接受程度:

> 苏维埃政权的真意义是什么?对于工农群众本身是彻底的民权主义,工农群众在无产阶级领导之下真正动手管理国家政治,是真正平民的彻底的民权主义,是民权主义的最高形式。工农苏维埃政权对地主资产阶级一切敌人,不客气的是"暴民专政",革命独裁,消灭地主豪绅资产阶级一切复辟和反革命的可能,剥夺其一切权利与自由,保障革命的彻底胜利。……在民权革命的阶段,苏维埃是保证民权革命彻底胜利而容易转到社会主义革命无产阶级专政的最好的方法,但决不因为采用这一彻底民权的政权形式,便改变了民权革命本身的性质。②

其后,中共为建立苏维埃政权而展开的武装夺权斗争在城市和乡村同时进行。在1930年代前后,在中央的文件及党的领导人的讲话中对城市武装夺权斗争的形势通常是用"高涨"及"高潮"来形容。1930年中央全会特就这两个名词的用法作出如下规定:

> 中央政治局从六次大会之后,大致已经习惯了把"革命高潮"的名词与"直接革命形势"的名词,用成等同的意义。字面上"高潮"和"高涨"极容易混淆,而"直接革命形势"(国际这次决议案上称之谓

---

① 《苏维埃政权组织问题决议案》,《中共中央文件选集》第4册,中共中央党校出版社1989年版,第248页。
② 蔡和森:《中国革命的性质及其前途》,载《布尔什维克》第2卷第1期,1928年11月1日。

"客观革命的形势")和"高涨"在实质上却大不相同,所以"高潮"的名词应当废除。以后划一名词:(一)凡是表示革命运动向上生长的普遍意义的,一律只用"高涨"。(二)凡是表示可以有武装暴动直接袭击统治阶级的统治之形势的,应当用列宁的名词"客观革命的形势",以后不用"高潮"。①

事实上,不管是"高涨"还是"高潮",用以概括此间中共在城市展开武装斗争的形势都是不客观的,这只能说明中共高层在机械地执行莫斯科的路线。毛泽东将建立苏维埃政权的思想与中国革命的具体实践结合起来,作了富有成效的探索。实践的结果是红军在远离政治中心的乡村、山区展开的斗争取得了明显的实效,苏维埃政权最终是在乡村植根。毛泽东致力于在偏远的乡村建立根据地和扩大苏维埃政权,并渐次形成了有别于苏俄模式的武装割据、农村包围城市的革命道路。因此中共党史将1927~1937年称之为"土地革命时期"。

1931年,苏区的红军打破民国党军队的三次"围剿",赣、闽苏区连成一片,形成以瑞金为中心的中央革命根据地(瑞金周围的多个县多数还处于拉锯状态,一时还未能成为真正的根据地②),酝酿多年的"中华苏维埃共和国"在共产国际的一再催促下着手筹备。11月7日,来自各根据地、红军及白区的600余名代表在瑞金召开了为期7天的中华苏维埃第一次全国代表大会。会议通过的《中华苏维埃共和国宪法大纲》是第一个反映中共政治制度设计的纲领性文献,也是人民主权观念制度化的成果。该宪法大纲有如下三个鲜明的特点:

---

① 《关于政治状况和党的总任务议决案——1930年9月,接受共产国际执行委员会政治秘书处1930年7月的中国问题议决案的决议》,《中共中央文件选集》第6册,中共中央党校出版社1989年版,第305页。
② 参见杨奎松:《"左"倾路线与苏维埃共和国的兴亡》,《走近真实——中国革命的透视》,湖北教育出版社2001年,第193页。

1. 人民主权观念的阶级性。

中国苏维埃政权所建立的是工人和农民的民主专政的国家。苏维埃全部政权是属于工人、农民、红军兵士及一切劳苦民众的。在苏维埃政权下,所有工人、农民、红军兵士及一切劳苦民众都有权选派代表掌握政权的管理。只有军阀、官僚、地主、豪绅、资本家、富农、僧侣及一切剥削人的人和反革命分子是没有选派代表参加政权和政治上自由的权利的。

2. 人民主权观念在制度设计上表现为议行合一。

中华苏维埃共和国之最高政权为全国工农兵会议(苏维埃)的大会,在大会闭会的期间,全国苏维埃中央执行委员会为最高政权机关,中央执行委员会下组织人民委员会,处理日常政务,发布一切法令和决议案。

3. 与西方既有的民主制度相比,人民享有最广泛的政治权利。

苏维埃选举法特规定:凡上述苏维埃公民在十六岁以上均享有苏维埃选举权和被选举权,直接选派代表参加各级工农兵会议(苏维埃)的大会,讨论和决定一切国家的地方的政治事务。代表产生方法,以产业工人的工厂和手工业工人农民城市贫民所居住的区域为选举单位。这种基本单位选出的地方苏维埃代表有一定的任期,参加城市或乡村苏维埃各种组织和委员会中工作,这种代表须按期的向其选举人做报告。选举人无论何时,皆有撤回被选举人及实行新选举的权利。为着只有无产阶级才能领导广大的农民与劳动群众走向社会主义,中国苏维埃政权在选举时给予无产阶级以特别的权利,增多无产阶级代表的比例名额。

中国苏维埃政权以保证工农劳苦民众有言论、出版、集会、结社的自由为目的。①

---

① 《中华苏维埃共和国宪法大纲》,《中共中央文件选集》第 7 册,中共中央党校出版社 1991 年版,第 772~774 页。

此次制宪是中国共产党首次制宪实践①。当时的中央苏区法律人才十分匮乏,600名大会代表中绝大多数是农民出身的红军代表,其知识文化水准并不高,短短的一周却要承担两项重大的政治任务,一是制定若干法律,二是建立一套中央政府机构。《宪法大纲》的思想内容并不是苏区领导人的创设,更不是对以往中国宪法的模仿,主要是来自于1918年的苏俄宪法。1931年11月5日,在上海的中共临时中央将中华苏维埃共和国宪法大纲的文本电告苏区中央局。在中华苏维埃全国代表大会期间,经主席团决定,组成了由毛泽东、任弼时、王稼祥等参加宪法大纲起草委员会,根据中央的来电,完成提交大会通过的《宪法大纲》。从这个意义上讲,中华苏维埃共和国的建立归功于毛泽东,但《宪法大纲》并非源于毛泽东的设计,而是对苏俄宪法的参考。

在战争状态下,在一个落后且相对封闭的山区,中共的军政领袖用了仅一周的时间,便组建了一个号称全国性的国家政权并制定宪法,制宪的时间十分仓促,宪法大纲的体例也不够规范,更重要的是实施该宪法的思想基础薄弱,政治生态极不稳定。尽管自共产党成立以来一直以无产阶级专政、人民主权为政治理想,但对苏区的大多数农民出身的红军战士来说,只能说一种美好的理想或信念。苏维埃共和国成立后,因其险恶的战争环境,中共苏区中央局与其上级——上海临时中央政治局在诸多问题上存在分歧,使得依宪行政变得很困难。其实,中华苏维埃共和国的建立,主要是要向世人宣示一种与国民党政权截然不同的全新的国家形态与治国理念,召唤全国人民、鼓舞红军将士为之而奋斗。

---

① 中共的一些领袖此前参加过一些宪政活动,如1920年毛泽东作为民主青年曾积极参加湖南的省宪运动,1920年9月3日他在长沙《大公报》上发表《湖南建设建设的根本问题——湖南共和国》,10月5日毛泽东与377人联名发表《由"湖南革命政府"召集"湖南人民宪法会议"制定湖南宪法以建设新湖南之建议》。失败的结局使他感到:"政治界暮气已深,腐败已甚,政治改良一途,可谓绝无希望。吾人惟有不理一切,另辟道路,另造环境一法。"1920年11月25日毛泽东致向警予函,载《新民学会资料》,第76页。可以说,中华苏维埃共和国是毛泽东一生中第二次参加"建国"。

严格说来,中华苏维埃共和国只是与南京中央政府相对峙的一个很小的地方政权,但它却具有一整套的国家机关与相关的法律,问鼎全国政权是其政治目标,这在客观上引发了南京国民党政权决定更大规模围剿的行为。

中共从建党之初提出建立"真正民主共和国"到"中华苏维埃共和国",表明共产党致力于探索如何建立全新的由劳工或民众当家作主的国家制度。中华苏维埃共和国的实践是短暂的,从小历史观的角度来看,它并不算成功,但从大历史观的角度审之,则播下了成功的种子,也是18年后共产党夺取政权建立中华人民共和国的一次重要的预演。蒋廷黻虽然对中共的这一实践了解有限,但他敏锐地把握到了中国政治的症结,即农民与农村对中国政治具有的举足轻重的影响,而共产党与国民党对农民截然相反的态度将决定未来中国政治发展的走向:

> 红军所占领的区域既无特殊富源,其所须的军器和军饷又无自外来的接济,它怎能与十倍其众的国军抵抗若干年月呢?它的战斗力是从那里来的?它有什么发动机?是来自它的共产主义吗?细察共党在所谓苏维埃区域内竟没有一种政策可以说是共产主义的或与俄国所行的相同。苏俄有五年计划来促进工业的机械化,中国的共区根本没有工业,没有余力来谈建设。机械化更是梦想不到的东西。苏俄的商业全由政府经营,中国的共区则鼓励私人自由贸易。……红军在江西极盛时期的力量实来自农民的合作。共党为农民作了什么好事呢?只作了一件:干脆的、彻底的消灭了地主阶级,实行了耕者有其地。农民所以乐为其用就是为这一点。他们对任何主义、任何史观是不感兴趣的,他们所欢迎的、感激的就是佃租的免除。……看见了这些无知而贫苦的同胞能表现出这样坚强的意志和牺牲精神,我们不是有以自慰吗?自慰我民族还有这大的潜伏力量,这样容易开发的力量。

在蒋廷黻看来,中共的实践并不符合正宗的社会主义理念与道路,但却切合中国社会的实际,而这正是毛泽东思想的真谛所在——将马克思主义中国化了。在蒋氏看来,国民党的统治理论恰好与中共相反:

> 国民政府的政权完全建在几个沿海的大都市,尤其在上海。这个基础是何等的窄,何等的不健全!上海是在国际经济及国际政治风雨飘摇中过日子的。……上海不足代表中国,上海的力量不是中国内在的力量。从政治经济军事各方面看起来,上海是中外共有的,不是我们独有的。我们根本是农民的国家,政府应该是农民的政府,政权应该建在农民阶级之上。国民政府的办法是不自然的,反本的,金字塔倒树起来了。①

作为一个自由主义者,蒋氏对共产党及共产主义有本能的排斥与反感,但其对"我们根本是农民的国家"的判断与毛泽东对中国革命和农民问题的理解("严重的问题是教育农民")不谋而合。

第三节 民主的模范区——建构民主的理论与样本

中国共产党从瑞金出发到落脚延安,虽然军事实力大为缩小,但自主性却大为提高。从本质上讲,如果说瑞金时期中共姓"苏",那么到了延安时期中共则改姓"中",其理据是中共确立了毛泽东思想为其指导思想。自此,民主的议程设置与阐述由毛泽东来规划与引领。

延安时期中共不仅积极阐发其主张的人民主权的民主观,且致力于民主政权的建构,用行动来表明中共所追求的民主;同时积极回应国统区发动的宪政运动,基本立场是贬抑或解构。毛泽东的立论是"宪政就是民主的政治"(实是将宪政理解为从属于民主的一个子概念),若想依靠不讲民主的国民党来实现中国的宪政几乎是缘木求鱼。未来的中国

---

① 蒋廷黻:《民族主义不够》,载《大公报》1935 年 9 月 15 日。

应该是一个"延安化"①的中国,因为只有共产党领导的根据地建立了真正的民主政权,也惟有中国共产党是现实和未来中国民主的代言人。

延安时期以毛泽东为代表的中共领袖,结合中国的国情,致力于将马克思主义的理论中国化,形成了一个全新的马克思主义中国化的成果——毛泽东思想,其中最具理论价值与实践意义的就是新民主主义理论。

新民主主义理论的形成有一个过程。1939年底毛泽东发表的《中国革命和中国共产党》首次提出了这一概念,次年陆续发表的《新民主主义论》、《新民主主义的宪政》等标志着新民主主义理念日渐成熟。

新民主主义之"新",从社会形态上看,既不属于资本主义,也不属于社会主义,而且一个介于两者之间的过渡时期。在政治理念上,既不同于国民党当局"伪三民主义,或半三民主义",也不同于自由主义者信奉的欧美式的民主主义。毛泽东讲的新民主主义的宪政就是"民主的政治",这既不认同自由主义者以限制国家权力为核心的宪政观,也不支持孙中山所讲的五权宪法,更不接受蒋介石以宪政为表一党专政为里的假宪政,而是要张扬民主,贬抑国民党政权的非民主的因而也不具正当性的所谓"宪政"。新民主主义宪政的目标是要建立各革命阶级联合的抗日民主政权,这既不同于先前苏维埃时期的"工农专政",与1949年以后的无产阶级专政也有所区别。

自红军主力从中央苏区转移后,中央机关和红军一直面临强敌的围追。红军主力抵达陕北后,为因应日本的对华侵略,中共以国家和民族利益为最高利益,致力于构建抗日民族统一战线,阶级话语逐步让位于民族话语,成为该时期的主导性话语②。1935年中央发表《八一宣言》,明确表示愿与一切愿意参加抗日救国事业的各党派、各团体,包括国民

---

① 1942年9月,李维汉调任边区政府秘书长,行前毛泽东特别叮咛他:"延安好比英国的伦敦。"李维汉:李维汉:《回忆与研究》(下),中共党史资料出版社1986年版,第499页。
② 闾小波:《中共革命时期选举策略转换分析》,《南京大学学报》2016年第1期。

党在内的一切地方军政机关进行谈判,共同筹组国防政府,一致抗日。年底,中共中央召开在瓦窑堡会议上正式确立了中国共产党关于建立抗日民族统一战线策略的总路线,提出"党的任务就是把红军的活动和全国的工人、农民、学生、小资产阶级、民族资产阶级的一切活动汇合起来,成为一个统一的民族革命战线"。其后将"抗日反蒋"的政策转变为"逼蒋抗日"。1936年12月12日"西安事变"爆发,蒋介石接受停止内战、联共抗日等6项条件。1937年2月国民党五届三中全会前夕,中共中央致电国民党,表达了"四项诺言":停止武力推翻国民党政府,苏维埃政府改名为中华民国特区政府;红军改名为国民革命军;特区实行彻底的民主制度;停止没收地主土地,承认南京政府为统一的中央政府。中共主动向国民党伸出橄榄枝,放弃其反体制的立场及苏区实行过的一些"左"(关门主义和冒险主义)的政策,赢得了国内舆论的支持,也使国民党的反共政策失去了正当性。国民党五届三中全会通过了实际上接受中国共产党关于国共两党合作抗日主张的决议案,抗日民族统一战线初步形成。从此,共产党以合法政党的身份积极表达其政治主张包括民主观,其对国民党政权的立场亦由颠覆转为批评与建言。

抗战期间边区政权是享有高度自治权的地方政权,亦称"特区政府"。1937年5月毛泽东在延安召开的中国共产党全国代表会议上表示:"根据地改为全国的一个组成部分,实行新条件下的民主制度,……造成抗日和民主的模范区。""在特区政府区域内,实行彻底的民主制度。"在谈到统一战线、国内和平与民主的关系时,毛泽东强调了实行民主制的重要性:

> 为了建立真正的坚实的抗日民族统一战线,没有国内和平固然不行,没有国内民主也不行。所以争取民主,是目前发展阶段中革命任务的中心一环。看不清民主任务的重要性,降低对于争取民主的努力,我们将不能达到真正的坚实的抗日民族统一战线的建立。

为此，毛泽东提出了民主改革的两大任务：一是"将政治制度上国民党一党派一阶级的反动独裁政体，改变为各党派各阶级合作的民主政体。这方面，应从改变国民大会的选举和召集上违反民主的办法，实行民主的选举和保证大会的自由开会做起，直到制定真正的民主宪法，召集真正的民主国会，选举真正的民主政府，执行真正的民主政策为止。"二是"人民的言论、集会、结社自由。没有这种自由，就不能实现政治制度的民主改革，就不能动员人民进入抗战，取得保卫祖国和收复失地的胜利。……政治制度的民主改革和人民的自由权利，是抗日民族统一战线纲领上的重要部分，同时也是建立真正的坚实的抗日民族统一战线的必要条件。"[1]

为了争取广泛的支持，毛泽东从不放弃主动向国际社会阐明中共的民主观，他十分乐意接受国际媒体的采访，营销中共的政治理想：

> 我们所主张的民主共和国，便是全国所有不愿当亡国奴的人民，用无限制的选举方法选举代表组织代议机关这样一种制度的国家。这种国家就是民权主义的国家，大体上是孙中山先生早已主张了的，中国建国的方针应该向此方向前进。[2]

"新民主主义"是毛泽东的独创。毛泽东1939年12月发表《中国革命和中国共产党》第一次明确提出新民主主义的概念：

> 新民主主义的革命，和历史上欧美各国的民主革命大不相同，它不造成资产阶级专政，而造成各革命阶级在无产阶级领导之下的统一战线的专政。在抗日战争中，在中国共产党领导的各个抗日根据地内建立起来的抗日民主政权，乃是抗日民族统一战线的政权，它既不是资产阶级一个阶级的专政，也不是无产阶级一个阶级的专

---

[1]《中国共产党在抗日时期的任务》，《毛泽东选集》第1卷，人民出版社1991年版，第252～264页。
[2]《同合众社记者王公达的谈话》，《毛泽东文集》(2)，人民出版社1993年版，第101～102页。

政,而是在无产阶级领导之下的几个革命阶级联合起来的专政。只要是赞成抗日又赞成民主的人们,不问属于何党何派,都有参加这个政权的资格。

完成中国资产阶级民主主义的革命(新民主主义的革命),并准备在一切必要条件具备的时候把它转变到社会主义革命的阶段上去,这就是中国共产党光荣的伟大的全部革命任务。①

1940年1月毛泽东发表了著名的《新民主主义论》对这一概念作了更为充分的阐述②:

> 这种新民主主义共和国,一方面和旧形式的、欧美式的、资产阶级专政的、资本主义的共和国相区别,那是旧民主主义的共和国,那种共和国已经过时了;另一方面,也和苏联式的、无产阶级专政的、社会主义的共和国相区别,那种社会主义的共和国已经在苏联兴盛起来,并且还要在各资本主义国家建立起来,无疑将成为一切工业先进国家的国家构成和政权构成的统治形式;但是那种共和国,在一定的历史时期中,还不适用于殖民地半殖民地国家的革命。因此,一切殖民地半殖民地国家的革命,在一定历史时期中所采取的国家形式,只能是第三种形式,这就是所谓新民主主义共和国。这是一定历史时期的形式,因而是过渡的形式,但是不可移易的必要的形式。

新民主主义的道路从某种意义上讲也是"第三条道路",但不是那种

---

① 《中国革命和中国共产党》,《毛泽东选集》第2卷,人民出版社1992年版,第648、651页。
② 这是毛泽东1940年1月9日在陕甘宁边区文化协会第一次代表大会上的讲演,原题为《新民主主义的政治与新民主主义的文化》,《中国文化》创刊号,1940年2月15日。同年2月20日在延安出版的《解放》第98、99期合刊登载时,题目改为《新民主主义论》。新民主主义是马克思主义中国化最重要的标志性成果,也是"毛泽东思想"最为重要的内容之一,因该文最早提出这一概念,毛泽东本人对该文特别看中,并分别于1942年2月、1942年春和1950年至1952年间对该文作了三次修改。参见方敏《毛泽东对〈新民主主义论〉的修改》,载《中共党史研究》2006年第6期。

与资本主义、社会主义鼎足而立民主社会主义或社会民主主义,而是一条由资本主义通往社会主义的过渡之路。

毛泽东还首次明确用"国体"与"政体"来描述未来中国的民主蓝图:"国体——各革命阶级联合专政。政体——民主集中制。这就是新民主主义的政治,这就是新民主主义的共和国,这就是抗日统一战线的共和国,这就是三大政策的新三民主义的共和国。""国体"是指"社会各阶级在国家中的地位"。现在全世界各国的政治体制,"按其政权的阶级性质来划分,基本不外乎这三种:(甲)资产阶级专政的共和国;(乙)无产阶级专政的共和国;(丙)几个革命阶级联合专政的共和国"。"政体"是指"政权构成的形式问题,指的是一定的社会阶级取何种形式去组织那反对敌人保护自己的政权机关。没有适当形式的政权机关,就不能代表国家"。①

毛泽东对中国政体的设想是:中国现在可以采取国民大会、省民大会、县民大会、区民大会直到乡民大会的系统,并由各级大会选举政府②。但必须实行无男女、信仰、财产、教育等差别的真正普遍平等的选举制,才能适合于各革命阶级在国家中的地位,适合于表现民意和指挥革命斗争,适合于新民主主义的精神。这种制度即是民主集中制。只有民主集中制的政府,才能充分地发挥一切革命人民的意志,也才能最有力量地去反对革命的敌人。

国民党"一大"上孙中山提出的民权主义就是"为一般平民所共有,非少数人所得而私"口号在此间时常被共产党用来批评国民党,同时宣传自己。毛泽东认为"非少数人所得而私"的精神,还必须表现在政府和军队的组成中,如果没有真正的民主制度,就不能达到这个目的,就叫作

---

① 《新民主主义论》,《毛泽东选集》第 2 卷,人民出版社 1991 年版,第 675、676～677 页。
② 《新民主主义论》中的此段文字在新中国成立后改为"中国现在可以采取全国人民代表大会、省人民代表大会、县人民代表大会、区人民代表大会直到乡人民代表大会系统,并由各级代表大会选举政府"。参见阎小波《文本、语境、思想:抗战时期毛泽东关于人民代表大会制度构想之辨析》,载《思想战线》2018 年第 3 期。

政体和国体不相适应。毛泽东借用了孙中山"国民大会"的提法,一方面是因为国民大会符合主权在民的核心价值,另一方面是针对蒋介石拖延训政,拒绝召开国民大会。毛泽东还特别强调不仅"现在可以"召开这类大会,更要做到"循名责实",由此也就将毛泽东的"新民主主义"和蒋介石理解的孙中山的三民主义区隔开来。

"国体"与"政体"的概念,其实不是毛泽东的首创。毛泽东说:这个国体问题,从前清末年起闹了几十年还没有闹清楚。清末民初,国体与政体的概念频繁出现在奏章和报端。如,1901年中国驻日大臣李盛铎称:"查各国变法,无不首重宪纲,以为立国基础。惟国体、政体有所谓君主、民主之分,但其变迁沿改,百折千回,必归依于立宪而后底定。"①君主制与共和制属于国体的范畴,而政体则意味着立宪与专制之分,这几乎是清末政论家的共识。如考察宪政大臣达寿认为,"国体根于历史以为断,不因政体之变革而相妨"②。政体可以随时势而变动,而国体则应尊重历史传统。1912年2月袁世凯在清帝退位后致电南京临时政府称:"共和为最良国体,……(从此)永不使君主政体再行于中国。"③对国体与政体作较为清晰的界定大概要算梁启超。1915年,在袁世凯谋求称帝时梁发表了一篇掀起惊天波澜的鸿文——《异哉!所谓国体问题者》,怒斥袁氏称帝:

> 今之论者则曰:"与其共和而专制,孰若君主而立宪。"夫立宪与非立宪,则政体之名词也;共和与非共和,则国体之名词也。吾侪平昔持论,只问政体,不问国体。故以为政体诚能立宪,则无论国体为君主为共和,无一而可也。政体而非立宪,则无论国体为君主为共

---

① 转引自侯宜杰《二十世纪初中国政治改革风潮》,人民出版社1993年版,第28页。
② 《考察宪政大臣达寿奏考日本宪政情形折》,《清末筹备立宪档案史料》,中华书局1979年版,第26~29页。
③ 白蕉:《袁世凯与中华民国》,章伯锋等主编:《近代稗海》(3),四川人民出版社1985年版,第24页。

和,无一而可也。国体与政体,本截然不相蒙。谓欲变更政体,而必须以变更国体为手段,天下宁有此理论?果尔则并世诸立宪国,其国体之纷更,恐将无已矣。而前此论者,谓君主决不能立宪,惟共和始能立宪(吾前此与革命党论战时,彼党持论如此)。今兹论者,又谓共和决不能立宪,惟君主始能立宪,吾诚不知其据何种理论以自完其说也。①

梁氏受到英国保守主义的浸染,一向反对轻率地变更国体。1930、40年代,一些有西方政治学教育背景的学者也使用过这对概念。如萧公权认为:"中山先生政治建设的大计以三民主义为其精神,以五权宪法为其机构。所以在宪政实施以后,我们的国体必然是'三民主义共和国',我们的政体必然是五权并立的五院制。"②

不难看出,他们大体上是将国家结构形式视为政体,但对国体有的看法不尽相同,故而毛泽东认为他们没有闹清楚这对概念。毛泽东对这对概念的独特理解至少有三点:一是将阶级学说引入国家学说,强调国家的阶级性质;二是因国体的阶级性质不同,而有先进与落后、进步与反动之分(即无产阶级专政与资产阶级专政);三是国体与政体的关系是内容与形式和决定与被决定的关系,政体从属于国体,同一国体可以有不同的政体。"七大"以后,毛泽东进一步明确中国的政体为人民代表大会制度,国体为人民民主专政。1949年以后,虽然国体与政体同视为国家的根本政治制度,但从其定位与相互关系来看,难免存在重国体、轻政体的现象,忽视了政体的相对独立性。这恐怕与毛泽东对两者所作的特殊界定及相互关系的定位不无关系。

毛泽东在表达政权建设思想的同时,也致力于推动政权建设的实践,即在各根据地探索建立一种有别于国统区的政权。1940年毛泽东为

---

① 梁启超:《异哉! 所谓国体问题者》,载《大中华》第1卷第8期,1915年8月20日。
② 《宪政实施后之中央政制》,载萧公权:《宪政与民主》,清华大学出版社2006年版,第39页。

中共中央起草的党内指示中明确了根据地政权的定位:"在抗战时期,我们所建设的政权的性质,是民族统一战线的。这种政权,是一切赞成抗战又赞成民主的人们的政权,是几个革命阶级联合起来对于汉奸和反动派的民主专政。"①这表明中共虽然不否认南京国民政府作为全国的合法政权,但同时在寻求建立一种更为理想的政权。同期陕甘宁边区法制建设的奠基人之一谢觉哉②更为明确了表达了建立根据地政权的意图:"我们已经有了新民主主义的雏形,我们要更加努力把内容与形式都充实与健全起来,做成全国的模范而推行到全国去。"③所谓"模范"寓意深长,从共时的角度看,根据地的民主制度与国统区的一党专政形成光明与黑暗的不同色调;从历时性的角度看,未来中国的制度当是延安化,光明取代黑暗。刘少奇也揭示了"模范"的独特意涵:

> 在中国,民主共和国的具体的建设道路,可能是由地方到中央到全国,可能要经过长期的奋斗过程。因此,在敌后建立的抗日民主政权,有着推动全国民主化的重大的模范作用,它实行的结果之好或坏,将给全国以好或坏的重大的影响。这个政权,今天虽然还只在敌后一部分地区建立,但它有着全国的普遍意义。④

观念指导制度设计,制度设计使观念转变为现实的政治生活。抗日民主政权的权力结构与制度安排充分体现毛泽东的民主理念。

1937年9月6日,"隶属"于南京国民政府的陕甘宁边区政府宣告成立,并着手成立各级议会。1938年9月国民政府公布了《省临时参议会组织条例》,边区政府参照该条例,决定将边区议会改为边区参议会。这一"转制"看似与国统区的制度接轨,接受"一国"原则,但此参议会与彼

---

① 《抗日根据地的政权问题》,《毛泽东选集》第2卷,人民出版社1991年版,第741页。
② 谢觉哉,清末秀才,是中共高层精于法制的政治活动家,1941年任陕甘宁边区参议会副议长,新中国成立后曾任最高人民法院院长。
③ 谢觉哉:《陕甘宁边区的选举与议会制度》,载《新中华报》,1940年7月16日。
④ 《论抗日民主政权》,《刘少奇选集》上,人民出版社1981年版,第176页。

参议会在制度设计与政治功能上大不相同。1939年1月17～24日,陕甘宁边区第一届参议会在延安召开,到会参议员145人(其中有边区政府聘请的12名开明绅士为特约参议员)①。参议会通过的一系列法律,是规范边区政权的权威文献,也充分体现了此时中共的制度设计理念及对民主的理解。

与国统区作为咨询机构的参议会不同,边区的各级参议会均为法定的"各级民意机关",议员由人民直接选举。其职权有:选举边区政府主席,边区政府委员及边区高等法院院长;监察及弹劾边区各级政府之政务人员;批准关于民政、财政、建设、教育及地方军事各项计划;通过边区政府所提出的预算案;决定废除或征收地方税捐;决定发行地方公债;议决边区的单行法规;议决边区政府主席或政府委员会及各厅厅长提交的审议事项;议决边区人民及民众团体提交的审议事项;督促及检查边区各级政府执行参议会决议案;决定边区应兴应革的重要事项②。乡级实行议行合一制,乡级参议会不设议长,开会时选举主席团三人,乡长为当然的主席团成员。

为了确保参议会在闭会期行使职权,1941年11月陕甘宁边区第二届参议会第一次大会通过的《陕甘宁边区各级参议会组织条例》规定建立"参议会常驻会制度":边区及县参议会议,由议员中选出常驻议员,组成常驻委员会,在休会期间处理常驻会日常事务。常驻委员的任务是:1. 监督同级政府对参议会决议案的执行情况;2. 听取同级政府的按期工作报告;3. 向同级政府提出建议与询问;4. 派代表出席同级政府委员会会议;5、必要时商定召集参议会临时会议。常驻会人员的组成,边区

---

① 边区参议会共召开过三届。第二届参议会第一次会议于1941年11月6日至21日召开,出席大会的参议员201人,候补参议员18人。第三届参议会第一次会议于1946年4月2日至27日召开,139名参议员出席大会。
② 《陕甘宁边区各级参议会组织条例》,韩延龙等编:《中国新民主主义革命根据地时期法制文献选编》(2),中国社会科学出版社1981年版,第182~183页。

参议会9人,县级参议会5人①。

边区政府是边区的最高行政机关,名义上受国民政府的管辖及陕甘宁边区参议会的监督。"陕甘宁边区政府对于边区行政得颁发命令,并得制定边区单行条例及规程。但关于增加人民负担、限制人民自由、确定行政区划及重要行政设施,须得陕甘宁边区参议会核准或追认。"②边区高等法院为边区最高司法机关。"边区高等法院独立行使其司法职权。""边区高等法院受中央最高法院之管辖,边区参议会之监督,边区政府之领导。"③

总体看来,边区政权继承了苏维埃时期的政权设计理念,即强调人民民主,只有人民享有民主的权利,由人民选举的代表组成的各级民意机关为最高权力机关,并领导政府机关及司法机关,这些机关原则上只接受人民的监督。由于关于参议会与政府及司法机关关系的规定是含糊的,因此在实践中陕甘宁边区政府与参议会的关系引起了不小的争议。有人主张参议会应加强对政府的监督,以体现其最高权力机关的地位。时任边区政府主席的林伯渠批评这是一种"严重的闹独立性(特别是上层)与自由主义的倾向",是"强调民主,忽视集中",应坚持民主集中制,不能因统一战线而动摇改变:

> 这个思想(指民主集中制),在我们一部分同志的头脑中是模糊不清的。如参议会常驻会制度和权限问题,参议员小组问题,各级参议会的相互关系问题,都是需要考虑的问题。正确的解决:参议会是最高权力机关,政府由参议会选举,参议会闭会期间政府就是最高权力机关。这是民主集中制,而不是立法行政的并立,不是参

---

① 参见《林伯渠文集》编辑组:《林伯渠文集》,华艺出版社1996年版,第744页。
② 《陕甘宁边区政府组织条例》,韩延龙等编:《中国新民主主义革命根据地时期法制文献选编》(2),中国社会科学出版社1981年版,第203页。
③ 《陕甘宁边区高等法院组织条例》,陕西省档案馆等编:《陕甘宁边区政府文件选编》第1辑,陕西人民教育出版社2013年版,第145页。

议会和政府之间的互相制约。①

其后,他又再次重申了这一观点:"必须承认参议会和政府都是政权机关,都是人民的权力机关。对政府而言,参议会是最高权力机关(人民代表会议),而在参议会闭幕期间,由参议会选出并对参议会负责的政府就成为该级政权的最高权力机关。"②

陕甘宁边区政府秘书长李维汉(1896~1984)对当时议行关系之争记忆犹新:

> 在这一政权结构上,曾有过激烈的争论。有的同志主张议、行并列,"县与边区两级参议会与政府并列,与一般民主制度国家相同。""立法、司法、行政三权鼎立,也不能说是多元论。"我则主张边区的政权构成应是立法、司法、行政统一的一元化的民主集中制,议、行并列的参议会制应改为符合民主集中制的人民代表大会制,只有这样才能适用于边区,便利于人民。立法、司法、行政是政权的三种职能,但决不能三权鼎立。三权鼎立就是三元论。③

有关边区民主政治运行的实态,致力于边区参议会制度建设的谢觉哉的判断当是比较准确的:

> 因为我们无议会经常工作的习惯与经验,除乡参议会有的能常开会,县、边区参议会则差不多都没按期开会,甚至条例上规定了的常务委员会,也"只闻其名,不见其会"。民众忘记了他们还有的代表机关,政府也似乎忘记了有事要去问问他的主人——民意机关。如果说边区能够有民主,够得上民主模范,那是由于共产党的领导,有倾听人民意见,替人民谋利益的实质,而不是由于我们有了严整

---

① 《政权工作中两个根本思想问题》,《林伯渠文集》,华艺出版社1996年版,第306~308页。
② 《陕甘宁边区三三制的经验及其应该纠正的偏向》,《林伯渠文集》,华艺出版社1996年版,第383页。
③ 李维汉:《回忆与研究》(下),中共党史资料出版社1986年版,第521页。

的民主制度。如果说边区还有如上述的许多不良现象的存在,那就应该归咎于民意机关不健全,人民没有实行他的监督权所致,而不在其他。不健全民意机关而想由其他途径去纠正与改进,即能收效,也必不很大。①

参议会是最高权力机关,也是体现人民主权理想的制度载体,但由于边区没有实行议会制的传统,而共产党又具有极高的权威,故实际的权力运行取决于党和政府。谢觉哉在该文中呼吁不要把民意机关变成"请客"的饭店,"议不议由你,行不行由我"。良好的制度设计与实际的制度运行之间存在的裂口在许多后现代化国家普遍存在,弥合这一裂口需要一个长期的过程。

继参议会制度建立后,将"三三制"引入参议会和各级政府是边区民主政权建设的又一举措,而对"人民"一词的重新界定是引入"三三制"的前提。人民民主是共产党一以贯之的民主观,但延安时期"人民"的意涵有别于苏维埃时期。因抗战全面爆发,敌我矛盾发生了变化,人民与敌人的意涵发生了相应变化。在中央苏区时,"人民"特指工、农、兵等一切无产的阶级,而"敌人"指地主、富农、资本家等一切有产的阶级。而延安时期,出于建议抗日统一战线的需要,"人民"的外延有所放大,只有汉奸、反动派才被视为"敌人"。经毛泽东改写中央政治局批准的《陕甘宁边区施政纲领》第6条将资本家和地主也视同"人民"、"革命阶级"。"保证一切抗日人民(地主资本家、地主、农民、工人等)的人权、政权、财权及言论、出版、集会、结社、信仰、居住、迁徙之自由权。"②

既然抗日民主政权是几个革命阶级联合起来对于汉奸和反动派的民主专政,那么用何种方式组建民主政权呢? 1940年3月6日毛泽东为

---

① 《再论边区民主政治的实际——关于民意机关的选举与建立》,《谢觉哉文集》,人民出版社1989年版,第358~359页。
② 《陕甘宁边区施政纲领》,韩延龙等编:《中国新民主主义革命根据地时期法制文献选编》(1),中国社会科学出版社1981年版,第35页。

中共中央起草了《抗日根据地的政权性质》的党内指示,正式提出抗日民族统一战线的政权在人员构成上实行"三三制"。"根据抗日民族统一战线政权的原则,在人员分配上,应规定为共产党员占三分之一,非党的左派进步分子占三分之一,不左不右的中间派占三分之一。"其后毛泽东进一步向党内和国民党阐明"三三制"的要义:"在政权问题上,我们主张统一战线政权,既不赞成别的党派的一党专政,也不主张共产党的一党专政,而主张各党、各派、各界、各军的联合专政。"①"三三制"政治主张的提出不仅表明中共放弃原先的"工农专政",更重要的是与国统区的一党专政形成鲜明的对照,从而在讨论民主时具有绝对的比较优势。

当然,"三三制"的制度安排也是知易行难,在实践过程中同样会出现难以弥合的制度裂口:一方面,这一制度设计本身与体现民主价值的竞争性自由选举难以对接,难免会出现"不放手做"或"放弃党的领导"的偏向。经过土改的地方,许多人对地主士绅参加政权不放心:"从地主豪绅手里夺过来的政权,流了多少血,怎敢又随便让他们进来?"而未经土改的地方,"由于我们党组织力量过于薄弱,地主豪绅或国民党员就乘机占了统治地位(例如米脂全县89名乡长中有16个国民党员,31个非党员;城市与附近城区的15个乡长中,没有1个共产党员,却有6个国民党员)"②。另一方面,"三三制"难以约束中共的优势地位。边区之所以能成为一个特区是因为存在一支中共领导的武装力量,是中共武装力量的根据地。边区第一届参议会的组成人员即反映了当时的政治实态。1939年初成立的边区第一届参议会议员145人,中共党员137人,党外人士只有8人,参议会常驻的9位议员和边区政府领导均为中共党员。实行"三三制"实际上是一次权力与利益的再分配,这对许多中共党员来说是难以接受的,故毛泽东有针对性地批评道:"所谓领导权,不是一天

---

① 《团结到底》,《毛泽东选集》第2卷,人民出版社1991年版,第718页。
② 《陕甘宁边区三三制的经验及其应该纠正的偏向》,《林伯渠文集》,华艺出版社1996年版,第369~402页。

到晚当作口号去高喊,也不是盛气凌人地要人家服从我们,而是以党的正确政策和自己的模范工作,说服和教育党外人士,使他们愿意接受我们的建议。"①邓小平针对晋冀豫根据地出现的类似现象也发出严厉的批评:

> 第一,这些同志误解了党的优势,以为党员包办就是绝对优势,不了解真正的优势要表现在群众拥护上。把优势建筑在权力上是靠不住的。
>
> 第二,这些同志误解了党的领导,把党的领导解释为"党权高于一切",遇事干涉政府工作,随便改变上级政府法令;不经过行政手续,随便调动在政权中工作的干部;有些地方没有党的通知,政府法令行不通,形成政权系统中的混乱现象。甚有把"党权高于一切"发展成为"党员高于一切"者,党员可以为非作歹,党员犯法可以宽恕。②

总体来看,"三三制"不可能在所有的抗日根据地都能"达标",但所实施的直接选举、民意机关作为最高权力机关、中共与其他阶层分享政权的做法足以将延安与国统区的情形形成鲜明的对比,使延安不仅在中国甚至在国际上赢得了中国民主"模范区"的美誉③。不可否认,"模范区"之形成有其特殊的历史条件,如中共实行的土地税收政策、高涨的民族主义、中共高效的组织能力等④。从观念与制度互动的角度来看,中共的民主观与制度实践正处于一个上升的通道,与国统区有言无行的民主形成强烈的反差。中共逐步占领了民主的道德高地,进而可以更加理直

---

① 《抗日根据地的政权问题》,《毛泽东选集》第2卷,人民出版社1991年版,第742页。
② 邓小平:《党与抗日民主政权》,载中共中央北方局主办《党的生活》第35期,1941年4月15日。
③ 参见闾小波、赖静萍《中国共产党在新民主主义革命时期对民主选举的认知——以1921—1949年为研究时段》,《政治学研究》2011年第5期。
④ 参见(美)马克·赛尔登《革命中的中国:延安道路》,魏晓明等译,社会科学文献出版社2002年版,第267~277页。

气壮地主导民主的话语权,进而主导中国的未来。

第四节 宪政即民主——解构国统区的宪政运动

延安时期,共产党在致力于边区及各根据地民主政权建设的同时,对国统区掀起的宪政运动并没有保持沉默。中共的基调是宪政就是民主的政治,由国民党政权主导的所谓宪政背离了民主,不具有正当性与可行性,对其假民主、假宪政给予了有力的批判。

如前所述,抗战期间有关民主宪政的讨论空前热烈,为了主导民主的话语权,至少有三种力量(国民党、共产党及自由主义者即第三条道路或中间党派)竞相营销各自对民主、宪政的理解。在国民党方面,口头上坚持按照孙中山的建国方略,通过训政达致宪政的最终目标,宪政模式则是权能分离的五权宪法。自由主义者则坚持以代议制和权力制衡为目标的宪政模式。共产党方面在取消党禁、保障人权、要求国民党开放政权等方面,与其他民主党派及团体一致,这是各党各派在国民参政会中合作的政治基础。1939年国民参政会四届一次会议后,各地的宪政运动日渐高涨,共产党方面借机宣传新民主主义理论,并提出了新的概念——新民主主义的宪政。

在国统区由自由主义者推动的宪政运动迅速展开之际,1940年2月20日延安也成立了宪政促进会,毛泽东在成立大会上发表了《新民主主义的宪政》的演讲,阐明新民主主义宪政的基本内涵与特点。毛泽东赞成中间党派提出的"抗日"与"民主"的口号,这两者是有机的统一:"没有民主,抗日是要失败的。没有民主,抗日就抗不下去。有了民主,则抗他十年八年,我们也一定会胜利。"①这一点是共产党与中间党派共同的底线。其实,由民主主义与民族主义编织的这条底线自19世纪末以来一

---

① 《新民主主义的宪政》,《毛泽东选集》第2卷,人民出版社1991年版,第732页。

直贯穿于中国的政治发展之中。这就是当年梁启超所概括的"民权兴则国权立,民权灭则国权亡"①。

毛泽东认为,所谓宪政就是"民主的政治":"新民主主义的政治,是新民主主义的宪政。它不是旧的、过了时的、欧美式的、资产阶级专政的所谓民主政治,也还不是苏联式的、无产阶级专政的民主政治。"

> 什么是新民主主义的宪政呢?就是几个革命阶级联合起来对于汉奸反动派的专政。从前有人说过一句话,说是"有饭大家吃"。我想这可以比喻新民主主义。既然有饭大家吃,就不能由一党一派一阶级来专政。讲得最好的是孙中山先生在《中国国民党第一次全国代表大会宣言》里的话。那个宣言说:"近世各国所谓民权制度,往往为资产阶级所专有,适成为压迫平民之工具。若国民党之民权主义,则为一般平民所共有,非少数人所得而私也。"同志们,我们研究宪政,各种书都要看,但是尤其要看的,是这篇宣言,这篇宣言中的上述几句话,应该熟读而牢记之。"为一般平民所共有,非少数人所得而私",就是我所说的新民主义宪政的具体内容,就是几个革命阶级联合起来对于汉奸反动派的民主专政,就是今天我们所要的宪政。这样的宪政也就是抗日统一战线的宪政。

毛泽东的这篇演讲提醒人们,国民党的所谓行宪不具有正当性,中间党派的宪政道路不具有可行性:"你们决不可相信,我们的会一开,电报一拍,文章一写,宪政就有了。你们也决不可相信,国民参政会做了决议案,国民政府发了命令,十一月十二日召集了国民大会,颁布了宪法,甚至选举了大总统,就是百事大吉,天下太平了。"②他号召各界要与国民党顽固派作斗争,为实现新民主主义的宪政、建设新民主主义的国家而努力。

---

① 梁启超:《爱国论三·民权论》,载《清议报》第22册,1899年7月28日。
② 《新民主主义的宪政》,《毛泽东选集》第2卷,人民出版社1991年版,第732~736页。

毛泽东之所以将孙中山的三民主义说成"新民主主义",意在不承认蒋介石领导的国民党是孙中山的合法继承者,置蒋介石于不合法的地位①;当下中国只有边区实行"民主的政治",唯有边区才是中国通向宪政之路的出发点。

1943年9月国民党在五届一中全会上承诺抗战结束后一年内实行宪政,意在争夺合法性资源。对此,毛泽东再次从战略的高度表明中共的政治立场:中共决定我党参加此种宪政运动,以期吸引一切可能的民主分子于自己周围,达到战胜日寇与建立民主国家之目的。"除我党代表已参加重庆方面国民党召集的宪政协进会议外,延安亦已举行宪政座谈会。各根据地亦可于适当时机举行有多数党外人士参加的座谈会,借以团结这些党外人士于真正民主主义的目标之下。"②

抗战结束,蒋介石急于制宪、行宪,中共的斗争策略是"应该来一个新民主主义宪草和它对立"③。1946年4月23日陕甘宁边区第三届参议会第一次大会通过的《陕甘宁边区宪法原则》,再次强调按照人民民主原则设置国家政权的主张。

宪政就是"民主的政治"的说法,与其说是将二者等同起来,不如说是将宪政视为一个从属于民主的子概念,舍民主求宪政是没有意义的,民主政治的实现就等于有了宪政。不难看出,在整个宪政运动中,共产党更多的是从颠覆国民党的斗争策略出发的。

回溯近代中国宪政观的流变,大体也呈现了一源多流的态势。所谓一源,即源于清末梁启超揭示的宪政议题。所谓多流,一是张君劢、罗隆

---

① 蒋介石说:共产党"最成功的一点,便是向国际上宣传,说本党一党专政,实行独裁,说这次国民大会是一党的会议,必将制定法西斯的宪法。这种错误的观点,以讹传讹,已经深入外人之心,使政府在外交上的运用,处于很多不利地位,而增加许多困难。"1946年11月14日蒋介石对国民党籍国大代表的讲话,中共江苏省委党史工作委员会等编:《中共中央南京局》,中共党史资料出版社1990年版,第527页。
②《关于宪政问题》,《毛泽东文集》(3),人民出版社1996年版,第90页。
③《谢觉哉日记》,人民出版社1984年版,第866页。

基等沿用梁氏所讲立宪政体就是"有限权之政体",强调宪政之要义是分权制衡,规范和限制政府的权力,保障民权。二是孙中山突出主权在民的原则,追求权力无限的"万能政府","人民有权,政府有能",但贬斥西方的代议制,拒绝分权制衡。三是以毛泽东为代表的共产党人,将宪政理解为就是保障民权,强调主权在民,并排斥分权制衡,其制度设计是议行合一,突出民意机关作为国家最高权力机关的地位,其他机关只能从属于这一机关。其基本的预设是既然民意机关、政府机关均由人民选举,代表了人民行使权力,符合人民的利益,那么西方宪政中限制政府权力、"国家是必要的恶"等议题也就没有什么意义。

诚然,共产党人的民主观、宪政观与孙中山有一定的承继关系。这从延安时期共产党人反复引用国民党一大宣言中"民权主义,则为一般平民所共有,非少数人所得而私"的提法可得到证明。孙中山晚年对民权主义作出的这种诠释,在很大程度上受到苏俄的影响(俄国顾问参加了"一大"宣言起草),但与苏俄的无产阶级专政理论又有所区别。孙中山并没有将"一般平民"与"少数人"或资产阶级完全对立起来,他既没有提出剥夺资产阶级的政治权利,也没有肯定民权只为"一般平民"所专有。毛泽东的新民主主义宪政从孙中山那里获得了思想支援,并重新诠释"一般平民"的概念。毛泽东根据阶级斗争学说,从中引申出两个群体:"革命阶级"与"汉奸反动派"(早期是无产阶级与资产阶级、朋友与敌人),这是对孙中山民权主义的超越,故在"民主主义"前面冠上"新"。毛泽东的这一思想是将他所理解的马克思主义的阶级分析法和革命理论与中国特定的政治生态相结合。《中国社会各阶级的分析》最早运用了这一理论,其开篇即:"谁是我们的敌人? 谁是我们的朋友,这个问题是革命的首要问题。"现代民主理论通常也有群体的分类,最为典型的是多数和少数,但这与阶级分析法完全不同。民主理论中不仅强调少数服从多数,多数尊重少数,更强调两个群体之间成员是可转换的,即在不同的情形下,少数人可以成为多数人中的组成部分,而多数人也可以成为少数群体的一部分。现在民主理论担心的正是"多数"和"少数"的固化,这样将会出现所谓"多数人的暴政",从而引发社会的不和谐与紧张关系。

经过延安整风,毛泽东成了中共的最高政治领袖与精神领袖,他表达的"宪政就是民主的政治"的观点也成为同期中共领导人阐述民主的基调。他们提到宪政也将其说成是民主的政治。如林伯渠对宪政的阐述几乎与毛泽东如出一辙:

> 宪政运动是一种民主运动……宪政运动的内容也不仅限于召集国民大会与制定宪法,而应该开展成为广泛的民主运动,真正地做到保障人民的民主权利,承认各党派的合法地位,建立各级民选有着群众基础的民意机关……如果人民没有民主的权利,没有言论出版自由来提出对于宪政的意见,没有集会的自由来讨论宪政问题,没有权利来选举自己的代表到国民大会上去,没有机会表示对宪法的条文、修正、通过所抱的态度,那么宪政运动就不能是民主运动,而且失去它的意义。①

时任国民参政会参政员、经常往来于重庆与延安的林伯渠,将"宪政的意义"概括为三点:"1. 宪政就是民主政治,也就是民权政治。2. 宪法是确定国家的基本法律,保证人民的义务权利,规定国家的组织政策等。3. 结束一党专政,实行进步政治。我们应该这样来认识,宪政要成为一个运动,要实行人民所要求的宪政,不然是不行的。"②这里与其说是探讨宪政本身的意义,不如说阐明中共对宪政运动应采取的斗争策略。1944年9月在重庆召开的三届三次国民参政会上,林伯渠代表中共首次提出结束国民党一党专政,建立民主联合政府的主张,他将"全国实行民主政治"列为第一个重要的问题③。

---

① 《我们需要的宪政》,《林伯渠文集》,华艺出版社1996年版,第146~148页。
② 《在陕甘宁边区党政联席大会上的报告》,《林伯渠文集》,华艺出版社1996年版,第155页。
③ 《关于国共谈判的报告》,《林伯渠文集》,华艺出版社1996年版,第413页。

1941年11月,刘少奇在华北中央党校的发表的《民主精神与官僚主义》的演讲,从阶级论出发揭示了资产阶级民主虚伪性和无产阶级民主的优越性:

> 什么叫民主?"民主"这个名词在外国话中叫做"德莫克拉西"。我们看到美国的《独立宣言》,法国的《人权宣言》,这两个资产阶级革命的宣言中,一开始就说人是上帝创造的,是生而平等的,接着说国家是属于人民的,由人民统治,由人民享受,也就是所谓民有、民治、民享;即是说,人民都有最基本的权利,如言论、出版、集会、结社、居住、迁移等等的自由权利;人民对国家的权利、义务是平等的。这是资产阶级革命提倡的民主内容。

> 民主有几种。资产阶级有资产阶级的民主,我们无产阶级有无产阶级的民主,这不仅在形式上不相同,而且在实质、内容上也不相同的。……资产阶级除了允许经济上不平等,在政治上法律上的平等也是有限制的(现在的法西斯蒂则根本不要民主),特别有民族的不平等,如美国讲平等,但对黑人就不平等。此外还有信教、男女的限制等等。而无产阶级的民主则打破了这一切的界限。只有无产阶级民主,才是彻底的民主。这是内容上的不相同。

> 民主精神是什么?就是平等精神。资产阶级口里讲民主,实际上不能实行民主。只有共产主义者,才能实行真正的平等。我们革命者,要有平等的精神,认为一个人没有权利压迫或剥削另一个人,没有权利去侮辱另一个人的人格。如果我能剥削你的劳动,而你只能甘受驱遣,这就是不平等,也是没有民主精神。①

刘少奇强调平等固然重要,但平等并不是不要党的领导:

> 平等精神或民主精神不是平均主义。现在我们同志中,一方面

---

① 《刘少奇论党的建设》,中央文献出版社1991年版,第311~313页。

> 表现民主精神有些不够,另一方面表现有些平均主义的要求,还有极端民主化的现象,否认组织性,否认我们队伍中有指挥者与被指挥者,否认党内有领导者与被领导者。这种平均主义与极端民主的要求,并没有平等精神与民主精神。①

刘少奇在演讲中对资产阶级民主的批评实际上揭示了西方民主精神、民主理念与现实民主制度之间的落差,而共产主义者追求的民主则要消除这些落差,但他似乎忽略了两点,一是西方的资产阶级民主有一个成长的过程。工业化之前的民主与工业化以后民主有不小的区别。二是共产主义者所追求的民主理念也存在一个随着条件的变化逐步实现其目标的过程,无视民主的实现条件而追求高调的民主最终结果会相去甚远,这已为20世纪一些前共产主义国家的政治实践所证明。

到抗战结束时,中共在根据地民主实践的"模范效应"急速放大。中间党派开始化,多数人与国民党渐行渐远,认同中共新民主主义宪政的人开始增多。曾在国统区积极投身宪政运动的黄炎培以国民参政会代表的身份来到延安实地考察后,得出的印象是:"就所看到的,只觉得一切设施都切合乎一般的要求,而绝对不唱高调、求理论上好听好看。""中共军队每到一个地方,必首先争取民众。现时他们所用的方法,是使民众站起来,聚拢来,让他们自由投票选出他们所认为满意的人,做这一地方的乡长或者其他公职。军队绝对不参加意见,地方政治,就让这地方民众去监督。"②就连西方观察家也承认根据地的民主实践要比国民党好。美军驻延安的军事观察组成员谢伟思(John Stewant Service,1909~1999)对中共的印象是:

> 农民们支持共产党,参加共产党并与中共的军队并肩战斗,因为他们深信共产党人是为他们而战斗的。而他们之所以形成这样

---

① 《刘少奇论党的建设》,中央文献出版社1991年版,第315页。
② 黄炎培:《八十年来》,人民出版社1982年版,第115、138页。

的信念是因为共产党人给他们带来了看得见、摸得到的实惠。这些实惠必须是对农民的社会、政治或经济条件的改善。无论这种改善的实质如何,它必定具有民主倾向——如果我们从最广义的意义上将民主理解为服务于大多数人的利益。①

如前所述,毛泽东将宪政理解为从属于民主,有着明显的抑宪政、扬民主的取向。作为延安与重庆政治斗争的策略,这样的解释是有效的,但策略的有效性不等于学理上的合理性。其实,两者并无从属关系,两者的问题意识是不同的。

民主的原旨是要解决主权的归属问题,基本预设是天赋人权,人人平等,也蕴含着人性善的假定;宪政是要解决如何控制国家权力的问题,基本预设是自然法与社会契约论,国家、政府存在的意义在于保护公民的自由权利,政府是由普通人组成的,他们存在自利的可能性,即休谟讲的应将他们预设为"无赖之徒",暗含着人性恶的假定,即"幽暗意识"②。宪政与民主的同一性在于均反对神权、君主专制、绝对主义。近代西方早期的宪政体制是符合共和精神的,未必是民主的。比如最早确立宪政体制的英、美,体现民主价值的普选制到20世纪中后期才日臻完善。当然,宪政与民主之间存在相互支持的关系。民主观念生成与传播使人们产生了要分享国家权力实现人的价值与尊严的冲动;而宪政观念中约束政府权力的主张客观上可以保障个人的权利免受其害。如果仅仅强调人民的民主、自由权利,忽视对政府权力作合理而有效的制约,最终有可能走向民主的荒原,也就是塔尔蒙所讲的极权主义民主;反之,强调限制政府的权力,倒是可以为民主制度的成长提供一个可靠的制度保障。

---

① 转引自马克·赛尔登《革命中的中国:延安道路》,魏晓明等译,社会科学文献出版社2002年版,第271~272页。
② "所谓幽暗意识是发自对人性中与宇宙中与始俱来的各种黑暗势力的正视和省悟:因为这些黑暗势力根深柢固,这个世界才有缺陷,才不能圆满,而人的生命才有各种的丑恶,各种的遗憾。"参见张灏:《幽暗意识与民主传统》,《张灏自选集》,上海教育出版社2002年版,第2页。

延安方面将宪政理解为从属于民主,也反映了自"五四"时期民主取得了话语权以来具有至高的地位,这为日后毛泽东提出的"人民民主专政"的口号提供了思想和舆论的铺垫。

第五节　人民民主专政——共产党人民主观的经典表达

共产党人的民主观始终与实践和时势紧密相联,这符合毛泽东讲的认识论,即实践→认识→实践,故其民主观也在不断明晰,而毛泽东的人民民主专政则是共产党人民主观的最终理论成果,也成为其对民主理论的经典的表达。

人民民主专政作为一种国体,从共产党的思想发展来看,在当时已有 20 余年的历史,从其实践来看经历了三个阶段。如果说苏区的中华苏维埃共和国是共产党人第一次建国实践的话,那么第二次国共合作期间在边区和各根据地的政权建设则是共产党人第二次建政探索,内战全面爆发后共产党人开始了第三次建国努力。第二阶段共产党在建设边区政权的同时,一直在推进国家的民主制度建设,目标是建立一个包括国民党及其他党派在内的多党联合的民主政府,共产党是作为其中的一个重要的参政党,视国民党作为一个合作对象的底线并没有突破。到了第三个阶段,共产党明确宣示将由共产党领导并联合其他民主党派和无党派人士建立一个人民民主专政的新型国家,而国民党则成为革命的对象,共产党是唯一的执政党。

毛泽东于 1949 年发表的《论人民民主专政》的思想源头可追溯到"五四"时期,即一批信奉共产主义和马克思主义的知识青年对民主的理解。民主无论在西语还在现代汉语中,都是复合词,即表示国家权力的归属及如何来治理。在欧洲启蒙运动时期,思想家们强调的是国家权力的归属不是"神",也不是"朕",而是"民",故有"主权在民"及"天赋人权"之说。在解决了权力归属之后,西方思想家更多的是关注治理国家的制度设计,于是有代议制、分权制衡等,即现代宪政体制。如果说前者是解决"学"的问题,那么后者则是解决"术"的问题。中国早期的共产主义者也同样如此,早期关注是"学",并提出了权力归劳工、劳动者、无产者、大众、平民、庶民等主张,反对资产阶级、富人、政客当政。"二十世纪的'德谟克拉西',乃是被征服的新兴无产劳动阶级,因为自身的共同利害,对于征服阶级的财产工商界要求权利的旗帜。"①毛泽东在接受了马克思主义以后,明确表示:

> 本人信仰共产主义,主张无产阶级的社会革命。惟目前的内外压迫,非一阶级之力所能推翻,主张用无产阶级、小资产阶级及中产阶级左翼合作的国民革命,实行中国国民党之三民主义,以打倒帝国主义,打倒军阀,打倒买办、地主阶级(即与帝国主义、军阀有密切关系之中国大资产阶级及中产阶级右翼),实现无产阶级、小资产阶级及中产阶级左翼的联合统治,即革命民众的统治。②

也就是说他们既承接了卢梭时代反对君权神授的理论,同时又高举马克思主义的推翻资产阶级统治的无产阶级专政理论,而对"术"尚无成熟的表达。

虽然共产党在建立之初就将人民民主或人民当家作主设定为政治目标,但在实践中却因时势而灵活变通。其变主要表现是对"民"(人民)外延的放大或收缩。第一次国共合作时期是无产阶级联合国民党及有产阶级,"民"是一切革命力量的大联合。土地革命时期实行工农民主专政,建立工农政府。"这个政府是工农的政府,它实行了工人与农民的革命民主专政,它对于工农是广大的民主,但绝不容许任何地主资产阶级分子参加。它是一个专政,是一个已经具有极大权力的专政,这个专政

---

① 《告北京劳动界》,《陈独秀文章选编》上,三联书店1984年版,第449页。
② 《答少年中国学会改组委员会问》,《毛泽东文集》(1),人民出版社1993年版,第18~19页。

已经向着全国范围扩大它的影响,它在广大民众中间有了很大的信仰。"①此间,"民"指广大的农民、工人及士兵,是纯粹意义上的"无产者"。到抗战时期,为了团结抗日,结成最为广泛的统一战线,"民"是一切拥护抗日的阶级或阶层,包括资产阶级、地主、富农,即除了汉奸、反动派皆可视为人民。解放战争的目标是推翻国民党政权,建立民主联合政府,"民"指工人阶级、农民阶级、民族资产阶级、小资产阶级等,国民党代表的大资产阶级(官僚资产阶级)、地主阶级成了革命的对象。

在1940年代,在共产党的话语中虽然存在新民主主义与人民民主专政并用现象,但两者所指有差别,前者更多的是指中国所处的社会发展阶段,即将新民主主义视为向社会主义过渡的时期,而后者则是指一种特定的民主形态或政权的性质,它既适用于新民主主义时期,也适用于社会主义时期。

最早将"人民民主"和"专政"联在一起并作为一个完整概念提出来是在1948年6月1日中共中央宣传部根据毛泽东的指示重印列宁《共产主义运动中的"左"派幼稚病》第二章前言,毛泽东为此写了《关于重印〈左派幼稚病〉第二章前言》:

> 列宁在本书中所说的,是关于无产阶级专政。今天在我们中国,则不是建立无产阶级专政,而是建立人民民主专政。这种人民民主专政的内容和无产阶级专政的内容的历史区别,就是:我们人民民主专政是无产阶级领导的、人民大众的、反帝反封建反官僚资本的新民主主义革命,这种革命的社会性质,不是推翻一般资本主义,乃是建立新民主主义的社会,建立各个革命阶级联合专政的国家;而无产阶级专政则是推翻资本主义,建设社会主义。②

---

① 《中华苏维埃共和国中央执行委员会与人民委员会对第二次全国苏维埃代表大会的报告》,中共中央文献研究室编:《毛泽东著作专题摘编》,中央文献出版社2003年版,第653页。
② 中共中央宣传部《关于重印〈左派幼稚病〉第二章前言》,《中共中央文件选集》第17册,中共中央党校出版社1992年版,第190页。

同年9月，毛泽东在中央政治局会议上的报告中更为明确地指出："我们政权的阶级性是这样：无产阶级领导的，以工农联盟为基础，但不是仅仅工农，还有资产阶级民主分子参加的人民民主专政。"他还强调："我们是人民民主专政，各级政府都要加上'人民'二字，各种政权机关都要加上'人民'二字，如法院叫人民法院，军队叫人民解放军，以示与蒋介石政权不同。"①毛泽东为新华社写的1949年新年献词《将革命进行到底》中正式宣布：中国人民要"在全国范围内建立无产阶级领导的以工农联盟为主体的人民民主专政的共和国"②。

毛泽东为纪念中国共产党建立28周年而作的《论人民民主专政》是对这一概念所作的最为系统最为权威的阐述：

> 人民是什么？在中国，在现阶段，是工人阶级，农民阶级，城市小资产阶级和民族资产阶级。这些阶级在工人阶级和共产党的领导之下，团结起来，组成自己的国家，选举自己的政府，向着帝国主义的走狗即地主阶级和官僚资产阶级以及代表这些阶级的国民党反动派及其帮凶们实行专政，实行独裁，压迫这些人，只许他们规规矩矩，不许他们乱说乱动。如要乱说乱动，立即取缔，予以制裁。对于人民内部，则实行民主制度，人民有言论集会结社等项的自由权。选举权，只给人民，不给反动派。这两方面，对人民内部的民主方面和对反动派的专政方面，互相结合起来，就是人民民主专政。
>
> 人民民主专政的基础是工人阶级、农民阶级和城市小资产阶级的联盟，而主要是工人和农民的联盟，因为这两个阶级占了中国人口的百分之八十到九十。推翻帝国主义和国民党反动派，主要是这两个阶级的力量。由新民主主义到社会主义，主要依靠这两个阶级

---

① 《在中共中央政治局会议上的报告和结论》，《毛泽东文集》第5卷，人民出版社1996年版，第135～136页。
② 《毛泽东选集》第4卷，人民出版社1991年版，第1375页。

的联盟。①

　　这一理论与此前在中国流行的各种民主观不同,主要区别在于有二:1. 对"民"的理解。此前的各种民主理论讨论的是选民资格,是限选还是普选?中国是否具有实行普选的条件?人民民主专政理论既是限选的,也是普选的,对于革命对象或反动势力(敌人)是限选,或剥夺其选民资格,而对一切"人民"(朋友)来说则实行普选。2. 民主与专政(独裁)的关系。此前的民主理论涉及民主与独裁的关系,总认为是相立的,《独立评论》时期主张倡导新式独裁的人,是将其理解为精英集权,前提是因国情和民情皆不具备实行民主的条件,但他们不否则民主的价值,人民民主专政理论则将两者结合起来,对人民赋予民主的权利,而对敌人则实行专政。此外,在"人民"的内部又区分两个层次,人口占绝对多数的"工人和农民的联盟"是人民民主专政的基础,是天然的革命主体;少数"城市小资产阶级和民族资产阶级"是争取、团结的对象,要强加对他们的教育和改造,使其成为"人民"中合格的一员。

　　人民民主专政的理论在其后中国人民政治协商会议通过的相当于临时宪法的《中国人民政治协商会议共同纲领》中得到权威的确认:"中华人民共和国为新民主主义即人民民主主义的国家,实行工人阶级领导的、以工农联盟为基础的、团结各民主阶级和国内各民族的人民民主专政。"

　　中国共产党建党之初就承认并以建立无产阶级专政为目标,二战后以苏联为首的社会主义阵营也都是以无产阶级专政为国体。列宁强调:"只有承认阶级斗争、同时也承认无产阶级专政的人,才是马克思主义者。"② 1949年2月,毛泽东在与斯大林的特使米高扬的谈话中表示:我们的新政权将是"在工农联盟基础上的人民民主专政,而究其实质就是

---

①《论人民民主专政》,《毛泽东选集》第4卷,人民出版社1991年版,第1475、1478~1479页。
②《列宁选集》第3卷,人民出版社1995年版,第199页。

无产阶级专政"①。虽说实质一样,但毕竟两个概念。事实上毛泽东在新中国成立之初仍坚持使用"人民民主专政"的提法,而不用或很少使用"无产阶级专政"。毛泽东的考虑是"人民民主专政"的提法更符合中国现实与逻辑。无产阶级严格说来是指一无所有的现代产业工人,在新中国成立之初,中国的现代工业极不发达,产业工人在人数并不占绝对多数,若仅以一个在人数上居少数的阶级为统治阶级,显然背离了民主的多数原则。再则,建立与国民党一党独裁的完全不同的"民主联合政府"是共产党的庄严承诺,国民党的一党专政背离了时代潮流,为民众及中间党派所厌弃,"统一战线"、"多党联合"、"民主联合政府",顺应人心,符合时代潮流。正因为如此,才有众多的中间党派在北平与台北、共产党与国民党之间选择了前者。如果说此时共产党抑人民民主专政,而扬无产阶级专政,其他党派参加到联合政府中来在逻辑上就说不通,这将使共产党陷于孤立。既然承认人民民主专政实质就是无产阶级专政,表明了共产党对无产阶级专政的向往,或为早日实行无产阶级专政而积极创造条件,使其"未来时"成为"现代时"。正如英国学者戴维·麦克莱伦所说:"毛超出列宁关于专政只是一个革命阶级的专政的论断,他想强调的是中国人民作为一个整体的革命性质。"②这概括揭示了毛泽东的民主思想的特色。

新中国成立后,人民民主专政的提法一直沿用到"五四宪法"③。进入社会主义改造时期,无产阶级专政的提法开始出现,而新民主主义的提法逐渐淡出。1956年4月毛泽东在《论十大关系》的讲话中使用了"无产阶级专政"的提法。同年9月,刘少奇在中共"八大"上所作的政治报告中称:"我国现阶段的人民民主专政实质上是无产阶级专政的一种形

---

① 师哲:《在历史巨人身边》,中央文献出版社1991年版,第376~377页。
② 转引自李君如《毛泽东与当代中国》,福建人民出版社1991年版,第167页。
③ "五四宪法"序言称:中国是"人民民主专政的中华人民共和国。中华人民共和国的人民民主制度,也就是新民主主义制度。"该宪法文本未出现"无产阶级专政"的提法。

式。"①同年 4 月 5 日和 12 月 29 日,《人民日报》编辑部根据中央政治局扩大会议讨论的精神,先后发表了《关于无产阶级专政的历史经验》和《再论无产阶级专政的历史经验》两篇文章,自此"无产阶级专政"的提法成为主流话语。

经过 1970 年代末思想解放的大讨论,1982 年通过的《宪法》"序言"恢复了人民民主专政的提法:"人民民主专政,实质上即无产阶级专政。"时任宪法修改委员会副主任委员的彭真在《关于中华人民共和国宪法修改草案的报告》中解释说:"无产阶级专政在不同国家可以有不同形式,人民民主专政是中国共产党领导人民所创造的适合我国情况和革命传统的一种形式。在 1949 年《共同纲领》中,在 1954 年宪法中,在 1956 年中国共产党第八次全国代表大会的文件中,我们一直把我国的国家政权称为人民民主专政。……人民民主专政的提法,确切地表明我国的这种阶级状况和政权的广泛基础,明白地表示出我们国家政权的民主性质。"②1979 年 3 月邓小平在代表党中央所作的《坚持四项基本原则》中使用了"坚持无产阶级专政",1993 年他对此作出解释:"当时我讲的无产阶级专政,就是人民民主专政,讲人民民主专政,比较容易为人所接受。"③当然,人民民主专政或无产阶级专政理论在共和国历史上的实现方式、实现程度以及实现效果等,当属于当代中国政治观念史或政治发展史研究的又一重要课题。

---

① 《刘少奇选集》下卷,人民出版社 1985 年版,第 243 页。
② 彭真:《关于中华人民共和国宪法修改草案的报告》,载《人民日报》1982 年 12 月 6 日。
③ 1993 年 9 月 16 日与弟弟邓垦的谈话,中央文献研究室编:《邓小平年谱》(下),中央文献出版社 2004 年版,第 1363 页。

结　语

一、西方民主化进程的启示

人是天生的政治动物。人群中任何时候都不乏"为往圣继绝学、为万世开太平"的思想巨匠的存在,追求理想的政治生活是人的本性,也是人类走向文明的动力。人类在面临不理想的政治状态时便会产生变革的观念,努力寻求理想政治状态的图式。在中国,大同思想、民本主义等皆属此列。在西方,历史上曾实践过多种政体,最终可谓殊途同归,选择了民主制。西方国家的民主制形态(模式)各异,但并无"正版"与"盗版"之分,从这个意义上讲,"民主是一国一模式","民主只有山寨版没有正版"[①]的说法并无不妥。如果说独裁体制只有一张面孔,那么民主体制则有千张面孔。选择民主,这固然是一种理性的选择,但近代西方数百年的民主成长史并非是事先计划好的,亦无"正版"可以"拷贝"。唯其如此,在人类的民主史上充满了太多的变数,民主观念也不可能一以贯之。

[①] 张飞岸:《社会改革比政治改革更重要——郑永年教授专访》,载《国际社会科杂志(中文版)》2009年第1期。

在人类历史上,民主观念的流变并无固定的指向或规定性的路线图,未来民主观念与民主制度的发展也存在着一定的不可测性。因此,在不同的时代、不同的国家或地区,这一观念的流变均会表现出独特的、多向度的轨迹。民主观念的流变在任何一个国家都不会表现为单一笔直的线形轨迹。比如,19世纪前后的法国,虽然卢梭学说曾占据主导地位,但也有崇尚英美自由主义民主的贡斯当、托克维尔,而同期的英美也不乏卢梭主义的信徒。

人类在追求理想政治状态的过程中,智者们贡献了很多有价值的或有影响力的观念,新政治观念的问世,总是充满着争议,民主观念也不例外。进入20世纪,民主经历了一个由"坏东西"向"好东西"转变的过程。从此,民主虽然是可以讨论的,但讨论主要集中于设计何种制度来促进民主的发展,民主的价值是不容置疑的。

作为"好东西"的民主,还必需有诸多的"好东西"与之匹配才能呈现其"好"的一面,否则会走向其反面。首先,就观念而言,历史上,与民主观念相随而行的还有自由、共和、宪政、平等等观念,他们均有独自的话语空间与价值诉求。这些观念的信奉者均有一种价值上的优越感,甚至会走向极端,并极力拓展各自的话语空间。但经验表明,理想政治状态的生成恐非某一观念所能独自支撑的,现代西方政治文明的生成实是多种观念相互论辩,揭长道短,互为对手,但又互为盟友,甚至是唇齿相依、调和折衷的结果,而绝非是一种观念对另一种观念的简单否定或替代。在这过程中,人类的各种政治实践(经验)也在不断丰富着人类的政治智慧,克服人性中偏执的弱点,放大人类宽容的胸襟。其次,就政治与社会条件而言,要使民主成为一种制度安排与日常政治,至少必须同时存在五个相互联系、相互促进的条件:1. 一个自由和活跃的公民社会可以发展的条件。2. 一个相对自主并且受人尊重的政治社会。3. 有法律可以确保公民合法的自由权利和独立的结社生活。4. 一个国家官僚系统,可供新的民主政府利用。5. 一个制度化的经济社会①。残缺的社会政治条件必将导致畸形的民主或成为民主化进程中的失败国家。

二、中国人对民主观念的偏好

民主观念在中国的流变是在"近代"这一特定的"历史语境"中展开的。民主作为"飞来之石",进入中国之初也曾一度被视为"坏东西"、危险的思想,但中国人理解的民主之"坏",并非像西方人长期深思熟虑的对"多数人的暴政"的防范以及对可能会侵越个人自由的忧虑,也非西方主流思想家们从亚里士多德到孟德斯鸠对各种政体进行反复比对的心得,而是对长期被人们信奉的"国不能一日无君"触犯,或像王韬讲的"民为主,则法制多纷更,心志难专壹,究其极,不无流弊"。经由辛亥革命尤其是五四运动,民主之好、君主之恶(无论是君主专制抑或君主立宪)均成了不争的价值,虽然求"好"不得,但除"恶"务尽,似乎"恶"之除尽,"好"之自来。在此种革新思维的驱使下,民主轻而易举地取得了话语权,民主的边界也在不断拓展,自由、人权、宪政、共和等观念几乎都成了从属于民主的子概念,完全为民主所包容甚至替代。思想家、政治家们很少去思虑民主与自由、民主与人权、民主与宪政、民主与共和之间的复杂关系,以及实现民主制所需的各种内在和外在的约束性条件。民主中的多数原则,被中国人约化为真理必然在多数人手中,少数人不但要服从多数,甚至可能会成为多数人的敌人,尊重并保护少数在中国似乎不具有正当性和必要性。

清末以来,中国革命之展开乃是基于如下的认知:现行的政治与社会秩序不具有正当性与合法性。甲午以后,清王朝的合法性受到质疑,清廷采取的"新政"、预备立宪等目的是为了克服合法性危机,结果导致

---

① (美)胡安·J·林茨等:《民主转型与巩固的问题:南欧、南美和后共产主义欧洲》,孙龙等译,浙江人民出版社2008年版,第7页。

中央权威下向流失,越来越失去权威与执政能力的清王朝不得不选择"逊位",传统意义上天子天命、奉天承运的合法性从此不复存在。其后的南京临时政府、北洋民国政府及南京民国政府,从名称与标榜的理念来看,看似不失合法性,但这些政权无法获得社会的一致认同,国家与社会呈现出高度紧张的关系,其内在原因实是传统的皇权合法性与现代的人民主权之间存在着一个巨大的鸿沟。人民主权是神圣而诱人的,而人民主权由口号转化为切实的制度安排则需要太多的刚性的制约条件。如此,传统合法性与现代合法性的接续只能用时间来换取,而暴力革命也就成了视为缩短这一时间的最为有效的捷径。

暴力革命不只是怨恨的发泄,还需要理想的召唤。理想固然有其现实的成分,但也不乏乌托邦的元素,此种元素在相当大的程度上也反映在近代中国的民主观念之中,"历史的动力不是乌托邦的实现,而是对它的奋力追求"①。德国知识社会学的奠基人曼海姆强调,人类不能没有追求和向往,否则人类历史就失去了持久的活力:"从我们的世界上彻底消除超越现实的成分,……终将意味着人类意志的衰退。""乌托邦已被摒弃时,人便可能丧失其塑造历史的意志,从而丧失其理解历史的能力。"②从大历史观的角度观之,20世纪前半期的中国革命有其必然性与合理性。

在进入20世纪以来激烈的历史变革中,虽然有不同政治力量及其代言人力图去左右民主在中国的运行方向或速度,使其按照自己的意向来运行,但无人敢公开非议民主,结果使民主这块"飞来之石"最终呈现出来的大致是卢梭式的人民主权论的革命民主主义形成了一个不断上升的轨道,而英美式的自由主义民主则呈现出自由落地式的轨迹。

---

① (美)莫里斯·迈斯纳:《马克思主义、毛泽东主义与乌托邦主义》,张宁等译,中国人民大学出版社2005年版,第2页。
② (德)卡尔·曼海姆:《意识形态与乌托邦》,黎鸣等译,商务印书馆2007年版,第268页。

三、历史语境对民主之履的制约

经验表明,这两种不同的民主观念的发生往往依存着不同的"历史语境":农业国家(不断复制的小农经济)与工业化国家(不断开拓的市场经济)。中国作为一个超大规模的农业国家,工业化起步迟,进展缓慢,在国际竞争中长期处于劣势,民众有一种集体被剥夺感、压迫感,进而在本能上有抗争、赶超的冲动,而中国共产党提出的"翻身"、"解放"、"反帝反封建"等主张,正好应合民众的心理需要,成为其进行政治动员的最为有效也最具感召力的口号。民族矛盾与社会矛盾的激化极易催生大规模的以农民为主体的社会革命,在这一点上,中国与法国、俄国的情形确有些相似。斯考切波在分析这三国的社会革命时发现:

> 到目前为止,在所有实际发生(成功)的社会革命中,农民造反才是真正构成关键性的起义因素。而且在法国、俄国和中国革命中也确实如此。这一点实际上毫不奇怪,因为社会革命发生在农业国家中,农民才是这些国家中的主要生产阶级。在农业占主导的国家中,如果没有农民造反,城市的激进主义最终就不可能实现社会革命的改造。英国和德国(1848年)革命的例子也有助于阐明这一论断。在这两个作为反例的国家中,都曾经出现过强劲的城市——平民革命运动。但是,作为社会革命他们都失败了,部分原因就在于缺少反对地主上层阶级的农民起义。①

这类革命的政治后果是,"专制的和原生型官僚体制的君主政权让位于官僚制的、大众参与的民族国家"。"在这三个国家的新制度中,更多的民众参与于国家调控的民族事务中来。并且,与旧制度相比,革命期间形成的国家组织更加中央集权,更加理性化。因此,这些国家就更

---

① (美)斯考切波:《国家与社会革命——对法国、俄国和中国的比较分析》,何俊志等译,上海人民出版社 2007 年版,第 142 页。

有能力控制社会,也更能独立自主地抗击国际体系中的竞争者。"①

20世纪的中国革命大体是循着邹容揭示的革命救世主义而展开,至1949年中华人民共和国建立,实现了邹容期盼的独立、自主的目标,分散的、多中心、软弱的国家机器让位于一个高度组织化、对社会支配力极强的政治系统,在充满激烈竞争的国际体系中也显示出中国的存在及其影响力。

工业化国家则是另一种"历史语境"。作为世界上少数"先富起来的人",早期的工业化国家与多数贫穷的农业国家不同,"富人"希望稳定、秩序,英美式的自由主义民主比较符合工业化进程中市场秩序和自由企业制度的内在需求,它有利于强化私有财产权和私人契约的观念,在国家、社会和市场之间保持合理的张力,进而会导致相对稳定的社会政治秩序,自由民主观念及与之相匹配的体制得以逐步成长,虽然这一成长的过程也充满了对抗,但这种对抗具有可控性。

就民主制度的巩固而言,美国政治学家利普塞特早在1959年发表的《民主的一些社会条件》②就揭示了经济发展与民主之间的内在关系:在稳定的民主和一个国家的经济发展水平(包括与经济相关的其他指数,如城市化、教育、公民社会等等)之间存在着一种极其高度的实证的相互关系。虽然其后经验研究列举出很多反例,如今那种认为经济增长与政治民主之间存在着线性关系的判断固然是危险而愚蠢的,但随着经济的增长走向专制的可能性将越来越小,走向民主的可能性会越来越大,这已为更多的经验所证明。

四、新语境、新期待

革命是饥饿者的一种抗争行为,但不能成为充饥品。持续而不间断

---

① (美)斯考切波:《国家与社会革命——对法国、俄国和中国的比较分析》,何俊志等译,上海人民出版社2007年版,第201~202页。
② 郎友兴、韩志明选编:《政治学基础文献选读》,浙江大学出版社2008年版,第429~471页。

的革命很难改变人们的饥饿状况,也很难为民主提供增量。当一个民族在饥饿状态下长期求革命、求温饱,总会有精疲力竭的时候,至此,革命的正当性将会受到质疑。1970年代末中国实行的改革开放政策使国家逐步驶离始于清末的"对抗"轨道,转而驶入追求和解、共生、和谐的新轨道①。40余年来随着中国经济的高速增长,一个世界上人口最大的贫穷国家正由饥饿而温饱,由温饱而全面小康。一个以农耕经济为主体的"历史语境"正让位于越来越城市化、工业化、信息化、市场化的现实语境。

中国在变,世界也在变,不变与不舍的是中国始终没有放弃对民主政治的追求,对民主是个"好东西"的判断没有变。但,中国人对于民主的认知需要重新检讨。抛开民主是价值抑或工具的陷阱,对民主与自由、民主与宪政(法治)、民主与共和、民主与平等之间的张力需要正视,关系需要厘清。民主固然是个"好东西",但切不可将其他东西统统塞进"好东西"之中,或无限度地放大民主的外延,这免使民主难以承受"好东西"之累,结果必将事与愿违,这也是近代中国浪漫主义民主留给我们的教训。

人类的民主经验昭示,一国民主制度的成长不仅需要时间,循序渐进,且要协调好民主与自由、宪政、共和以及平等等价值的关系,这些价值均为人类政治智慧的结晶。原教旨意义上的纯粹的直接民主制是不可能再生的,现在的所谓民主制国家其实都兼容或吸收了自由、宪政、共和、平等的意涵,与其说是民主制,不如是形态各异的混合政体。民主制好似一个天价的奢侈品,必须量入为出,以"分期付款"的方式获得,若想一次付清得到将是"皇帝的新装"。

我们没有理由拒绝人类的民主经验,但这不等于照搬照套。面向未来,中国人应发挥自己的政治智慧,理性地思考并构建中国通向民主的

---

① 闫小波:《从对抗到和解:中国政治发展道路的两次转轨》,载《江苏社会科学》2009年第3期。

路线图,耐心而审慎地为民主铺路。在这一过程中,重新检讨近代以来中国人民主观念的流变,探寻切合当下中国语境的民主观念与制度安排,乃是当下建设中国特色的社会主义政治文明进程中中国学人的责任与担当。

参考文献

资料汇编

中国第一历史档案馆编:《鸦片战争档案史料》,天津古籍出版社1992年。
中国近代史资料丛刊:《洋务运动》,上海人民出版社1961年。
中国近代史资料丛刊:《中日战争》,上海人民出版社1957年。
中国近代史资料丛刊:《戊戌变法》,神州国光社1953年。
中国近代史资料丛刊:《辛亥革命》,上海人民出版社1957年。
国家档案局明清档案馆编:《戊戌变法档案史料》,中华书局1958年。
牛仰山、孙鸿霓编:《严复研究资料》,海峡文艺出版社1990年。
上海市文物保管委员会编:《康有为与保皇会》,上海人民出版社1982年。
故宫博物院明清档案部编:《清末筹备立宪档案史料》,中华书局1979年。
中国现代革命史资料丛刊:《新民学会资料》,人民出版社1979年。
葛懋春等编:《无政府主义思想资料选》,北京大学出版社1984年。
中国第二历史档案馆编:《中国民主社会党》,档案出版社1988年。
荣孟源主编:《中国国民党历次代表大会及中央全会资料》,光明日报出版社1985年。
二十世纪中华法学文丛:《近代中国宪政历程——史料荟萃》,中国政法大学出版社2004年。
罗家伦主编:《革命文献》,(台北)中央文物供应社1960年。
陕西省档案馆等编:《陕甘宁边区政府文件选编》第1辑,陕西人民教育出版社2013年版。

孟广涵主编:《国民参政会纪实》上卷、下卷、续编,重庆出版社 1985~1987 年。
彭明主编:《中国现代史资料选辑》,中国人民大学出版社 1989 年。
陈竹筠、陈起城选编:《中国民主党派历史资料选辑》,华东师范大学出版社 1985 年。
中央档案馆编:《中共中央文件选集》,中共中央党校出版社 1989~1992 年。
韩延龙等编:《中国新民主主义革命根据地时期法制文献选编》,中国社会科学出版社 1981 年。
丁守和主编:《辛亥革命时期期刊介绍》,人民出版社 1986 年。

典籍、年谱、日记等

《国语》

《书经》

《左传》

《论语》

《荀子》

《管子》

《孟子》

《吕氏春秋》

《史记》

贾谊:《新书》

魏源:《圣武记》

魏源:《海国图志》,岳麓书社 1998 年。

梁廷枏:《海国四说》,中华书局 1993 年。

林铖:《西海纪游草》(1847~1849 年游美国笔记),岳麓书社 1985 年。

徐继畬:《瀛环志略》(近代文献丛刊),上海书店出版社 2001 年。

冯桂芬:《校邠庐抗议》(近代文献丛刊),上海书店出版社 2002 年。

(美)惠顿:《万国公法》(近代文献丛刊),丁韪良译,上海书店出版社 2002 年。

苏舆:《翼教丛编》(近代文献丛刊),上海书店出版社 2002 年。

张之洞:《劝学篇》(近代文献丛刊),上海书店出版社 2002 年。

王韬:《弢园文录外编》(近代文献丛刊),上海书店出版社 2002 年。

王韬:《漫游随录·扶桑游记》,湖南人民出版社 1982 年。

丁凤麟等编:《薛福成选集》,上海人民出版社 1987 年。

薛福成:《出使英法义比四国日记》,张玄浩、张英宇标点,岳麓书社 1985 年。

夏东元编:《郑观应集》上册,上海人民出版社 1982 年。

《郭嵩焘日记》第 3 卷,湖南人民出版社 1982 年。

郭嵩焘《郭嵩焘奏稿》,岳麓书社 1983 年。

郭嵩焘:《养知书屋文集》,上海古籍出版社 2002 年。
何嗣焜编:《张靖达公奏议》,(台北)文海出版社 1996 年版,
苑书义等主编:《张之洞全集》,河北人民出版社 1998 年。
孔广德编:《普天忠愤集》自叙,1895 年冬匡时觉论嗣出版。
蔡尚思等编:《谭嗣同全集》,中华书局 1981 年。
汪叔子编:《文廷式集》,中华书局 1993 年。
上海图书馆编:《汪康年师友书札》,上海古籍出版社 1986~1989 年。
赵树贵等编:《陈炽集》,中华书局 1997 年。
湖南省哲学社会科学研究所:《唐才常集》,中华书局 1980 年。
汤志钧编:《康有为政论文集》,中华书局 1981 年。
王栻主编:《严复集》,中华书局 1986 年。
方行编:《樊锥集》,中华书局 1984 年。
黄遵宪:《人境庐诗草笺注》,上海古籍出版社 1981 年。
刘晴波编:《杨度集》,湖南人民出版社 1986 年。
刘晴波等编校:《陈天华集》,湖南人民出版社 1982 年。
陈旭麓主编:《宋教仁集》,中华书局 1981 年。
黄远庸:《远生遗著》,商务印书馆 1984 年。
章士钊:《甲寅杂志存稿》,商务印书馆 1921 年。
冯自由:《革命逸史》,中华书局 1981 年。
朱维铮校注:《梁启超论清学史二种》,复旦大学出版社 1985 年。
中国社科院近代史所编:《孙中山全集》第 1~11 卷,中华书局 1981~1986 年。
高叔平编:《蔡元培全集》,中华书局 1984 年。
《陈独秀文章选编》,三联书店 1984 年。
许纪霖等编:《一溪集:杜亚泉的生平与思想》,三联书店 1999 年。
中国社会科学院近代史研究所中华民国史组编:《胡适来往书信选》,中华书局 1980 年。
孙敦恒等选编:《张奚若集》,清华大学出版社 1989 年。
《梁漱溟全集》,山东人民出版社 1993 年。
《张申府文集》,河北人民出版社 2004 年。
张新颖编:《储安平文集》,东方出版中心 1998 年。
《毛泽东书信选集》,人民出版社 1983 年。
《毛泽东著作选》,人民出版社 1986 年。
《毛泽东选集》,人民出版社 1991 年。
《毛泽东文集》,人民出版社 1993~1999 年。
《邓小平文选》,人民出版社 1983 年。
《刘少奇选集》,人民出版社 1981 年。

《刘少奇论党的建设》,中央文献出版社1991年。
《蔡和森文集》,人民出版社1980年。
《李大钊文集》,人民出版社1999年。
《林伯渠文集》,华艺出版社1996年。
《谢觉哉文集》,人民出版社1989年。
《谢觉哉日记》,人民出版社1984年。
黄丽镛编著:《魏源年谱》,湖南人民出版社1985年。
钱仲联:《文廷式年谱》,载《中华文史论丛》1982年第4辑,上海古籍出版社1982年。
丁文江等编:《梁启超年谱长编》,上海人民出版社1983年。
中华民国史资料丛稿·增刊第五辑:《黄炎培日记摘录》(1943年9月10日),中华书局1979年。
黄炎培:《八十年来》,人民出版社1982年。
《蒋廷黼回忆录》,岳麓书社2003年。
李维汉:《回忆与研究》,中共党史资料出版社1986年。
师哲:《在历史巨人身边——师哲回忆录》,中央文献出版社1991年。

译著

(古希腊)修昔底德:《伯罗奔尼撒战争史》,谢德风译,商务印书馆2006年。
(古希腊)亚里士多德:《政治学》,吴寿彭译,商务印书馆1996年。
(古希腊)柏拉图:《理想国》,郭斌和等译,商务印书馆1986年。
(法)伏尔泰:《风俗论》,梁守锵译,商务印书馆1995年。
(法)伏尔泰:《路易十四时代》,吴模信等译,商务印书馆1982年。
(法)孟德斯鸠:《论法的精神》,张雁深译,商务印书馆1987年。
(法)卢梭:《社会契约论》,何兆武译,商务印书馆1982年。
(法)托克维尔:《旧制度与大革命》,冯棠译,商务印书馆1996年。
(法)托克维尔:《论美国的民主》,董果良译,商务印书馆1991年。
(法)古斯塔夫·勒庞:《乌合之众——大众心理研究》,冯克利译,中央编译出版社2004年。
(英)约翰·穆勒:《代议制政府》,汪瑄译,商务印书馆1982年。
(英)埃德蒙·柏克:《自由与传统——柏克政治论文选》,蒋庆等译,商务印书馆2001年。
(英)阿克顿:《自由与权力》,侯健等译,商务印书馆2001年。
(英)霍布豪斯:《自由主义》,朱曾汶译,商务印书馆1996年。
(英)伯林:《反潮流:观念史论文集》,冯克利译,译林出版社2002年。
(英)昆廷·斯金纳:《近代政治思想的基础》,奚瑞森等译,商务印书馆2002年。

(英)安东尼·吉登斯:《民族-国家与暴力》,胡宗泽等译,三联书店1998年。
(英)霍布斯鲍姆:《革命的年代》,王章辉等译,江苏人民出版社1999年。
(英)戴维·米勒编:《开放的思想和社会》,张之沧译,江苏人民出版社2000年。
(英)罗素:《西方的智慧》,崔人元译,世界知识出版社2007年。
(英)戴维·赫尔德:《民主的模式》,燕继荣等译,中央编译出版社1998年。
(英)M·J·C·维尔:《宪政与分权》,苏力译,三联书店1997年。
(英)戴维·米勒、韦农·波格丹诺编:《布莱克维尔政治学百科全书》,邓正来等译,中国政法大学出版社1992年。
(英)弗里德利·冯·哈耶克:《自由秩序原理》,邓正来译,三联书店1997年。
(英)安东尼·阿伯拉斯特:《民主》,孙荣飞等译,吉林人民出版社2005年。
(英)保罗·塔格特:《民粹主义》,袁明旭译,吉林人民出版社2005年。
(英)约翰·格雷:《自由主义》,曹海军等译,吉林人民出版社2005年。
(英)塞缪尔·E·芬纳:《统治史》,王震等译,华东师范大学出版社2014年。
(德)黑格尔:《历史哲学》,王造时译,商务印书馆1963年。
(德)贡德·弗兰克:《白银资本:重视经济全球化中的东方》,刘北成译,中央编译出版社2000年。
(德)埃利亚斯·卡内提:《群众与权力》,冯文光等译,中央编译出版社2003年。
(德)卡尔·曼海姆:《意识形态与乌托邦》,黎鸣等译,商务印书馆2007年。
《韦伯文集》,韩水法编,中国广播电视出版社2000年。
(美)汉密尔顿等:《联邦党人文集》,程逢如译,商务印书馆1989年。
(美)诺夫乔伊:《存在巨链:对一个观念的历史的研究》,张传有等译,江西教育出版社2002年。
(美)A·O·洛夫乔伊:《观念史论文集》,吴相译,江苏教育出版社2005年。
(美)D.拉斯韦尔:《政治学》,杨昌裕译,商务印书馆1992年版。
(美)罗伯特·达尔:《论民主》,李柏光等译,商务印书馆1999年。
(美)罗伯特·达尔:《民主及其批评者》,曹海军、佟德志译,吉林人民出版社2006年。
(美)科恩:《论民主》,聂崇信等译,商务印书馆2004年。
(美)斯科特·戈登:《控制国家——西方宪政的历史》,应奇等译,江苏人民出版社2001年。
(美)乔治·霍兰·萨拜因:《政治学说史》,盛葵阳等译,商务印书馆1986年。
(美)弗里德里希·沃特金斯:《西方政治传统——现代自由主义发展研究》,黄辉等译,吉林人民出版社2011年。
(美)塞缪尔·亨廷顿:《第三波——20世纪后期民主化浪潮》,刘军宁译,上海三联书店1998年。
(美)乔·萨托利:《民主新论》,冯克利等译,东方出版社1993年。

（美）道格拉斯·C·诺斯:《制度、制度变迁与经济绩效》，刘守英译，上海三联书店1994年。

（美）爱德华·W·萨义德:《东方学》，王宇根译，三联书店1999年。

（美）罗杰·菲德勒:《媒介形态变化》，明安香译，华夏出版社2000年。

（美）威尔伯·施拉姆等:《传播学概论》，陈亮等译，新华出版社1984年。

（美）西德尼·塔罗:《运动中的力量：社会运动与斗争政治》，吴庆宏译，译林出版社2005年。

（美）汉娜·阿伦特:《论革命》，陈周旺译，译林出版社2007年。

（美）斯考切波:《国家与社会革命——对法国、俄国和中国的比较分析》，何俊志等译，上海人民出版社2007年。

（美）莱斯利·里普森:《政治学的重大问题》，刘晓等译，华夏出版社2001年。

（美）胡安·J·林茨等:《民主转型与巩固的问题：南欧、南美和后共产主义欧洲》，孙龙等译，浙江人民出版社2008年版

（美）弗朗西斯·福山:《历史的终结及最后之人》，黄胜强等译，中国社会科学出版社2003年。

（美）弗朗西斯.福山:《政治秩序的起源》，毛俊杰译，广西师范大学出版社2012年。

（美）费正清主编:《剑桥中华国民史》，章建刚等译，上海人民出版社1992年。

（美）约瑟夫·R·列文森:《儒教中国及其现代命运》，郑大华译，中国社会科学出版社2000年。

（美）柯文:《在中国发现历史——中国中心观在美国的兴起》，林同奇译，中华书局1989年。

（美）柯文:《在传统与现代性之间——王韬与晚清改革》，雷颐等译，江苏人民出版社1995年。

（美）易劳逸:《流产的革命：1927——1937年国民党统治下的中国》，陈谦平、陈红民等译，中国青年出版社1992年。

（美）马克·赛尔登:《革命中的中国：延安道路》，魏晓明、冯崇义译，社会科学文献出版社2002年。

（美）微拉·施瓦支:《中国的启蒙运动——知识分子与五四遗产》，李国英等译，山西人民出版社1989年。

（美）本杰明·史华慈:《寻求富强：严复与西方》，叶凤美译，江苏人民出版社1996年。

（美）本杰明·I·史华慈:《中国的共产主义与毛泽东的崛起》，陈玮译，中国人民大学出版2006年。

（美）J·格里德:《胡适与中国的文艺复兴》，鲁奇译，江苏人民出版社1988年。

（美）何伟亚:《怀柔远人：马嘎尔尼使华的中英礼仪冲突》，邓常春译，社会科学

文献出版社 2002 年。

（美）周策纵:《"五四"运动:现代中国的思想革命》,周子平译,江苏人民出版社 1996 年。

（美）莫里斯·迈斯纳:《马克思主义、毛泽东主义与乌托邦主义》,张宁等译,中国人民大学出版社 2005 年。

（美）郝大维、安乐哲:《先贤的民主:杜威、孔子与中国民主之希望》,何刚强等译,江苏人民出版社 2004 年。

（意）利玛窦、金尼阁:《利玛窦中国札记》,何高济等译,中华书局 1983 年。

（加）阿尔维托·曼古埃尔:《阅读史》,吴昌杰译,商务印书馆 2002 年。

（西）奥尔特加·加斯特:《大众的反叛》,刘训练等译,吉林人民出版社 2004 年。

（以）J·L·塔尔蒙:《极权主义民主的起源》,孙传钊译,吉林人民出版社 2004 年。

（瑞士）皮亚杰:《发生认识论原理》,王宪钿等译,商务印书馆 1996 年。

（奥）斯·茨威格:《异端的权利——卡斯特利奥反对加尔文史实》,赵台安等译,三联书店 1986 年。

（日）信夫清三郎:《日本政治史》,周启乾译,上海译文出版社 1982 年。

（日）远山茂树:《福泽谕吉》,瞿新译,中国社会科学出版社 1990 年。

（日）佐藤功:《比较政治制度》,刘庆林等译,法律出版社 1984 年。

（日）沟口雄三:《中国前近代思想之曲折与展开》,陈耀文译,上海人民出版社 1997 年。

（日）沟口雄三、小岛毅主编:《中国的思维世界》,孙歌译,江苏人民出版社 2006 年。

（日）狭间直树编:《梁启超·明治维新·日本——日本京都大学人文科学研究所共同研究报告》,社会科学文献出版社 2001 年。

（日）近代日本思想史研究会:《近代日本思想史》第 2 卷,李民等译,商务印书馆 1991 年。

刘俊文编:《日本学者研究中国史论著选译》,中华书局 1992 年。

朱曾汶译:《美国宪法及其修正案》,商务印书馆 2014 年。

郎友兴、韩志明选编:《政治学基础文献选读》,浙江大学出版社 2008 年。

蔡少卿主编:《再现过去:社会史的理论视野》,浙江人民出版社 1988 年。

中文著作

白蕉:《袁世凯与中华民国》,章伯锋等主编:《近代稗海》(3),四川人民出版社 1985 年。

曹沛霖:《制度纵横谈》,人民出版社 2005 年。

高力克:《"五四"的思想世界》,学林出版社 2003 年。

葛兆光：《西潮又东风：晚清民初思想、宗教与学术十讲》，上海古籍出版社2006年。
侯宜杰：《二十世纪初中国政治改革风潮》，人民出版社1993年。
黄克武：《一个被放弃的选择：梁启超调适思想之研究》，新星出版社2006年。
黄仁宇：《万历十五年》，三联书店1997年。
黄兴涛《重铸中华：近代中国"中华民族"观念研究》，北京师范大学出版社2017年。
金观涛、刘青峰：《观念史研究：中国现代重要政治术语的形成》，香港中文大学出版社2008年。
金观涛、刘青峰：《中国现代思想的起源：超稳定结构与中国政治文化的演变（第一卷）》，香港中文大学出版社2000年。
李宏图：《从"权力"走向"权利"——西欧近代自由主义思潮研究》，上海人民出版社2007年。
李剑农：《中国近百年政治史》（1840～1926年），复旦大学出版社2002年。
李强：《自由主义》，中国社会科学出版社1998年。
李孝悌：《清末的下层社会启蒙运动：1901～1911》，河北教育出版社2001年。
梁启超：《先秦政治思想史》，东方出版社1996年。
林红：《民粹主义——概念、理论与实证》，中央编译出版社2007年。
林语堂：《中国人》（吾民与吾土），郝志东等译，浙江人民出版社1988年。
林毓生：《中国传统的创造性转化》，三联书店1988年。
刘建军：《中国现代政治的成长》，天津人民出版社2003年。
刘述先：《理一分殊》，上海文艺出版社2000年。
刘小枫：《现代性社会理论绪论》，上海三联书店1998年。
刘仰东编：《梦想中国：30年代知识界对未来的展望》，西苑出版社1998年。
刘泽华：《中国的王权主义》，上海人民出版社2000年。
闾小波：《中国近代政治发展史》，高等教育出版社2003年。
闾小波：《中国早期现代化中的传播媒介》，上海三联书店1995年。
皮后锋：《严复评传》，南京大学出版社2006年。
平心：《中国民主宪政运动史》，进化书局1946年。
钱基博：《近百年湖南学风》，中国人民大学出版社2004年。
钱穆：《中国文化导论》，商务印书馆1994年。
唐君毅：《人文精神之重建》，广西师范大学出版社2005年。
汪晖：《现代中国思想的兴起》，三联书店2004年。
王晓秋：《近代中日文化交流史》，中华书局1992年。
吴光主编：《从民本到民主》，浙江古籍出版社2006年。
吴经熊、黄公觉：《中国制宪史》，商务印书馆1937年。

萧公权:《宪政与民主》,清华大学出版社 2006 年。
萧萐父、许苏民:《明清启蒙学术流变》,辽宁教育出版社 1996 年。
谢泳:《储安平:一条河流般的忧郁》,中国青年出版社 1999 年。
徐复观:《两汉思想史》第 2 卷,华东师范大学出版社 2001 年。
许纪霖编:《二十世纪中国思想史论》,东方出版中心 2000 年。
许倬云:《中西文明的对照》,浙江人民出版社 2013 年。
严昌洪、许小青:《癸卯年万岁——1903 年的革命思潮与革命运动》,华中师范大学出版社 2001 年。
杨奎松:《走近真实——中国革命的透视》,湖北教育出版社 2001 年。
杨慎之等编:《魏源思想研究》,湖南人民出版社 1987 年。
张灏:《张灏自选集》,上海教育出版社 2002 年。
张师伟:《民本的极限——黄宗羲政治思想新论》,中国人民大学出版社 2004 年。
张秀民:《中国印刷史》,上海人民出版社 1989 年。
郑大华:《民国思想史论》,社会科学文献出版社 2006 年。
郑匡民:《梁启超启蒙思想的东学背景》,上海书店出版社 2003 年。

论文

(日)岛田虔次:《黄宗羲·横井小楠·孙文》,《中共宁波市委党校学报》2008 年第 1 期。
方敏:《毛泽东对〈新民主主义论〉的修改》,《中共党史研究》2006 年第 6 期。
方维规:《"议会"、"民主"与"共和"概念在西方与中国的嬗变》,香港《二十一世纪》2000 年 4 月号。
管怀伦:《"民主集中制"并非列宁首创考》,《江苏社会科学》2004 年第 6 期。
管怀伦:《试论列宁集中制的理论体系和制度结构——对于布尔什维克版本的民主集中制原生形态的理论考察》,《马克思主义研究》2005 年第 4 期。
管怀伦:《中共"一大"并未采用民主集中制》,《江苏社会科学》1999 年第 4 期。
胡绳:《毛泽东的新民主论再评价》,《中国社会科学》1999 年第 3 期。
李强:《超越大众民主与权威主义》,《改革内参》2004 年第 33 期。
刘禾:《普遍性的历史建构:〈万国公法〉与十九世纪国际法的流通》,载《视界》第 1 辑,河北教育出版社 2000 年。
罗志田:《思想观念与社会角色的错位:戊戌前后湖南新旧之争再思》,《历史研究》1998 年第 5 期。
间小波:《何以安民:现代国家"根本性议程"的赓续与创制——以王韬、李大钊和毛泽东为中心的讨论》,《文史哲》2020 年第 2 期。
间小波:《"民本主义"之输入与意涵之回归》,《学海》2018 年第 5 期。

闾小波:《文本、语境、思想:抗战时期毛泽东关于人民代表大会制度的构想》,《思想战线》2018 年第 3 期。

闾小波:《政治约定的失效与政治秩序的失范——基于清末民初立国建政时期的考察》,《江海学刊》2018 年第 3 期。

闾小波:《保育式政体——试论帝制中国的政体形态》,《文史哲》2017 年第 6 期。

闾小波:《中共革命时期选举策略转换分析》,《南京大学学报》2016 年第 1 期。

闾小波、赖静萍:《中国共产党在新民主主义革命时期对民主选举的认知——以 1921—1949 年为研究时段》,《政治学研究》2011 年第 5 期。

闾小波:《从对抗到和解:中国政治发展道路的两次转轨》,《江苏社会科学》2009 年第 3 期。

闾小波:《论近代中国宪政期成之争》,《南京大学学报》2008 年第 5 期。

闾小波:《南学会:空间、结构、功能与影响》,《中国图书评论》2006 年第 10 期。

闾小波:《柏克与梁启超——革命年代的智者》,《江海学刊》2006 年第 3 期。

任复兴:《徐雅厦门对话与中国民主思想的开端刍议》,http://www.cssm.org.cn/view.php?id=3093。

汪晖:《关于现代性问题答问》,《天涯》1999 年第 1 期。

萧萐父:《中国哲学启蒙的坎坷道路》,《中国社会科学》1983 年第 1 期。

徐国利:《民主与宪政理论源流及其异同》,《学术论坛》2005 年第 9 期。

周宁:《西方的中国形象史:问题与领域》,《东南学术》2005 年第 1 期。

朱栋荣、闾小波:《重审中国现代国家建构中的"冯桂芬方案"》,《天津社会科学》2020 年第 2 期。

报刊

《申报》、《万国公报》、《新闻报》、《湘报》、《国闻报》、《时务报》、《时报》、《中外日报》、《清议报》、《新民丛报》、《苏报》、《浙江潮》、《江苏》、《中国白话报》、《新世界学报》、《民报》、《亚泉杂志》、《东方杂志》、《预备立宪公会报》、《国风报》、《政论》、《庸言》、《不忍》、《孔教会杂志》、《青年杂志》、《甲寅杂志》、《新青年》、《大中华》、《北京大学月刊》、《新潮》、《湘江评论》、《平民教育》、《努力周报》、《国闻周报》、《新月》、《独立评论》、《再生》、《大公报》、《共产党》、《解放》、《新中华报》、《党的生活》、《新华日报》、《观察》。